本书由
台湾大学社会科学院中国大陆研究中心
与
浙江大学公共管理学院
共同筹划赞助

# A STUDY ON PARTICIPATORY GOVERNANCE AT THE LOCAL LEVEL

# 参与式地方治理研究

○ 余逊达 赵永茂 主编

ZHEJIANG UNIVERSITY PRESS
浙江大学出版社

# 序一

各国的地方自治随着国内外政经社会与自治环境的变迁,传统地方自治与地方自治权权限划分理论,已面临若干调整、变异与演化(evolution)的挑战。其中住民自治与人民主权说,因为国内外民主发展与经社环境的变迁,已注入地方治理(local governance)等重要的地方自治发展意涵。而随着新自由主义与新公共管理(new public management)理论与发展趋势的冲击,以及府际关系与跨域管理等理论与发展趋势的影响,也使得原来孤立、单一性自治体与自治权独立运用的概念,逐渐发展成多元、复合性自治体与合伙、共管自治权。使得原有中央集权、地方分权与均权制的中央与地方权力关系型态,逐渐加重地方分权的演化,以及强化伙伴与地方合权自治概念的发展。

尤其在上世纪90年代以来,西方民主社会的发展,在全球在地化(glocalization)的发展之下,已形塑成新公共管理、公共服务与公共治理型政府的综合发展形式。其中有关公共治理的理论,许多学者主张无论中央或地方的公共政策的规划与施作,应由原先以国家为中心逐渐导向以公民社会的需求与参与为中心。由于公民社会创造力、资源与动员能力的增强,迫使中央政府不得不调整与地方政府、私部门企业及一般公民社会的角色关系,并由原先单向的管制、支配与操纵角色,逐渐转变为双向、合伙的导航、整合、联结与辅助的角色。

特别是在各级地方治理网络中,涵盖中央政府、区域政府或组织、地方各层级政府的府际网络与治理系络,它们也正是 Rhodes 所谓的政策社群的主要成员;而在这些地方治理与公共参与的原则下,地方政府(含行政及立法等机关)应依照透明、责任、效能原则及其网络关系,结合公民社会中的利益团体、非营利组织与利害关系人等,进行对政策规划、公共事务的经营与管理、公共事务的责任与效能评估,以及地方立法预算行为进行参与、审查与监督。为此地方政府(含议会组织)应成立各种公共事务论坛、公听会、委员会与审查会等正式与非正式组织或场合,规划、推动公共事务及解决公共问题。这些参与式地方治理的学术与发展议题,颇有助于未来两岸地方政经社会的发展及地方治理与和谐社会的建构。

为了促进两岸地方治理社会的发展,本年(2008)9月台湾大学社会科学院中国大陆研究中心与浙江大学公共管理学院,在台大社科院共同举办"海峡两岸参与式地方治理"学术研讨会,研讨有关体制改革、审议式民主、小区治理、网络社会、村民自治、民主恳谈及政策网络等重要的地方治理议题。并在浙江大学与台湾大学两校的合作之下,共同出版专书。相信本书的出版不但有助于两岸地方治理社会的发展,也有助于两岸学者在研究与教学上的进一步合作,共同寻求学术上的互利与发展。

台湾大学政治学系教授

兼社会科学院院长　赵永茂 谨识

2008 年 11 月 18 日

# 序 二

从学术谱系来看,这本论文集讨论的"参与式地方治理"这个议题,是当前两种重要的学术研究:对民主的研究和对公共管理的研究,在不断深化的过程中交汇在一起的产物。

从民主理论的研究历程来看,人们先后深入研究过直接民主、代议民主和程序民主等民主理论,20世纪60年代后,开始转向对参与民主理论的研究,出版或发表了一大批著作和论文。参与民主理论(包括强势民主、审议民主、商谈民主、话语民主、沟通民主、电子民主等)的基本主张是,民主虽然不能时时处处都表现为"人民当家作主",但也决不仅仅是指一种代议制基础上的精英治理或一种如熊彼特说的选举代表人民作决定的政治领导人的程序,民主还意味着人民在处理与他们自身利益相关的问题及其他公共事务的管理时的参与。按照参与民主理论,人民的这种参与,比代议制下的精英治国或民主选举的程序安排对单个民意所进行的"聚合"更能反映民主的实质、价值追求和目的。参与民主理论确实发展了以往的民主理论,但它也面临着许多质疑:在一个分工的时代,人民是否真有足够的知识和能力去参与公共事务的处理?怎么消除人民即使是在处理与自己利益相关的问题时也仍有可能存在的"搭便车"心理?人民是否真的凭借"参与"或"商谈"就能消除彼此之间的或与政府之间的矛盾和冲突,亦或"参与"和"商谈"只能处理属于道德领域的问题?回应这些质疑是目前摆在学术界面前的一项任务。从公共管理的研究来看,传统公共管理研究的领域主要集中在政府身上,研究的问题主要是官僚制、府际关系、人事管理、预算和财政等。而从20世纪80年代后流行起来的"新公共管理"在继续对传统问题研究的同时,把更多的兴趣转向对绩效管理、公共服务、电子政府和信息技术、第三部门或非赢利组织管理、行政伦理、行政法等问题的研究,特别是对首先由世界银行提出、随后得到学术界广泛关注的"治理"问题的研究。关于治理,虽著述众多,但现在尚无统一的理解和定义。在公共管理的视域中,它大致指的是一种能够推动政府、社团、企业和公民个人相互合作、共同实施对公共领域的管理的制度安排和一套与此相关的操作技术。与由政府单独实施对公共领域的管理相比,"治理"

体制被认为具有信息更对称、成本更低、更能满足公民的需求、更有效率、更能反映公共管理的价值导向等诸多优点。就治理体制追求的是公民对公共领域管理的参与及官民二元主体之间在公共领域管理中的合作这一点来说，它与参与民主的主张有很大的重合。但是，"治理"体制的这些优点现在主要还是表现在理论上，至于在实际生活中怎么建构起真正行之有效的制度，开发出真正能够操作的技术，总的来说都还是需要加以探索的课题。本书的各位作者，虽各有侧重，但都围绕着"参与式地方治理"这个议题，在不同程度上把上述两类研究结合在一起，通过案例解剖和理论分析，试图回答参与式民主何以可能或治理的制度和技术何以可行等学术上的前沿问题。相信本书所提出的研究成果对关心和思考这些问题的人来说，无论他们从事的是理论研究还是实际工作，都是会有所裨益的。

本书刊发的论文，源自 2008 年 9 月在台湾大学召开的一次学术讨论会。这次会议虽然由台湾大学社会科学院中国大陆研究中心和我们浙江大学公共管理学院共同组织，但实际的组织工作基本上都是由台大方面做的。在此，我想代表浙大出席会议的同仁，对为具体组织这次会议而付出大量时间和精力的台湾大学社会科学院院长兼中国大陆研究中心主任赵永茂教授、中国大陆研究中心执行长徐斯勤副教授表示衷心的感谢！在这次讨论会上，有多位台湾的专家学者作为论文评论员在会上对浙大提交的论文作出了精彩的点评，他们是：台湾大学社科院政治学系教授兼系主任苏彩足，政治学系副教授彭锦鹏、黄长玲、王鼎铭、陶仪芬，政治大学公共行政学系教授施能杰，副教授黄东益，国关研究中心副研究员吴德源，中研院政治所助理研究员徐斯俭，台北大学公共行政暨政策学系副教授刘坤亿等。他们的点评对我们完善思路和文章具有无可替代的作用，对他们付出的辛勤劳动，我们表示衷心的感谢！最后我想要说的是，徐斯勤老师的两位助手黄辉猛和陈建廷，在会议期间和会后的参访活动中，起早摸黑，服务得非常周到，我们对他们也表示衷心感谢！

浙江大学公共管理学院副院长

余逊达教授

2008 年 11 月 16 日

# 目 录 /Contents

# 第四编　地方经济发展与政策过程

# 导　论

徐斯勤①

　　中国大陆由 1978 年启动改革开放,到 2008 年恰巧是 30 年。在这 30 年间,中国在不同层面所发生的巨大变化,基本上印证了至少两种诠释人类世界宏观变迁趋势的当代主要观点与论述,一是全球化(globalization),二是所谓"历史或意识型态的终结"(the end of history or ideology)。这两种论述,在其众多的命题与各自殊异的引申当中,都不约而同地指出一点:世界各地不同的政经社体系,大体上在朝向"趋同"(convergence)的方向持续演进。今天的中国,比起 30 年前,与世界各国在经济、社会、文化乃至政治与行政等各领域相较,无疑仍有许多不同于他国的独特之处,但其差异已大幅缩小。而就中国大陆与台湾的特殊情况而言,两者相较,虽然各自都保有本身特色,但基于十分接近的历史、语言、文化、价值系统等背景,这种趋同的发展型态也同样十分明显。此一特性,为海峡两岸整体发展上各种议题的比较性视野,提供了一定基础。

　　台湾大学社会科学院中国大陆研究中心,在这种基础上,与浙江大学公共管理学院,于 2008 年选定双方共同关注的"治理"问题,进行合作研究与学术出版计划,在 9 月 22 日与 23 日,在台大社科院举办"海峡两岸参与式地方治理"学术研讨会。会中双方学者,聚焦于"参与"在地方治理中所扮演的角色,各自就台湾和浙江的地方治理经验与相关理论,从不同的议题、行为主体、分析层次等切入,进行论文发表,并由对方学者提出评论和建议。这种相互激荡的知识火花,通过会议讨论与参酌彼此观点后的论文修改,其成果具体反映在本书当中。各章论文,统合在"参与"概念下,均以介绍海峡两岸地方治理的实际进展、面临问题、因应策略为主,所选择的题目与案例,都在一定程度上凸显了浙江与台湾本身地方治理的特色。另一方面,也以概念梳理与理论反思,以及引介两岸在相关议题上既有文献的主要观点为辅,作为海峡两岸学术研究与实务工作两种社群之间,相互借鉴参考的基础之一。

---

①　台湾大学社会科学院中国大陆研究中心执行长,政治学系副教授。schsu01@ntu.edu.tw

在有关治理或地方治理的各种纷纭庞杂的概念与理论当中,近年来逐渐呈现出的演进特色之一,是对于治理问题侧重哪些层面的变化。已往基于"治理"概念必须与"统治"、"行政"等旧有概念相互区分,因此特别注重治理之"主体"上的变化,亦即由国家/政府扩展到企业/市场与社会组织/第三部门/小区,以及公民个人与此三种主体之间的关系。晚近则在所谓"新公共管理"(new public management)运动影响下,讨论治理问题时,愈来愈强调治理的"绩效"(performance)应如何厘定与评估。本文认为,前者主要属于"过程取向"(process - oriented)的观点,分析焦点多半在于治理主体扩大的背景与条件、不同主体的行为逻辑与特征,以及不同主体参与治理过程中的相互关系与互动机制等。而后者则可称之为"结果取向"(result - oriented)的观点,多半专注于绩效与后果应采取哪些判准或指标等。

这两种取向之间的区分,不仅具有概念厘清上的意义,更重要的是,在分析实际现象,寻找解决问题的策略时,有助于避免因为不加区分所产生的误导。例如,两岸学者针对本身内部治理问题,近来出现愈来愈多关于所谓"善治"或"良治"(good governance)的讨论,提出各种实证性与诊断性的观点。仔细观察这些讨论,当可发现其间存在衡量善治程度的不同标准,有些是以过程层面现象为主,有些则是以结果层面为主,有些则兼采两者。然而,无论是哪一类论述,往往出现一种明示或隐含的预设:满足过程层面上主要善治标准的治理实践,也同时较可能在结果层面上符合善治标准,反之亦然。换言之,其所预设的是两种层面之间的一致性与兼容性。然而,在现实案例中,两者之间扞格不入的情形,却时常因为治理主体的愈趋多元化而随之增加,本书中有数篇都反映出这个事实。因此,廓清两种层面各自如何去理解与寻求善治,如何去先求充分区隔再求适度整合,显然有其必要性。

而本书所侧重的"参与"概念,主要集中在过程层面,但也在条件允许时,兼顾到参与对于治理绩效的影响。本书各篇作者,十分有意识地在论证参与式地方治理时,凸显出参与的两层意义:一层意义是企业/市场以及民间组织/公民社会/小区来介入参与已往由政府垄断的议题领域,从而形成网络治理的效果。另一层意义则是公民个人通过参与行为,与各治理主体形成联结。在这种概念架构下,本书各章关于浙江与台湾地方治理的具体议题以及由此衍生的参与方式,可以综合性地归结在图1内。

长三角地区多层次区域经济架构下的地方政府竞争

地方政府创新的持续力

**政府**

**社会组织(非营利组织/第三部门)与社区**

**公民及其他个体行为者**

**市场/企业**

- 村民自治与政府决策的互动
- 关于产业群聚之公共对话
- 基层审议民主输入政府决策
- 台北市北投缆车建置之政策网络

- 民主恳谈会作为政府决策的一项重要基础
- 中国公民社会有别于一阶段论的发展

- 温岭民主恳谈会之一般参与和女性参与
- 浙江村民自治
- 宁波敬老协会
- 社区营造伙伴关系
- 社区营造理论

- 安全社区建构与网络社会理论
- 社区审议民主

- 温州商会的发展
- 关于产业改革之社会情愿

- 电价制订上的利益冲突与再分配——互惠关系
- 人民建议征集制度

- 台北市北投缆车建置之政策网络

- 台北市北投缆车建置之政策网络
- 地方招商政策与光电产业群聚

- 台北市北投缆车建置之政策网络

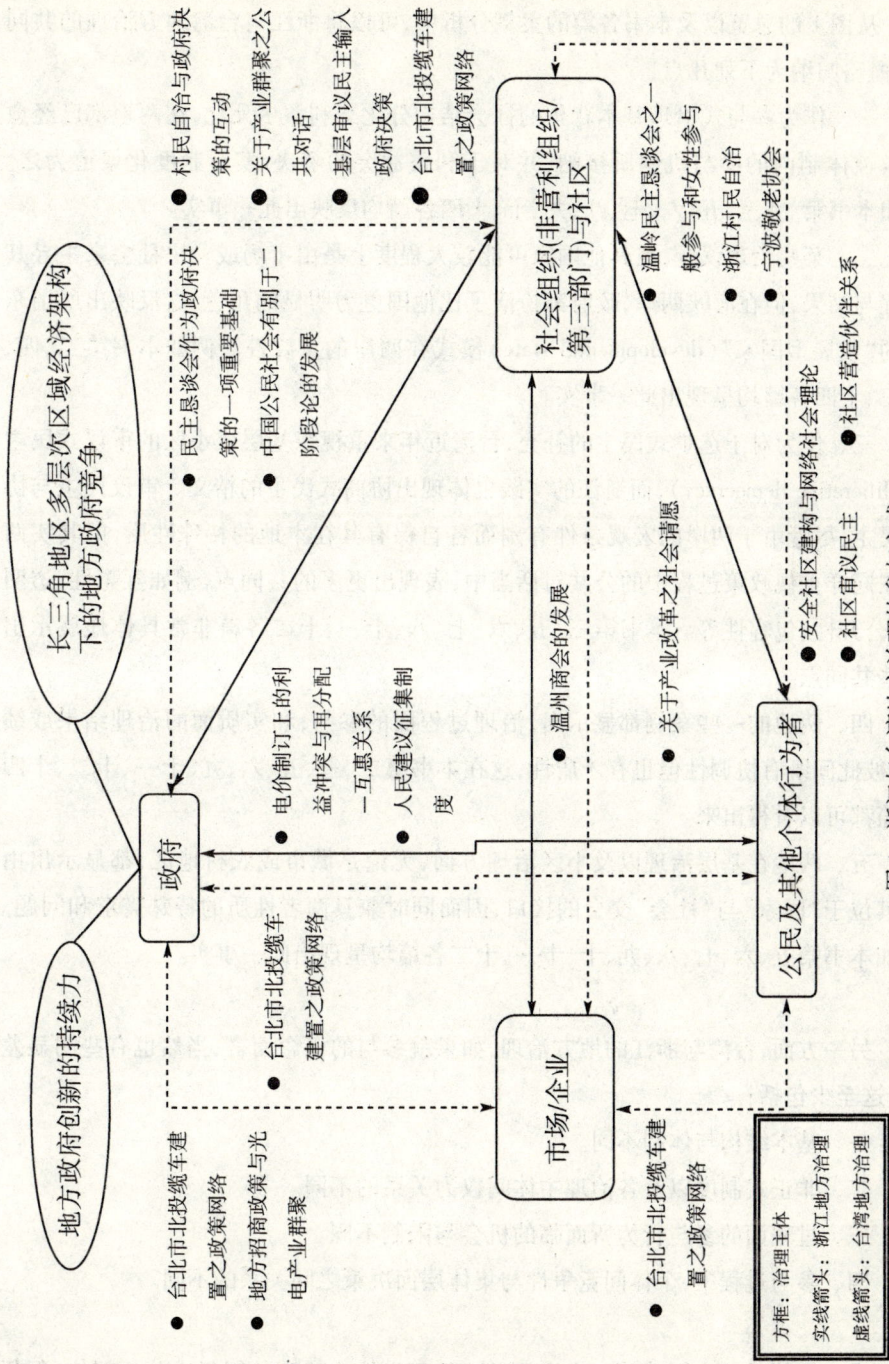

图 1 浙江与台湾地方治理的参与方式

方框: 治理主体
实线箭头: 浙江地方治理
虚线箭头: 台湾地方治理

— 3 —

从图 1 的总览以及本书各篇的案例分析中,可以将浙江与台湾地方治理的共同性,概略归纳为下列几点:

一、作为参与式治理基本背景的社会结构分化与利益多元化,在两地都已经愈来愈被体制内的参与机制所接纳,并对于利益冲突的解决,实行制度化渠道为之。例如本书第二、三、五、六、七、八、九、十、十四各篇均反映出此一事实。

二、某些治理议题,在其他国家可能较大程度上是由市场或公民社会来主导其过程与结果,但在海峡两岸,政府都扮演了比他国更为明显的角色,这反映出所谓东亚的"发展型国家"(developmental state)模式在两岸的重要性。例如本书第二、四、十三、十四各篇均呈现出此一事实。

三、作为对于选举式民主的补充,台湾近年来重视在基层或小区的审议式民主(deliberative democracy),而浙江的实践也体现出协商式民主的精义。审议民主与协商民主,尽管由于两岸的宏观条件有别而各自保有其在本地的特殊性质,但其实两者在同样重视政策过程中的公共对话当中,表现出更多的共同点,例如互惠性、透明性、公开性、包容性等。本书第三、五、六、七、八、十一、十二各篇非常具体地展示出这些共同点。

四、两地的一些案例都显示出,治理过程面的参与,和实质面的治理结果或绩效,彼此间既有协调性但也有矛盾性,这在本书第二、三、五、六、九、十一、十二、十四各篇都可以看得出来。

五、两地在基层治理以及小区治理方面,无论是城市或农村地区,都显示出由于其位于"国家"与"社会"交会的接口,因而同时兼具两者性质的特殊需求和问题。例如本书第五、六、七、八、九、十、十一、十二各篇均呈现出此一事实。

另一方面,台湾与浙江的地方治理,如果就参与的概念而言,当然也有些明显差异,这至少包括:

一、基本结构与体制不同。

二、非正式制度以及各治理主体间权力关系的不同。

三、过程面的参与行为所面临的机会与限制不同。

四、参与过程中,个体间竞争性与集体层面决策之间关系的不同。

本书尽管并不企图建构一个全面性比较两岸地方治理的解释或分析架构,但仍然希望能达到"求同存异、相互借鉴"的效果,在知识层面上,为两岸学者提供对于了解彼此地方治理一个更为聚焦而深入的论述文本,同时也在实务层面推动两岸地方治理的同时发展与进步。随着两岸三通在 2008 年 11 月达成突破性的协议,更多制度化的两岸交流次第开展提升,相信本书所试图达成的这些目标,未来会得到更有利的条件,获得更多建设性的成果。

# 第一编
# 参与式治理与地方政府制度创新

# 地方治理与产业群聚之关系研究：
# 桃园县招商政策与光电产业之案例分析

赵永茂①　　陈昱舟②

【内容提要】　基于全球化的冲击，地方政府获得上级授权，要求其承担财政责任与提升自主能力，故地方产业招商成为一条可行的道路，而营销概念的注入则更能补强政策效度。同时，大量同类型、联系密切的企业高度集中于某地区，展现强大的竞争优势，于是建构产业群聚成为提高地方产业竞争力的关键。然而，地方招商与产业群聚缺乏连结，故本文藉由治理概念予以串连，希冀发展出理想的地方治理与产业群聚之网络关系。

本文辅以桃园县招商政策与光电产业群聚案例加以说明，该案例在本论文进行检视中具有丰富的意涵，结合策略性地方营销、钻石模型架构与网络治理等相关学理之探讨，形成本论文检证的结论。

研究结果发现，桃园县光电产业群聚具有高度的历史依存性，其群聚优势展现在生产因素、中小型面板需求增加、关键零组件供应完整，以及专供中小型面板之生产策略；惟桃园县招商政策并非产业群聚中关键因素。桃园县招商政策虽受到上级政府牵制甚深，然而在地方行政效率的表现相当优异。此外，就桃园县光电产业群聚的治理网络关系而论，政府与企业的关系相当密切；但公民社会的角色则较为薄弱，若能致力于产业群聚落，将可提升公民社会角色，并进而建构成互利共生的地方政府、地方社会与地方产业群聚之治理网络关系。

【关键词】　地方招商政策　地方营销　产业群聚　钻石体系　网络治理　桃园县　光电产业

## 一、前　言

自信息科技迅速发展以来，国家之间的空间拉近，互动频繁，各国活动逐渐走向

① 赵永茂：台湾大学政治学系教授。chaoym@ntu.edu.tw
② 陈昱舟：台湾大学政治学硕士。notion1982@hotmail.com

国际化与全球化,举凡任何一国之政治、经济、社会、文化,均深受其他国家与地区的影响,国家自主性更形降低。社会大众对公共服务需求的质与量反而大幅增长,政府的角色有时却更为重要。

台湾面对全球化冲击,加上中国大陆自1978年底实施全面改革开放后,中国大陆各省挟其低廉的工资与土地成本,以及广大的消费市场,积极展开其招商措施,对台湾经济具有重大影响,造成产业外移、资金流失、劳工失业等问题。根据主计处的统计,自1978年至2000年,台湾年平均失业率不曾超过3%。然而,进入21世纪后,2001年台湾失业率大幅增加至4.57%,2002年甚至攀升至5.17%,2003年至2005年皆高于4%,①相对于过去台湾长期经济繁荣,台湾人民经济生活开始衰退。伴随台湾经济衰退的后遗症,则是政府税收的减少,各级政府皆面临财政困难的窘境。

面对这样的困境,政府于2001年积极召开会议,来提振经济发展,与会者无不体认"招商重于审核"的精神,希冀透过权力下放、政策松绑,以提升台湾市场的投资条件,并积极鼓励地方政府招商,意图吸引企业根留台湾。再者,经济发展会议中也邀请20位县市长,出席"鼓励地方政府吸引投资"会议。会中宣示了将适度下放权限予地方,使地方可自订促进投资自治条例,主持环境影响评估与管理工业区,以建立地方政府吸引投资的政策机制(中国时报,2001/1/7)。此外,"经济部"更提供奖励金鼓励地方政府招商,于2006年3月29日订颁"鼓励地方政府招商作业要点",并由"经济部"多次审查与规划,于2006年12月确立"鼓励地方政府招商奖励机制",此奖励机制,分为"奖励个案投资"和"地方政府整体招商绩效"两部分,在地方政府整体招商绩效评比部分,"经济部"每年邀集产官学人士组成评比委员会,将地方政府层级的25个县市、科学园区、工业区及农业生技园区分成两组,以"创造就业"、"吸引投资金额"及"行政效率"等为指标,奖励两组评比前五名的地方县市政府,最高奖励金1亿元,最低1,000万元②(经济日报,2006/9/20;联合晚报,2006/10/4;经济日报,2006/12/21)。

---

① 2003年失业率为4.99%、2004年为4.44%、2005年为4.13%、2006年与2007年则皆为3.91%。资料来源:参阅"行政院"主计处网站。检阅日期:2008年4月27日,http://www.dgbas.gov.tw/public/Attachment/812210271071.pdf。

② 就地方政府整体招商绩效评比部分,"鼓励地方政府招商作业要点"将直辖市、县(市)政府分甲、乙二组,进行年度招商绩效评比,由六大工商团体、台经院、中经院、台湾智库与相关行政部门等组成评鉴小组,前五名奖励金分别为一亿元、六千万元、四千万元、两千万元及一千万元等,招商期间自2007年1月1日至2009年12月31日止。

由上可知,地方政府被期待在经济发展上能够扮演重要角色,从地方政府招商政策光谱来看,正逐渐从追随产业之招商政策,转为引导产业发展之招商政策定位(如图1),①并努力打造竞争优势,以吸引投资、创造就业与进行都市革新。然而,面对台湾传统上级政府强于地方政府的相对集权架构下,财政与资源的分配不均、法律规定的受限,以及瞬息万变的环境,地方政府实在难以扮演积极主动的招商角色。

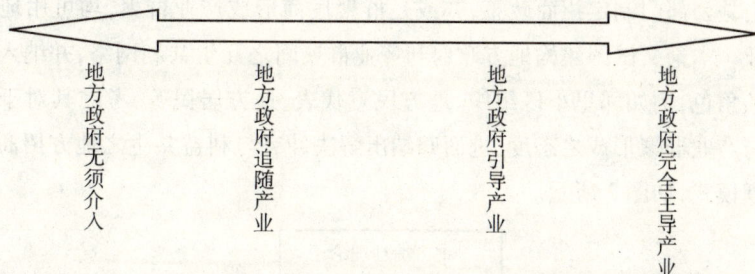

地方政府无须介入　地方政府追随产业　地方政府引导产业　地方政府完全主导产业

图1　地方政府招商政策光谱
资料来源:作者自绘

同期间,产业群聚概念的出现,产业群聚中的创新机会,与网络中各角色的互动程度大小密切相关,联系的节点越多,知识或贸易流动就越频繁,则创新机会就越多,得以追求技术突破、创造竞争优势。产业群聚在全球的发展已有显著成果,像是加州硅谷(Silicon Valley)的半导体产业、印度班加洛(Bangalore)的计算机软件产业、意大利中部与东北部的纺织业。而台湾无论是塑化纺织、钢铁机械、金属机电抑或是电资通信等产业,其产业群聚效应皆已然成形,更由于这些产业结构与供应链关系复杂,以及投资营运金额庞大,将对台湾经济发展有显著影响。②

进入21世纪,产业群聚效应受到注目,地方政府招商角色亦需逐渐加重,在此背景下,势必不能在权力集中于上级政府的背景下,由传统公共政策过程,制定、规划、执行与评估招商政策。必须注入营销与产业群聚概念,给予地方政府发展空间,

① Boyne 与 Walker 将公部门策略立场分为先驱者(prospectors)、防卫者(defenders)、追随者(reactors),先驱者是随着环境趋势,搜寻新市场与经验的领导,寻求扩大预算、侵犯其他机构的政策空间、并在其既有预算外进行创新;防卫者反而不愿努力成为某一领域的领导,反而当不断被挑战、测验后,才对于创新做较迟的采纳者;追随者没有始终如一的独立立场,当面对环境压力时,往往会调整其策略做因应。此种立场可以涵盖面对新情况时,所有可能的组织响应,并期待在公部门遭遇到新限制或机会时,可以依据时间的改变混合实行这三种策略(Boyne & Walker,2004:240)。本论文对于地方招商政策光谱的分类,引申自这样的概念。
② 当代产业群聚研究注重创新与学习过程,然早期的研究认为群聚中企业、生产者机构有助于产业升级,政府的角色微不足道,只有在产业危急时,政府才扮演促进与培育的角色。近期关于产业群聚的研究认为,公部门支持有助于持续创新、生产力提升,进而带动产业升级,像是基础建设进步、便利补助管道、提供具竞争力的土地、水电生产要素,以及给予免税与社会治安等(Cammett,2007:1890–1891)。

以补强政策效度。此外,针对地方政府与产业群聚之关系,则缺乏相关理论予以串连,故藉由个别分析地方政府招商政策与产业群聚效应,并导入治理理论,如利害关系人、[①]政策网络与网络治理等概念,将地方招商政策与产业群聚效应与结构作整体性的连接。在实务的验证上,本文基于桃园县近年来优异的招商成果,以及桃园县光电产业群聚效应的卓越表现,将两者作为案例,加以研究探讨。

无论是公部门制定招商政策,亦或是群聚厂商形成产业群聚,均可用地方治理理论检证。本论文试图建构地方政府与产业群聚间之互生共利网络,并纳入公民社会组织的角色,例如邻里小区组织、地方民意代表、地方居民等,考虑其对于地方招商政策与产业群聚形成之态度,进而归纳出解决冲突与利益共生之地方招商与产业群聚治理模式,如图2所示。

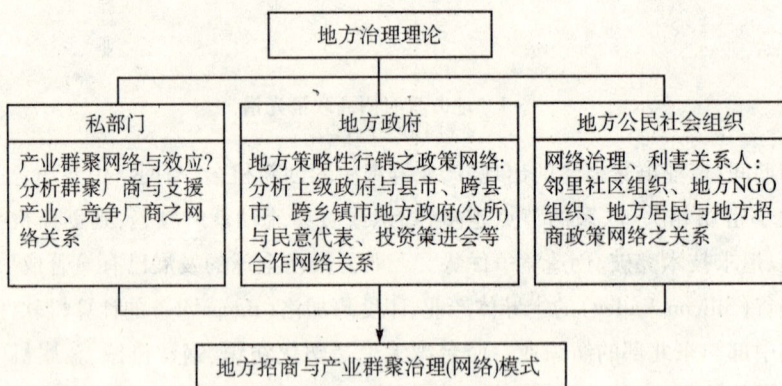

图2　研究架构

资料来源:作者自行绘制

---

① 利害关系人(Stakeholders)的概念将贯穿本论文对于群聚、招商与网络治理之分析中。根据 William N. Dunn 在 *Public Policy Analysis: An Introduction* (1994: 70; 85) 一书中,将利害关系人定义为:"影响政府决策的或受政府决策影响的个人或团体,由于某项政府决策对于个人或团体具有利害关系,诸如市民团体、劳工团体、政党、政府机构、政治候选人,甚至是政策分析家本身,都会对于政治环境的某项信息产生响应"。随后,Dunn 在 2004 年的版本中,补充说明这些团体或个人尚包含国会、立法机关、立法委员会、利益团体与志愿性团体等(Dunn,2004:121),使利害关系人的界定与范围更清晰完整。

# 二、理论建构

## （一）产业群聚理论

"群聚现象"源自生态学（ecology），指在一定时间内，居住在一定区域或栖地的各种生物，相互联系、相互影响，形成有规律的互动结构。产业群聚（industrial cluster）则是产业发展演化过程中的一种地缘现象，许多中小企业在特定地区群聚在一起，可视作一种聚集经济现象。亦即不同产业间经济活动，因投入产出的连结，而让许多厂商产生空间群聚的样貌，并藉由不同产业间的需求而让彼此均能获得利益。

Porter 认为产业是研究国家竞争优势时的基本单位，一个国家的成功并非来自某一项产业的成功，而是来自纵横交织的产业群聚，故提出产业群聚的概念，指在特定领域中，一群在地理上邻近、有交互关连的企业和相关的法人机构，透过产品和信息的流通，使彼此的共通性和互补性相连结（Porter，1990：193）。因此 Porter 在其所著的《竞争论》中，将产业群聚的定义为"在某特定领域中，一群在地理上邻近、有交互关连的企业和相关法人机构，并以彼此的共通性和互补性相连结。产业群聚的规模，可以形成一个联系单一城市、整个州或国家，甚至是一个联系邻近国家的网络"（Porter，2001：236－237）。

Porter 认为某国的某产业特别具有竞争力，乃是因为该产业与相关厂商集中在某个特定区域，形成群聚现象。换句话说，群聚有利于区域和国家获得竞争优势，产业群聚能够作为获得雇员、供货商、专业化信息和公共物品的更好途径。而群聚内厂商更可因为彼此的合作与竞争而赢得互补性，产生更好的创新和发展动力。一个国家或地区，能否成为某产业的发展基石，必须仰赖某些特殊的禀赋，进而使该产业形成群聚。所谓的特殊禀赋，包括"生产因素"、"需求条件"、"相关产业和支持产业的表现"以及"企业的策略、结构与竞争"等四个环境因素，以及"政府"与"机会"两大变量。Porter 将此结构定义为"钻石体系"（the diamond model）（图 3）。以下分别简述各项因素之内容（Porter，1990：105－187）：

生产要素乃是一个国家在特定产业竞争中有关生产方面的表现，包含基本的生产要素，如低廉的土地、劳力与资本，以及进阶的生产要素（advanced factors），如高素质人力、成熟市场环境与高效安全的基础建设等。两者在不同的国家发展阶段中，扮演着重要角色。

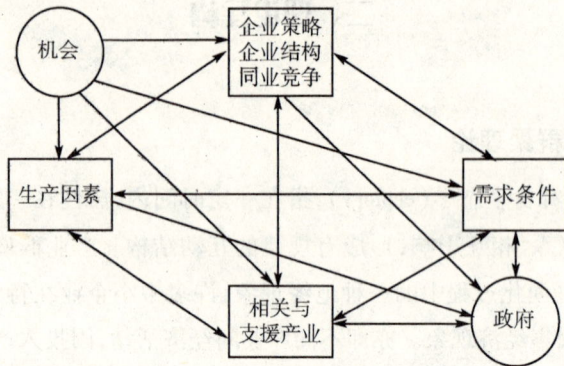

图 3　完整的钻石体系
资料来源:Porter,1990:186

群聚产业的相关产业和上游产业是否具有国际竞争力,则是形成产业聚集网络的主要互动力量。相关产业因为产业价值相近,可以合作、分享信息,甚至在计算机、设备和应用软件等方面亦能互补,例如复印机产业和传真机产业的技术大部分重迭。支持产业则是上下游相对应的服务性产业,如物流、仓储、展售、顾问、学术与研究机构,甚至相关公共服务组织,其成熟度与专业程度,都会影响产业群聚的表现。

企业策略、结构与竞争对手,代表企业在一个国家的基础、组织和管理形态,包含如何创立、组织、管理公司以及竞争对手的条件如何等。企业的目标、策略和组织结构,会随产业和国情的差异而有所不同,如意大利具有国际竞争优势的企业,大多是小型规模、私人经营,甚至具家族渊源的公司。德国企业的组织和管理则呈现科层、严谨、稳定的产业文化。至于当地同一产业的激烈竞争,则会促使企业降低成本、提升质量、鼓励差异化创新,亦有助于产业群聚竞争优势的强化。

机会的产生,会影响产业竞争的情况,因为它会打破原本状态,提供新的竞争空间,例如基础科技的创新发明、传统技术出现断层、全球金融市场重大变化等,都是典型的机会变量。

政府在钻石体系中,同样地扮演影响产业发展的角色,关键在于政府所制定之公共政策,而公共政策亦会受到其他因素的影响。

钻石体系的基本目的就是推动一个国家的产业竞争优势趋于群聚式分布,呈现由客户到供货商的垂直关系,或由市场、技术到营销网络的水平关联。钻石体系攸关国家竞争优势,其核心为"投资"和"创新",客户、供货商和关联产业之间绵密流通的需求和技术讯息,更是国家钻石体系和产业群聚的运作基础(Porter,1990:217 - 255)。

根据 Porter 的看法,产业群聚之所以有助于区域或国家竞争优势,大体上有三个原因。首先,产业群聚内的企业或厂商,可以透过群聚竞争网络活动而提升生产力,而生产力为竞争力的关键;其次,群聚内的网络参与者因为各种资源、知识、信息、技术的便利可及性,亦有助于创新条件与能力的提升;第三,现存群聚网络提供新公司形成的有利基础,企业间密集的接触与相互刺激,有助于合作与良性竞争的企业精神在此发挥效用(Porter,1998:80;Hospers,2006:6 - 7)。①

## (二) 地方营销理论

随着企业经营范围与规模的扩大,伴随之社会责任亦不断增加,营销观念不再局限于一般企业活动。Kotler & Levy 将营销活动界定为一种广泛的社会活动,并扩大其应用范围至政府及非营利组织上(Kotler & Levy,1969:10 - 15)。营销概念持续扩大,随着社会营销(social marketing)概念的出现而确立。社会营销的概念由 Kotler & Zalman 于 1971 年提出,主张社会营销是一种为了增加群体对社会理念的接受度,所设计、执行、控制的方案计划。此外,他们认为企业体应同时兼顾与衡量顾客需求的满足、公司利润的创造,以及社会福祉的提升等三方面的关系(Kotler & Zalman,1971:3 - 12)。

承继着社会营销的潮流,公部门营销逐渐受到重视,营销学大师 Kotler 认为:"对于那些想要满足民众需求以及传递真正价值的政府机构来说,营销是最佳的计划平台。营销的核心考虑在于制造目标市场所重视的成果。营销是一种以民众为中心的方法,用来帮助传达民众的抱怨、改变他们的感受以及提升政府机构自身的表现。"(Kotler,2007:71 - 74)地方营销便是将公部门营销的服务与目标团体缩小化。营销学大师 Kotler 继社会营销概念后,观察与分析世界各国都市间竞争经验,提出地方营销的新观点。他主张将地方视为一个市场导向的计划,以策略性地方营销(strategic place marketing)来活化地方经济,经由公私协力(public - private partner-

---

① 亦有研究认为,产业群聚对于区域竞争优势提升并没有明显的关系,Brenne 以德国境内长期存在的产业群聚作深入比较分析,认为产业群聚经常被假设对于地方经济表现有正面影响,如具有较低的失业率、较高的所得等。然而部分研究发现这些效应会随着时间逐渐减弱,反而对于新科技领域长期发展造成阻碍(Brenner,2006:1323 - 1325)。

ship)合作来营销地方产品与服务,①以吸引企业、投资者、观光客等地方购买者至当地投资与消费。在地方营销过程中,亦需进行环境评估、地方远景建构、订定短程和长程计划,来繁荣地方发展,使其能更有效率地满足与吸引既有与潜在的目标市场(Kotler,1993:14-45)。

此外,Kotler特别提出策略性地方营销之概念与过程,包括地区审查(place audit)、建构愿景与目标(vision and objectives)、策略形成(strategy formulation)、行动计划(action plan)、执行与控制(implementation and control)等五阶段(如图4),无论是单一政府、多元政府、公私协力或是由政府授权私部门进行策略性地方营销,都必须要经过这五个阶段,目的是将地方营销的行动计划与地方发展目标、愿景相整合(Kotler,1993:80-81)。

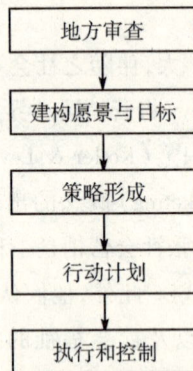

```
┌─────────────┐
│   地方审查   │
└──────┬──────┘
       ↓
┌─────────────┐
│ 建构愿景与目标 │
└──────┬──────┘
       ↓
┌─────────────┐
│   策略形成   │
└──────┬──────┘
       ↓
┌─────────────┐
│   行动计划   │
└──────┬──────┘
       ↓
┌─────────────┐
│  执行和控制  │
└─────────────┘
```

图 4　策略性地方营销之过程
资料来源:作者自绘

综上所述,本论文将地方营销定义为"地方政府利用营销概念与技巧,并辅以公私协力合作或授权私部门组织,进行地方营销计划与策略规划,将地方营销计划与地方愿景相结合,从事吸引外资、强化地方建设、促进地方产业发展、建立地方品牌与形象等相关活动"。地方营销主要行为者遍布地方各层级,但该如何管理这些来自不同层级的行为者、整合不同利益团体意见与诉求,势必要运用治理概念与机制以建构整体政策与推动网络。

---

① 公私协力是指政府、企业、第三部门与民众共同合作的状态,是指一种将私部门参与公共事务地位予以重构的论述。公私部门对公共事务的关系由上对下、单向的关系,调整为对等、互惠的合作、共同参与以及责任分担之关系。其合作形态会因合作事务性质而有所不同,但其基本精神皆为分享资源、增进效益。

### （三）地方治理理论与网络治理

治理概念企图说明在快速变迁的社会发展中，全球、国家、地方、小区、组织发生的变化，阐释当代国家与社会间关系的新结构形态，促进传统科层体制、官僚制度的改革，建构分权、参与、多元的新公共政策体系。治理概念引伸出"善治"（good governance）的目标，用以表达国家、公民社会与私部门三种社会角色彼此合作的一种状态，（Lilith Schärer，2007：6），根据善治原则，三种角色的合作关系详见图5。换言之，这三种角色的合作状态应建立在课责、透明、效率与效能、参与、法制与公平的基础上。

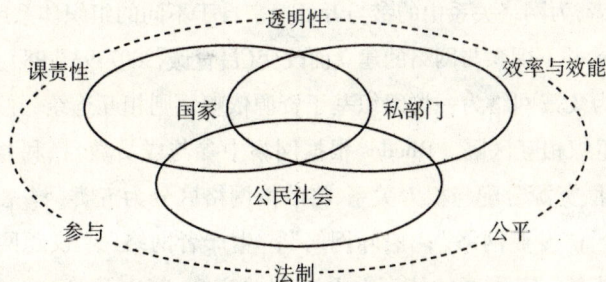

图5　善治原则下三种角色的合作关系
资料来源：Lilith Schärer，2007：14

联合国开发计划署（the United Nations Development Programme，UNDP）认为治理是政治、经济与行政权力在国家公共事务管理上的运作途径，包含复杂的机制、过程、关系与机构，透过这样的途径可以让国家机构、公民社会代表与私部门等行为者，表达自身利益、行使自身的权利与义务，并且得以调解彼此之间的差异性。治理可以在正式或非正式（基于人际的信任）的规则下，进行管理与执行作为（Lilith Schärer，2007：5）。

治理若从"地方"公共事务角度来看，由于地方政府更直接面对民众，且必须处理地方系络问题的多元性与复杂性，迫使地方政府需要进行更多元的考虑。地方治理中互动的行为者，不再只是地方与上级政府之间控制、监督、侍从或对抗的垂直关系，而是地方与上级、地方与地方、地方与次级地方机关间（sub local authorities）的互动关系。除了政府建置间的互动关系外，尚且包括社会行为者（social actors）。这些社会行为者包括地方的专业协会、非营利组织、公益组织、志愿团体、受委托执行公权力者、政府采购缔约者等，透过这些社会行为者在公共决策与公共服务提供所扮演的局部优势,以政府为中心向外延展,扩大服务半径,最后形成兼具广度与深度的网络(赵永茂,2005:24 - 25)。

综合上述的讨论,本文将地方治理界定为"在一定贴近民众的多层次地理空间内,地方政府与社会多元相关参与者间,利用沟通、协调之互动机制,形成特定政策方向,并共同处理地方公共事务运作的过程"。

网络(network)则是串连起地方治理多元相关参与者的一种形式,网络关系不仅是一种静态的形式而已,更值得注意的是其动态特性,包括合作互惠、资源共享、发挥专长、互利互惠等。网络关系类似公共管理概念中,在组织内部营造的团队,亦即组织成员在既有法定职责上,进一步建立彼此承诺与信赖感,从而形成个人与组织间的双赢效益;所不同者,为网络关系中的参与者可能来自于不同的组织体系或部门,且彼此原有地位与职责,并不因参与网络的建立而改变(吕育诚,2007:93 - 98)。

Rhodes 认为政策网络为一群组织基于资源依赖原则相互连结,并藉此资源依赖关系与其他群组织相互区隔。Rhodes 根据网络中参与成员数目、利益种类、互动频率、共识、持久性、资源分配与权力关系,将政策网络区分为五类(详见表1),依序分别为"政策社群";"专业网络";"府际网络";"生产者网络";"议题网络"。这五种类型的成员皆具有一定程度的依存关系与利益交换,其中政策社群的结构最为严密、关系最稳定,议题网络成员的关系则较为松散(Rhodes,1992:13 - 14;249 - 268)。藉由政策网络的概念,Rhodes 认为中央与地方政府不再是一对一的"权力互赖"关系,而是群体对群体的"资源互赖"关系[1],在发挥本身特有功能为核心的基础上,一方面共同配合以期落实政策;另一方面则在各自的政策社群中,整合不同成员的资源。

表1　政策社群与政策网络:Rhodes 模型

| 网络的类型 | 网络的特征 |
| --- | --- |
| 政策社群 | 稳定、高度受限的成员、垂直互赖、有线的水平连结 |
| 专业网络 | 稳定、高度受限的成员、垂直互赖、有线的水平连结、为专业利益服务 |

[1] 解释网络行为的学派有二,权力依赖论和理性选择论,在权力依赖论方面,学者 Gerry Stoker 指出,治理作为一组机构和行动者,虽然出自于政府,却也超越政府统理的范围,这些机构彼此间是权力依赖的,并且形成各类自主和自我治理的政策网络。在理性选择学派方面,论者认为,促使组织间相互依赖的元素不是权力,而是各类资源。理性选择论者强调网络比市场和层级节制更具优势,因为在日趋复杂和动态的环境中,层级节制的协调机制难以发挥作用,而在市场失灵的情况下,解除过度管制作用亦属有限。唯有政策网络才能成为治理的主要工具,为各类资源互赖的行动者提供有效的水平协调机制(Stoker,2000:12 - 17)(刘坤亿,2002:64)。

续表

| 网络的类型 | 网络的特征 |
|---|---|
| 府际网络 | 有限的成员、有限的垂直互赖、广泛的水平连结 |
| 生产者网络 | 变动的成员、有限的垂直互赖、为生产者服务 |
| 议题网络 | 不稳定、拥有广大的成员、有限的垂直互赖 |

资料来源:Rhodes,1992:14

除了用来解读中央与地方政府关系外,网络本身也可代表特定治理形式,Considine &Lewis 在研究澳洲地方政府公务员,面对内外环境变化所实行的变革模式时,则将网络视为四种可能途径之一。[①] 网络途径的产生背景,由于公共政策决定与执行过程的多元参与,以及在现在组织运作过程中,除了考虑层级权威外,也常要考虑弹性专业的"非层级控制与交换体系",基层人员在此途径下,将形成一套特有的行为规范与工作目标。2003 年,Considine and Levis 二人进一步将网络概念与治理结合,成为"网络治理",认为网络治理主要在强调弹性与合作的特质,也就是超越政府本位思维,转而以民众需求为中心来调和政府的内在与外在环境(Considine & Lewis,2003:133)。

Sørensen 和 Torfing 进一步认为,网络治理可说是今日"多层社会"环境中,进行民主决策时可实行的原则。由于传统代议制度不足以反映环境中不同成员的动态特质,故实行网络治理在于使决策更能响应社会需求与特性(Sørensen & Torfing, 2005:203)。

网络治理的概念正可呼应产业群聚中厂商、相关与支持产业、与政府间的互动与需求;而对于地方营销行为中不同层级、不同功能的公私部门行为者,藉由网络治理结构与机制,可形成沟通平台与常态性对话机能。这样的概念将有助于产业群聚与地方营销各行为者之资源交换,在网络结构中产生互赖、非零合赛局的互动关系,而一般而言,网络中各参与节点的联系愈频繁,对绩效与治理效果亦愈有正面的影响。

---

① 其他三种途径分别为"程序的"(procedural)、"法人的"(corporate)、"市场的"(market),每类都代表各类基层人员可能实行的行为模式(Considine & Lewis,1999:468)。

# 三、桃园县光电产业群聚现象分析

平面显示器产业在桃园表现卓越,其中以友达光电与中华映管为领航公司,加上胜华科技的进场,共同带动桃园县内光电产业群聚之发展。

## (一) 友达光电

桃园县是友达进驻的第二个据点,友达前身达碁科技属于宏碁集团旗下之子公司。1989 年宏碁集团于桃园县龙潭乡三和村与高原村台地上,选定一面积 172 公顷之土地,推动建设第一个由民间投资开发的园区。达碁科技则于 1999 年 8 月进驻龙潭渴望园区,动土兴建时为台湾首座 TFT LCD 第 4 代工厂。2003 年 3 月开始量产,2004 年 2 月龙潭渴望园区的第二座 5 代厂亦随之量产,友达光电在桃园县的光电版图正式底定。

2006 年 4 月 7 日,友达光电与广辉电子考虑到竞争绩效与获利表现,[1]宣布两家公司合并,友达光电为存续公司,广辉电子为消灭公司。合并后,友达光电进一步将桃园县光电产业群聚版图,扩大到原广辉电子总部龟山乡华亚科技园区的 3.5 代厂与 5 代厂,以及新竹科学园区龙潭基地的 6 代厂,经两次合并后,友达光电在桃园的产业群聚更显完整。友达光电于桃园县面板厂分布现况如表 2 所示。

表 2　友达光电在桃园县面板厂群聚现况

| 地理位置 | 厂名 | 世代产线 | 玻璃基板尺寸(mm) | 量产时间 | 月产能(sheets) |
|---|---|---|---|---|---|
| 龟山乡 华亚工业园区 | L3D | 3.5 代 | 620 × 750 | 2001 年 12 月 | 25,000 |
| | L5D | 5 代 | 1100 × 1300 | 2003 年 10 月 | 70,000 |
| 龙潭乡 渴望园区 | L4A | 4 代 | 680 × 880 | 2001 年 2 月 | 60,000 |
| | L5A | 5 代 | 1100 × 1250 | 2003 年 3 月 | 50,000 |
| | L5B | 5 代 | 1100 × 1300 | 2004 年 2 月 | 70,000 |
| 龙潭乡 新竹科技园区 龙潭基地 | L6B | 6 代 | 1500 × 1850 | 2005 年 8 月 | 90,000 |

资料来源:作者自绘,友达光电网站。[2]

---

[1] 广辉电子成立于 1999 年,由林百里创办的广达计算机所投资成立,主要生产 TFT - LCD 面板,设厂原因是因为广达计算机生产笔记型计算机,为有稳定的 TFT - LCD 面板供应,因此与日本的夏普(SHARP)公司技术合作成立生产面板的工厂。

[2] 友达光电网站,检阅日期:2008 年 2 月 20 日,http://auo. com/auoDEV/about. php? sec = tftLcdFabs&ls = tc。

除了这六座面板厂外,基于成本管控上能够更具竞争力,友达亦致力于关键零组件的整合与布局,以重质整合模式供应当地面板厂就近使用。故友达光电在龙潭渴望园区内已设有一座背光模块厂,与一座 5 代彩色滤光片厂。此外,为配合三座面板厂的生产,在龙潭科技园区,亦设有一座背光模块厂搭配当地的六代厂的生产。

## (二) 中华映管

桃园县光电产业群聚现象的另一龙头厂商为中华映管,该公司于 1971 年在桃园县成立,隶属于大同集团旗下,为台湾第一家引进映像管技术的厂商。1994 年与日本东芝(Toshiba)公司进行 LCD 技术合作签约,并于 1995 年投入生产。1997 年为了因应产品平面化需求,中华映管与三菱 ADI 公司进行技术移转,率先引进大尺寸 TFT LCD 量产技术,并于桃园县八德市兴建第一座 TFT LCD 第三代厂,[①]1999 年正式量产。2000 年同样于桃园县八德市兴建第二座 TFT LCD 第四代面板厂,并于 2001 年开始量产。到了 2003 年,中华映管赴桃园县龙潭乡,成立龙潭光电园区,两座 4.5 代面板厂开始量产,到了 2005 年第 6 代龙潭二厂亦开始量产。中华映管于 2006 年营业额为 1,245 亿新台币,2007 年因 TFT LCD 需求持续增加,加上产能提升与成本降低,2007 年营业额成长 26%,达到 1,596 亿新台币。[②] 有关中华映管于桃园县之面板厂分布现况如表 3 所示。

**表 3　中华映管在桃园县面板厂群聚现况**

| 地理位置 | 厂名 | 世代产线 | 玻璃基板尺寸(mm) | 量产时间 | 月产能(sheets) |
|---|---|---|---|---|---|
| 桃园县 | T1 | 3 代 | 550×670 | 1999 年 5 月 | 40,000 |
| 八德市 | T2 | 4 代 | 680×880 | 2000 年 | 72,600 |
| 龙潭乡<br>龙潭光电园区 | L1A | 4.5 代 | 730×920 | 2003 年 6 月 | 90,000 |
| | L1B | 4.5 代 | 730×920 | 2004 年 | 90,000 |
| | L2 | 6 代 | 1500×1850 | 2005 年 1 月 | 90,000 |

资料来源:作者自绘,中华映管网站。[③]

---

[①] 华映、凌巨公司 11 月共同宣布签订策略联盟契约书,华映以 65 亿元出售一条三代线给凌巨,而华映拟取得凌巨 1/3 股权。双方预计在明年(2009)第一季完成此合并案,合并后的新凌巨在取得产能之后可望在 2 年之内,挑战全球前三大专业中小尺寸面板厂,显见华映深耕中小尺寸面板的企图心(工商时报,2007/12/31)。

[②] 中华映管网站,检阅日期:2008 年 2 月 22 日,http://www. cptt. com. tw/cptt/chinese/index. php? option = com_content&task = view&id = 410&Itemid = 133

[③] 中华映管网站,检阅日期:2008 年 2 月 22 日,http://www. cptt. com. tw/cptt/chinese/backend/files/CPT07Q4. pdf。

近年来华映持续开拓中小尺寸面板，像是数字相框、可携式 DVD 播放机、低价计算机与可携式导航装置等。甚至推进缩减液晶电视面板的出货，以六代线约三分之二的产能积极移转抢占 19 至 22 吋监视器面板市场（何孟颖，2008：36）。除了桃园县的五座面板厂外，中华映管基于供应链布局的完整性，于 2004 年在杨梅建置一座 4.5 代、一座 6 代彩色滤光片生产线，加速整合资源以提高产能。此外，为了因应外来专利侵权的威胁，华映于 2002 年 9 月在龙潭光电园区内，成立企业研发设计中心，命名为"中央研究院"，作为华映未来平面显示器关键技术的育成中心。

### （三）胜华科技

除了友达光电与中华映管两家大型光电公司之外，桃园县原有另外一家光电面板厂商瀚宇彩晶，但因高附加价值面板策略失利，导致 2005 年至 2007 年第二季连年亏损，因此亟需积极转型。于是将资源聚焦于发展自有品牌，退出中小尺寸面板市场，分别于 2006 年 9 月与 2007 年 12 月，以 61.32 亿与 90 亿新台币的价格，将位于杨梅镇的两座 3 代面板厂卖给胜华科技（经济日报，2007/8/11）。

1990 年 4 月成立于台中县潭子乡台中加工出口区的胜华科技，主要生产中小型的液晶显示面板，擅长的领域在于 STN LCD 模块，以及 TFT LCD 中、后段模块制程，客户遍及国际各大手机厂商。根据美国 DisplaySearch 发布的 2007 年第三季中小型面板市场调查结果，胜华科技在 2007 年的供货量首次位居榜首，高达 4 亿 7 千多万片，占全球市场比率达 14.2%。[①] 为了因应产能扩充与客户发展，以及 TFT 面板逐渐成为手机主流屏幕等多重因素，该公司并购买 TFT LCD 面板厂，用以补足原本独缺的前端制程，创下 STN LCD 厂商买下 TFT LCD 面板厂的先例。而三代厂的产量亦足以提供小尺寸面板的产量，因应胜华科技长期发展的需求。有关胜华科技于桃园县之面板厂分布现况如表 4 所示。

---

① 检阅日期：2008 年 2 月 22 日，
　http://www.displaysearch.com/cps/rde/xchg/SID - 0A424DE8 - 2BF0DBF0/displaysearch/hs.xsl/quarterly_small_medium_lcd_shipment_and_forecast_report.asp。

表4　胜华科技在桃园县面板厂群聚现况

| 地理位置 | 厂名 | 世代产线 | 玻璃基板尺寸(mm) | 量产时间 | 月产能(sheets) |
|---|---|---|---|---|---|
| 桃园县杨梅镇 | Ⅰ | 3代 | 550×650 | 2000年第1季 | 50,000 |
| | Ⅱ | 3代 | 550×650 | 2001年第2季 | 50,000 |

资料来源:作者自绘,胜华科技网站①

总结以上友达光电、中华映管与胜华科技等三家光电面板厂的发展概况,目前桃园县内共有13座光电面板厂,占全台29座光电面板厂中约45%;而友达光电、中华映管、胜华科技等知名面板厂商,甚至在2007年创造年总产值近7000亿新台币,占全台湾平面显示器产业产值44%以上,更占桃园县工业产值1/4以上。是故桃园县为光电显示器产业高度集中地与全世界生产面板最密集的地区。

## (四) 其他关键零组件厂商

除了面板厂设置以外,关键零组件产业在桃园县的投资设厂,亦是促使光电产业群聚现象的成形的因素之一。就液晶材料而言,台湾默克光电科技公司(Merck Display Technologies Ltd.)1994年在桃园中正国际机场附近的观音工业区设厂,建立台湾第一条氧化铟锡(ITO)溅镀光学膜生产线。2005年12月7日,更扩大成立"液晶生产暨研发中心"(Liquid Crystal Center Taiwan,LCCT)。② 其次就偏光板而言,台湾第一大厂力特光电1998年在平镇市成立;友达转投资的达信科技2003年在龟山乡龟山工业区成立。另外还有恩茂科技与志翔科技分别坐落在中坜市与杨梅镇。而彩色滤光片的材料方面,除了友达与华映因系内制化因此分别于龙潭乡、杨梅镇设立彩色滤光片生产线。此外,位在平镇市进行彩色滤光片研发、制造与销售的展茂光电,则因财务危机因素,一度面临倒闭与停工,现则将3.5代与4代线机器设备,分别租售予百倍光电与统宝光电;③驱动IC材料方面,羽泽光电与佳胜科技等,亦分别设厂于桃园县观音乡与龟山乡;背光模块材料方面,除了友达光电于龙潭科技园区、渴望园区各设有一座背光模块厂外,另有科桥电子、振维电子、本盟光电、茂

---

① 胜华科技网站,检阅日期:2008年2月22日,
　http://www.wintek.com.tw/chinese/report/2006AnnualReport.pdf。
② "经济部"投资业务处"中华民国"招商网,《默克光电液晶生产暨研发中心落成典礼》,检阅日期:2008年2月22日,http://investintaiwan.nat.gov.tw/zh-tw/news/200512/2005120701.html。
③ 展茂股东员工及债权人自救会网站,检阅日期:2008年2月22日,
　http://amtcsos.smartweb.tw/index.php? module=news&mn=1&f=content&id=3663。

林光电等,亦分别设立于杨梅镇、芦竹乡、平镇市与中坜市,就近供应下游面板厂商。换言之,除了 TFT LCD 产业面板与关键零组件外,光电产业在桃园县共有近 200 家零组件厂商,[1]展现高度的产业群聚现象与效应(effect)。

### (五) 群聚竞争力分析

#### 1. 生产因素

##### (1) 人力资源

桃园县的人力资源相当丰沛,县内共有 15 所大专校院,其中许多院校专设光电相关科系或研究所,亦有相关光电课程的开设,故就光电人力资源培育的部分,这些在地(local)大专院校可谓贡献至巨。此外,基于桃园县地理位置介于台北与新竹之间,亦有利于吸收其光电产业人力资源。

此外,台湾每人劳动生产力的成本相对于日、韩为低,尤其是制造业劳动报酬水平不如日本,虽与韩国在伯仲之间,但后者呈现成长趋势,台湾则是缩减现象,故在考虑每人劳动报酬水平大致反映劳动的生产力情况下,光电产业在台湾仍有较大的劳动生产力优势,桃园县亦是如此。

##### (2) 天然资源

土地的取得、水力及电力的提供,对于光电产业来说是相当重要的基础资源,在庞大的土地需求下,桃园县政府合理检讨释出农地、解编山坡地,协助厂商取得土地以尽速建造厂房。除了土地的选择外,还必须为日后断水、断电所带来的危机与严重损失预作防范措施。台电公司在桃园县大溪镇已有石门、义兴 2 座水力发电厂,大园及观音乡有 2 座风力发电厂,大潭 1 座风力发电厂,另在观音乡亦设置 1 座大潭火力发电厂;此外,县内另有长生火力电厂及国光火力电厂等 2 家民营电厂(桃园县政府工商发展局,2006:51)。至于用水方面,桃园地区公共给水涵盖生活及工业用水,主要系由台湾省自来水公司第 2 区管理处供应,第 12 区管理处(板新场)支持;另外主要净水场则有大湳、石门、平镇及龙潭等 4 处。[2]

##### (3) 知识资源

如前所述,华映在龙潭光电园区内成立"中央研究院",作为华映未来平面显示

---

[1] 参考104 人力银行黄页网站,检阅日期:2008 年 2 月 28 日,
http://www.104info.com.tw/search_comp.cfm? key = % E5% 85% 89% E9% 9B% BB。

[2] 桃园县政府工商发展处——桃园县产业文化馆网站,检阅日期:2008 年 2 月 28 日,
http://taoyuanind.tycg.gov.tw/02 - discover/09_main1.asp。

器关键技术的育成中心。德商默克集团在台子公司默克光电科技（股）公司亦在桃园观音工业区成立"液晶生产暨研发中心"，是继日、韩之后，默克集团设立的第三个液晶生产暨研发中心的国家和地区。这些研发中心的设立，皆有效累积桃园县光电产业群聚知识资源。

（4）资本

光电产业是一资本密集的产业，需要丰沛的资金作为后盾，提供建造次世代产线的能量。尤其新世代厂房的投资金额日益庞大，以一条 6 代厂生产线为例，总投资金额就约 800 亿新台币，7.5 代厂的投资额更突破 1,000 亿新台币（经济日报，2004/8/18），与半导体产业中一座 12 吋晶圆厂的投资额相当，放眼各高科技产业，很难找到需要如此庞大投资额的科技产业。在台湾除了可透过集中市场筹措资金以外，亦可透过发行存托凭证、公司债，或者藉由私募、银行联贷的方式等来募集资金，资本资源取得较无障碍。

（5）基础建设

就运输系统方面，桃园县由"一机二港三高三快四铁五省道"构成桃园县绵密的交通路网。一机代表台湾桃园国际机场；二港则是台湾桃园国际机场、桃园国际港；三高代表中山高速公路、北二高与国道二号机场联络道；三快包括了东西快速道路、西滨外速道路以及联系高铁的南北快速道路；四铁则有高速铁路、台铁纵贯铁路、机场捷运系统、机场到青埔车站到桃园捷运系统；五省道包含台一线、台三线、台四线、台七线以及台十五线（桃园县政府工商发展局，2006：52－53）。未来机场捷运、台北与桃园捷运线以及高铁周边交通的开发，将使桃园县运输系统更加畅行无阻。

除了绵密的交通网，基于桃园国际机场位于东南亚、东北亚"黄金双航圈"之中心，具有绝佳的优势发展国际航空城。桃园县政府近年来规划与推动"航空城自由经贸园区"，有助于运用人员与货物之流通，结合周边产业园区之运作以获得腹地支持，使得运输与产业发展相辅相成，进而带动光电产业群聚与发展。

2. **产业特殊需求条件**

在中小尺寸面板市场部分，TFT LCD 已渐渐取代 TN/STN LCD 成为手机面板的主流；另外加上由于数字相框、手持式卫星导航装置、低价计算机、MP4 播放器与车用电视等消费性电子产品的兴起，对于 5 至 8 吋中小尺寸面板的需求大增。促使面板厂自 2007 年开始，不但利用既有 3 代、4 代厂切割中小尺寸面板，连带着开始利用 5 代厂切割中尺寸面板，使得原本在 5 代厂进行切割的液晶监视器面板产能受到排挤,而将部分产能移至 6 代厂进行生产。此外,胜华科技取得瀚宇彩晶的两座 3 代厂,就是为了确保中小尺寸手机面板来源所实行的策略。

### 3. 相关支持产业

在玻璃基板方面,由于玻璃基板属于寡占市场零组件,基于技术门槛的要求,目前还是向位于台中科学园区的美商康宁、云林科技工业区的日商旭硝子,以及台中县梧栖镇的日本电气硝子分别购买,与桃园县的群聚关系不大。彩色滤光片方面,友达在龙潭渴望园区以及杨梅各有一座 5 代彩色滤光片厂,另有友达购买之达虹科技供应,华映则在杨梅设有一座 4.5 代、一座 6 代彩色滤光片厂,自行生产彩色滤光片。偏光板部分,友达转投资位于龟山乡的达信科技,提供充足的偏光板支持。驱动 IC 部分,友达旗下拥有位于新竹科学园区供应中小尺寸 IC 的瑞鼎科技,以及位于台北县汐止的硅达电子,华映则入股位于新竹竹北的驱动 IC 设计业者硅创电子。背光模块方面,除了友达于龙潭科技园区与渴望园区各有一座背光模块厂就近支持,位于龟山的达方科技则提供背光模块变频器(LCD TV inverter),大同旗下的背光模块厂福华电子,则理所当然地提供华映支持,华映亦是位于杨梅的科桥电子最大客户。而作为 LCD 光源的冷阴极荧光灯管(CCFL),位于新竹的威力盟电子为友达光电之合作伙伴,华映旗下则有位于新竹湖口之诚创科技作为灯管来源之布局。至于设备厂商,位于新竹的均豪精密提供友达光电制程设备,华映则是由华映与日本凸版印刷共同设立之中华凸版提供制程设备(友达与华映关键零组件布局详见表5)。

另外,由于近年来面板需求增加,导致各厂商产能无法及时因应,各面板厂商与零组件厂互相支持、协助消化订单的情况相当常见,光电群聚供应链中"没有永远的敌人",厂商相互竞争的情况下亦有合作的契机(有关亚洲各 TFT LCD 制造商关系图详见图6)。

表5 桃园县主要光电产业友达光电、中华映管在关键零组件的布局

| | AUO 友达 | CPT 华映 |
| --- | --- | --- |
| 母公司/品牌 | 明基 BenQ | 大同 TATUNG |
| 玻璃基板 | - | - |
| 彩色滤光片 | 自行生产 | 自行生产 |
| 偏光板 | 达信科技 | |
| 背光模块 | 自行生产 | 福华电子 |

续 表

|  | AUO 友达 | CPT 华映 |
|---|---|---|
| 驱动 IC | 瑞鼎科技、硅达电子 | 硅创电子 |
| 冷阴极荧光灯管 | 威力盟电子 | 诚创科技 |
| 背光模块变频器 | 达方科技 | – |
| 制程设备 | 均豪精密 | 中华凸版 |

资料来源：作者自行整理①

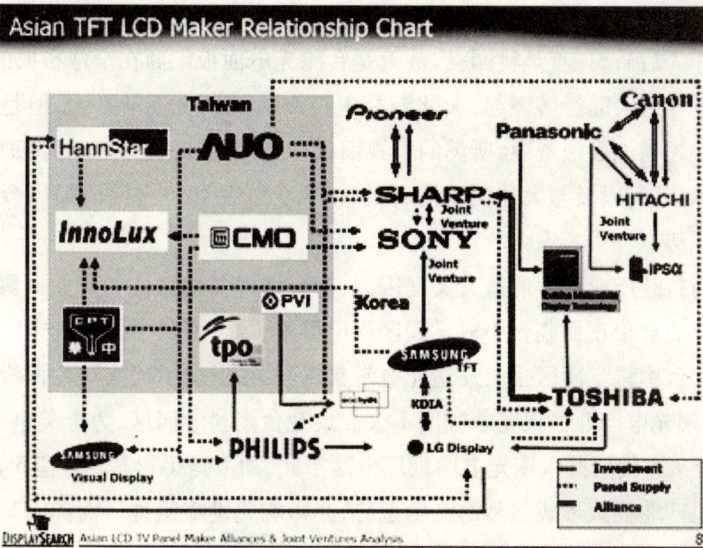

图 6　亚洲各 TFT LCD 制造商关系图

资料来源：Display Search,2008/3/19②

### 4. 企业的策略结构与竞争

就桃园县的面板厂来说,生产的主力不在大尺寸面板,而是在应用上不断推陈出新的中小尺寸面板,像是数字相框、数字相机、手机、导航系统、车用电视、低价计算机等。故不但利用既有 3 代、4 代厂切割中小尺寸面板,连带着开始利用 5 代厂切割中尺寸面板。使得原本在 5 代厂进行切割的液晶监视器面板产能受到排挤,而将

---

① 供应链之数据,必会随着时间与其他因素变动,此表为作者于 2008 年 3 月观察整理而得。
② 检阅日期:2008 年 3 月 25 日,
http://www.displaysearch.com/cps/rde/xchg/SID－0A424DE8－BF2F4A5A/displaysearch/hs.xsl/asian_alliances_and_jvs_landing.asp。

部分产能移至 6 代厂进行生产，实行以较新世代面板厂生产较小尺寸面板之策略。

至于在整体供应链的布局，由于光电面板厂加深上游材料与零组件厂的布局，使得零组件厂只好抱紧面板厂的大腿，积极争取面板厂的订单，甚至削价竞争，再加上光电面板厂商有效策略联盟，像是华映与冠捷技术合作、华映与凌巨的结盟等，使得光电面板厂在代工与面板制造的成本控制上具有相当优势。然而在品牌打造的环节上则仍略逊一筹，友达为明基友达集团旗下之子公司，提供母公司品牌明基（BenQ）液晶电视、显示器面板之供应。而华映亦提供大同（TATUNG）品牌液晶电视、显示器之面板。但无论是明基或大同，皆无法有效打进国际品牌市场，缺乏强有力的品牌作为后盾，一直是桃园县，甚至是台湾光电面板厂商在全球布局的缺憾。

至于近年来大陆经济崛起，大陆液晶电视市场规模将逐渐扩大，但是大陆电视品牌长期缺乏当地面板资源，所需的电视面板全数仰赖外购。基于台湾面板厂产能已成为全球第一，以及与大陆同文同种的优势，大陆品牌与台湾面板厂合作的策略将是一大优势。

创造与持续产业竞争的最大关键因素，为台湾内部地区性的产业群聚竞争。桃园县光电产业群聚正面临台中科学园区光电群聚，与台南科学园区光电产业群聚的挑战。然而台中科学园区是由友达光电带头进驻，系以新世代大尺寸面板为生产主力，故与桃园光电产业群聚竞争程度不大。反观台南科学园区，为奇美电子所带动，从 3.5 代至 7.5 代厂共六座光电面板厂坐落于此，加上瀚宇彩晶的一座 5 代厂，与桃园县的光电产业群聚形成强烈的竞争态势，亦影响关键零组件厂商的布局。这样的激烈竞争有助于企业进步与创新，更是一种隐形的鞭策力，甚至亦有助于促进企业国际化。近年来友达、奇美与华映不断在世界光电面板市场屡获佳绩可见一斑。

## 5. 机会

以桃园县光电产业群聚厂商而言，搭配目前桃园县 3 代厂至 6 代厂不等的生产规格，目前的机会在于中小尺寸面板市场，以及液晶电视市场的兴起。中小尺寸面板应用产品如液晶监视器、触控式面板、数字相框、数字相机、手机、导航系统、电子阅读器以及低价计算机等，其需求均持续成长，将消耗更多中小尺寸面板产能。在液晶电视市场方面，数字电视的开通，加上面板价格渐趋合理的情况下，大众对液晶电视接受度已提高许多，一波庞大的电视机换机潮已然出现，且将愈演愈烈，桃园县的光电面板厂将可活跃于 40 吋以下的液晶电视市场。

## 6. 政府

为了提升光电产业竞争力，例如政府制定"促进产业升级条例"，政策给予如营利事业所得税、营业税之减免与奖助；另外像是政府的"两兆双星计划"，将影像产业列为该计划一部分，期待在2006年产值可突破新台币一兆元，这个目标不但在2006年达成，更于2007年一举突破两兆元产值规模。而政府规划的科学园区与工业园区，更使得信息及相关性支持取得较为容易，有利于产业发展与技术的相互支持。地方政府方面，桃园县政府除了配合上级政府的招商政策外，亦提供一套周全的招商策略，吸引光电厂商投资、扩大产业群聚效应、减少光电产业在桃园县设厂投资之阻碍。可见产业群聚效应除了相关产业间的治理结构之外，亦含摄政府间的府际治理等协力因素。

# 四、桃园县政府之招商策略与地方营销

政府是否应该介入产业发展，一直是理论上争论不休的议题，由于各国资源禀赋不同，经济发展、技术、信息运用程度的差异颇大；再加上如专利、贸易保护的门槛，以及消费者非完全理性的特性，使得完全自由竞争市场难以形成。因此，条件落后的国家会希望政府协助与干预；先进国家的政府，亦会被赋予经济稳定、成长的责任，故各国政府或多或少皆须对产业发展进行不同程度的干预（黄仁德、胡贝蒂，2006：5－13）。

## （一）桃园县政府招商策略

桃园县近年来在工业产值、招商金额与税收成长能有快速的转变和成长，其背后最重要的关键因素和力量，与近几年来桃园县政府的招商政策密不可分。兹就桃园县政府近年来重要之招商作为与策略说明如下（桃园县政府，2008：23－77）：

### 1. 招商环境整备

在招商环境整备的策略上，主要包括投资招商单一窗口化与基础建设的完善。2002年3月29日，在桃园县于工商发展投资策进会成立台湾第一个"投资设厂单一窗口"，采单一窗口收件、单一窗口审查与单一窗口发照，简化、缩短申办流程。承办人可决行之简易案件，20分钟发照；科长决行之案件，30分钟内发照；如需要会勘之案件，3天内排定会勘，会勘后隔日即可发照。

对于企业的发展问题和投资需求，单一窗口透过项目召开跨局处协调会议，整合土地、环评、水保、交通、建筑和公用事业等单位举行六合一联席审议。在临柜式单一窗口的服务上,设置工商登记、公用事业、建筑管理等专属柜台。为了扩大单一窗口设置的服务理念,2002年5月,更将单一窗口移至桃园县七大工业区(大园工业区、龟山工业区、中坜工业区、幼狮工业区、平镇工业区、杨梅工业区、观音工业区),进行在地服务。2007年亦在新开发的桃园科技园区与自由贸易港区设置单一服务窗口。有关桃园县投资招商全功能单一窗口的架构如图7所示。

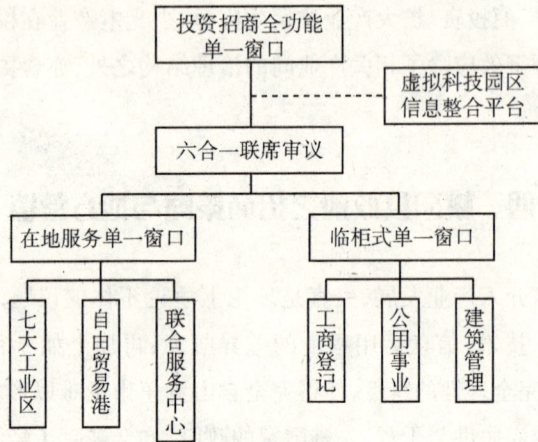

图7 桃园县政府投资招商单一窗口架构图

资料来源:桃园县政府,2008:25

在基础建设上,桃园县政府近年来致力与产业群聚钻石体系有关的交通路网与"航空城自由经贸园区"等。另外亦规划与兴建连接大台北都会区的桃园县都会区捷运路网、结合台湾通卡与悠游卡并行、建构桃园县无线宽带服务网络、六年200条道路升级为无障碍示范道路、老旧工业区再生、强化消防与医疗体系、提供稳定且多元的供水与用电方案等,皆提供企业一个完善的公共建设基础环境。

**2. 办理相关证照之效率**

该县除了审查、勘查、发件等工作,在一天内完成外,另推动"简化书证誊本",办理免付书证审查,并推行志工服务及免下车领件,以快速柜台窗口发照,结合收件挂号与收费一体,节省审议发照时间与成本。此外,桃园县政府在公文处理方面,从公文制作、收发到档案管理已全面计算机化,另完成地政、户政、工商、交通、环保与税务等E化整合系统,提供包括全台首创罚缓规费管理系统、免书证免誊本系统、在线申办整合系统等便民服务。为了真正让企业不必亲临桃园县府即能完成各项申办手续,并设置工商登记计算机语音查询系统、工商登记公示系统、传真系统、免书证誊本系统。另外,并积极推动营利事业登记在线申办档案表格下载、建筑物消防及公共安全查验网络申办等作业电子化。

为落实桃园县政府质量系统之稽核规划、执行、矫正,拟订标准化作业程序,进行内部文件编号、管制登录、追踪及保存等作业稽核。并委外诊断增修订 ISO 标准作业流程,于 2007 年 2 月更通过 ISO - 9001 之复评,作业流程标准化,用以强化审件核证速度。

### 3. 与厂商间之联系及协助作为

桃园县亦推动顾客至上,主动访视企业,提供到厂服务,表达桃园县政府的诚意与用心。主动拜访各大工业区与企业总部,了解企业的真正需求,并以"走动式管理",建立和企业真正的伙伴关系。除了每季办理服务中心、厂商协进会联系会报,主动掌握发展需求与解决产业问题外;为求更直接和产业对话,让服务真正延伸到产业第一线,更进行每季定期到区域产业据点,办理"根留桃园、开创新局"工商座谈会。由县长率同县府主管、工商发展投资策进会委员与学者,现场立即解决企业所提出的问题。

在协助厂商作为方面,桃园县政府亦努力协助各相关产业解决经营上所面临的各项问题。例如桃园县依据促进产业升级条例第五十五条的规定,设立"工业区开发管理基金",并订定"桃园县工业区开发管理基金收支保管及运用办法",组成"桃园县政府工业区开发管理基金保管运用委员会",对桃园县工业区发展提供整合性的资金协助,支持和挹注产业发展、公共建设和打造形象工作圈。而企业的成长又可增加基金和税收,达到良性循环。此外,桃园县政府为了加速推动县政建设、有效运用县有财产收益,特设立"桃园县投资开发基金",并制定"桃园县投资开发基金收支保管及自治条例"。[1] 该基金的成立可突破法令限制及单位本位主义,藉由专业评估增加现金投资管道及不动产之处理,一方面创新桃园县县有财产,另一方面亦可挹注企业。

对于协助厂商设厂用地之取得方面,桃园县政府为有效开发位处山坡之工业开发用地,透过项目办理山坡地解编,释出设厂用地,亦辅导未登记工厂寻觅工业用地,以进行迁厂作业。此外,积极解决业者设厂时,需要办理之水土保持及环境影响评估的冗长作业程序,并解决五年才可列入通盘检讨的建蔽率、容积率、高度限制等

---

[1] 有关桃园县投资开发基金收支保管及自治条例之内容,详见桃园县政府入口网站,检阅日期:2008 年 4 月 5 日,ht-tp://www.tycg.gov.tw/main/law_detail.aspx? sn = 565。

不合理现象(桃园县政府,2005:34 – 35)。

在产官学合作方面,县府亦联合县内大学之育成中心,将研发技术移转予产业运用,协助企业技术升级和转型,增加市场附加价值和竞争力。此外,办理大型征才活动,协助厂商征才与县民就业;各工业区内亦设置就业服务台,以便媒合人才。针对劳资纠纷问题,则委托中介团体协调争议,召开劳资争议协调会,落实诉讼以外的争议解决制度。

### 4. 招商配合度

桃园县主动推动招商策略、排除投资障碍,积极争取国际知名产业与厂商来访投资,每年皆安排世界各国之商务代表访问桃园。此外,为配合台北的整体产业政策,争取世界各地台商回流,举办台商参访活动,吸引投资桃园。更进一步,为有效引进国外重要企业投资,甚至由县长亲自率团赴国外访问,考察当地工商产业,积极宣传桃园投资环境,争取外商前往桃园投资。

桃园县政府于 2004 年 7 月 14 日,订定公布"桃园县奖励投资补助地价税房屋税自治条例",针对新兴重要策略性产业与国际观光旅馆,于投资设厂前两年,对地价税及房屋税予以全额补助;第三年至第五年则予以补助 50% 。惟此条例特别针对"投资人"作更进一步之定义,特指于桃园县新设或增设之"新兴重要策略性产业"或"国际观光旅馆事业",具有对特定产业发展之考虑。针对上述自治条例,桃园县政府续于 2004 年 11 月 22 日,颁布"桃园县奖励投资新兴重要策略性产业补助地价税房屋税作业要点"与"桃园县奖励投资国际观光旅馆补助地价税房屋税作业要点",提供地价税与房屋税的补助(桃园县政府工商发展局,2006:56 – 57)。此外,桃园县亦推动林口特定区(龟山乡内部分)产业引进税捐减免奖励策略性产业投资,对厂商投资之机器、设备、建筑物厂房资金成本,于总金额 20% 以内,得分四年抵缴业者之营利事业所得税。这些奖励措施桃园县政府除主动到厂倡导外,并运用新核准工厂登记之电子文件与纸本申请数据,主动电话联系辅导企业办理。

### 5. 工商尊荣服务

因应桃园县前两代招商策略,满足企业设厂所需、降低经营成本外,进入第三代的招商作法,在于让厂商感受被重视、认同与尊荣。2007 年桃园县政府特别将全功能柜台再升级为"工商尊荣服务 1、2、3",导入一系列长荣航空及雅闻专业礼仪训练,建置一对一服务专区并配置专业服务之"工商接待专员",导引接待之专属地区一贯服务,树立服务新形象。

此外,为了产业的永续发展,桃园县政府积极与企业共享成就,鼓励投入公益,并协助公益团体,倡导公益服务,使与桃园政府成为伙伴关系。并有效运用回馈金,统筹运用于造林,加强山坡地保育,让企业知道桃园县政府推动绿化环境政策。藉由与企业紧密的连结与互动,携手合作共同营销桃园品牌。

### (二)桃园县政府招商政策之地方营销途径分析

#### 1. 建构远景与目标

#### (1)营销目的与目标

桃园县地方招商的远景与目标,在于提升桃园县地方经济发展、县民就业机会与县府财政收入。焦点则放在招商环境的整备、提升办理相关证照之效率、积极从事与厂商间之联系与协助作为、提高招商配合度,以及提供工商尊荣服务等四大招商指标。

#### (2)目标对象

对于桃园县的招商政策,其目标对象乃是欲投资、设厂的产业厂商群,并未特定针对个别产业量身订作招商计划。然针对招商策略中的租税奖励措施,似乎可以窥见桃园县招商的目标对象,系以"新兴重要策略性产业"及"国际观光旅馆"为主。另外,基于桃园航空城计划所规划之八大园区,则以精致农业、物流业、休憩观光业、航天产业等,作为招商之目标对象。

#### (3)市场定位

以桃园县招商政策而言,就地理特性定位,桃园县拥有绝佳的区位优势,位处庞大消费市场的台北大都会区,以及高科技研发重镇的新竹科学园区之北台科技带间。加上桃园国际机场作为台湾对外门户,与庞大经济全球化市场之接轨,并且拥有较便宜的土地成本、绵密交通网、优秀的人力资源等。至于以产品特性定位,桃园县展现优良的招商效率,如前所述县长以身作则,亲自带领招商,展现顶级的服务、主动拜访、主动服务。此外,排除各项投资障碍,透过流程改造及作业流程标准化,以提升县政服务质量,并协助企业为产品塑造形象,让消费者留下深刻印象。这样的招商、营销服务质量,确有助于桃园县的产品定位。

#### 2. 策略形成

#### (1)产品策略

如同上述有关优势分析与市场定位之分析,桃园县招商政策之核心产品,乃是禀持客制服务,实行具有效率的方法,提供优质的"服务",实质产品可分为"三部曲":在第一阶段做法,在于提供完善的基础设施,包括工业区的开发,协助业者取得设厂用地,提供水电、电信、交通等基础设施条件;第二阶段做法,在于使营运作业便利快速,包括设置单一窗口以服务厂商办理各项业务,简化各项申请审核程序以减少厂商等待设厂时间,降低设厂成本;第三阶段做法,则致力于让厂商感受到重视与认同。

（2）价格策略

桃园县招商并非贩卖实体性产品,加上上下级政府间财政划分制度限制,导致地方可运用之价格工具贫乏,但亦有部分工具可供调整,主要在于租税优惠与奖励补助措施。

（3）通路策略

主动拜访各大工业区与各大企业,建立最直接的服务与沟通管道;此外,并直接在县府、七大工业区、桃园科技园区与自由贸易港区设立"投资设厂单一窗口";安排各国商务代表访问桃园,或赴国外访问,考察当地工商产业,积极宣传投资环境;另于北美、欧洲等高科技厂商聚集区域设立营销通路。

（4）推广策略

针对推广桃园县优良的投资环境,主动举行招商说明会、接见来自世界各国团体的政要与商务代表,并积极参与国际事务与招商活动。如前所述,县长亦亲自率团赴外国访问,介绍桃园县产业特色、发展前景与投资环境,加强国际投资企业良好印象。此外,办理"世界台湾商会联合总会参访桃园县"活动,吸引台商投资桃园等。

**3. 行动计划**

桃园县政府,根据执行计划的任务分配,以桃园县工商发展处为主力,以及下级单位包括工商登记科、产业发展科、工商辅导科、公用事业科,加上两个辅助单位,工商发展投资策进会负责与厂商之接洽联系,工业区开发基金管理委员会则提供工业区产业发展之资金,形成桃园县地方招商政策职责分工架构(其详细工作内容与人员编制状况如图8)。

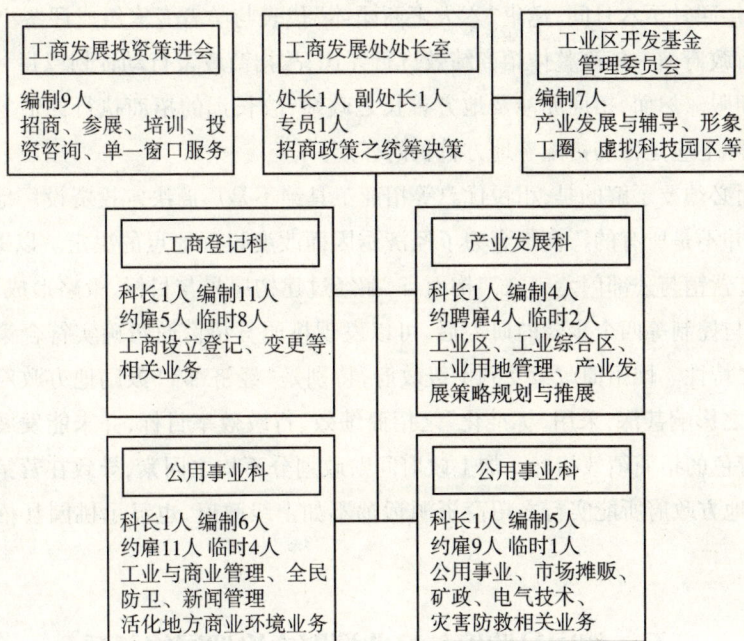

| 工商发展投资策进会 | 工商发展处处长室 | 工业区开发基金管理委员会 |
|---|---|---|
| 编制9人 招商、参展、培训、投资咨询、单一窗口服务 | 处长1人 副处长1人 专员1人 招商政策之统筹决策 | 编制7人 产业发展与辅导、形象工圈、虚拟科技园区等 |

| 工商登记科 | 产业发展科 |
|---|---|
| 科长1人 编制11人 约雇5人 临时8人 工商设立登记、变更等相关业务 | 科长1人 编制4人 约聘雇4人 临时2人 工业区、工业综合区、工业用地管理、产业发展策略规划与推展 |

| 公用事业科 | 公用事业科 |
|---|---|
| 科长1人 编制6人 约雇11人 临时4人 工业与商业管理、全民防卫、新闻管理 活化地方商业环境业务 | 科长1人 编制5人 约雇9人 临时1人 公用事业、市场摊贩、矿政、电气技术、灾害防救相关业务 |

图8　桃园县招商政策之职责分工架构

资料来源:作者自绘

至于其执行项目,则依据"经济部鼓励地方政府招商绩效评比原则",将评比指标分为以下两部分,一是绩效指标,包括营利事业登记家数成长率、公司实收资本总额成长率、建造执照总楼地板面积成长率、建造执照工程造价金额成长率、营业销售申报金额成长率、劳工保险各类劳保人数成长率、失业率之改善率等;另一是行政效率指标,包括,招商环境整备、办理相关证照之效率、与厂商间之联系及协助作为、招商配合度、其他有助于招商及行政效率提升之相关措施等。行动之花费,则是依照桃园县府所编列之预算额为限,除以工商发展处之预算为经费主力外,桃园县政府每年另针对工商发展投资策进会,就工商发展、招商业务等工作项目,进行经费补助。①

### 4. 执行和控制

就桃园县的地方招商政策而言,依据"经济部""鼓励地方政府招商作业要点"

---

① 依据桃园县主计处之统计,2007 年全年补助工商投资发展策进会共 1600 万新台币。桃园县政府主计处网站,检阅日期:2008 年 4 月 10 日,http://www.tycg.gov.tw/site/site_index.aspx? site_id=033&site_content_sn=5361。

中,于每年四月至六月间,邀集"六大工商团体"代表与学者专家组成评鉴小组,[①]就地方县市政府前一年度整体招商绩效进行评比,故招商政策行动计划以每一年为执行评估期限。然而,招商亦涉及地方首长之政绩,故长远的招商执行评估与控制的期程,实际上应是密切搭配着地方首长的任期。

然而必须要了解的是,租税优惠等招商工具绝不是厂商决定投资设厂地点的首要考虑,并不是所有的厂商都会为了经济诱因而改变设厂地点的决定。以 Kotler 策略性地方营销与公部门营销之架构而言,在经过建构愿景与目标、策略形成、行动计划、执行与控制等四个步骤的研究后,可以发现桃园县招商政策确实符合策略性地方营销之特性。惟招商政策受到上级政府,特别是"经济部""鼓励地方政府招商奖励机制"之影响甚深,采用"标准化"之招商绩效、行政效率目标,并未能发展具桃园县发展特色的招商绩效指标。加上政府间财政划分不均之因素,导致在营销之价格策略上,地方政府所能实行之招商资源远远不如上级政府,也显示桃园县招商工具之不足。

## 五、桃园县政府与产业群聚之治理网络关系

### (一) 桃园县招商政策之治理网络结构

桃园县地方招商政策网络,横跨了公私部门各利害关系人。公部门方面涵盖了"行政院"、区域单位、地方政府单位等府际治理网络;私部门则包括了当地产业、私人企业、非营利组织、小区居民、学术单位与新闻媒体等利害关系群体。兹分述如下:

1. 公部门

公部门是以政府的角度,规划桃园县招商政策,实际参与之整体性参与者为"行政院"各部会与经建会,参与之区域公部门为北台八县市区域合作发展联盟,在地管理机关则为桃园县政府及各产业所在地的乡镇市政府。形成一个府际治理的雏形网络。

2. 私人产业

桃园县具有巨大的产业群,尤以物流运筹、光电产业、半导体产业、航天科技、汽

---

① 六大工商团体,包括工业总会、商业总会、工商协进会、中小企业协会、工业协进会、台湾区电机电子同业公会等。

车电子零件、医疗生技、农业生技、绿色能源、观光饭店与旅馆业、最具优势与发展利基。产业的投资、设厂、扩建与迁移等活动,更直接影响桃园县的竞争力。在中国大陆与新兴市场崛起的情势下,为了避免产业外移,在桃园县招商政策的治理网络中,必须让桃园县相关产业积极参与招商相关活动,而公部门更应将产业的意见纳入规划。

### 3. 地方团体与居民

在桃园县招商政策的规划过程中,地方团体与居民亦应具有相当程度的影响力。桃园县地方团体,例如桃园县各小区发展协会、爱乡协会、观光协会等亦相当活跃。由各自关心的角度,像是小区总体营造、公共设施的提升、观光资源的汇整、环境的维护,一定程度地影响桃园县招商政策之规划与执行。

至于居民面对外来企业设厂,特别是工厂邻近的居民,对于可能遭受之环境变动、破坏的影响,必须要有充分之了解、参与及意见表达,才能够安心享受招商所带来的地方经济发展、就业率提升等丰硕成果,达到地方繁荣与环境维护的双赢目标。一般而言,企业经过先期投资程序,像是环境影响评估、资格审核程序之后,在赴桃园县当地设厂之前,不可避免地必须举办公听会或公开说明会。邀请相关学者专家、地方政府权责单位,共同向邻近的居民或地方团体说明设厂与完工运作后的各种影响,并提供防范措施或回馈机制,以降低居民对于投资设厂之疑虑。

### 4. 学术单位

在桃园县招商政策网络中,学术研发单位亦是重要的利害关系人。例如桃园县政府与桃园地区十所大学院校合作,成立创业育成中心,有助于桃园县进行地方招商之规划与执行。

依据 Rhodes 对于政策网络之分类,可以将桃园县招商政策治理网络之多元参与者,归纳为政策社群、专业网络、府际网络、生产者网络,以及议题网络等五大类型(Rhodes,1992:13-15),如图 9 所示。

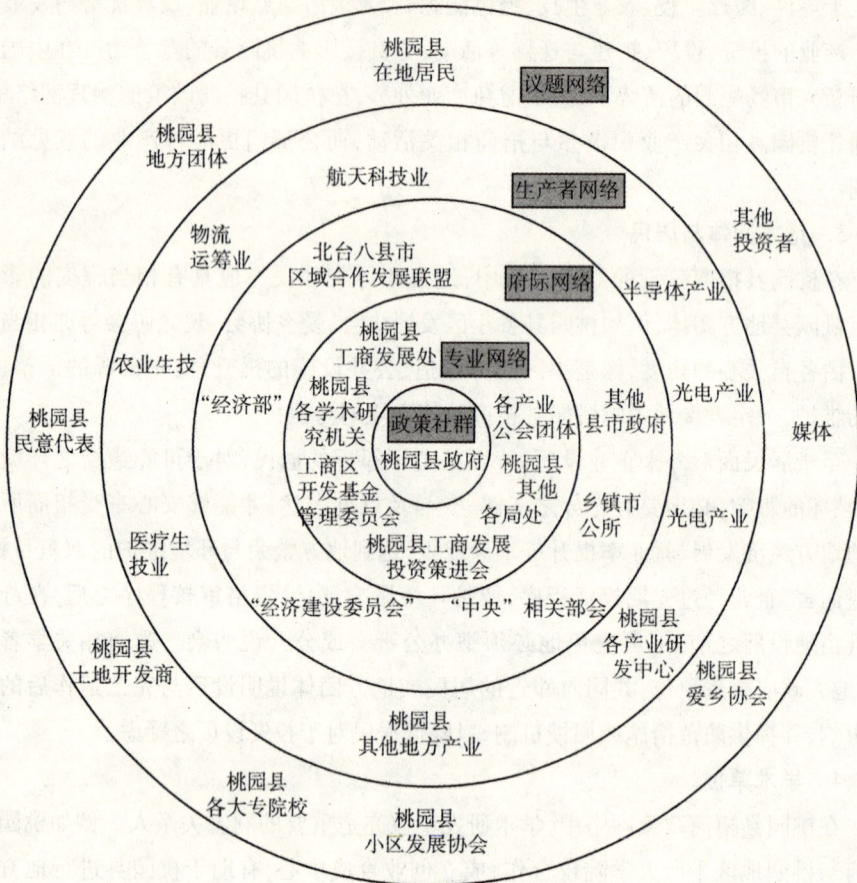

图 9　桃园县招商政策治理网络

资料来源：作者自绘

　　由图 9 显示，桃园县招商政策网络之互动频率结构及其大体类型。本文将桃园县政府，视为与政策关系最稳定，属于积极的参与者，为配合政策形成的需求，它随时会整合及动员各类网络形成政策社群，发展及推动各项政策。至于专业网络，包括负责招商政策规划与执行的桃园县工商发展处、工商发展投资策进会、工业区开发管理基金委员会、桃园县各学术研究机关、各产业公会团体，以及涉及各项招商子计划的桃园县其他各局处室专业公务人力等。而府际网络，则是以"经济部"、"经建会"与相关部会，形成上下级政府之跨府合作计划，另外北台八县市区域合作联盟，与各产业所在地的乡镇市所等，共同推动产业发展计划，促进地方产业发展，形成府际合作的网络结构。在生产者网络方面,包含了桃园县各地方产业及其育成研发中心等。至于议题网络利害关系者,包括桃园县在地居民、地方团体、民意代表、地方各大专院校、投资者与媒体等。

### (二) 桃园县政府与光电产业群聚之政策网络关系

桃园县政府规划与执行招商政策,对于光电产业群聚的形成、深化与扩大,确有一定之成效。桃园县近期的措施以经济发展为核心,虽未针对特定产业量身订做招商引资计划,然希冀藉由整体招商政策为主轴,带动其他政策领域之发展。

除了带动其他县政发展外,桃园县政府更进一步规划、制定并执行"推广桃园县县内工商企业参与地方事务落实企业公益计划",以求兼顾招商目的、促进经济繁荣并均衡地方发展之精神,促进县内企业的"社会责任",[①]并期许企业投资者能够以"取之社会、用之社会"的观念回馈地方。企业所获得的利润,并不单单只是企业经营获利的多寡,更包括公众对企业之观感,及其所处环境人、事、物等因素互动的结果。就光电产业群聚厂商而言,亦被赋予一定之社会责任与企业伦理,像是提供桃园县民的就业机会、邻近区域的开发,与符合该计划之要求等。

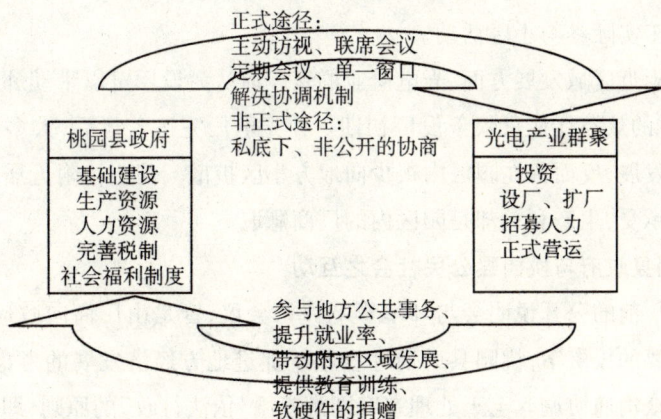

正式途径:
主动访视、联席会议
定期会议、单一窗口
解决协调机制
非正式途径:
私底下、非公开的协商

| 桃园县政府 | 光电产业群聚 |
|---|---|
| 基础建设<br>生产资源<br>人力资源<br>完善税制<br>社会福利制度 | 投资<br>设厂、扩厂<br>招募人力<br>正式营运 |

参与地方公共事务、
提升就业率、
带动附近区域发展、
提供教育训练、
软硬件的捐赠

图 10　桃园县政府与光电产业群聚之政策网络

资料来源:作者自绘

---

[①] 根据世界企业永续发展委员会(World Business Council for Sustainable Development,WBCSD)的说法,企业社会责任为"企业承诺持续遵守道德规范,为经济发展做出贡献,并且改善员工及其家庭、当地整体小区、社会的生活质量"。基于此,企业社会责任在于除了追求股东的最大利益外,还必须同时兼顾其他利害关系人的权益,包括员工、消费者、供货商、小区与环境等。企业社会责任的问世,让"成功"企业开始被重新定义,获利不再是唯一指标(林宜淳,2008:26-29)。

综上所述,可以得知桃园县政府与光电产业群聚之政策网络关系,在沟通协调的机制上,建立良好且无阻碍的正式与非正式沟通途径,两者互谋其利,形成彼此信任的政策网络关系(如图10)。

### (三) 地方产业群聚之整体治理网络关系

#### 1. 光电产业群聚厂商与桃园县公民社会之互动

在光电产业赴当地设厂之初,曾举办多次公开说明会或环境影响评估会议,向民众说明设厂之合法性与营运后对附近环境的影响。但基于居民专业知识不足,厂商单方面地提供知识,甚至会有掩饰环境影响之程度的风险。桃园县政府亦没有邀请专家学者做详细的评估与研究。故就招商、设厂过程而言,产业与地方居民间仍缺乏完善的沟通协调机制。

至于光电产业群聚厂商回馈地方方面,执行方式往往是单方面进行,似乎没有与居民做意见交流,不一定符合当地要求。而在面临地方居民抗争压力时,厂商往往持被动且消极的态度,做部分补助与回馈。另外,地方居民所举办之小区运动,光电厂商亦持被动的态度,在被要求赞助的情况下,提供金钱、物品等作为活动奖品,很少鼓励员工实际参与小区活动。

在带动附近区域发展方面,光电产业群聚厂商认为设厂可以带动邻近服务业的兴盛,但这样的效益往往只限于设厂初期。在光电厂完工营运后,大多数员工与主管的消费与发展,反而留在园区内很少向地方小区扩散。甚至让附近居民感觉环境污染由他们承受,生产利益却是园区内的厂商赚取。

#### 2. 桃园县政府与桃园县公民社会之互动

由于设厂前的公开说明会与环境影响评估会议,皆是由厂商向政府负责;除非是庞大且重要的投资案,桃园县政府才会基于促进地方经济发展的考虑,主动站上第一线向民众沟通协调。至于处理态度则常遵循"依法行政"的原则,即光电厂商在环境影响评估与其他审查资格符合标准时,则不会与公民社会进行沟通。

因此,就光电产业群聚邻近之桃园县居民而言,对政府则仍多抱持着不信任的态度,认为为了追求经济发展,县政府刻意忽视地方公民社会角色的意见,甚且会导致地方公民社会仍部分认为光电产业的发展系充斥政商勾结与关说、利益交换等。

综上所述,就地方招商议题,桃园县政府与地方公民社会之互动并不热络,桃园县政府与地方公民社会缺乏信任的情况下,两者间的招商治理网络关系仍待强化。

藉由前述有关桃园县政府、光电产业群聚,以及桃园县公民社会三个角色的互动关系的探讨,有助于建构更完整的桃园县光电产业群聚之整体治理网络,如图 11 所示。

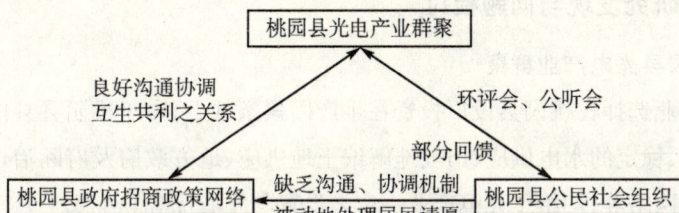

图 11　桃园县光电产业群聚之整体治理网络
资料来源:作者自绘①

# 六、结　论

## (一) 理论检证

本文以 Porter 的钻石体系架构分析桃园县光电产业群聚,并以 Kotler 的策略性地方营销架构为主轴分析桃园县政府地方招商政策,但在此二理论架构的运作当中,并无法了解所涉及行为者彼此关系、互动的详细意涵。基于产业群聚理论与地方营销理论,无法有效就各利害关系人互动做有效分类与归纳,本论文藉由 Rhodes 的网络理论,将桃园县产业群聚与招商政策各相关行为者,依据与桃园县招商政策网络之互动频率进行分类,如此将更容易厘清产业群聚与地方招商政策中,各个行为者角色与所处位置,进而建构地方政府与产业群聚之整体治理网络关系。

此外,无论是 Porter 的钻石体系架构,或是 Kotler 的策略性地方营销架构,套用在地方发展上,皆过于重视效率,并未就地方发展的其他价值,例如环境价值、公平、所得重分配等议题做探讨。故本论文利用 Rhodes 的政策网络理论与善治概念检证的结果,发现桃园县对光电产业的招商政策应加强公民社会在招商政策的影响力,应在政策社群中更加重地方民众、小区团体与地方学术团体的互动与参与,多运用

---

① 图中桃园县光电产业群聚与桃园县政府招商政策网络之粗连结线,代表两者频繁且密切地互动;桃园县光电产业群聚与桃园县公民社会组织的细连结线,代表两者偶尔且消极地互动;桃园县政府招商政策网络与桃园县公民社会组织的虚连结线,则代表两者间缺乏有效且完善的互动。

议题网络功能加以补强。使相关社会福利问题能够在招商政策规划、执行中获得考虑。

### (二) 研究发现与问题检讨

#### 1. 桃园县光电产业群聚

光电产业选择在桃园县设厂投资在生产因素条件上，由于桃园县县内为数众多的大专院校、稳定的水电供应、山坡地解编土地供应、地方政府及府际治理的支持与完善的交通网络等，均给予光电产业一定之设置与发展优势。

在需求条件上，桃园县光电产业在大尺寸面板内需市场，并没有生产产能因应，但在中小尺寸面板供应市场上，却在国际上具领先地位。

在相关支持性产业上，虽然在关键技术的掌握度不高，但由于桃园县面板厂的产能庞大，许多寡占市场的关键零组件供货商，亦纷纷赴台湾邻近地区设厂，故桃园县光电产业群聚的供应链尚属完整。

在企业策略结构与竞争上，由于桃园县光电产业群聚效应下在降低生产成本、规划制程等方面，具有一定的效能，使生产策略实行以较新世代厂生产较小尺寸面板。然而在品牌策略上，仍缺乏强有力的品牌作支持、后盾。故桃园县光电产业群聚生产杰出，但在技术投入与品牌经营上仍待努力。

#### 2. 桃园县政府招商政策

在地区审查方面，桃园县在招商营销过程中，虽具有良好的投资环境与两岸直航、航空城计划与政党轮替等外部环境契机，却面临招商诱因不足、设厂扩建土地不足、可运用租税优惠工具不足等内部环境危机，以及其他县市招商竞争、中国大陆与新兴国家崛起的威胁。

在建构远景与目标方面，桃园县地方招商目标在于提升经济发展、就业机会与财政收入，目标对象虽未特定针对个别产业量身订做招商策略，然从招商策略中的租税奖励措施，可以窥见仍以"新兴重要策略性产业"与"国际观光旅馆"为主。

在策略形成方面，桃园县招商政策之核心产品在于"招商服务"，首先提供完善的基础设施，接着便利化营运作业程序，最后则是尊荣企业作法。但就价格策略而言，桃园县政府能运用的价格工具仍属贫乏。就通路策略而言，桃园县县府团队主动拜访、单一窗口的设置、安排与接待世界各地商务代表访问团，以及主动考察国外产业，宣传桃园县投资环境等。就推广策略而言，推广桃园县优良的投资环境与高质量的行政效率,系由工商发展处负责,主动举办招商说明会、积极参与国际事务与招商活动、赴外国访问、办理台湾商会联合总会参访桃园县等活动。另外,印制各种文宣出版品、举办塑造桃园县良好形象的活动等,亦对招商成效有间接效益。

在行动计划方面,系以桃园县工商发展处为主力,加上工商发展投资策进会、工业区开发基金管理委员会等,作为行动成员。执行项目则依据"经济部鼓励地方政府招商绩效评比原则",包括绩效指标与行政效率指标。行动的花费则依照工商发展处之预算,以及补助工商发展投资策进会的经费为主。

在执行和控制方面,基于"经济部""鼓励地方政府招商作业要点"规定,故桃园县招商政策行动计划以每一年为执行评估期限。然招商亦涉及地方首长之政绩,故桃园县的招商执行评估与控制的期程,实际上是搭配县长的任期。

桃园县招商政策确实符合策略性地方营销之特性,特别是招商执行效率的展现。惟招商政策受到上级政府,特别是"经济部""鼓励地方政府招商奖励机制"之影响甚深,加上上下级政府间财政划分不均之因素,导致在营销之价格策略上,地方政府所能实行之招商资源与工具远远不如上级政府。

### 3. 桃园县政府与光电产业群聚之治理网络关系

在招商政策的规划与执行过程中,光电产业群聚现象与桃园县政府的互动相当密切,形成良好的网络关系;至于在光电产业群聚与桃园县公民社会组织之连结则较薄弱,只有在设厂之初所举办之环境影响评估会与公开说明会上,有若干公民参与的空间。至于营运之后的回馈作为,则依情况、依地方居民的要求,才响应地方社会;而桃园县政府与桃园县公民社会组织间,仍缺乏健全沟通与协调机制。县府并未主动向民众提供投资设厂之说明,只有被动地依据民众的陈请,就民众所投诉之事项,做第二时间的检查与巡视。

## (三) 政策与研究建议

### 1. 产业群聚

产业群聚存续的关键因素,在于先进技术的研发,基于研发成本昂贵,不是单一厂商可以负荷,藉由群聚内厂商合作,共同进行技术的研发、刺激技术的进步,进而提升关键技术,如此将可带来庞大生产与智慧财产利益,有助于产业群体的永续发展。

此外,大部分台湾的产业群聚现象,特别是高科技产业,往往以代工作为企业获利的来源,缺乏强而有力的品牌支持与后盾。在中国大陆与其他新兴市场国家崛起下,其低廉的劳动、土地与其他资源成本将对台湾产业群聚的代工路线带来严重的威胁。因此台湾光电产业群聚必须跳脱传统代工的窠臼,积极研发、发展自有品牌,提升品牌价值,才能使群聚内厂商的利益与发展更具全球竞争力。

### 2. 地方政府招商政策

地方政府招商政策,其定位应该根据不同产业发展阶段,做不同时期的调整,针对新兴重点产业,政府应该积极介入扶植,给予必要的资源,以利在经济全球化市场中获取先机。

至于地方政府招商执行上,由于上级政府长期把持招商政策工具,因此本文建议修改"财政收支划分法",将营业税依照地方经济发展与创税成效分配给地方县市政府,取代原有统筹分配款角色,以提升地方政府招商诱因,避免"创税越多,上级政府拿走更多"的不平等现象。

至于在地方招商政策与产业群聚建议上,本文认为应该就区域内值得扶植、扩展的潜力产业,量身订做其招商政策,并考虑吸引相同供应链中不同环节的厂商,避免造成"价格竞争",让产业群聚的效果与产生之经济福利其他下游厂商亦得以共享。

### 3. 地方政府与产业群聚之治理网络关系

对地方产业而言,在选择某地作为投资设厂之地点时,基于网络治理的概念,必须与地方政府、地方居民做必要且积极的连结。投资设厂的环境影响评估、投资条件的审查等,都必须秉持公开、透明、可监督的原则,主动向民众说明建厂完成后的各项影响。而在正式营运后则需与地方居民建立持续的互动关系,主动探询与响应地方居民的感受与需求,并依据这些意见进行改善与回馈。至于地方群聚产业与地方政府间,不论是在正式与非正式的互动途径下,都必须遵循透明、公正、可监督的原则,才能够达成地方与产业永续发展的双赢目标。

就地方政府而言,在吸引产业投资的过程中,地方政府应主动向地方居民沟通、倡导,使这些公民社会成员了解地方发展的愿景与目标,特别就居民所不甚了解的专业领域,引荐学者专家给予民众充分且正确的解答,消弭其疑虑。并在正式营运后建构意见表达平台,给予民众传达意见的机会,适时适当地就这些意见做深入追踪,研拟解决方案,以满足地方居民的需求。此外,在地方产业群聚与地方公民社会发生利益冲突时,地方政府必须发挥协调者的角色,了解双方的利益考虑,建构良好的协商平台,让各利害关系行为者得以交换意见,达成适切且双方皆可接受的决策。

就地方公民社会而言,地方政府应促成他们与地方产业有更多的连结,甚至成为地方安全、环境、教育等共同议题的伙伴关系,针对共同面对及解决各项地方问题。甚至可规划复合式的计划,包括软件与硬件方面的建设,达到地方共荣的目标。更重要的是,鼓励公民社会成员参与地方政府招商政策之规划、执行、评估过程,使地方居民不只是信息的接受者,而是对地方公共事务亦能提供更多的关注、协助与投入。

换言之,地方政府招商政策与群聚产业,应该与公民社会做更好的连结。其中最关键的角色,在于产业群聚的内部成员,是否能够在当地落地生根,成为地方小区的一员进而意识到自身与原有居民之共存与同体关系。如此将有助于形成较完整的地方产业群聚治理网络结构。

## 参考文献

一、中文文献

吕育诚,2007,《地方政府治理概念与落实途径之研究》,台北:元照出版有限公司。

李明轩、邱如美译,1996,《国家竞争优势》(上)、(下),台北:天下远见出版股份有限公司,译自 Porter, Michael E. 1990. *The Competitive Advantage of Nations*. New York: Free Press.

何孟颖,2008,《2007 年台湾平面显示器产业云开月明》,《光连双月刊》,第 73 期:34 – 37。

林宜谆编著,2008,《企业社会责任入门手册》,台北:天下远见出版股份有限公司。

孙柏瑛,2004,《当代地方治理》,北京:中国人民大学出版社。

桃园县政府,2005,《桃园县投资环境简介》,桃园县:桃园县政府。

桃园县政府,2007,《桃园国际机场特别条例推动计划》,桃园县:桃园县政府。

桃园县政府,2008,《桃园县政府招商绩效报告书》,桃园县:桃园县政府。

桃园县政府工商发展局编著,2006,《桃园县政府工商发展局 Guidebook》,桃园县:桃园县政府。

桃园县政府工商发展局编著,2007,《桃园县产业发展现况》,桃园县:桃园县政府。

桃园县政府主计室,2007,《桃园县统计要览》,桃园县:桃园县政府。

高登弟、李明轩译,2001,《竞争论》,台北:天下远见出版股份有限公司,译自 Porter, Michael E. 1998. *On Competition*. Boston : Harvard Business School Press.

黄仁德、胡贝蒂,2006,《台湾租税奖励与产业发展》,台北:联经出版。

赵永茂,2005,《强化台湾基层政治社会民主化之研究:地方治理与社会参与个案分析》,财团法人台湾民主基金会委托案。

赵永茂,2007,《从地方治理论台湾地方政治发展的基本问题》,《政治科学论丛》,第 31 期,页 1－38。

刘坤亿,2002,《全球治理趋势下的国家定位与城市发展:治理网络的解构与重组》,《行政暨政策学报》,第 34 期:57－83。

钟孟翰,2008,《2007 年全球平面显示器景气 V 型反转》,《光连双月刊》,第 73 期:30—33。

二、英文文献

Boyne, George A. & Walker, Richard M. 2004. "Strategy Content and Public Service Organizations." *Journal of Public Administration Research and Theory*14(2): 231－252.

Brenner, Thomas & Gildner, Andreas. 2006. "The long－term Implications of Local Industrial Clusters." *European Planning Studies*14(9): 1315－1328.

Cammett, Melani. 2007. "Business－Government Relations and Industrial Change: The Politics of Upgrading in Morocco and Tunisia." *World Development*35(11): 1889－1903.

Considine, M. & Lewis, J. M. 1999. "Governance at Ground Level: The Frontline Bureaucrat in the Age of Markets and Networks." *Public Administration Review*59(6): 467－479.

Considine, M. & Lewis, J. M. 2003. "Bureaucracy, Network, or Enterprise? Comparing Models of Governance in Australia, Britain, the Netherlands, and New Zealand." *Public Administration Review*63(2): 131－140.

Dunn, William N. 2004. *Public Policy Analysis: an Introduction*. Englewood Cliffs, N. J.: Prentice Hall.

Hospers, G. J. 2006. "Silicon Somewhere? Assessing the usefulness of best practices in regional policy. " *Policy Studies* 27 (1): 1 – 15

Kotler, Philip & Levy, Sidney J. 1969. "Broadening the Concept of Marketing. " *Journal of Marketing* 33 (1): 10 – 15.

Kotler, Philip & Zaltman, Gerald. 1971. "Social Marketing: An Approach to Planned Social Change. " *Journal of Marketing* 35 (3): 3 – 12.

Kotler, Philip, Donald H. Haider & Irving Rein. 1993. *Marketing Places: Attracting Investment, Industry, and Tourism to Cities, States, and Nations.* New York: Maxwell Macmillan International.

Kotler, Philip, Somkid Jatusripitak & Suvit Maesincee. 1997. *The Marketing of Nations: A Strategic Approach to Building National Wealth.* New York: Free Press.

Kotler, Philip. 2002. *Marketing Asian Places: Attracting Investment, Industry, and Tourism to Cities, States, and Nations.* Singapore: Wiley & Sons (Asia).

Kotler, Philip & Nancy Lee. 2007. *Marketing in the Public Sector.* Pennsylvania: Wharton School Publishing.

Porter, Michael E. 1980. *Competitive Strategy.* New York: Macmillan Publishing Co. Press.

Porter, Michael E. 1990. *The Competitive Advantage of Nations.* New York: Free Press.

Porter, Michael E. 1997. "New Strategies for Inner – City Economic Development. " *Economic Development Quarterly* 11 (1): 11 – 27.

Porter, Michael E. 1998. "Clusters and the New Economics of Competition. " *Harvard Business Review* Nov – Dec: 77 – 90.

Rhodes, R. A. W. and David, Marsh. 1992. *Policy Networks in British Government.* New York: Oxford University Press.

S? rensen, E. & Torfing, J. 2005. "Network Governance and Post – Liberal Democracy. " *Administrative Theory & Praxis* 27 (2): 197 – 237.

Stoker, Gerry. 2000. *The New Politics of British Local Governance.* London: ESRC.

Stoker, Gerry, William L. Miller & Malcolm Dickson. 2000. *Models of Local Governance.* London: Palgrave.

三、网络与报纸数据

"中华民国"统计资料网,http://www1. stat. gov. tw

"中华民国"招商网,http://investintaiwan. nat. gov. tw/zh - tw/

友达光电网站,http://www. auo. com/

桃园县政府工商发展处网站,

http://edb. tycg. gov. tw/site/bureau_index. aspx? site_id = 041

桃园县政府工商发展处 - 产业文化馆网站,

http://taoyuanind. tycg. gov. tw/02 - discover/04_main1. asp

巨亨网,http://www. cnyes. com/

"经济部"工业局网站,http://www. moeaidb. gov. tw/portal/indpark/006688. jsp

财团法人光电科技工业协进会网站,

http://www. pida. org. tw/pida/070110 - newsrelease. doc

DisplaySearch,

http://www. displaysearch. com/cps/rde/xchg/displaysearch/hs. xsl/index. asp

WitsView,http://www. witsview. com

工商时报,2007/12/31,《华映三代线卖凌巨》。

工商时报,2008/1/31,《友达今年资本支出 冠全球》。

中央通讯社,2008/1/30,《华映估今年资本支出仅 159 亿 扩充产能》。

中国时报,2001/1/7,《张揆:奖励地方对外招商,中央将适度下放经管与招商权限予地方一定程度的财政收入权》。

中国时报,2001/4/28,《县府招商将引进三百亿资金,推出工商发展方案》。

中国时报,2006/4/8,《面板业市占率超过南韩双虎,友达并广辉,产能全球第一》。

中国时报,2007/3/20,《华亚科购地 观音盖 2 座 12 吋厂》。

中国时报,2008/2/11,《台湾面板厂去年营收获利超越韩国》。

自由时报,2008/3/4,《宵里溪污染案,酝酿千人联署提告》。

电子时报,2008/1/24,《2008 年面板产业 10 大趋势》。

经济日报,2002/9/23,《工商登记拟合一,有助地方招商》。

经济日报,2003/1/13,《总统:投资招商振兴观光 最优先施政》。

经济日报,2004/8/18,《友达 拟进驻后里建七代厂》。

经济日报,2005/10/16,《奇美液晶专区 11 家厂商动土》。

经济日报,2006/9/20,《鼓励地方招商 引进制造业有赏》。

经济日报,2006/12/21,《鼓励地方招商,政院将以10亿元重大基础产业投资做主要补助对象》。

经济日报,2007/8/11,《胜华斥资90亿 再买彩晶三代厂》。

经济日报,2008/2/12,《工业区出租优惠加码 政院明讨论》。

联合报,2007/1/29,《桃县税收暴增 中央拿走86%》。

联合晚报,2006/10/4,《政院经济美梦 10年后GDP增1倍》。

# 参与式治理与人民建议
# 征集制度的杭州经验

陈剩勇①　张丙宣②　高益青③

**【内容提要】**　参与式治理是当前政治学和公共行政学研究的热点,人民建议征集制度是当今中国大陆盛行的参与式治理的一种载体。本文从治理转型的背景出发,从参与式治理的视角,考察了人民建议征集制度产生的动力、治理结构和特征,分析了制度运作过程、功能与绩效。人民建议征集制度对地方公共政策议程的设置、公共政策的制定与执行等方面均有积极的作用,有助于推进公民参与和基层民主,促进治理转型和政府管理创新。有关人民建议征集制度和参与式治理实践的研究,对推动中国地方政府的治道变革,验证、丰富和发展治理理论,都具有独特的价值和意义。

**【关键词】**　参与式治理;杭州市;人民建议征集制度;政府治道变革

## 导　言

参与式治理(Participatory Governance)是治理理论的一种。20 世纪 70 年代以来,传统公共行政理论(官僚制、等级制和责任制)越来越无法解释和应对发达国家面临的经济滞胀、财政赤字居高不下等社会经济难题,工业民主国家经历了一场政府目的和治理方式的变革:政府变得更少的等级制、更多的分权化,并愿意放弃对公共政策制定的主导权。④ 治理理论就在此一背景下兴起,它关注的问题是,在日益碎片化、空心化的国家中,政府在社会中的角色是什么? 政府如何去实现这一角色? 以及提供公共服务的新主体是否对民主过程负有责任? 质言之,治理理论要回答的是政府与公民、国家与社会是什么样的关系。治理理论认为,政府在社会中的角色

---

① 陈剩勇:浙江大学政治学系教授。zdcsy@163.com
② 张丙宣:浙江大学公共管理学院政治学理论专业博士研究生。bxivy@zju.edu.cn
③ 高益青:浙江大学公共管理学院政治学理论专业博士研究生。gyqgyq789@163.com
④ Donald Kettl, *The Global Public Management Revolution: A Report on the Transformation of Governance*. Washington, D. C.: Brookings Institution. 2000.

是公共产品和公共服务的提供者,而不一定是生产者;治理强调组织间的合作,强调企业家式的创造力。G. 斯托克(Gerry Stoker)认为:治理的主体包括政府组织但又不局限于政府的一套进入公共决策过程的社会公共机构和行为者;在寻求解决社会和经济问题过程中,治理存在着界定行动界限和责任的模糊性;在涉及集体行动的各个社会公共机构之间存在着权力的相互依赖关系;治理指涉社会中各类行为主体间网络组织的自主自治管理;治理认为办好事情的能力不在于运用政府单一权力和权威,而是将政府视为能够使用新的治理工具和技术来控制和引导发展,这也是政府的责任与能力所在。①

治理的最高境界是善治。善治意味着国家与社会或者说政府与公民之间的合作,善治有赖于公民自愿的合作和对权威的自觉认同,没有公民的积极参与和合作,即使有善政,也难以达到善治。在这里,"参与"被视为是治理的内在的、不可分割的特征。因此,参与式治理在一般治理理论的基础上,特别强调"参与"的意义,要求非政府组织和公民个人直接地、积极地参与社会公共事务的管理过程,发展政府、企业、社会组织及公民各主体间的多元参与、合作、协商和伙伴关系。由此,K. 帕帕达基斯(Konstantinos Papadakis)把参与式治理理解为一个决策框架,在这一框架内公共事务的运作,并非单单委托给政府,还涉及国家与社会的协作。参与式治理既被视为是一种有效的公共管理工具,也被看作是社会和环境可持续发展的一个先决条件。②

人民建议征集制度是改革开放以来中国大陆执政党和政府为推进决策的科学化和民主化,为扩大公民有序政治参与,落实宪法和法律赋予公民的基本政治权利而推出的一项重要的制度创新。人民建议指的是人民群众向政府提出的主张和看法,是公民以个人或集体名义向执政党和政府提出的具有决策参考价值的思想观点、思路、举措和办法。③ 人民建议有狭义和广义之分,狭义的人民建议是普通公民向政府及其职能部门所提的建设性意见;广义的人民建议还包括人民代表向代议机构、政府及其职能部门提出的批评和建议。因而,人民建议征集制度也有狭义和广义之分,狭义上的人民建议征集制度是政府及其职能部门为征集普通公民的意见和建议而设立的机构或制度,普通公民可以直接参与其中,表达自己的利益诉求;广义

---

① Geery Stoker, Governance as theory: five propositions, *International Social Science Journal*, 1998, 50, (155), 17 - 28.

② Konstantinos Papadakis, *Civil society, participatory governance and decent work objectives: The case of South Africa*, International Institute for Labor Studies. Geneva, 2006.

③ 胡苏安:关于人民建议价值定位的思考[J],决策咨询,1999(1)。

上的人民建议征集制度除了这些内容,还包括选举制度、代议机构、政党、利益集团、社团等。本文主要讨论狭义的人民建议和人民建议征集制度。人民建议征集制度强调公民参与治理公共事务的重要性,为落实宪法赋予公民的参政权,为公民参与地方公共事务创造了平台,是参与式治理的一种载体。本文以浙江省杭州市为个案,试从参与式治理(Participatory Governance)的维度,考察和分析人民建议征集制度的治理结构、基本特征、治理过程及其功能和绩效,以及此一制度推动公民参与地方公共事务、促进政府决策的有效性。在揭示相关制度缺陷的同时,我们还将进一步探讨完善人民建议征集制度、促进地方治理的政策选择。

## 一、人民建议征集制度形成的动力机制、治理结构及其特征

人民建议征集制度是改革开放以来中国大陆社会经济高速发展、社会利益主体日益多元化、既有的正式制度无法满足人们利益表达的需要的背景中产生的。20 世纪 80 年代末,山西省在全国率先做出了《关于建立征集人民群众建议制度的决定》,公开向省内外群众和各界人士征集对该省经济、政治、文化、社会、科技、教育等各方面工作中重大问题的建议,并成立了中国第一家征集和办理人民建议的专门机构——山西省人民政府群众建议征集处。这一做法很快就被其他地区所效仿,1991年,北京市成立人民建议征集办公室;1992 年,河北省政府也引入了人民建议征集制度;1993 年,兰州市设立"人民建议奖"。到 21 世纪初,全国 100 多个县级以上的政府机构相继设立了人民建议征集机构。

杭州市的人民建议征集制度建立于 2000 年。相对于其他省会城市来说,虽然制度建立时间并不算早,但制度的运转及其产生的绩效却后来居上。在治理转型过程中,中共杭州市委和市政府高度重视人民建议征集制度,在建立人民建议征集办公室专门负责人民建议的征集和整理的同时,还通过相关机制把人民建议有效地引入地方政府的决策过程中。近年来,杭州市政府推出的一系列重大决策,很多都来自于杭州普通市民的建议,如打造杭州苏堤、白堤新形象,杭州历史博物馆设立西博会展厅,增设、延伸部分公交线路等等。据统计,仅 2005 年上半年,杭州市政府人民建议征集办公室就收到各类人民建议 8749 件次,大约每百件建议中就有一件被市政府采纳并实施。在征集形式上,杭州市推出了日常征集、专题征集和媒体征集三种形式,多层次、全方位征集民众对政府工作的意见和建议。杭州市还设立人民建

议的奖励制度,对那些为政府决策提出了好建议的市民进行表彰和鼓励,促进了人民建议征集制度的实施和完善。可以说,杭州市的人民建议征集制度是中国大陆同类制度中制度最规范、运转机制最完善、制度绩效最显著的。

作为参与式治理的一种方式,人民建议征集制度的建立和有效运作,对改进和完善地方公共政策议程的设置、促进地方公共政策制定与执行过程的科学化和民主化,改善政府与公民的关系,促进地方治理,都具有积极的作用。

### (一) 动力机制

人民建议征集制度是多种利益主体共同参与公共事务、完善地方治理,其核心是民众与政府的持续性互动。人民建议征集制度形成的动力机制是:由工业化、市场化和城市化推动的社会结构的分化与重组,以及由此一变革而导致的社会利益分化和多元利益主体结构的形成,地方政府主动或被动优化公民有序参与的制度性环境,创造多种形式的参与途径回应民众的不同需求,这是民众需求与官方回应的策略性互动。

第一,社会结构的分化和重组,导致公民利益的分化与多元利益结构的形成。改革开放以来,随着国有和集体所有制企业的改制、倒闭和破产,计划经济时代形成的公有制企业组织一统天下的格局被打破,私营企业、股份制企业、三资企业、乡镇企业等经济组织迅速发展起来。在东南沿海地区,以个体和私有企业、股份制企业为主体的民营经济,已经发展并崛起成为该地区的主要经济组织。与中国社会的世纪性转型和结构性分化进程相适应,当代中国社会阶层也发生了裂变和重组,形成了多样化和多元化的利益群体。[①] 计划经济时代的五大阶层,即干部、工人、农民、知识分子和阶级异己分子阶层,在市场化过程中发生了分化和重组,伴随着一系列全新的职业的出现,形成了一批新的社会阶层,如经理人员阶层、私营企业主阶层、个体工商户阶层,以及城市无业、失业、半失业者阶层,等等。

第二,政府主动优化公民参与制度环境,以民主的形式回应多元利益格局下民众的需求。对于扩大公民政治参与问题,浙江省各级党委和政府不是将其仅仅视为技术层面的决策优化问题,而是将其作为推进基层民主、建构和谐社会的举措,积极倡导"以民主促民生"。近年来在省、市人大立法中,实施民主立法、开门立法。一批

---

① 陈剩勇、汪锦军、马斌:组织化、自主治理与民主——浙江温州民间商会研究[M],中国社会科学出版社 2004 年版,第2—3 页。

和市民休戚相关的法规通过征求人民意见、召开听证会、专家论证会等形式,不仅提高了立法质量,而且回应了市民的需求,赢得了市民的欢迎。如2000—2001年,浙江省人大常委会在修改消费者权益保护法实施办法和城市房屋拆迁管理条例时,先后举行了两次立法听证会,受到广大民众的肯定和好评。2004年首次公开征集立法建议项目,以充分听取公众意见,及时调整立法项目库,使地方立法更好地适应该省经济社会发展的需要。

第三,多种形式参与途径的建立为参与式治理创造了实实在在的载体。杭州市政府的相关职能部门为公民提供多种参与渠道,如市规划局通过市民建议书或热线电话、公开征集方案、规划项目公示、专家咨询评审等形式鼓励市民参与城市规划的制定与执行。杭州市政府法制办公室,在立法过程中除了采取书面征求意见、召开立法座谈会征求意见、召开立法听证会征求意见等形式外,还充分利用现代网络技术,在杭州市人民政府网站和杭州市人民政府法制办公室网站上专门开辟"立法征询"信箱,广泛征求人民对立法的意见和建议。杭州市公安局通过"问计于民",开展民意调查,征集群众对公安工作的建议,归纳后进行分析研讨,找出群众最关心的热点问题和最不满意的难点问题,并重点加以解决。

第四,杭州市民在公民参与的政治环境下形成的参与型市民文化,是参与式治理格局形成的基础条件。有媒体曾报道杭州市民爱管"闲事",凡涉及城市建设和民生的事务,可以说是事事关心,大到雷峰塔的重建、湖滨和河坊街的改造、西湖文化广场的建设,春运票价要不要涨,小到道路两边种什么树、屋顶平改坡问题等等,只要市委、市政府公开征求意见,市民就会在街头巷尾展开热议,爱议论,爱管"闲事",爱参政、议政,是杭州人的一大特征。2002年初,杭州市政府第一次通过人民建议征集制度这一渠道,向社会征集政府年度为民办实事活动。在市人民建议征集办公室公开向全社会征集"市政府2002年为民办实事项目"之初,有的政府官员还担心会遭遇冷场。令人难以置信的是,《公告》一经发出,立即受到广大市民的积极响应和热心参与,短短十天内,共收到市民建议近6000条。最后,在市政府确定的该年度为民办的10件实事中,有8件就"来之于民"。上海《解放日报》记者曾把杭州市民爱参与的习惯归结为三点,即:"群众爱献策领导善纳贤、讲民主议政强公民教育、机制来保障市民扬新风。"①

---

① 鲍一飞:群策群力,托起大杭州的明天[N],杭州日报2002年8月15日。

### （二）治理结构

Laurence E. Lynn 将治理定义为"一套法律体系、行政规制、管理规则以及一系列限制、描述和使政府运作——提供公共产品和公共服务的实践集合"。① 按照此一界定，治理的结构要素包括组织、财政和系统结构、法律和规制、可利用的资源等。人民建议征集制度的治理结构，据杭州市政府办公厅《关于印发《杭州市人民建议征集和奖励的实施意见（试行）》的通知》，由杭州市信访局牵头，成立了由市政府办公厅、市计委、经委、建委等多个部门组成的人民建议征集和奖励评审领导小组，具体负责人民建议征集工作的组织与实施。同时，杭州市人民建议征集和奖励评审领导小组在市信访局内下设杭州市人民建议征集办公室，负责日常工作。杭州市人民建议征集办公室作为市政府与人民群众联系的窗口，不仅面向杭州市全体城乡居民，还面向外来务工人员和外地游客。其主要工作是对建议的分类整理，与建议人的联系和反馈，其组织机构、治理结构主要包括内容见表1所示。

表1　杭州市人民建议征集办公室工作制度

| 工作制度 | 职　责 |
|---|---|
| 1. 建议承办制度 | 1）来信或传真形式的人民建议：编号登记，限定在三个工作日内分类处理；阅读建议内容，有重要价值的呈送有关领导，可以办理的转交职能部门办理；要求建议办理单位在十日内回复建议人；无法办理的尽快和建议人联系；建议输入电脑存档。<br>2）通过"12345"市长电话电子信箱《建言献策》栏目提出的人民建议：逐条受理；需以《人民建议参阅》形式呈送有关领导的，下载并编号；可以办理的，在网上直接转交职能部门；要求办理单位以电话形式回复建议人。<br>3）电话、来访提出的人民建议：耐心倾听并记录；要求建议者提供书面建议。 |
| 2. 办文操作制度 | 1）负责本部门所有文件、材料的核稿、送审、制发、起草。<br>2）编辑《人民建议摘报》、《人民建议征集简报》等文稿。<br>3）对所有文件、材料分类编号，登记存档。 |
| 3. 督促检查制度 | 1）领导批示转交职能部门办理的建议，予以督促、掌握办理进度和结果。<br>2）督促有关职能部门在规定时间内回复建议者建议办理情况，对建议者未收到回复的情形予以过问，与办理单位进行协调。<br>3）对无法确定转交何部门时，沟通相关部门，展开协调。 |

① Laurence E. Lynn, "Studying Governance and Public Management: Why? How? " In Governance and Performance: New Perspectives, edited by Carolyn Heinrich and Laurence E. Lynn Jr. Washington, D. C.: Georgetown University Press, 2000: 3.

续　表

| 工作制度 | 职　责 |
|---|---|
| 4. 专题征集制度 | 1）根据政府工作部署,每年向社会展开专题人民建议征集。<br>2）征集内容报评审领导小组审定。<br>3）专题确定后,由征集办统一发布。<br>4）单独开展征集或联合相关部门共同开展。<br>5）制定实施方案,应明确征集时间、工作分工、操作程序、承办要求、奖励意见等事项。<br>6）广泛与新闻媒体协作扩大宣传。<br>7）适时完成建议收集、整理、分类,编写《简报》。 |
| 5. 批示办理制度 | 1）所有批示均详细登记、及时办理。<br>2）通过《人民建议专办》形式转交职能部门,或直接承办。<br>3）认真落实办理情况,适时向有关领导汇报。<br>4）根据要求给建议者复函。 |
| 6. 优秀建议表彰制度 | 1）由市政府对优秀人民建议展开每年一次的评选和表彰。<br>2）根据采纳的情形,评选一、二、三等奖及优秀、提名、纪念、集体等奖。<br>3）在每年12月由征集办向各有关职能部门发出"推荐人民建议获奖候选名单函",在此年初由征集办筛选获奖初步名单,填写《奖励评审表》,报请评审领导小组研究决定。<br>每年适时召开人民建议征集工作表彰会,具体包括:由市领导接见获奖人员;回顾工作,宣读表彰,给予奖励;表彰通过新闻广泛宣传。 |
| 7. 接见优秀建议者制度 | 1）召开优秀建议者座谈会,由市领导接见并进一步听取意见。<br>2）开展多种形式的宣传、展示,提高宣传力度。 |
| 8. 统计和工作总结制度 | 1）每月末将本月人民建议受理情况以统计报表形式加以整理,包括受理情况和相关工作情况,报送有关领导。<br>2）每年12月撰写本年度人民建议征集工作情况总结,反映本年工作基本情况。 |

资料来源:杭州市人民建议征集办公室

从杭州市人民建议征集办公室的工作制度中,不难发现:第一,在组织实施方面,政府是基本的策划者和实施者,对制度的建立和运转起着主导作用;第二,在领导机制方面,政府掌握着制度的运转及其发展方向,政府在促进人民建议征集制度运作有序的同时,还承担着规范制度的功能,以确保制度实现其预定的效果;第三,在奖励事项方面,政府鼓励广大的社会团体和人民群众积极参与地方公共政策的制定过程,把决策的民主化与科学化作为制度实施的基本目标。

## （三）治理特征

人民建议征集制度实际上从实践的角度回应了治理理论提出的一个基本问题:

政府在社会治理中的角色是什么？政府应当如何实现这一角色？从杭州市人民建议征集制度的产生背景及结构特征看，其主要特征可以概括为以下几个方面：

（1）政府是治理的发起者，但并不是唯一的参与者；参与式治理是多种利益主体围绕共同目标而进行的持续性互动的结果。杭州市人民建议征集制度是由市政府首先发起，当初的目的是为了及时了解民情民意，调动民间智力资源，使决策顺应民心。因此，政府将其目标定位为"纳民意、集民智、凝民心"，即凝聚广大人民群众智慧的结晶，汇聚社会各界的真知灼见，畅通公民参政议政的渠道，激发公民有序参与地方公共事务的热情。在市委和市政府的布署下，该市各区、县党政机关和职能部门在实践中逐渐形成了一套常态化的政府与民众互动的制度形式，为公民参与地方公共事务提供了新的制度平台。在治理过程中，政府并不是唯一的参与者，除了政府，有着不同利益诉求的广大市民，包括教师、公务员、企业家、科技人员、企业员工等，都参与到地方治理中，其中有共产党员、共青团员，也有民主党派和无党派爱国人士；有本地市民、务工人员，也有外地游客、归国留学人员等等。地方治理的中心目标是如何实现有效的公共产品和公共服务的公平和有效供给，实现社会和谐的善治状态。为实现这一目标，政府必须引导和创设有效的参与途径，以实现差异化利益主体的持续的策略性互动。人民建议征集制度为此提供了一个具体的途径。

（2）借助于人民建议征集制度，不同利益主体通过多种方式共同参与到地方公共政策的制定与执行过程，直接影响政策议程的确定。目前，杭州市民通过三种方式参与公共政策的制定与执行过程，即日常征集、专题征集和媒体征集。

日常征集是杭州人民建议征集活动中最常见，也是最基本的征集方式。人民建议征集办公室每日办理与人民建议有关的各种来信、来访、来电、传真及通过"12345"市长公开电话、电子信箱《建言献策》栏目发来的电子邮件，完成受理登记、分类办理、督办反馈、综合整理、存档统计等工作。专题征集是人民建议征集办公室单独或与其他部门联合组织实施的征集人民建议的方式。如2003年6月4日—20日，人民建议征集办公室单独实施的"加快接轨上海、积极参与长江三角洲合作与发展"的征集；2004年2月6日—3月6日，人民建议征集办公室与市经委、市电力局开展了"我为抗缺电献计献策"的专题征集。媒体的作用越来越重要，省、市两级的新闻媒体，如《杭州日报》、《都市快报》、《今日早报》、《钱江晚报》，杭州电视台、杭州广播电台、西湖之声电台、经济之声电台等各类传媒，及时刊登和播发了专题征集公告，从不同角度、不同层面跟踪报道，使越来越多的市民了解到人民建议征集活动，愿意采用人民建议的方式"说你身边的事、说你想说的事"。这些途径有效地增加了市民与政府沟通与了解的机会,市民的建议成了政策议程的重要来源。以 2003 年为例,杭州市人民建议征集办公室在日常征集工作中收到各类建议 8000 多条,主要涉及城市规划、道路交通、住宅建设等十大类。其中如打造杭州苏堤、白堤新形象,杭州历史博物馆设立西博会展厅,增设、延伸部分公交线路等等,都来自于杭州普通市民的建议,这就改变了以往政府关门决策的决策模式。

(3) 多种利益主体参与地方公共事务的治理,有助于公共权力从集权走向分权,从而改变全能型政府自上而下的单向度运作模式,实现政府与公民、国家与社会的良性互动。人民建议征集制度是在改革开放以来中国社会转型和公共权力分权化趋势的背景下,地方政府重新定位其角色和职能并为实现此一角色转型而作出的努力。具体来说,人民建议征集制度的建立是公共部门为了更及时、更有效地回应社会和市民的需要,在地方公共政策的制定与执行过程中,尝试将民意整合到政策议程之中。由此,国家与社会、政府与公民的关系,开始从政府主导一切走向国家与社会的合作,从国家自上而下的命令控制逐渐走向多种社会治理主体之间的互动。政府不再是公共事务的唯一决定者,公共权力在实现中央政府与地方政府纵向分权的基础上,也同步进行着国家与社会、政府与公民的横向分权。虽然,人民建议征集制度不能从根本上改变政府主导社会的治理格局,但无疑已经开始突破既有的国家主导社会的传统模式,为国家与社会关系的调整作出了有益的探索和尝试。

(4) 从善治的维度,杭州市政府试图通过人民建议征集制度的创设来保障公民的知情权、参与权、表达权、监督权,引导、鼓励和支持人民群众依法参与地方公共事务。按照杭州市委书记王国平的说法,"凡是涉及经济建设和社会发展的重大决策、重大举措,都要坚持问情于民、问计于民、问需于民,落实人民群众的知情权、参与权、选择权和监督权,做到民主决策、科学决策。充分调动人民群众参政议政的积极性,逐步完善机制设计和制度安排,促进决策的民主化、科学化,做到征集工作经常化、法制化。"从杭州市的治理实践看,人民建议征集制度无疑有助于增强公共部门回应市民需求的有效性,提高政策制定与执行的透明度、决策的科学性和民主性,推进责任政府和法治政府建设,实现政府运作的高效、廉洁、公正。但是,必须指出的是,由于人民建议征集制度涉及政府许多部门,人民建议征集制度仅仅是为市民在政府各职能部门之间架设沟通的桥梁,并未触动政府职能部门之间的结构安排和责权关系,在这种情况下,人民建议征集制度的设立实际上强化了政府职能部门之间的责权关系的模糊性,而不是使其更清晰化,而这也是此一治理结构的缺陷所在。

## 二、人民建议征集过程和参与式治理的案例

人民建议征集制度及其治理结构的建立,是重新调整政府与公民、国家与社会关系,促使地方政府治理转型和管理方式创新的一项具体措施。治理理论在强调治理的结构与特征的同时,还强调治理的过程和治理的绩效。作为参与式治理方式之一,人民建议征集制度的运作过程涉及地方政府及其职能部门、普通市民,其内容由共同关心的问题焦点、意愿(政府听取市民的意愿和市民参与的意愿)以及运作媒介等要素共同构成。

人民建议征集的过程,可从以下几方面分析:

### (一) 征集方式和征集的主要内容

目前杭州市人民建议征集方式主要有两种:一是日常征集,二是专题征集。

#### 1. 日常征集

日常征集是杭州人民建议征集活动中最常见也是最基本的征集方式。它是人民建议征集办公室每日办理与人民建议有关的各种来信、来访、来电、传真及通过"12345"市长公开电话、电子信箱《建言献策》栏目发来的电子邮件,完成受理登记、分类办理、督办反馈、综合整理、存档统计等工作。由于日常征集没有特定的征集内容,任何意见或建议都可以提出,这就使征集工作具备了充分的广度。以2003年为例,杭州市人民建议征集办公室在日常征集工作中收到各类建议8000多条,主要涉及城市规划、道路交通、住宅建设等十大类。按内容排序依次为:城市规划1024件,占总数的12.1%;道路交通976件,占总数的11.5%;住宅建设819件,占总数的9.7%;公共交通723件,占总数的8.6%;文教卫体659件,占总数的7.8%;市政市容524件,占总数的6.2%;城市建设516件,占总数的6.1%;风景旅游509件,占总数的6.0%;环境保护432件,占总数的5.1%;老年问题409件,占总数的4.8%。[①]

日常征集的形式自由多样。在日常征集方式中,市民不仅可以通过来信、来电、来访、传真来提出建议或意见,还可以用电子邮件、网上留言。由于人民建议不像公

---

① 资料来源:杭州市人民建议征集办公室。

民信访那样程序严格,也不像干部走访那样耗时耗力,加上现代多样的通讯技术的帮助,政府为建议的表达提供了多种便捷的途径。公民可以在任何方便的时候,简单轻松,甚至是非正式地表达自己的意见,这就使更多的人参与进来,使人民建议具备了不同寻常的社会广泛性。2003 年杭州人民建议征集办公室通过日常征集方式征集到的人民建议所采用的各类形式,处于前三位的分别是来信(3134 个,占37.1%)、邮件(3592 个,占42.5%)和来电(1719 个,占20.4%)。① 虽然写信仍是重要的方式之一,但是,网络、手机等逐渐成为市民参与建议征集的主要方式。

2. 专题征集

专题征集是政府或其职能部门围绕某个问题单独或联合向公民征集意见的征集方式。这一方式又分为两种:

第一,人民建议征集办公室单独实施。人民建议征集办公室单独实施专题征集的情形在人民建议征集制度实施之初比较常见,在选题上一般围绕市委、市政府中心工作和重大部署来进行,通常每年都不少于两到三次。题目有时由市政府办公厅直接拟定,有时由人民建议征集办公室提出,报人民建议征集和奖励评审领导小组批准后实施。题目确定后,由人民建议征集办公室统一通过新闻媒体向社会公众发布。同时人民建议征集办公室会制定实施方案,明确具体征集时间,安排工作分工、操作程序、承办要求、奖励意见等事项,报批后循序开展。专题征集开展以后,人民建议征集办公室会实时做好收到建议的收集、整理、分类、筛选和办理工作,编写《人民建议征集简报》,及时反映征集的情况。征集期间收到的各种建议暂不交办或回复,而是等全部征集活动结束后,集中移交相关职能部门,由其逐件受理回复;对于不能受理的建议,人民建议征集办公室会统一回复。

单独实施征集的主题囊括了经济发展、城市建设、投资环境、城市管理、市民生活等诸多方面。例如,2003 年人民建议征集办公室开展了两次专题征集,一次是 6 月 4 日—20 日,题目是"加快接轨上海、积极参与长江三角洲合作与发展",共收到各类建议 1036 件,建议汇总为九个接轨,即信息、法律、交通、旅游、会展、经贸、电力、环境、人才;另一次是 11 月 17 日—30 日,题目为"市政府 2004 年为民办实事项目",共收到各类建议 4865 件,主要涉及城市规划、道路交通、住房建设、水电通讯、环境保护、风景旅游、社区建设、就业社保、市政市容等十方面。二是由人民建议征

---

① 资料来源:杭州市人民建议征集办公室。

集办公室与相关职能部门共同联办。如 2004 年 2 月 6 日—3 月 6 日,与市经委、市电力局开展了"我为抗缺电献计献策"的专题征集。从 2000 年到 2005 年,杭州市人民建议征集办公室共承办了 11 次专题征集(见附录 1)。

第二,政府职能部门单独实施。在人民建议征集办公室的示范和带动下,很多政府职能部门和新闻媒体都已开始单独展开人民建议的征集工作,并形成了一套适合本部门的工作办法。由于职能部门工作的专业性和针对性更加突出,更易发掘体现本部门特点与要求的征集专题。目前在杭州人民建议专题征集中,由有关职能部门开展的专题征集活动占了相当大的比例,仅 2006 年前 9 个月的杭州市职能部门进行了 25 次各类专题征集活动(见附录 2),占征集总次数的 80% 以上,职能部门征集的主题与每个具体的职能部门的职能范围密切相关,主要包括城市规划、城市交通、安全生产、社会治安等。从而形成了凡与民生相关的事务,政府事无巨细都要事先问计于民的习惯。

第三,人民建议征集办公室与有关职能部门共同联办。2004 年 2 月 6 日—3 月 6 日,人民建议征集办公室首次与其他职能部门、新闻媒体(市经委、市电力局、杭州电视台、杭州日报社等)共同联办了名为"我为抗缺电献计献策"的人民建议专题征集活动。征集期间,市节能协会受市经委的委托于 2 月 27 日—3 月 1 日在市科技展览馆举办了节电宣传暨节电产品展示会,短短四天吸引了 3 万多观众前来参观。随后,市电力局和《杭州日报》启动了"2004 年杭州市节电宣传进社区巡回展",把抗缺电宣传活动延伸到杭州的各个基层社区。期间,杭州电视台多次在社区进行现场采访,跟踪报道活动的实施情况,把市民的建议和主张直接用节目的形式反馈出来,既增加了建议反馈渠道,又扩大了征集活动在市民中的影响。由于各部门分工协作、组织得当,这次人民建议征集活动获得了巨大的社会效应。广大市民不仅积极参与,贡献了数千份各类建议,而且因为学到了很多实用的节电知识,表达了对市政府的感激之情,像余杭的陈伯澄市民就来信感谢市政府能如此深入基层,为民解忧。

### (二) 两个典型案例分析

我们试选择两个典型的案例来说明人民建议征集制度的实际运作过程,一个是环境问题与集体维权的案例,它是针对特定问题由人民建议征集办公室负责实施;另一个是城市建设问题,它由人民建议征集办公室与媒体共同发起。

案例 1:杭州城西沥青拌和厂扰民与市民集体维权问题

在 2005 年的人民建议中,有一部分是反映西湖区留下镇杭州沥青拌和厂污染扰民问题的。据不完全统计,网上 299 条建议记录中,有 56 条反映该厂的污染问题、要求搬迁该沥青厂的,占记录总数的 18.7% 。不过,这些建议从内容上看都是提出要求和呼吁,不是建言献策,也未提出任何可行的解决办法。(参见表 2)

表 2　2005 年 12 月人民建议的网上建言部分

| 主　题 | 姓　名 | 来信时间 | 处理状态 |
|---|---|---|---|
| 半山路何日改造 | 胡益华 | 2005.12.04 | 收阅 |
| 解决八城区一城二制问题是最大的为民办实事 | 市民 | 2005.12.04 | 收阅 |
| 第五次为 2006 年杭州市民"实事工程"建言献策(第 15 条建议) | 来金德 | 2005.12.03 | 正在处理 |
| 应进行沈半路半山段的改造 | 告诉 | 2005.12.03 | 收阅 |
| 流水桥弄和弥陀寺地块的改造 | 张先生 | 2005.12.03 | 收阅 |
| 何时能真正解决;看病难,看病贵 | 沈国强 | 2005.12.03 | 收阅 |
| 你能忍受吗 | 人和家园业主 | 2005.12.03 | 收阅 |
| 要求杭州市沥青厂搬迁 | 王先生 | 2005.12.03 | 收阅 |
| 强烈要求沥青厂尽快搬迁 | 白先生 | 2005.12.03 | 收阅 |
| 西溪湿地西大门的景观控制 | 王丽 | 2005.12.02 | 收阅 |
| 生命健康放在第一位 | 诸葛陇 | 2005.12.02 | 收阅 |
| 道路设施 | 扬扬爸 | 2005.12.02 | 收阅 |
| 解决公交问题,方便住萧居民出入 | 与你同城 | 2005.12.02 | 收阅 |
| 补充建议之二——大力改善困难群众生活 | 来金德 | 2005.12.02 | 收阅 |
| 对群众的呼声有交代 | 周女士 | 2005.12.02 | 收阅 |
| 加强审计 | 申记 | 2005.12.02 | 收阅 |
| 半山地区改造 | 芮敏 | 2005.12.02 | 收阅 |
| 加大信义坊区块建设,兑现政府诺言 | 山人 | 2005.12.02 | 收阅 |
| 加大背街小巷、平改坡、杭州城北体育建设等民心工程力度 | 山人 | 2005.12.02 | 收阅 |
| 再补充建议——优化滨江区的交通和教育 | 来金德 | 2005.12.01 | 收阅 |
| 上下班公交车 | 刘先生 | 2005.12.01 | 收阅 |
| 关于灯塔新村 | 罗美 | 2005.12.01 | 收阅 |
| 改善交通 | 小市民 | 2005.12.01 | 收阅 |

续　表

| 主　题 | 姓　名 | 来信时间 | 处理状态 |
|---|---|---|---|
| 补充建议:居民区机动车停放问题 | 来金德 | 2005.11.30 | 收阅 |
| 关于建设城北生态公园和上塘河生态景观带的建议 | 潘克玉 | 2005.11.30 | 收阅 |
| 加快平改坡实施进度 | 谢锡瑷 | 2005.11.30 | 收阅 |
| 道路上的停车和摊位要出局 | 赵敏 | 2005.11.30 | 收阅 |
| 请政府迅速搬迁杭州西湖区留下镇旁的严重污染源 | 孤山一叶 | 2005.11.30 | 收阅 |
| 城郊结合部整治 | 荣盛 | 2005.11.30 | 收阅 |

资料来源:中国杭州政府门户网站

在12月的29条建言中,有关杭州沥青拌和厂的人民建议就有6条,占总数的20%以上。这些建议的提出者几乎全部都是杭州人和家园的业主,他们不仅通过人民建议向市政府进行投诉,而且自发组成维权小组,并在网络论坛上开辟人和家园版块,公开讨论小区边沥青厂的污染问题。这清楚地表明,普通公民对维护自身利益的参与行为更有兴趣,对某些特定公共事务的参与率往往因为涉及公民的切身利益而陡然增加。

当时,杭州市政府已经提出创造清洁杭州的目标,并把解决相关问题列入政府工作议程,因此,对于以上相关的人民建议,官员们迅速做出了回应(参见表3)。

表3　有关人和家园人民建议的处理意见

| 受理编号 | 81367552 |
|---|---|
| 标题 | 人和家园住宅区将加强环境保护工作 |
| 反映内容 | 去年9月以来,不少业主向"12345"反映,他们购买的余杭五常人和家园期房,附近就是杭州市沥青拌和厂,对人和家园居住环境造成严重污染,要求有关部门调查处理。经"12345"交办了解后,向杨戌标副市长作了专题汇报,鉴于市沥青拌和厂先建而人和家园后建,且沥青拌和厂暂不搬迁的实际,建议余杭区对此进行专题研究,采取切实有效措施,加强对人和家园住宅区受污染的防范工作。 |
| 领导批示 | 1月20日,杨戌标副市长批示:"同意"。 |

| 受理编号 | 81367552 |
|---|---|
| 办理结果 | 1月31日,余杭区政府反馈:1. 对人和家园即将实施的一期工程验收工作,涉及环保验收的,该区环保局在《行政许可法》的要求下,严格对小区污染防治设施建设情况、生活污水排放和处理设施的建设情况、周围配套污水管网的建设情况、设置餐饮功能的楼宇废气排放烟道的设置情况、周围环境的生态恢复情况及其他污染防治措施的落实情况等进行一一验收。该区其他职能部门也将按照有关规定和要求,对该小区的消防、规划、质监等项目进行建设工程竣工验收。2. 如果业主对所购的人和家园住房不满意,人和房地产公司同意业主按《购房合同》的有关条款办理退房手续。3. 本着对业主负责的态度,该区环保局在对人和家园验收时,密切关注杭州沥青拌和厂对人和家园的环境影响情况,如果发现该厂废气排放未达标,将本着"谁污染、谁治理"的原则,对该企业进行环保整治并建议尽快实施搬迁。 |
| 反映人 | 业主 |
| 反映时间 | 2004 年 9 月 1 日 |

资料来源:中国杭州政府门户网站

　　人和家园业主因居住地的环境问题,通过人民建议方式向政府表达意见,属于典型的利益驱动型参与式治理的案例,在这里,公民参与治理主要是为了维护自身的合法权益。不过,人和家园业主向政府提出呼吁的作用还不仅在于引起政府对一个具体环境问题的关注,更重要的意义在于它从一个具体的事例引发出全社会对生活环境问题的热烈讨论。从政策议程设置看,某个单一的社会问题要进入政策过程,首先得进入公众议题,而后进入正式议程。人民建议征集的方式是我国当前最常见的社会讨论方式。通过向政府提出人民建议,引出政府与社会、以及市民之间的对话和讨论,形成公共议程,最后成为正式的政策,这也是中国特色民主的一种表现形式。

　　案例 2:市民竞相出谋划策破"七难"共建平安杭州

　　2004 年 12 月 15 日,杭州市人民建议征集办公室和《杭州日报》联合向社会公开征集破解"七难"的好建议后,市民踊跃参与,为破解"七难"献计献策。在短短一天时间里,通过电话、邮寄和 E-mail,三个渠道共收到各种市民建议近百条。市民针对城市交通、安全、住房和就业等问题提出了建议。相关建议不仅体现了市民参与地方公共事务的热情,更透出他们的奇思妙想。许多市民从小处入手,提出了一些操作性强、实施较容易的建议。

　　针对城市交通日益拥挤的现象问题,李先生认为,路口的行人和自行车横穿马路,也是造成道路拥堵的一个重要原因。杭州应该多仿效香港的做法,建大量过街天桥和地道,把人流和车流分开,这样不仅能减少交通事故,也能让道路得到一定的畅通。严先生的建议比较大胆:运河上开通水上巴士,中河上不妨也试一下?他说,在中河上开通水上巴士,能大大缓解从闸口电厂到体育场路一带南北向的陆上交通压力。或者索性将中河与运河打通,水上大连线,对破解行路难肯定能起到不小的作用。而且,这些都只需利用现成资源,不必花费很大的投资。

针对窨井盖被偷而导致窨井吞人的悲剧一再上演这一安全问题,邹先生提出了一个解决方法:逐步取消个体废品收购站,由政府设立正规的废旧物资收购站,在收购时必须登记销货单位和销货人员,真正从源头上斩断偷盗窨井盖的黑手。如果条件允许的话,最好能组织一支上门回收废品的队伍,统一着装,取缔零散单个的收旧拾荒行为。

针对住房问题,赵先生认为按现行的规定,未婚的单身青年必须年满35周岁,才可申请购买经济适用房。等到35岁去登记摇号,有了房子才结婚,年龄拖得更大了。希望能降低到32岁,虽然只相差三岁,但能解决一大批大龄青年的住房问题。

针对就业问题,董先生认为社区作为最基层的组织,它的工作越来越复杂。我建议让更多的大学生充实到社区,担任社区书记或者主任,一方面是解决他们的就业问题,另一方面也让这些年轻人在基层得到锻炼。

另外,还有市民建议组建志愿者队伍。如何先生认为破解七难,不是一个部门或两个部门的事,而是很多部门交织在一起的,我建议成立一个"志愿者监督小组",这些人员将义务工作,专门监督城区、街道等各部门的落实情况。①

从这些普通市民的建议中,可以看到市民对参与城市公共事务的热情,这也是广大公民积极参与城市公共生活,为公共利益建言献策的原始动力。尽管有不少市民的建议出发点虽好但建议不太切合实际,有的甚至比较片面,但是参与式治理激活了公民意识,有助于培养和形成积极的公共精神、责任心和归属感,促进公民社会的成长。

## (三)运作模式与特点

一是分工协作机制。人民建议征集活动开始形成这样一种分工,即由职能部门

---

① 根据张向瑜:市民争相出谋划策破七难,2004年12月15日,整理而成。

开展或与人民建议征集办公室联合开展的专题征集越来越多,而人民建议征集办公室则主要负责主题不限的日常征集工作及市政府为民办实事项目的专题征集。同时,人民建议征集办公室与政府各职能部门间在建议征集上的也不断进行合作,而且联合征集活动也越来越多。

二是媒体起着重要作用。在开展专题建议征集活动期间,人民建议征集办公室会同媒体保持密切联系,扩大征集活动的影响力。2004 年 11 月 24 日起,《杭州日报》推出"破七难再发力、保杭州更平安"特别报道,组建市民观察团,通过市民与记者的亲身探访,感受破解"七难"带来的真实变化,查访尚未做到位的问题;组建市民智囊团,发动市民为破解"七大问题"、打造"平安杭州"出谋划策。《杭州日报》在"破解七难打造平安杭州"的人民建议征集活动中扮演了主要角色,不是协助参与,更不是采访报道,而是自始至终都呈现出积极主动的实施者和承办者的形象。应注意的是媒体在征集活动中还组建了"市民观察团"和"市民智囊团",为杭州的公民参与提供了新的形式。

三是互动方式由单中心(政府包揽一切)向多中心(政府、市民、社会组织和媒体等一起参与)过渡。人民建议征集制度为普通公民参与公共事务建立了制度性平台,为政府与公民间的合作架起了桥梁,有助于克服过去由政府一方设置政策议程、关门决策的现象。普通公民、媒体等社会力量得以逐渐参与并影响到政策议程的设置和决策的过程,公共事务的治理方式呈现出多中心的趋势。

## 三、人民建议征集制度的功能与绩效分析

杭州市委和市政府将人民建议征集制度的功能定位为"纳民意、集民智、凝民心",主张政府施政应当尊重人民、信任群众、善纳民意,倾听人民的呼声,调动民间的智力,集思广益,从而更加有效地回应社会的需求,改善政府与市民关系,增强社会凝聚力,提高执政的合法性。人民建议征集制度的功能和绩效,大致可以概括为以下四个方面:

1. 创设了用于公民利益表达与利益整合的具体渠道,弥补了人大、政协等正式制度的不足。中国大陆已有的以人大和政协为主体的利益表达与整合制度,是计划经济时代建立并适应当时社会需要的产物,改革开放以来,随着工业化、市场化和城市化进程的高速推进,现有的正式制度已经日益显示出固有的缺陷和不足,面对社

会结构和社会阶层的高度分化的现实,尤其是针对分化的、分散的利益的表达需要,正式的利益表达和整合的途径显得超载或不足。人民建议征集制度,以及近年来杭州市的12345市长电话、听证制度、民主恳谈会、政府网站公共论坛等新的参与渠道的创设,为公民利益的表达、参与公共事务的治理,提供了现实途径。人民建议征集制度的多样化征集方式和多样化的参与方式便利和扩大了公民参与治理的范围,引导公民借助体制内途径表达自己的愿望和主张,有序地参与公共事务,减少制度外参与和非法参与,为公民参与社区和城市治理,创造和谐杭州提供了可能。

2. 就地方公共政策制定而言,人民建议征集制度优化了政策议程的设置,提高了决策的民主化和科学化水平。如人民建议征集办公室在2003年实施的两次专题征集活动,第一次是2003年的6月4日-20日,人民建议征集办公室在全市开展了"加快接轨上海、积极参与长江三角洲合作与发展"的专题征集,共收到市民各类建议1036件。这些建议经过人民建议征集办公室的汇总,共有九个方面的接轨要求,包括:信息接轨、法律接轨、交通接轨、旅游接轨、会展业接轨、经贸接轨、电力接轨、环境接轨和人才接轨。例如,浙江腾飞金鹰律师事务所的陈月祺律师,建议杭州的执法、行政、司法等部门在制定、实施地方法律、法规时应主动接轨上海,构筑长三角地区统一的法律平台。这个建议得到了政府的高度重视,有关领导在呈文中批示到:"陈月祺同志的建议很有价值,值得重视,请市法制办提出意见。"第二次是2003年的11月17日—30日,人民建议征集办公室开展了"市政府2004年为民办实事项目"的专题征集。这次共收到市民各类建议4865件,达到了全年各种渠道征集到的人民建议的一半以上。这些建议突出反映了杭州市民最关心的十多项民生问题,主要有:城市规划、道路交通、住房建设、水电通讯、环境保护、风景旅游、社区建设、就业社保、市政市容等。人民建议征集办公室把这些建议汇总成20项反映集中、呼声最高、可行性强,并在当年能加以完成的实事项目,提供给市委、市政府作为当年的政策议程,并最终在2004年作为公共决策得以执行。可见,人民建议征集制度促进了公民利益的表达与整合,改善了政策议程的设置,提高了政策的民主化和科学化水平。

3. 对于政府而言,人民建议征集制度增强了政府回应公民需求的及时性和有效性,切实解决了公民面临的一些实际问题,促进了社会的稳定与和谐。据统计,2000-2006年,杭州市人民建议征集办公室共受理人民建议7万余件,市领导批示560余件。而2005年,全年收到各类建议1.1万余件,同比增长22%,绝大部分都作了交办、答复。呈报市领导《人民建议摘报》、《人民建议参阅》66件,编辑《人民建议征集简报》36期,经新闻媒体宣传报道273件。建议内容排序前六位依次为:道路交通、城市规划与建设、风景旅游、公共交通、住宅建设、环境保护,这些内容真实地反映了杭州市民的要求和杭州市的实际情况。市委、市政府将其作为政策议程,如2006年公民通过人民建议征集制度提出的有关城市交通、旧城改造、外来务工人员、食品安全、医疗保险、住房、教育和环保等民生问题,都进入政策议程,成为当年市政府施政的目标。(详见表4)

表4　2006年杭州市政府确定的8件为民办实事内容和相关人民建议内容的比较

| 政府确定的为民办实事内容 | 相关人民建议内容 |
|---|---|
| 完善公交网络,方便群众出行。<br>——加快老城区与萧山、余杭公交一体化步伐,增设老城区与萧山公交线路两条、余杭线路一条。新辟老城区公交线路十条,新建、改建候车亭70座,缓解下沙、小和山等地群众出行难。 | 加快大杭州公交网络建设<br>●着眼大杭州推进城区外围公交网络化建设。<br>●整合资源变新老城区各自经营为统一编码管理。<br>●增加新老城区可刷卡线路,实惠和方便市民出行。<br>●增设线路,缓解滨江区、老余杭、下沙、小和山等地出行难。<br>●采取切实措施解决学生上学、放学乘车难。 |
| 实施背街小巷改善工程,改善旧城居住环境。<br>——完成318条背街小巷改善工程。新改建公共厕所40座。完成200幢房屋的"平改坡"和十个旧小区的整治任务。 | 继续实施背街小巷改善工程<br>●整治后,街巷加以贯通,行人和自行车畅通。<br>●净化街巷上空,限制乱挂商业广告,有序悬挂公益横幅。<br>●扩大整治范围,惠及市区边缘城镇和城北地区。 |
| 关爱外来务工人员,营造和谐社会氛围。<br>——建立劳务合作基地30家。逐步完善外来务工人员工伤、养老等社会保障制度。完成20万农村劳动力技能培训。稳妥解决外来务工人员子女入学问题。 | 关爱外来务工人员<br>●加强民工思想教育,提高外来务工人员素养,倡导杭州人、外来务工者共同营造和谐社会氛围。<br>●为民工排忧解难,民工生活、就业等方面政策上给予关爱。<br>●成立外来务工人员协会,采取互助自给办法解决实际问题。<br>●城郊建几处"平价医院"解决民工看病难。<br>●逐步建立民工劳动保障制度,惠及外来务工人员。 |
| 强化食品安全监管,完善"放心"体系。<br>——加大对食品质量安全监督力度,形成食品安全共管机制。规范发布食品安全信息。加强对蔬菜批发市场和农贸市场蔬菜农药残留的检测工作。加强无公害农产品和副食品基地建设,确保市民吃得放心。 | 强化食品安全监管<br>●加大食品安全宣传教育力度,创办"食品与健康"报刊,广泛宣传食品监管法规制度。<br>●建立以政府部门为主,各行业协会和社会各界参与的食品安全共管机制。<br>●设立食品安全监督投诉举报奖罚制度,鼓励市民参与食品安全监管。<br>●协调工商、质检、食品安全等部门统一行动,避免职责不清、多头管理、重复检查。 |

续　表

| 政府确定的为民办实事内容 | 相关人民建议内容 |
|---|---|
| 建立企业在职职工门诊医疗费社会统筹办法，完善社会保障体系。<br>——在职职工门诊医疗费纳入社会统筹范围，实行定点定额管理。萧山、余杭区工伤、失业、生育保险和企业退休人员门诊医疗与市级基本接轨。 | 改进和完善机制解决看病难<br>● 医药分开，改进医疗保健定点制度以方便就医。<br>● 建立医疗卫生有奖监督举报制度。<br>● 逐步解决省内来杭定居人员医保关系转迁进杭问题。<br>● 设立儿童大病互助保障基金。<br>● 解决农村民办教师离岗人员医保问题。<br>● 为困难群体提供就医优惠政策。 |
| 加快经济适用住房建设步伐，进一步完善住房保障体系。<br>——开工经济适用住房100万平方米、拆迁安置用房60万平方米。完善经济适用住房准入制度和廉租住房管理工作。 | 进一步完善住房分配体系<br>● 抑制经济适用房房价无序上涨，公开房源及交易信息，避免不合理流入市场。<br>● 进一步完善住房拆迁、分配体系。<br>● 对全市房屋进行普查，拟订整修、拆迁、改建计划。<br>● 缩短经济适用房交付使用期限，调整付款方式（即交付使用时付清房款或按揭）。<br>● 提供已选购到经济适用房者相互交换平台。<br>● 分步整治旧住宅楼道；加快"平改坡"进度；准许集资开发改建旧住宅区。<br>● 对虚假房产广告、房屋质量、违约现象加强管理 |
| 分步实施免费义务教育，努力破解"上学难"问题。<br>——今年春季，全市城乡实行义务教育免收杂费。 | 重视文化教育，关爱下一代成长<br>● 我市率先实施免费义务教育，财力允许范围内逐步免除杂费、代管费；不搞民办学校，全部恢复公办。<br>● 为学生减负，推迟学生到校时间，保障双休制。<br>● 市区设立足够的卫生质量有保障的学生营养午餐企业。<br>● 城西择地建设杭州第二个青少年活动中心。 |
| 加大环保设施建设，改善城市生态环境。<br>——实施引水入城工程。建设和开通半山地区污水泵站。推广绿能汽车，建设车用燃气加气站，扩大出租车燃气改装车使用率。 | 珍惜水资源，提高饮用水质量；治理环境污染，促进杭州发展<br>● 改善空气质量，整治汽车污染、建筑污染、水质污染、装修污染。<br>● 整治运河船舶噪音、汽车噪音。 |

资料来源：杭州市人民建议征集办公室

　　从表4可以看到，杭州市政府为民办实事专题征集所产生的人民建议项目对决定市政府当年的主要工作内容起到了举足轻重的作用。人民建议所确定的项目被纳入到政府当年的工作计划之中，因此，公民参与对政府工作计划的影响是实质性的、直接的。虽然，就公共政策的制定而言，公民参与还处于刚刚起步的阶段，参与的范围和程度还很有限，公民参与还有很大的发展空间，这就不仅要求有更多的群众参与建言献策，而且要求每一个公民在参与时是积极的和负责的。唯其如此，才能提高人民建议在政府工作中的转化率。

4. 有助于改善政府与公民的关系,优化地方治理结构。公民通过人民建议征集制度参与地方公共事务,表达其利益诉求;有助于将公民的需求转化为政策,解决公民面临的实际问题,从而回应和满足公民的需要,客观上改善了政府与公民关系。杭州市委书记王国平强调:"人民建议的数量和质量,取决于人民群众的参与程度;人民群众的参与程度,取决于人民建议的转化程度。搞好人民建议征集工作,一方面要调动广大人民群众的积极性,多提好的建议;另一方面,各级党委和政府及有关部门要高度重视建议的转化工作。只有真正把好的建议及时吸收融入到决策之中,真正把人民群众的聪明才智和合理诉求有机融合到日常工作之中,才能有效调动人民群众参与建议征集工作的积极性、主动性和创造性,发扬主人翁精神,积极为杭州发展多出'金点子',为杭州社会经济发展作出更大贡献。"随着人民建议征集制度的建立和运作,各级政府及其职能部门与公民的关系逐渐发生了积极的变化:由政府设置议程主导决策,开始转向公民和政府共同设置地方公共政策的议程,政府的角色由此开始了从高高在上的领导者向人民公仆的转变。政府与公民的合作治理的实践,政府与公民关系的改善,增强了参与式治理可持续运行的动力。

# 四、走向善治:推进制度建设的政策选择

人民建议征集制度为公民参与地方公共事务提供了一条制度化的参与渠道,为社会多元利益的表达和整合构建了平台,它的建立和有效运作,有助于促进政府决策的科学化和民主化,增强执政党和政府回应社会和民众需求的有效性和及时性,在一定程度上改善了政府与公民的关系,优化了地方治理结构。在肯定人民建议征集制度制度绩效的同时,我们还要正视其存在的问题和制度的固有缺陷,推进改革和制度建设,扩大公民参与,促进地方治理。

## (一) 人民建议征集制度存在的主要问题及其成因

我们认为,杭州市人民建议征集制度存在的主要问题是,征集制度的制度化水平低;参与主体多元,政府各职能部门多头征集而缺乏必要的联动机制;政府部门处理相关建议的透明度不高,等等。这些制度固有的缺陷,大大弱化了参与式治理的绩效。

首先，从公民的角度看，人民建议制度存在参与主体身份的不确定性，多样化的利益主体提出的建议庞杂，有的时候，博弈各方针对同一问题的诉求往往没有交集，乃至于互相冲突。人民建议征集制度参与主体的不明确，政府不知道提出建议的人代表哪些社会群体，这就不能保证所提内容是否有足够的社会代表性。人民建议的内容庞杂，具有宏观性的、前瞻性的政策建议较少。一些市民对人民建议的要求和作用不是很清楚，把人民建议当成另一个信访方式，个人或团体的信访内容占用了人民建议的通道，从而改变了人民建议的设计功能；加上对人民建议征集制度的期望值过高，在其要求得不到满足的情况下，往往容易转向对这一制度的疏远甚至敌视。

其次，从政府角度看，各个职能部门之间缺乏部门联动机制。人民建议征集方式在政府各主要职能部门被广泛采纳，虽然体现了民主决策方式的兴起，但是各个部门各行其是，对人民建议征集工作的推展也带来了负面影响。其一，各部门之间没有整体性的协同，虽然局部性的、临时性的联合征集也时有出现，但没有一套系统的协同规则，一些相关的征集调研成果不能有效利用，征集流于形式，导致不必要的资源浪费，因此，需要着力进行信息资源整合。其二，人民建议征集办公室的定位不明确，居间协调的作用不够突出。人民建议征集制度在创建之初主要依赖于人民建议征集办公室，随着人民建议征集制度影响的扩大，很多职能部门撇开人民建议征集办公室，自己开展专题征集工作，人民建议征集办公室的专题征集范围如果不缩小的话，就要和其他职能部门的征集专题相重复。因此，目前来看，人民建议征集办公室的职责被局限于日常征集及市政府为民办实事专题征集项目，其他专项征集都可能被其他职能部门所替代。事实上，人民建议征集办公室被降为杭州市政府办公厅的对外征集窗口，在整个杭州市的人民建议征集工作中的主导作用并没能被突出出来。

再次，从制度看，人民建议征集制度的制度化水平低，运作程序和规章还不健全，运作的公开度、透明度不高，而且责任也难以界定。目前还没有一套法规对人民建议的性质、地位和作用等作出法律上的规定，人民建议征集的要求、内容和采选标准，都还处于探索和尝试阶段，从杭州2000年正式实施人民建议征集工作的时间来看，人民建议征集制度仅运作不足十年，时间并不长，尚处于尝试阶段也属正常。但是对于人民建议征集制度的发展前景，现在就必须着手制定相应的法律、法规，这是这一制度能否健康发展的关键。

此外,人民建议征集制度的运作程序和规章还不健全。尽管杭州市政府颁布了《杭州市人民建议征集和奖励的实施意见(试行)》,杭州市人民建议征集办公室也建立了相应的工作制度,但这些规章的内容简略,目标只是局限于实施者。虽然政府的很多职能部门已经开始独立实施建议征集工作,但缺乏普遍通行的标准和规则来保障和规范征集行为,随意性很大。同时,建议征集和采用过程的公开度、透明度不高。在人民建议的征集过程中,市民在提交人民建议后,接下来的整个整理采选的过程完全由征集部门来掌控,并作为政府过程的一部分,不再向市民公开。人民建议的采选过程应该清晰透明,不仅要政府评,而且还要人民评。

### (二) 完善人民建议征集和参与式治理的政策选择

1. 健全人民建议制度的法规。健全人民建议征集制度的相关法规是当前人民建议征集制度自身建设的主要目标,也是执政党和政府扩大公民有序政治参与制度建设的一项重要内容。完善人民建议征集制度,扩大公民有序政治参与,不能长期以临时举措或政治手段作为这一制度的保障,而需要在法律地位上保障参与行为的正当性和合法性。无论是地方立法机关制定法律,还是行政立法机关制定法规、规章,凡是相应法律、法规、规章所调整的事务具有以人民建议形式参与的必要性和可能性的,都应在相应法律、法规、规章中明确规定人民建议参与的范围(包括参与人的范围和参与事项的范围)、参与的途径(如决策参与、执法参与、争议裁决参与、监督参与等)、参与方式(如通过信件、电邮、电话、传真、短信、走访、公民团体开会当面建言等)。通过法律、法规、规章明确规定人民建议征集的程序和方法,保障公众参与的正当性和有效性,确保公民参与地方治理的有序性和建设性。

2. 加大政务公开和政府工作的透明度。首先,扩大政务公开的范围。在不影响国家安全和国家根本利益的前提下,政府应当最大限度地公开政府信息。非机密信息要做到全面、及时、快捷。在信息真实可靠的基础上,科学、全面、多渠道地公开政务信息。要让信息在公民容易看见的地方公开、以普通公民可以看懂的形式公开。可根据具体情况,通过广播电视发布、报刊网络登载、公告牌公布等渠道有效地公布信息。其次,深化政务公开,推进制度创新,创造多种参与途径,让公民能够参与到公共决策的实质部分。应在普通大众和政府之间建立起组织化的媒介,作为人民建议征集制度的辅助和补充。当前,可在广大热心参与的公民和社会团体中间着手建立公民顾问团、公民智囊团,把人民建议与政府目标整合起来,做到政府有问题,公民来参谋;公民有需要,政府来解决。对于提出人民建议的公民社团,政府应把它们看作政府的编外参谋机构,向它们有针对性地公开政务信息,并与之开展对话、讨论和商议,实现政府、市场和社会等多元治理主体的良性互动。

3. 加强政府各职能部门的联动。首先,各单位和部门加强沟通和联系。由政府信息部门牵头,组织各单位负责承办建议征集的主要人员定期以电话和会议的形式相互联系,汇报上一期的主要工作和下一期的工作安排,如果有相似的征集意图,可以考虑联合开展或协同开展。其次,单独设置人民建议网站,编制人民建议公报,定期把各类人民建议刊登在上面,让市民看到近期都有哪些人民建议,是否需要补充,是否需要修正,哪些人民建议有见解,哪些人民建议值得推荐。同时,政府把有价值的建议列出来,标明建议人和准备采纳的部分,请普通市民也作出判断,并学习如何开展正确的建言献策。第二,设置专题征集公告牌,把各单位部门已经实施的和将要开展的征集主题登录在案,以供其他单位部门进行了解,避免重复征集。第三,添设站内搜索,便于各单位部门查询拟定的征集主题是否有其他部门已做相关征集,如果已有相关征集,可以直接链接到征集结果和统计资料。再次,也是最为关键的是,要建立全市各部门、各机关可以共享的数据库。这个数据库应该包括征集而来的各种建议内容和各项统计数据,以及各方对统计结果的分析和见解。总之,在资源的整合方面,要建立人民建议的数据库。各单位在作建议征集前,先查询该数据库再作决定;通过会议和网络联系其他部门,对相同专题的征集可以合作开展;通过对其他单位征集活动的了解,调整本部门征集工作的侧重点。

4. 提高公民参与能力,培育公民的公共精神。参与式治理的核心是公民的参与,强调公民本着公共精神参与治理,直接地、积极地参与城市和社区的公共事务,参与公共政策制定与执行的过程,推动社区发展、社会进步和人的全面发展。从现实情况看,公民的公共精神缺失、参与能力不足是影响和制约参与式治理的重要因素。政府在推进人民建议征集制度建设的同时,要全面推进公民教育,为公民参与治理创造各种条件和机会。针对现实中存在的人民建议质量不高、针对性不强等问题,政府不应轻易将之归结为普通公民还不具备为政府建言献策的能力,要允许不断地尝试,并设法从制度上加以调整和解决。同时,在公共政策的制定过程中,要推进民主政治建设,不断扩大公民有序政治参与,不仅要保证公民能行使权利,而且还要积极鼓励公民参与各种类型的建言献策,鼓励、支持和引导公民提出高水平的人民建议。让公民在参与中学习参与,在民主中学习民主,培养公民的公共精神,提升公民素质,不断提高公民的参与能力。

# 结 语

人民建议征集制度作为一种参与式治理方式、一种公民与政府互动的方式,为我们观察中国大陆近年来地方治理的实践,检视治理理论提供了一个视角。

从地方治理实践看,人民建议征集制度是治理方式的创新,它为普通公民的利益表达构建了一条有效的通道,把公民的意见有效地引入到政府决策中,促进了政府决策的科学化和民主化。通过这一制度,散布民间的智慧也得以进入政策者的视野,使政府在决策的过程中能够集思广益,充分吸纳蕴藏在民间的智力资源。从民主政治的角度看,人民建议征集制度促进了公民有序政治参与的制度化和规范化。相比较而言,人大、政协体现了人民代表和社会精英的政治参与,而信访、上访则多为实现个人利益,并非谋求影响政府一般性政策的公民参与;人民建议征集制度则建构了面向普通公民的制度安排,使他们得以通过这一平台参与地方的公共事务,参与到公共政策的制定过程中。由于人民建议征集制度在实际功能上融公民利益表达与建言献策于一体。从微观的层面看,这一制度主要发挥了其改进地方治理的功能,突出了公民对地方公共事务的参与。

从更宏观的角度看,当今中国大陆正处于一个由工业化、市场化和城市化的高速推进而导致的社会剧烈转型的时期,临界点附近微小的偏离往往就能被放大成巨大的潮涨潮落,引发社会的混乱和不安,进而影响社会的稳定。问题在于,仅仅依靠国家的强制无法达致社会秩序的稳定与和谐。社会稳定的基础不是武力,而在于政府对民意的理解、把握,以及对社会和民众需求的迅速而有效的回应。因此,执政党和政府能否积极推进制度创新,把现代化激发起来的民众的政治参与热情和力量纳入到现有政治体系中去,发挥其积极作用,使公民政治参与朝着制度化的方向渐进有序地扩大和拓展,并非仅仅是政府治理过程中的技术层面的问题,而是事关国家长治久安的大问题。随着民主政治的发展和制度建设的推进,公民利益表达和整合机制必将逐渐走向制度化和规范化,公民参与也将纳入到国家的政治体系当中,从而为民主政治大厦奠定坚实的基础,使民主在中国的发展成为不可逆转的进程。

从治理理论维度,人民建议征集制度是中国本土治理经验对于治理理论的一大贡献。近年来国际政治学界兴起的治理理论,构成了对官僚制理论这一传统公共行政理论的挑战,以目前的发展趋势,治理理论很有可能发展成为新公共行政理论的主导范式。但是,治理理论自身存在两大缺陷:其一,治理囊括一切、包罗万象的取向,很容易导致治理理论的大而无当、缺乏实际内容,从而弱化理论固有的解释力;二是由于它忽略了实际内容,以致很难从治理的实践中概括出一般性结论。① 人民建议征集制度是地方党委和政府基于中国本土治理结构,即在执政党对政权的绝对控制的背景下,通过引入公民参与,探索实现公民利益的表达和整合,进而影响地方公共政策议程的设置、政府决策的制定和执行。近年来,以杭州市政府为代表的中国各级地方政府,积极推进制度创新,不断探索走向善治的途径,人民建议征集制度只是各地治理方式创新的一种方式,此外,包括听证制度、民主恳谈会制度、政府网站论坛官民对话等一系列制度创新,共同推动了中国地方政府治理方式的转变。

在参与式治理的过程中,中国地方政府的角色和社会治理格局都发生了富有意义的转变。社会治理的格局,从执政党和政府单中心治理,开始向执政党、政府、公民和社会团体等多中心治理的过渡。面对中国地方政府治道变革的这一现实,来自西方发达社会的治理理论能够用来解释中国地方治理的现象吗? 如果答案是能的话,它又有多少解释力? 更重要的是,通过对中国的本土治理经验的总结,不仅可以验证治理理论,而且可以补充和发展治理理论,提升这一理论的解释力。当然,要使以上假设成立,还需要政治学者不断努力,持续拓展并深化对参与式治理的中国地方经验和政府治道变革实践的理论研究。

---

① H. George Frederickson, Kevin B. Smith, *Public Administration Theory Primer*, Boulder, CO: Westview Press, 2003, 209 – 214.

# 附　录

## 附录1:2000 年—2005 年杭州市人民建议征集办公室承办的专题征集

| 序号 | 专 题 名 称 | 征 集 时 间 |
|---|---|---|
| 1 | 办好 2001 年西博会 | 2000 年 6 月 4 日—20 日 |
| 2 | 杭州要创模,市民怎么办 | 2001 年 7 月 10 日—20 日 |
| 3 | 办好 2002 年西博会 | 2001 年 9 月 10 日—20 日 |
| 4 | 2002 年市政府为民办实事项目 | 2001 年 11 月 17 日—30 日 |
| 5 | 2003 年市政府为民办实事项目 | 2002 年 11 月 10 日—30 日 |
| 6 | 加快接轨上海、积极参与长江三角洲合作与发展 | 2003 年 6 月 4 日—20 日 |
| 7 | 2004 年市政府为民办实事项目 | 2003 年 11 月 17 日—30 日 |
| 8 | 请为抗缺电献计献策 | 2004 年 2 月 6 日—3 月 6 日 |
| 9 | 为"创建平安杭州,打造首善之区"建言献策 | 2004 年 6 月 4 日—20 日 |
| 10 | 关于"文明城市创建靠大家"人民建议专题征集 | 2005 年 3 月 30 日—4 月 20 日 |
| 11 | "我为'一纵三横'献计策"专题意见建议征集 | 2005 年 7 月 10 日—7 月 20 日 |

资料来源:杭州市人民建议征集办公室

## 附录 2：2006 年 1—9 月份杭州人民建议专题征集汇总

| | 征集主题 | 征集单位 | 发布日期 | 截止日期 |
|---|---|---|---|---|
| 1 | "增强安全生产意识,提高安全生产能力"建议征集 | 杭州市安全生产监督管理局 | 2006.1.4 | 2006.2.4 |
| 2 | "的士交班时段顺路捎客"建议征集 | 杭州市交通局 | 2006.1.4 | 2006.2.4 |
| 3 | "吃得安全,吃得放心"专题建议征集 杭州市食品药品监督管理局 | 2006.1.11 | 2006.1.25 | |
| 4 | "企业工资支付办法"专题建议征集 | 杭州市劳动和社会保障局 | 2006.1.20 | 2006.2.28 |
| 5 | "正版正货"承诺单位徽标征集公告 | 杭州市科技局 | 2006.2.13 | 2006.3.31 |
| 6 | "加强自主创新,建设创新型城市"专题建议征集 | 杭州市科技局 2006.2.13 | 2006.3.31 | |
| 7 | "当好东道主、办好休博会"人民建议专题征集 | 杭州市人民建议征集办公室 | 2006.3.20 | 2006.3.31 |
| 8 | "如何有效解决人行道违章停车"专题建议征集 | 杭州市城市管理行政执法局 | 2006.3.21 | 2006.4.22 |
| 9 | "27 条线路优化调整"意见征集 | 杭州公交集团 | 2006.3.24 | 2006.3.28 |
| 10 | "运河杭州主城区一期整治景观工程"人民建议专题征集 | 杭州市人民建议征集办公室 | 2006.4.3 | 2006.4.18 |
| 11 | "提高群众的自防意识,减少人身伤亡和财产损失"专题建议征集 | 杭州市公安局 | 2006.4.3 | 2006.4.22 |
| 12 | "一纵三横"整治效果评价专题征集 | 杭州市人民建议征集办公室 2006.4.12 | 2006.4.17 | |
| 13 | "五纵六路"道路综合整治设计方案建议专题征集 | "中国杭州"政府门户网站编辑部 | 2006.6.7 | 2006.6.28 |
| 14 | "如何解决好无证摊贩问题"专题建议征集 | 杭州市城市管理行政执法局 | 2006.6.7 | 2006.7.16 |
| 15 | "五纵六路"立面设计请你提意见 | 杭州市建设委员会 | 2006.7.20 | 2006.8.28 |
| 16 | "如何打击非法捕鸟"专题建议征集 | 杭州市林水局 | 2006.7.13 | 2006.8.20 |
| 17 | 人防工程与让洞于民避暑纳凉专题征集 | 杭州市人防办 | 2006.8.23 | 2006.9.23 |
| 18 | 关于征集"气象灾害预警与防御"主题的公告 | 杭州市气象局 | 2006.8.25 | 2006.9.1 |

| | 征集主题 | 征集单位 | 发布日期 | 截止日期 |
|---|---|---|---|---|
| 19 | 关于征集"新一轮就业再就业政策"答疑问题的公告 | 杭州市劳动和社会保障局 | 2006.8.29 | 2006.9.8 |
| 20 | 关于征集"科技创新与服务"主题的公告 | "中国杭州"政府门户网站 | 2006.8.23 | 2006.8.31 |
| 21 | 关于建设节约型机关活动专题征集 | 杭州市财政局 | 2006.9.4 | 2006.10.4 |
| 22 | 关于征集"杭州电网建设"问题的公告 | 杭州市电力局 | 2006.8.25 | 2006.9.8 |
| 23 | 化肥流通体制改革专题征集 | 杭州市供销社 | 2006.9.4 | 2006.10.4 |
| 24 | 为"杭州创建中国最佳旅游城市"出点子 | 杭州市旅游委员会 | 2006.9.11 | 2006.10.20 |
| 25 | 汽车配件质量怎么管专题征集 | 杭州市交通局 | 2006.9.7 | 2006.10.21 |

资料来源:杭州市人民建议征集办公室

# 创新持续力与中国地方政府改革：
# 几个关键命题的探讨

韩福国①　瞿帅伟②　周红云③

**【内容提要】** 创新持续力直接影响着政府改革,中国政府目前正在形成一种创新的文化氛围。本文提出政府创新持续力这一结构性概念,以研究和提取影响1978年后中国地方政府创新的要素,对当下进行的政府创新进行长时段反思。文章初步探讨了影响政府创新持续力的九个关键性命题,它们构成了政府创新的认知体系。文章认为国家创新空间创新类型、创新动力、创新类型、政治民主、合法性、官员资源获取(升迁)、组织生存和扩张、受益人群、政府职能范围界定等命题对于创新持续力具有重要的影响。在地方政府的理论综述基础上,文章基于对既有地方政府创新个案和创新历史的整合,提出创新持续力的研究范式。

**【关键词】** 地方政府创新　创新持续力　命题

"世界各国因为各种不同的理由进行改革,政府改革与创新是一个世界现象。在一些国家这一运动被冠名为重塑政府,另一些则称为建构国家能力或者国家现代化,还有一些国家称之为新公共管理。"(Elaine C. Kamarck,2003)随着改革开放,对中国政府的评价逐步和国际社会接轨,"在与国际社会的接触中,中国政府越来越有经验,乐于接受外来的信息和建议,政府的管理方法和办事效率也不断改善。尤其是在法律法规方面,中国政府很乐于了解其他国家的新观念,并通过对国情的比较,制定适合中国国情的法律法规。"(Peter Scheuer, 20076)毫无疑问,中国政府正在形成一个关于创新的文化氛围,但是一个有趣的问题就是,当中国学者普遍对中国近年来的政府创新进行研究和赞扬的时候,许多学者尤其是国外学者却对这些地方政府创新表示极大的质疑和不信任,质疑更多地是认为创新如昙花一现,目的集中于

---

① 韩福国:浙江大学公共管理学院政府管理系讲师,西方经济学博士后。hanfuguo@ yahoo. com. cn;hanfuguo@ hotmail. com。感谢 Feusmith 教授,Osburne 教授,Harny 教授的意见,以及陈国权、郁建兴教授的建议,还有马斌博士、林龙、吕晓健等的讨论。
② 瞿帅伟:复旦大学助理研究员。
③ 周红云:中央编译局研究员。

创新就是政府追求政绩或者面子工程的手段,而没有实质性的意义。那么中国地方政府创新持续力就是一个关键的问题,它直接关系到以上问题的解答。

## 一、基于地方政府创新活动的持续力问题提出

中央和地方政府创新层出不穷,这说明中国政府创新的动机并不缺乏。我们通过相关的政府报告和新闻媒体,可以发现经济发展落后的地方,政府创新的数量和激情也不亚于经济发达的地方。目前,中国地方政府创新研究有两个重点:一是案例研究,二是肯定性研究。

对于中国地方政府创新的研究,一般的路径是案例研究,即选择某一典型案例进行调研,而后结合某种视角进行分析。这一路径对于政府改革研究意义重大,但是这一研究缺乏对另一层面的相应关注,即中国地方政府创新的持续力研究,因此,也就缺乏能深度揭示和解释地方政府创新机制的实证性研究路径。

对过去的三届"中国地方政府创新奖"所有获奖项目初步的经验研究显示,地方政府创新增强了地方政府的政治合法性①。正相关的研究分析,这是一般的研究态度和取向。

地方政府创新研究的最有影响力活动,就是已经连续举办四届的中国地方政府创新奖的评选活动(2001—2008),包括三个类型:政治改革类、行政管理类和公共服务类。它是个由中立的学术机构来进行的政府民间评选项目,由中共中央编译局(CCTB(Chinese Communist Party Central Compilation & Translation Bureau))比较政治与经济研究中心(CCCPE)、中共中央党校世界政党比较研究中心、北京大学中国政府创新研究中心等三家民间学术机构联合发起的"中国地方政府创新奖"创建于2000年。全国选拔委员会基本实现"三三制",学者、官员、媒体各占1/3。媒体和官员的参加有利于进一步推广。参与的官员主要是中央部委的官员,他们和地方没有直接的利害关系,其中就有全国人大、全国政协的官员。

首届"中国地方政府创新奖"评选标准有6项:创新程度、自愿程度、效益程度、重要程度、节约程度、推广程度;第二届标准调整为:创新性程度、参与程度、效益程度、重要程度、持续程度和推广程度;第三届政府创新奖的标准是:创新程度、参与程

---

① 中央编译局比较政治与经济研究中心执行主任何增科在中国人民大学的政治学沙龙上的发言,《大公报》2007年5月14日报道。

度、效益程度、重要程度、节约程度和推广程度等六个标准;第四届是创新程度、参与程度、效益程度、重要程度、节约程度和推广程度等六个标准。

"中国地方政府创新奖"通过权重计分等一整套严格的评估程序进行,近四届的获奖项目如表1所示。

表1　近四届"中国地方政府创新奖"情况

| 届别 | 申报数 | 优胜奖 | 提名奖 |
|---|---|---|---|
| 第一届 2001— 2002 | 325个 | 四川省遂宁市市中区"公推公选"乡镇党委书记和乡镇长<br>河北省迁西县妇代会直接选举<br>广西壮族自治区南宁市推行政府采购制度<br>江苏省南京市下关区首创"政务超市"<br>浙江省金华市的领导干部经济责任审计<br>贵州省贵阳市人大常委会推行市民旁听制度<br>广东省深圳市行政审批制度改革<br>上海市浦东新区创办社区矛盾调解中心<br>海南省海口市实行行政审批的"三制"<br>湖北省广水市"两票制"选举村党支部书记 | 浙江省衢州市"农技110"<br>云南省金平县扶贫项目<br>广东省深圳市大鹏镇"三轮两票"选举镇长<br>湖南省长沙市四级联动政务公开<br>河南省社旗县"下访团"<br>湖北省鹤峰县扶贫项目民营业主负责制<br>新疆维吾尔族自治区乌鲁木齐市七道弯乡村务公开<br>上海市徐汇区康健街道的"康乐工程"<br>四川省平昌县公开评税<br>江苏省沭阳县首创干部任前公示 |
| 第二届 2003— 2004 | 245个 | 南宁市"社会应急联动系统"<br>青岛市"阳光救助"<br>海口市龙华区"外来工之家"<br>河北省石家庄市"少年儿童保护教育中心"<br>安徽省舒城县干汊河镇"小城镇公益事业民营化"<br>深圳市"公用事业市场化改革"<br>浙江省温岭市"民主恳谈"<br>四川省遂宁市市中区步云乡"乡长候选人直选"<br>吉林梨树县村民委员会"海选"<br>浙江省湖州市"户籍制度改革" | 四川省雅安市"直选县级党代表"<br>河南省焦作市构建"三级服务型政府"<br>河北省迁西县"妇女维权"<br>广西自治区南宁市"行政事业性国有资产管理体制改革"<br>福建省厦门市思明区"公共部门绩效评估"<br>鼓励奖:浙江省台州市"乡镇(街道)团委书记直选"<br>北京市延庆县"制止和预防家庭暴力"<br>北京市社区公共服务平台 |

| 届别 | 申报数 | 优胜奖 | 提名奖 |
|---|---|---|---|
| 第三届 2005—2006 | 283个 | 广东省深圳市盐田区委区政府:社区管理体制改革<br>四川省平昌县县委:公推直选乡镇党委成员 重庆市政府:创建法治政府四项制度 福建省泉州市总工会:外来工维权新模式<br>河北省迁安市政府:新型农村合作医疗制度 广西壮族自治区民政厅:"五保村"建设 湖南省妇联:农村妇女参与村级治理<br>北京市石景山区委区政府:鲁谷社区街道管理体制创新<br>福建省厦门市思明区嘉莲街道办事处:"爱心超市"<br>天津市南开区政府行政许可服务中心:"超时默许"新机制 | "中国地方政府创新奖"组委会奖名单<br>辽宁省沈阳市沈河区委区政府:诚信体系建设实践创新<br>"中国地方政府创新奖"入围奖项目名单(共14名)<br>河北省青县县委:"青县村治模式"<br>上海市徐汇区政府:政府工作流程再造<br>江苏省徐州市贾汪区政府:公众全程监督政务<br>安徽省芜湖市政府:"政府利用网络实行政府与市民互动"<br>浙江省温州市政府:"效能革命"<br>四川省成都市新都区委:基层民主政治建设<br>江苏省南京市白下区政府:淮海街道管理体制改革<br>浙江省绍兴市政府办公室:政府办公室导入ISO9000质量管理体系<br>浙江省长兴县教育局:"教育券制度"<br>北京市大兴区妇联:"巾帼维权岗"<br>陕西省杨凌示范区管委会:服务承诺制<br>浙江省武义县委县政府:村务监督委员会<br>湖北省秭归县政府:杨林桥镇"撤组建社"村民自治新模式<br>重庆市开县麻柳乡委乡政府:"八步工作法" |
| 第四届 2007—2008 | 337个 | 浙江省义乌市总工会:工会社会化维权模式<br>浙江省宁波市海曙区人民政府:政府购买居家养老服务<br>黑龙江省伊春市人民政府:林业产权制度改革<br>深圳市南山区委区人大政府:和谐社区建设"双向互动"制度创新<br>山东省乳山市委:全面推进党内民主<br>上海市普陀区长寿路街道办事处:社区民间组织管理体制改革<br>湖北省咸宁市咸安区委:乡镇行政管理体制改革<br>江苏省公安厅:执法告知服务制度<br>四川省成都市人民政府:深化行政审批制度改革<br>山东省莱西市人民政府:为民服务代理制 | "最具责任感地方政府奖"获奖名单(1个)<br>北京市西城区人民政府<br>上海市南汇区惠南镇人大:公共预算制度改革<br>四川省雅安市人大常委会:乡镇人大代表选举制度改革<br>四川省人大常委会预算工作委员会:"在线监督"预算执行<br>江西省民政厅:农村村落社区建设<br>浙江省瑞安市人民政府:农村合作协会<br>新疆呼图壁县人民政府:农村社会养老保险制度改革<br>广东省深圳市监察局:行政审批电子监察系统<br>广西玉林市人民政府:"一站式"电子政务新模式<br>浙江省庆元县委组织部:技能型乡镇政府建设 |

　　我们通过这些项目的名称,可以发现许多制度已经成为当下中国政府制度全面推开的一个组成部分。首届获得优胜奖项目如"两票制"选举村党支部书记、立法听证、一站式服务、政府采购、"公推公选"乡镇领导、行政审批制度等都已在全国范围内广泛推广。第二届获奖项目"民主恳谈"、户籍制度改革、公用事业民营化、社会保障阳光操作、社会应急联动系统、扩大党内民主等项目也在全国不同程度得到推广。第三第四届的许多项目都是全国比较有影响的创新项目,并且许多持续时间比较长,比如义乌工会维权,已经进行了9年时间。

　　但是一个严肃的问题是,当学者认真梳理和跟踪这些创新案例的后续发展时,很遗憾地发现基层政府的许多制度创新几乎都面临着严重的制度困境,甚至那些曾经获得了中国地方政府创新奖的项目,"也有差不多三分之一名存实亡了"①。(高新军,2008)

　　政府创新为什么会成功? 成功的政府创新中哪些能持续下来? 持续的原因是什么? 这需要对1978年后中国大陆地方政府创新的持续力进行研究,以揭示地方政府创新与整体性社会变迁之间的关系。通过对这些创新的长时段分析,为地方政府创新提供一个合理的评价机制和标准。我们在知网上进行政府创新文章检索,1999—2008年间共有192篇,而关于地方政府创新的只有41篇,其中只有一篇关于创新持续力研究的,即《中国地方政府创新的可持续性问题研究》(王焕祥,黄美花,2007)一文,其他针对个案提出相应持续性命题的有何包钢(2006)与高新军(2008)。

　　如果缺乏基于对地方政府创新持续力的实证分析,寻找一个具有制度意义上的评测标准,那么地方政府制度创新和制度评价就可能成为一种学者与官员间的文字游戏,独立的第三方评价也可能成为学术语言描述的政绩工程。许多创新的评价指标事实上是一种"单向透明"的设计,即学者的眼光,世界的视野,上级政府的意愿,对于民众而言却是"看不懂、摸不着、没有监督后果"。

　　在建立一个完善合理的政府创新持续力测评指标和框架的基础上,我们才能对1978年以来政府创新的持续力进行研究和判断,事实上这也是一种反思和回归,希望在"创新和绩效评测热潮"中冷静、审慎地观察创新的内在持续演化结构。

---

① 对于制度创新的"名存实亡"的界定,我们有不同判定,这里引用这一观点只是表明对创新项目的一种普遍担忧。

## 二、政府创新的界定

国际上把政府 reform、reinvention 和 innovation 看成一致概念,比如第一次全球政府创新论坛就是 reinvention。Elaine C. Kamarck 在解释政府创新时,就用 reform 解释了 reinvention①。虽然中国学者已经研究和探讨了政府创新很长时期,但对于政府创新的界定并不清晰。我们需要从经济创新的概念出发,通过创新概念的扩展,界定政府创新的某些标识。

### (一) 经济创新的定义

约瑟夫·熊彼特(Joseph Schumpeter)1934 年对经济创新的界定包括以下几个层次:(1)一个新产品的投入——顾客对这一产品还不熟悉——或者一个产品具有新质量;(2)新生产方法的引进,毫无疑问需要建立在新的科学发现上,也可能存在于一个新的商业模式;(3)新市场的开辟,也就是说特定制造业先前从来没有进入过,不管这个市场过去是否存在;(4)原材料或者半成品作为新能源的获得,不管这一能源是否存在或第一次出现;(5)任一产业的新型组织的出现,如建立一个垄断地位(例如通过托拉斯),或者打破一个垄断位置。

整体而言,学者从以下几个角度对经济创新进行了定义:(1)新产品视角的定义:创新意味着发明在市场上的应用。创新之外还有革命性创新,它真正改变了我们生活、工作和学习的社会实践方式。(Chesbrough,2003)(2)应用层次的界定:创新是一个新产品或者明显的产品改进,一种新市场方法的引入,一个新商业模式、工作方式和外部关系的组织方式。(Oslo Manual,OECD,2005)(3)成功视角的定义:科技产品和过程(TPP)创新包含实现了的技术新产品与新过程,以及产品与过程的技术改进。如果一个 TPP 创新引入市场(产品创新),或在一个生产过程中使用(过程创新),那么创新就得以实现。(Oslo Manual,OECD 1995)。"创新形式界定包括商业模式,运作与产品、服务、市场。"(IBM Global CEO Study,2006)

从过程上观察,经济创新的不同层次呈现出不同特征。(见表 2)

---

① "Ever since Al Gore, Vice President of the United States and the John F. Kennedy School of Government at Harvard University convened the first global summit on government reinvention in 1999 in Washington D. C. , there have been international gatherings in Brazil, in Italy, in Morocco and in Mexico City, all dedicated to sharing experiences on reform of the state. " (Elaine C. Kamarck, "Government Innovation around the World" , November, 2003)

表 2　经济创新的层次和种类

| 变革<br>(革命性创新) | 汽车代替马匹<br>电子邮件代替<br>信件 | 网上银行<br>全球定位系统<br>(GPS)与服务<br>定位 | 皮尔京顿浮法玻璃<br>个性化定制例如耐<br>克 ID | 广告商业模式例<br>如 Google<br>开放源代码软体发<br>展例如 Linux |
|---|---|---|---|---|
| 激进创新<br>(突破性创新) | 氢动力汽车<br>传真代替邮件 | 新型抵押<br>数字地图 | 充气玻璃<br>快速设计与发货例<br>如 Zara | 网上销售与配送例<br>如戴尔<br>风险资本公司 |
| 渐进创新<br>(持续发展) | 新汽车模式<br>信封 | 不同抵押形式<br>新的、更精细版本<br>的地图 | 不同的彩色玻璃<br>生产过程改进 | 商业市场与大量零<br>售店代替市镇中心<br>娱乐与 day spas |
| Source：Applied from<br>vonStamn2000 | 产品 | 服务 | 过程 | 商业模式 |

## (二) 创新扩展概念

在熊彼特的基础上,人们细化了创新的内涵。创新是"经济与社会领域内成功的产品,对创新的消化和开发。"[①](COM,2003)创新是一个非线性过程,应该涵盖创新绩效的不同关键维度。虽然现在还没有一个统一的"创新经济"或"创新产业"的定义,但是其都具有一个本质特征"创造力",它能带来技术上的进步并且使企业和国家经济具有竞争优势。(UN,Accra,2008)

虽然"创新是新观念的创造和开发"。(Kanter,1985)我们可以发现,企业创新基本上有一个可以量化的平台,就是产品和市场。如果这两个结果不能保证,我们可以断定经济创新的失败,那么,依此类推,政府创新能否依据政府的破产(领导者更换)[②]或者经济标准(财政预算)来进行结果判断?

政府创新追求的目标很多,从合法性到绩效等。政府官员的定期选举和轮换以及官员的升迁,本身就是特定时间任期内对政府"合法性"考量的结果。

因此,如果从经济创新概念出发,政府创新的宽泛概念就是政府或者公共组织为其绩效提升而采取的一系列组织改革活动,它包括公共服务项目的增加、公共服务质量的提升和公共服务的公开性、参与性和公平性。由于对政府创新进行评价判断以及测量的众多维度中,只有绩效指标容易量化,所以,政府创新的主要评价指

---

① COM(2003) 112 —11.3.2003 —Innovation policy：updating the Union's approach in the context of the Lisbon strategy

② 政府的"合法性"和执政合法性是不同的层次概念,这里指特定政府和其组成人员的"政绩"考核。执政合法性是政治层面,而绩效是管理层面,比如管理的公开与民主等等。

标,仍然集中于创新的绩效考察上,比如创新涉及的人口、创新的经济效果、创新的组织效应等等。

哈里在绩效评测概念中强调了结果和效率的内涵:"绩效测评具有许多内涵,但是它在此被界定为对结果(产出)与服务或者项目的效率经常性评测。"①

### (三) 政府创新评测的困境

但是政府创新和经济创新又具有许多性质上的不同,这极大地影响着政府创新的判断。政府普遍存在这样一种期望,即公共服务组织应该而且能通过创新来提高绩效。政府的这种预期突出了创新的政治本质,同时也突出了公共服务组织利用创新来维持其组织合法性的方式②,因为创新"可能是一种政治把戏,通过这个把戏,公共机构努力向公众确认他们操作效率的进步"。(Feller,1981)另一方面,地方政府创新来自于社会的压力,尤其是企业组织创新带来的绩效,给政府带来巨大的压力。政府等公共组织向企业组织学习管理,形成了公共管理改革与创新的范式和路径。

但韦尔奇(Jack Welch)曾说:"我们经常测量一切而一无所知。"人们只想看到自己想看到的东西。绩效测量本身具有三个主要的局限:

一是绩效数据本身并不能告诉结果为什么会发生。换句话说,绩效数据并不能揭示出在多大程度上项目会导致被测量结果的产生。管理者与其他官员需要追踪结果与利用信息,来帮助他们决定采取什么行动提升管理。绩效测量主要用来提供关于结果的数据,但是绩效测量系统也需要帮助他们有机会分析项目绩效的数据,对体系产生的结果数据进行分析。

第二个局限是结果并不能被直接测量。典型案例就是成功阻止不期望事件发生,例如在组织犯罪或者减少毒品使用方面。

第三是绩效测量只能测量管理者和当选官员提供决策所需要的部分信息。绩效测量并不能取代数据或者政治判断,也不能代替对常识、良好管理、领导能力和创造力的需求。绩效评测的一个主要目的就是提出问题。它自身很少,如果有的话,

---

① "Performance measurement has many meanings, but it is defined here as regular measurement of the results (outcomes) and efficiency of services or programs." Hatry, Harry P. *Performance Measurement*: Getting Results, 2nd edition. Washington, DC: Urban Institute Press. 2007.
② [英]理查德·沃克、罗伯特·罗兰兹、艾玛·雅纳:"创新测度——将基于文献的创新产出指标应用于公共服务部门"(孟宏伟编译),《经济社会体制比较》,2006年5期13—19页。

能提供应该做什么的答案①。

在技术本身存在问题的情况下,将测度经济创新的这些方法直接用来测度公共服务往往并不是太实用。除了偶尔的部门或政府研究(例如 Borins,2000;Ferlie et al.,1984;Golden,1990;Osborne,1998)之外,关于公共管理组织创新程度的信息很少,关于私人部门经济创新的文献却有很多,这些研究通过典型的投入测度(例如R&D 投入)、部分产出(如专利)或初始的调查来评价创新。政府创新的测量和评价十分困难。

政府创新评测困境还源于政治决策的一个古老困境,虽然对决策过程了解日益增多,但是其内部却如同那个"黑箱子"。我们可以将关于创新的信息分为三个层次:(1)结构信息;(2)外部信息;(3)内部信息。

结构信息是通过创新的总体结构含蓄地传递的。认识到了解和破译结构信息的必要性就转入第二个层次,即外部信息。这种信息包含在信息的表现形式和结构里,它能告诉我们怎样理解内部信息。理解外部信息就是构造或者了解获取内部信息的方法。内部信息是我们最终的目标。例如我们在音乐中体验到的激情、基因所产生的表现型特征、碑文中记载的古代文明中的王权或仪式等等。理解内部信息就是要把传递的意义提取出来,但是政府创新的内部信息,并不能因为结构信息和外部信息的了解就被把握。

地方政府创新的评测就是对结构信息的评测,对外部信息的收集和整理,而如何延伸到内部信息,则是一个十分复杂的过程。这也是社会科学的困境。创新持续力研究的努力方向就是对创新内部信息的提取、整合和分析,从而做出判断。

## 三、创新持续力概念的基本前提

地方政府创新持续力是政府创新得以维持,并且向制度化方向进展的结构性力量。持续力的构成研究,是对制度创新的性质、规模和绩效各个方面中决定性力量的长时段研究。如何鉴别出影响地方政府制度创新力的关键因素,这首先要基于对地方政府创新的评价方向和评价指标的判断。例如地方政府创新的概念判断、创新动力分析、价值判断标准、政治提升空间,以及创新社会后果等等。这些概念判断影

---

① Hatry,Harry P. *Performance Measurement*:*Getting Results*,2nd edition. Washington,DC:Urban Institute Press. 2007.

响着地方政府创新持续力的分析。

在这些因素得以明确的前提下,地方政府持续力研究就具有一个可以明确进行的载体。

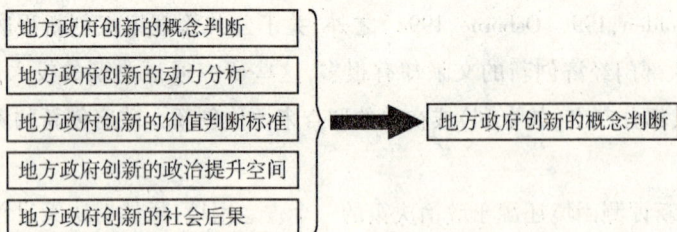

图1　影响地方政府创新持续力的因素图

地方政府创新持续力不仅是时间长短的问题,虽然这是一个关键指标。对它的研究,必须对地方政府创新的标准进行综合分析,结合相应的评价指标,作为提取持续力指标的依据。

## 四、中国地方政府创新持续力概念的几个关键性关联命题

### (一) 地方政府创新持续力与国家创新空间的关联性

中央政府的基本功能之一,是对地方政府和基层社会发展进行国家层面上的认可和制度支持。诺斯在制度演化路径的三个层次中已经清晰地表明了这一点,国家的介入是对社会自发制度变迁的肯定。中央政策和国家制度的肯定是必不可少的,它可以形成示范效应。

在创新侧重点上,中央政府的政策和制度侧重于制度创新的体制稳定性、普遍推广性、国情适应性、政治合法性、适应长期性。一般而言,中央政府对于地方政府创新的态度是将其约束于一个政治合法性范围内,通过地方政府的实验,观察其政治合法性的推广空间,考量其整体的绩效空间,然后得出推广的价值及其他肯定意义。这也是中国一直进行的"试点——推广"模式的进行路径。

而地方政府在进行具体制度的创新时,是在缺乏中央或上级政府的具体制度和政策指导的环境下进行的(否则就谈不上创新)。虽然中央层面的需求也考虑在内,但是它们考虑更多的是地方实用性、运行绩效性、问题针对性、政治合法性。中国地方政府创新具有极大的风险性,它必须承担解决问题失灵、政治合法性判断失误等

各种风险,并且成为地方政府官员之间竞争的口舌。中间层级的政府则侧重于综合目标。

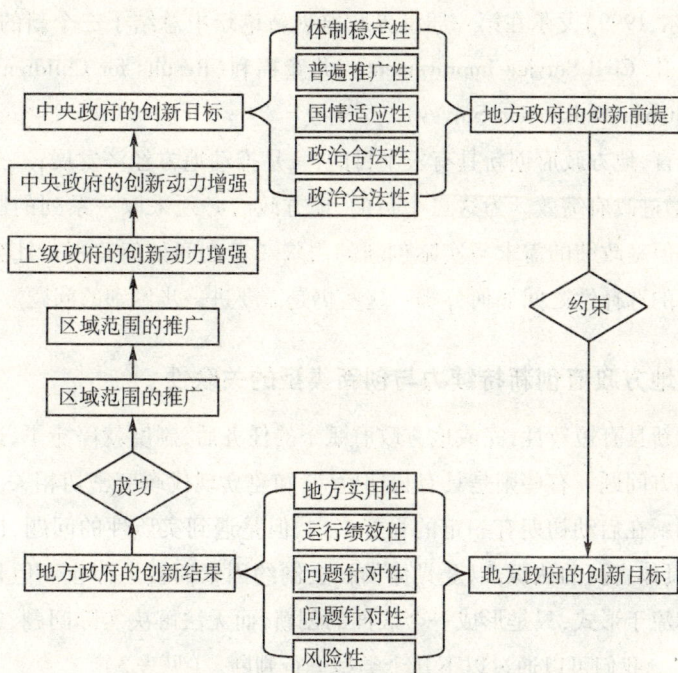

图2　地方政府创新与国家创新空间的关系图

## （二）地方政府创新持续力与创新动力的关联性

经过几十年的实践,超大规模社会的一体化治理模式面临着种种问题,造成了苏东社会的变革以及中国、越南等社会主义国家的改革。一体化治理模式的最大困境在于政府官员治理动机的缺乏,从而造成了国有企业、政府部门和地方政府积极性的缺乏,部门的绩效从而失去了载体。

随后,在民营经济推动,以及其他非国有经济形态的基础上,地方政府为了摆脱贫困和治理困境,开展了政府治理机制和模式的创新。在中国政治体制下,地方政府对地方事务的管理具有相当的权威性和强制力。中国市场经济初期和转型经济的不确定性,事实上也要求政府具有权威性。中国长期的计划经济和单位体制,客观上形成了社会的脆弱性和依赖性,使社会在问题困境时习惯于依赖政府的权威性。同时,中央政府的改革开放,是通过各个具体的地方政府和具体部门的改革实现的。地方政府的活力正是这一国家政策的体现。

"创新基于以下事实:通过务实的方式释放普通公民的能量,来实现最高的民主理念。"(戈尔,1999)戈尔在第一届世界政府创新论坛中总结了三个新的创新动机:公共服务提升(Civil Service Improvement)、儿童福利(Results for Children)和顾客满意测量(Customer Satisfaction Survey)。

总体而言,地方政府创新具有三个目的:一是推动地方经济发展;二是解决社会问题;三是增进政府绩效。为这三个目的,地方政府必须采取一系列的制度创新和政策创新。但是政绩的需求与实际创新的需求二者之间如何鉴别? 社会的需求与政府对创新的选择性之间如何分辨? 这些仍是需要进一步鉴别的问题。

## (三) 地方政府创新持续力与创新类型的关联性

有些创新具有短暂性,完成地方政府赋予的任务后,制度就停滞了,这主要是涉及具体的地方问题。有些则是具有长期效应,和建立现代政府密切相关。也有许多地方政府创新在启动初期有一定的目标指向,但是遇到实质性的问题,比如宏观的体制环境、具体官员的认识,以及具体的社会制约因素而被迫停止。但是许多地方政府创新却流于形式,只是形成一个表面的创新,而无法解决实际问题,成为典型的"政绩工程"。我们可以通过以下几个类型进行判断。(见表3)

表3　地方政府创新持续力研究之类型判断表

| 地方创新类型 | 问题指向 | 制度持续时间 |
| --- | --- | --- |
| 问题型政府创新 | 地方具体任务 | 短期 |
| 制度型政府创新 | 政府制度问题 | 长期 |
| 超前型政府创新 | 解决宏观体制 | 短期或者长期 |
| 政绩型政府创新 | 确立政府成绩 | 短期 |

对于地方政府创新持续力的研究,可以清晰地了解地方政府创新的需求,以及中国制度变迁的内生要素。

## (四) 创新持续力与政治民主的关联性

政治民主的程度和政府创新的关联性到底如何? 政府的透明、公开和参与式措施,都是管理民主的内容,但是中国政治民主在多大程度上制约着地方政府创新的持续力,这仍然是一个必须考量的问题。当笔者和奥斯本(David Osborn)探讨这一问题时,他对此做出否定的关联判断:"我相信地方政府的测量和评估是可能的,不一定把民主当成前提,虽然我认为这应该由政府部门来实施而不是市民或者市民组织。为了使得测量的真实性,可能需要一个更高层次的政府或者政府协会来审计测量过程及数据来保证其精确性。"①

哈里(Harry Hatry)根据自己多年从事的具体研究,认为二者具有明确的关联。首先他指出自己进行评价项目所涉及的政府都有不同程度的民主发展②,其次他指出,不管政府的民主程度如何,如果它真的关心人民福利,如果政府领导者重视绩效测量和绩效管理,那么测量的基本准则都是适用的。绩效测量的一个基本特征,如同它在实践中应该如此的那样,它着眼于提供关于公民福利的信息,帮助提升公民服务。然而,它的效用明显地受到上层腐败和自我利益的影响而降低③。

我们通过几届世界政府创新论坛的主题词,可以发现"民主"是一个基本的趋向。奥斯本所进行的政府改革研究的成果,事实上也都有一个政治民主的前提,或者制约政府的社会前提。但中国的地方政府创新的风险性往往不是创新的效率问题,或者创新结果能否解决问题,而是由于政府内部官员不同的见解而停滞。

这一问题直接影响着我们如何判断政府创新,如何赋予"政治影响"在政府创新评测中的权重。

## (五) 地方政府创新持续力与合法性的关联性

制度创新能否增加合法性?通常的看法是制度创新会增加政府合法性,但根据1978年后的制度创新历史,我们发现短期内的绩效和长期内的绩效是两个不同的概念,中国地方政府制度创新与合法性之间的正相关并不明显。

处于改革时期的政府,其创新的任何举措,在取得初步成效的初期,都会获得社

---

① I believe that measurement and evaluation of local government is possible without democracy——although I assume it would have to be done by the governments, rather than by citizens or citizen organizations. To keep the measurement honest, a higher level of government or an association of governments might be needed to audit the measurement processes and data and certify them as accurate.

② I have been working with a number of governments (local and national) to provide educational, training, and technical assistance in performance measurement and performance management. These governments have had various degrees of democracy.

③ The basic principles of performance measurement and performance management, in my judgment, apply regardless of the level of democracy if the government is really interested in the welfare of its people and if the country's leaders give this a top priority. A basic feature of performance measurement as it should be practiced is that it focuses on providing information relating to citizens' well being and is used to help improve services to citizens. However, its utility can be considerably diminished by governments with high levels of corruption and self—serving interests.

会的认可,这在中国地方政府创新的案例中可以清楚地看这一点。但是随之而来的是,社会会对政府管理模式和管理体制提出进一步要求,并且还会带来对政府进一步的追问:"为什么过去不实行这一制度? 现在已经取得的进展和未来的期望值之间的距离如何弥补?"

## (六) 地方政府创新持续力与官员资源获取(升迁)之间的关联性

一般而言,成功的制度创新是官员获取资源的有效途径,尤其是政治升迁。据中央编译局 CCCPE 工作人员的跟踪调查显示,前两届入选项目的项目负责人,有 2/3 已经升迁或调至更重要的岗位。"我们跟踪研究负责这些项目的官员,看他们有没有受到重用。如果是因为获得我们这个奖反而官也丢了,受到批评了,那说明上级政府不认可。如果他职务变动了,晋升了,说明上级政府对这个奖是认可的。我们最近就第一届获奖项目做了一个调查,大部分负责官员都得到了提升,或者职务更重要了,这个比例接近三分之二。"( Yu Keping,2004)

但是根据我们对少数个案的深入调查研究,发现获得创新机会往往是一种比制度创新更为重要的资源,而成功的制度创新往往是资源赋予的一种途径而不是结果。但是,失败的制度创新毫无疑问地将影响到资源的获取。一些制度创新的最初的主要推动者,往往由于个性原因被排除在资源赋予的范围之外。作为地方政府主要推动者的俞可平就一再提醒,"政府创新不能搞政绩工程,切勿搞政治秀。"[1]

因此,创新的风险会在多大程度上影响到创新的持续力,仍然需要一个基于个案的统计和个案的追踪,并且也不能简单地断定创新的成功就一定增加官员的资源,尤其是职位的提升。许多时候,对于创新主导者的资源获取而言,获得被允许创新的机会往往比创新本身具有更大的决定性。

## (七) 地方政府创新持续力与组织生存和扩张之间的关联性

任何组织进行组织改革和创新,首先基于组织生存和组织扩张的动力,即使对于组织的革命性变革而言,组织生存仍然是第一位的考虑。许多制度创新,往往打着措施改进和服务提升的名义,进行组织自我利益的实现和维护,这是组织的本能,但是对于组织创新而言,其创新认知必须加以审慎地考察和分析。这一点在后面对

---

[1] 虞伟:"俞可平:政府创新切勿搞政治秀,否则将严重影响政府公信力,创新一定要重在落到实处",《南方都市报》(A15),2008 年 3 月 27 日。

创新的认知体系中有相关论述。

### （八）地方政府创新持续力与受益人群之间的关联性

政府创新持续力的一个关键问题还在于如何判断创新的受益群体。如果一项改革措施使大部分人受益，而使少部分人受损或者没有受益，那么制度的持续性如何？通过民主投票程序决定实行的措施，能否解决问题？

因此，在考察制度创新的时候，除了创新组织和机构公布的受益整体数据外，还应该关注创新中没有提到的受益群体的态度和反应①，保证数据的整体判断能力。

### （九）地方政府创新持续力与政府职能范围界定之间的关联性

地方政府创新能否坚持向制度化方向发展，一个重要的原因在于制度创新的范围是否和政府职能改革的范围相吻合。如果制度创新属于政府职能范围之外的领域，那么政府制度创新的阻力就会加大，面临着被终止的可能性。因此，政府职能如何界定，这是政府创新的一个基础。

地方政府创新可能扩大政府职能的范围，或者为职能充分施行提供更好的基础。根据市场经济条件下的政府职能界定逻辑，政府采取创新的行为，收缩或者取消某一政府职能，在某种判断意义上，是一种更为重要的创新举措。

以上的关联性判断涉及对于地方政府创新持续的整体环境的分析，我们通过以上几个关联性问题的分析，可以在整体上对持续力进行一个综合分析。（见表4）

表4　地方政府创新持续力研究之综合评价项目

| 创新障碍（Barriers to Innovation） | 创新有利条件（Conditions Favoring Innovation） |
| --- | --- |
| 创新的环境障碍 | 生存的外部环境 |
| 创新的领导层障碍 | 领导层的态度 |
| 创新的管理机制障碍 | 内部管理机制 |
| 创新的组织内部障碍 | 组织的内部结构 |

---

① 笔者和哈里教授的通信中，他也明确地谈到这一点："I agree. One element of performance measurement that is often neglected is that the reported data should include breakouts of the outcome (results) data by important demographic characteristics of the population — and not only report the aggregate data.  This provide more of a focus on underserved portions of the population."（2008—4—24）

## 五、创新持续力研究的理论基础

地方政府创新持续力的研究基础,来自于对相关理论中关键问题的整合。持续力研究,更加深入地追问了系统科学、变革理论、创新理论、绩效理论、组织和学习理论等的核心问题。尤其是对当下层出不穷的地方政府创新个案而言,这些创新背后所反映的深层次社会结构问题,以及这些问题如何在这些理论上得以呈现,都需要对创新持续力进行研究。

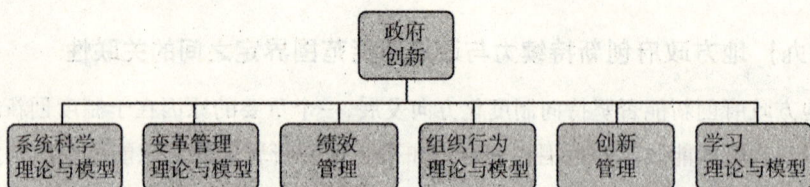

图3  创新持续力理论体系结构图

要准确了解地方政府创新的持续力,在整合以上各种理论模型及对其内在结构了解的基础上,还须形成关于地方政府创新持续力的认知体系,这属于创新的内部意识层次。在某种意义上,对于创新的认知体系是否准确和完善,涉及到创新能否持续和形成制度化的趋势。

表5  地方政府创新持续力的认知体系表

| 空间认知 | 创新机构对政府空间位置的印象 |
| --- | --- |
| 时间认知 | 创新主体对时间流以及在其中位置的描述 |
| 关系认知 | 创新外在的因素被作为一个有规律的体系的描述 |
| 个体认知 | 创新行为个体对自己在人群、角色和组织中间的描述 |
| 价值认知 | 创新整体认知中不同部分的较好还是更坏的程度排序 |
| 情感认知 | 创新认知背后不同项目的情绪和感情 |
| 意识性认知 | 创新个体能意识到关于创新认知的所有部分,包括强度、感知不同的能力,同时我们内心的见解只能揭示认知的极少一部分 |
| 确定性认知 | 创新的每一个方面都具有某种程度的确定性和不确定性 |
| 真实性认知 | 对于创新与外部真实的一致性的认知 |
| 公开度认知 | 创新认知是否被其他人分享还是个体专有 |

对创新持续力的认知,是创新机构及其成员对组织和个体的利益判断,包括基

于长期的组织生存利益和短期的组织和个体利益。如果组织创新不能很好地解决好这一问题,创新的持续性就面临着一种内在的挑战[1]。

## 六、中国地方政府创新持续力分析的路径

这一问题的研究,直接涉及一个相关研究,即如何测量和评价地方政府创新的持续力。影响地方政府创新持续力的因素很多,大部分数据的相关关系十分明显,但是否能根据定性分析可以判断为因果关系,则需要进行相应的量化分析。当以上关联性命题得到基本判定后,对提取的中国地方政府创新要素进行相应的数据赋值,达到分析需要的数据质量标准。

我们就可以对中国地方政府创新与不同区域、不同时间、不同政策环境、不同经济形态、不同经济层次等条件进行简单相关性分析(bivariate correlation analysis)。例如基于不同自变量的区域(例如东、中、西)、时间(例如 1978—1982—1987—···1992—1996—)、不同政策环境(例如十一届三中全会、十二大、十三大、十四大······)与地方政府创新的数量相关性分析。

同时也可进行典型相关分析,即对中国地方政府创新的各种特征与不同区域、不同时间、不同政策环境等条件之间的关系,通过 SPSS 的典型相关程序(canonical correlation. sps)进行典型相关分析(canonical correlation analysis),进行典型相关系数及其显著性的检验,解释相关的因素间的关系。

我们在对 1978 年后的政府创新持续力进行评测的时候,参考各种评测和分类标准,初步设计了以下提取创新个案的模块和表格。(见表6、表7)

表6 地方政府创新持续力研究之基本情况表

| 项目类别 | 案例特征 |
| --- | --- |
| 制度创新名称 | |
| 制度创新的区域 | |
| 制度创新持续时间 | |

---

[1] 哈里对绩效信息的论述,恰当地说明了这一点:" When managers reap real benefits, their commitment to the sometimes formidable task of capturing and reporting performance data increases. " Hatry, Harry, Gerhart, Craig, Marshall, Martha, Eleven ways to make performance measurement more useful to public managers, . PM. Public Management. Washington: Sep 1994. Vol. 76, Iss. 9.

| 项目类别 | 案例特征 | |
|---|---|---|
| 制度创新有无中央政策支持 | 领导非正式讲话 | |
| | 领导正式讲话 | |
| | 中央文件 | |
| 制度创新有无上级政策支持 | 领导非正式讲话 | |
| | 领导正式讲话 | |
| | 政府文件 | |
| 是否后续类似制度推广 | （如有，填出名称） | |

表7　地方政府创新持续力研究之类型判断表

| 地方创新类型 | √ | 问题指向 | √ | 制度持续时间 | √ |
|---|---|---|---|---|---|
| 问题型政府创新 | | 地方具体任务 | | 短期 | |
| 制度型政府创新 | | 政府制度问题 | | 长期 | |
| 超前型政府创新 | | 解决宏观体制 | | 短期或者长期 | |
| 政绩型政府创新 | | 确立政府成绩 | | 短期 | |
| 绩效型政府创新 | | 提升政府绩效 | | 短期或长期 | |

　　这些要素的提取可以帮助我们区别创新的类型，以及辨认出地方政府为什么进行创新和创新持续的时间。对结构类型进行分层次的要素提取，可以使我们更加详细地研究创新个案的内部结构信息。但是地方政府创新的负面后果的要素评价也很重要。

表8　地方政府创新持续力之负面后果评价项目

| 指标 | 权重 | 说明 |
|---|---|---|
| 公众利益损害 | | 投入没有效果，公众利益受到损害 |
| 政府官员升迁利益受损 | | |
| 政治不信任和冷漠 | | 民众对不成功的创新的判断结果 |
| 群体事件 | | |
| 部门利益冲突 | | |
| 政治崩溃 | | 非竞争性政治体制下的政府官员轮替 |

　　我们同时可以进行两种不同经济水平、社会文化、政策环境对政府创新的双因素方差分析，得出相关的多重效应的比较结果。在这些数量分析的基础上，我们可以得出相关的回归方程和分析量表，从而得出中国地方政府创新持续力的内在指标

和构成表达。

通过典型相关分析方法进行降维,据变量间的相关关系,寻找一个或少数几个综合变量(实际观察变量的线性组合),从而将二组变量的关系集中到少数几对影响创新持续力的综合变量的关系上。

创新持续力构成要素的典型相关分析关键就是采用主成分方法提取第 $i$ 对典型变量($U_i,V_i$)。提取时要求第一对综合变量间的相关性最大,第二对次之,依此类推。例如我们初步确定以下变量进行路径构成:

表 9    地方政府创新持续力典型相关分析的变量

| | $(X_1,X_2,\cdots,X_9)$ | $(X_1,X_2,\cdots,X_n)$ |
|---|---|---|
| 1 | 国家创新空间创新类型 $X_1$ | 创新持续力因素 $Y_1$ |
| 2 | 创新动力 $X_2$ | 创新持续力因素 $Y_2$ |
| 3 | 创新类型 $X_3$ | 创新持续力因素 $Y_3$ |
| 4 | 政治民主 $X_4$ | 创新持续力因素 $Y_4$ |
| 5 | 合法性 $X_5$ | 创新持续力因素 $Y_5$ |
| 6 | 官员资源获取(升迁)$X_6$ | 创新持续力因素 $Y_6$ |
| 7 | 组织生存和扩张 $X_7$ | 创新持续力因素 $Y_7$ |
| 8 | 受益人群 $X_8$ | 创新持续力因素 $Y_8$ |
| 9 | 政府职能范围界定 $X_9$ | 创新持续力因素 $Y_9$ |

$$U_i = a_{i1}X_1^* + a_{i2}X_2^* + \cdots + a_{i,p}X_p^* = a? \ X^*$$
$$V_i = b_{i1}Y_1^* + b_{i2}Y_2^* + \cdots + b_{i,q}Y_q^* = b? \ Y^*$$
$$i = 1,2,\cdots,\mathrm{mim}(p,q) = m$$

式中 $a^1$、$b^1$ 是观测变量转换为典型变量的回归系数,即持续力典型系数(Sustainability Canonical coefficient)。最后构造地方政府创新持续力的多元回归方程,其展开形式有如下的结构式:

$$\begin{cases} Y_1 = \beta_0 + \beta_1X_{11} + \beta_2X_{12} + \cdots + \beta_kX_{1k} + \mu_1 \\ Y_2 = \beta_0 + \beta_1X_{21} + \beta_2X_{22} + \cdots + \beta_kX_{2k} + \mu_2 \\ Y_n = \beta_0 + \beta_1X_{n1} + \beta_2X_{n2} + \cdots + \beta_kX_{nk} + \mu_n \end{cases}$$

中国公共管理的数量化分析得到进展,政府创新分析才可能为政府政策的制定提供更多的量化证据。

# 七、结 论

我们对持续力研究的路径和方法应该是一种给予长时段案例研究的解释学的路径,包括案例研究(Eisenhardt 1989,Yin 1994,Gummersson 1993)、行为研究(Bryman 1995,Stake 1995,Lewin 1951)、结构研究(Neilimo et al 1980,Kasanen et all 1991,Lukka 2000)。

而对地方政府创新持续力的研究,可以对中国当下的政府创新进行一个纵观的研究和深入的思考,从而能发现和研究中国地方政府创新的逻辑和背景。这些命题的发展,甚至能直接决定着中国政府改革的未来。创新持续力研究集中于创新中的关键命题和困境,也为下一步的地方政府创新所存在的问题提供一个研究的视角。

**参考文献:**

阿玛蒂亚·森:"评估不平等和贫困的概念性挑战","严复经济学纪念讲座第二讲",2002 年 7 月,北京大学中国经济研究中心万众楼。

联合国第七届"全球政府创新论坛":"提高政府公信力维也纳宣言",2007 年 6 月 26—29 日,联合国维也纳。

蓝志勇:"地方政府的治理创新战略:美国凤凰城的案例及经验",《东南学术》,2005 年第 1 期。

俞可平主编:《中国地方政府创新案例研究报告(2003—2004)》,北京:北京大学出版社,2006。

俞可平主编:《中国地方政府创新案例研究报告(2005—2006)》,北京:北京大学出版社,2007。

俞可平主编:《和谐社会与政府创新》(中国政府创新蓝皮书),北京:社会科学文献出版社,2008。

俞可平主编:《地方政府创新与善治:案例研究》,北京:社会科学文献出版社,2003。

高新军:"地方政府创新缘何难持续——以重庆市开县麻柳乡为例",《中国改革》,2008(5)。

何包钢:"地方协商民主制度会持续发展吗?",《学习时报》,2006 年 10 月

24 日。

范柏乃、朱华:"我国地方政府绩效评价体系的构建与实际测度",浙江省哲学社会科学重大招标项目的资助,项目编号:03ZDZB13。

王焕祥、黄美花:"中国地方政府创新的可持续性问题研究",《上海行政学院学报》,2007 年第 6 期。

The Sixth Global Forum on Reinventing Government, *The Seoul Declaration on Participatory and Transparent Governance*, 27 May 2005, Seoul, Republic of Korea.

OECD*Innovation and Economic Performance – Developing the Links. Paris. 1999*

OECD/Eurostat *Proposed Guidelines for Measuring and Interpreting Innovation Data — The Oslo Manual*, Third Edition. 2005

Sanjay K. Pandey, James L., Garnett, Exploring Public Sector Communication Performance: Testing a Model and Drawing Implications, *Public Administration Review*, January/February 2006.

Hatry, Harry, Gerhart, Craig, Marshall, Martha, *Eleven ways to make performance measurement more useful to public managers*, PM. Public Management. Washington: Sep 1994. Vol. 76, Iss. 9.

Richard Adams, John Bessant and Robert Phelps, *Innovation management measurement: A review*, International Journal of Management Reviews Volume 8 Issue 1 pp. 21—47.

Elaine C. Kamarck, Government Innovation around the World, Ash Institute for Democratic Governance and Innovation, John F. Kennedy School of Government, Harvard University, November, 2003.

Stone, Eugene F. (1976). The Moderating Effect of Work—Related Values on the Job Scope—Job Satisfaction

Relationship. *Organizational Behavior and Human Performance*15 (2): 147 – 67.

Pavitt, K. (2005), "The Process of Innovation", in J. Fagerberg, D. Mowery and R. R. Nelson (eds.), *The Oxford Handbook of Innovation*, Oxford University Press, Oxford.

Zhiyong Lan, Kathleen K. Anders, A Paradigmatic View of Contemporary Public Administration Research: an Empirical Test, *Administration & Society*, Vol. 32 No. 2, May 2000 138—165

Mark Rogers, *The Definition and Measurement of Innovation*, Melbourne Institute Working Paper No. 10/98, ISSN 1328—4991 ISBN 0732509734, May 1998

The Advisory Committee on Measuring Innovation In the 21st Century Economy, *Innovation Measurement: Tracking the State of Innovation in the American Economy*, A Report to the Secretary of Commerce, January 2008.

Micheline Goedhuys, *Innovation Surveys and Measurement of Innovation Activities*, Globelics Academy 2005, Lisbon, May 30, 2005

Carter Bloch, *Innovation Measurement: Present and Future Challenges*, Paper prepared for the Eurostat Conference, *Knowledge Economy — Challenges for Measurement*, Luxembourg, December 8—9, 2005. Working paper from The Danish Centre for Studies in Research and Research Policy, 2005/6.

Hatry, Harry P., Louis H. Blair, Donald M. Fisk, John M. Greiner, John R. Hall, Jr., and Philip S. Schaenman (1992), *How Effective Are Your Community Services?* 2d. Ed. Washington, D. C. : The Urban Institute and ICMA,.

Afuah, Allan N., Bahram, Nik. The hypercube of innovation, *Research Policy*, 24 (1995), 51—76.

Bergmann, E. M., Feser, E. J. (2001),. Innovation system effects on technological adoption in a regional value chain, *European Planning Studies*, Vol. 9, No. 5. .

Commission of the European Communities, *More Research for Europe. Towards 3% of GDP*, COM (2002) 499.

Commission of the European Communities, *Innovation Policy: Updating the Union's Approach in the Context of the Lisbon Strategy*, COM (2003) 112. 2003.

Earl, L., *Innovation and Change in the Public Sector: A Seeming Oxymoron*, Statistics Canada SIEID Working Paper Series No. 2002—01. 2003.

Hauknes, J. Services in Innovation, *Innovation in Services*, SI4S Final Report, STEP Group, Oslo. 1998.

Howells, J. R. L. and B. S Tether, "Innovation in Services: Issues at Stake and Trends— A Report for the European Commission", INNO—Studies 2001: Lot 3 (ENTR—C/2001), Brussels. 2004.

de Jong, J. P. J., A. Bruins, W. Dolfsma and J. Meijaard (2003), *Innovation in*

*Services Firms Explored*: *What*, *How and Why*?, EIM Report, Zoetermeer.

Kemp, R. and A. Arundel, (1998), *Survey Indicators for Environmental Innovation*, Idea Paper 8, Step Group.

Kline, S. J. and N. Rosenberg, An Overview of Innovation, in R. Landau and N. Rosenberg (eds.), *The Positive Sum Strategy*: *Harnessing Technology for Economic Growth*, National Academies Press, Washington D. C. 1986.

Lam, A. , Organizational Innovation, Chapter 5 in J. Fagerberg, D. Mowery and R. R. Nelson (eds.) (2005), *The Oxford Handbook of Innovation*, Oxford University Press, Oxford.

Lundvall, B. —A. (ed.) (1992), *National Systems of Innovation*: *Towards a Theory of Innovation and Interactive Learning*, Pinter Publishers, London.

Nelson R. (1993), *National Innovation Systems*, Oxford UP, Oxford.

Alic, J. . Policies for innovation: Learning from the past. In V. Norberg—Bohm (Ed.) (2002), *The role of government in technology innovation*: *Insights for government policy in the energy sector*. Cambridge, MA: Harvard University, Belfer Center for Science and International Affairs.

Alic, J. , Mowery, D. , & Rubin, E. (2003). *U. S. technology and innovation policies*: *Lessons for climate change*. Arlington, VA: Pew Center on Global Climate Change.

Bernelmans—Videc, M. , Rist, R. , & Vedung, E. (1998), *Carrots, sticks and sermons*: *Policy instruments & their evaluation*. New Brunswick, NJ: Transaction.

Birkland, T. (2001), *An introduction to the policy process*: *Theories, concepts, and models of public policy making*. Armonk, NY: Sharpe.

Blind, K. , Bührlen, B. , Menrad, K. , Hafner, S. , Walz, R. , & Kotz, C. (2004), *New products and services*: *Analysis of regulations shaping new markets*. Karlsruhe, Germany: Fraunhofer ISI.

Bozeman, B (2000), Technology transfer and public policy: A review of research and theory. *Research Policy*, 29, 627—655.

Braczyk, H. , Cooke, P. , & Heidenreich, M. (Eds.) (1998), . *Regional innovation systems*: *The role of governances in a globalized world*. London: University College London.

Minna Takala ( 2007 ) , *Innovation —expanding definitions*, *measures and measurement*, Presentation for Rendez Steering Group.

European Commission ( Directorate – General for Enterprise and Industry ) ( 2008 ) , *European Innovation Scoreboard 2007*: *Comparative Analysis of Innovation Performance*.

# 第二编
# 参与式地方治理中的民主与性别议题

# 村民自治:浙江的实践与思考①

余逊达②

**【内容提要】** 浙江省是中国大陆地区民营经济最发达的地区。在村民自治进程中,浙江农村无论在民主选举方面,还是在民主决策、民主管理、民主监督方面,都形成了许多新的制度安排或做法,有效地推进和深化了村民自治。本文对这些新的制度安排和做法,做了系统的阐述,分析了取得这些成绩的原因,同时也分析了浙江农村村民自治中存在的问题,并对如何进一步改进和完善村民自治提出了自己的看法。

**【关键词】** 村民自治 民主选举 民主决策 民主管理 民主监督

所谓村民自治,就是村民通过依法设立的自治组织去管理村庄的公共事务,它是一种直接民主制度。村民自治的组织形式主要有村民会议、村民代表会议和村民委员会。村民会议或经村民会议授权的村民代表会议,有决定村务大事或者与村民利益关系密切的各种其他事项的权力,是村民行使自治权的主要组织形式。村民委员会是村民直接选举产生的常设性工作机构,它既代表村民处理日常事务,又直接接受乡镇政府指导,是联系国家与农民的桥梁与纽带。村民自治的内容主要有四项,即民主选举、民主决策、民主管理、民主监督。在村民自治中,中国共产党在农村的基层组织,按照党的章程进行工作,发挥领导核心作用;依照宪法和法律,支持和保障村民开展自治活动,直接行使民主权利。

在中国大陆,学术界对村民自治的研究是个热点。③ 对浙江省的村民自治,学术

---

① 本文作者在调研过程中得到了浙江省人大法制委、中共浙江省委纪委、省委组织部、省委政策研究室、浙江省民政厅、舟山市委政研室、杭州市西湖区、余杭区、温岭市、余姚市、湖州市南浔区、瑞安市、金华市金东区、新昌县、衢州市衢江区、武义县、义乌市等单位领导以及许多乡村基层干部和村民的大力支持和帮助,作者的许多研究生也参与了其中的多项调研,在此谨向上述所有单位的领导及个人表示衷心的感谢。当然本文中的不当之处,完全由作者本人负责。
② 余逊达:浙江大学政治学系教授。yuxunda2008@163.com
③ 根据有的学者研究,从1989年到2007年4月30日,收录在在中国期刊网全文数据库中关于村民自治的论文共1610篇。参见刘金海:《村民自治研究文献的统计分析》,见《政治学研究》2008年第1期,第97—108页。

界和浙江省的政府部门都作过不少研究,出版了许多著述。这些研究和著述从各自的视角,描述和分析了村民自治的现状,提出了一些有启发性的看法。① 本文拟在现有研究的基础上,根据自己所做的调查,对浙江省村民自治中的制度改进和创新做一个比较系统的阐述,并对如何进一步深化村民自治提几点建议。

# 一、民主选举

选举权是村民自治权的首要内容,也是村民参加其他自治活动的基础。在村民自治中,选举权的内涵除了选举和被选举外,还包括推选权,即推选村民选举委员会成员的权利;提名权,即直接提名村民委员会候选人的权利;举报权,即举报选举中出现的威胁、贿赂等不正当行为的权利;罢免权,即罢免不称职的村民委员会成员的权利;了解权,即了解候选人的基本情况和基本主张等从选举权中派生出来的权利。② 在浙江省,1982 年之后开始进行村民委员会选举的试点工作。到 2008 年 7月,全省已进行了 8 次选举。其中前 4 次选举,是由各市县分别组织的。从 1999 年开始的后 4 次选举在全省统一进行。经过这 8 次选举,浙江省的村民选举已经走出了草创阶段,达到了比较规范的水平。

第一,形成了比较完整的、符合民主选举要求和浙江实际的法规。1998 年 11 月4 日,全国人大常委会制定的《村民委员会组织法》通过并开始实施。村委会组织法共 30 条,其中涉及村民选举的有 6 条,600 多字,内容主要是关于村民选举基本内容的原则规定。1999 年 10 月 22 日浙江省第九届人民代表大会常务委员会审议通过了《浙江省村民委员会选举办法》,2004 年 9 月 17 日浙江省第十届人民代表大会常务委员会又对它作了修订。修订后的选举办法共 8 章 44 条,对如何开展村民选举作出了全面、系统和富有创新性的规定。首先,对村民选举的各个阶段和村民行使

---

① 这些著述主要有:萧楼、扬建华、任强等著:《经验中国:以浙江七村为个案第二编,村落的政治》,社会科学文献出版社,2006 年版;何包钢、郎友兴:《寻找民主与权威的平衡》,华中师范大学出版社,2002 年版;浙江省人大常委会研究室编:《"十一五"时期浙江社会主义民主法制建设研究》,浙江人民出版社,2005 年版;中共台州市委宣传部编:《基层民主政治建设》,中国社会科学出版社,2003 年版;慕毅飞、陈奕敏编:《民主恳谈:温岭人的创造》,中央编译出版社,2005 年版;章敬平:《浙江发生了什么:转轨时期的民主生活》,东方出版中心,2006 年版;浙江省民政厅等编:《浙江省村务公开和民主管理工作手册》,中国社会出版社,2005 年版;浙江省人大法制委等编:《浙江省村民委员会换届选举和村民自治工作手册》,中国社会出版社,2005 年版;中共浙江省委组织部编:《浙江省村级组织换届试点工作经验汇编》,内部发行,2008 年 3 月。

② 参见:何泽中:《当代中国村民自治》,湖南大学出版社 2002 年版,第 73—74 页;王禹:《村民选举法律问题研究》,北京大学出版社 2002 年版,第 104 页。

选举权的主要环节,都按照民主的原则规定了清晰的程序,为保证选举过程的民主性和选举结果的公正性奠定了基础。其次,对村民的选举行为规定了严格的规范,从而能有效保障村民选举健康、有序地进行。再次,根据选举中出现的一些实际情况,在不违背《村委会组织法》中确立的关于村民选举的立法精神的前提下,对村组法中未作规定然而对更好地开展村民选举又是非常必要的做法作了一些创新性的规定,主要有:对村民选举委员会不依法履行职责致使选举工作无法正确进行的,规定可在调查核实并报经批准后按程序重新产生村民选举委员会。对公布的选民名单有不同意见的,规定先由村选举委员会在提出后的 3 日内依法作出处理;对处理意见不服的,再由镇人民政府村民委员会选举工作指导机构在选举日五日前依法作出处理。对流动票箱和委托投票作了严格的限制,规定每个流动票箱必须有 3 名以上监票人员负责,所有流动票箱集中统一进行开箱和计票。规定每一选民接受委托投票不得超过 3 人。村民选举委员会应当在选举日前对委托投票情况进行审核并公告,未经审核公告的委托无效。对出现另行选举情况的,规定如经两次另行选举仍未选足 3 人的,可不再进行选举,已选出的成员资格有效并由其负责村的日常性事务。关于罢免问题,规定如村委会在接到合法的罢免要求之日起 30 日内不召集村民会议投票表决的,乡镇人民政府应在 30 日期满后的 60 日内指导、帮助召开村民会议,确定会议主持人并进行投票表决。此外,对选举中出现的违法行为和有关部门在处置中应负的职责,作了许多更明确、具体的规定。上述这些规定,对完善选举程序、降低运行成本、排除违规行为的干扰,都有积极的作用。

第二,形成了比较完整的领导体制与工作方法。从领导体制来看,村委会选举由省委、省政府统一领导和部署,省委组织部和省民政厅的领导及有关人士组成村级组织换届选举联席会议,具体负责指导换届选举工作。省民政厅建立了全省各市、县(市、区)选举情况进展月报制度,要求各县(市、区)将当日的换届选举情况报当地民政局,各县(市、区)民政局汇总后再报省厅,以便及时了解各地选举进展情况,发现问题及时解决。同时,各市、县(市、区)乡(镇、街道)三级政府都成立了村级组织换届选举工作指导机构,由党委和政府主管领导及有关部门负责人组成,并明确了县(市、区)委书记是村级组织换届选举的第一责任人,乡(镇、街道)党委书记是直接责任人的工作责任制,以保证在村级组织换届选举中真正做到领导到位、精力到位、责任到位和措施到位。从工作方法来讲,各级党委、政府在指导开展村委会选举活动方面,逐渐形成了一整套系统的做法:即在选举年的前一年的下半年,在省委组织部、省民政厅的统一部署下,各县市普遍根据自身情况确立试点单位,通过试点发现问题,积累经验;在此基础上对村干部进行培训,同时通过宣传营造氛围;在正式选举中强调依法操作;选举结束后在乡镇干部监督下实行前后任村委会工作的有序交接。以2008年的选举来说,全省11个市共29970个村委会应进行换届选举,2007年的9—10月起先在1053个村进行试点,2008年1月其他村全面铺开,到6月底基本结束,前后费时约10个月。

第三,提出了许多创新性的做法。例如,2005年3月,杭州市余杭区唐家埭村在全国首创"自荐海选"的无候选人直接选举方式。2008年用这这种方法选举的村庄占54.3%,已成为全省村委会选举的主要方式。在党组织选举方面,2008年全省有79.4%的村庄实行"两推一选"(党员民主推荐、群众民主测评、党内民主选举),有20.6%的村庄的党组织书记、副书记实行直接选举,其中嘉兴市实行党组织书记直接选举的比例为60.3%,仙居县更是高达92.1%。各村庄在换届前普遍组织村干部就任期创业承诺进行述职,由村民或村民代表进行评议打分,并公布评议结果,为村民选举新一轮村干部提供参考。特别是金华市在2008年换届选举中,在全市4000多个村庄普遍实行村干部创业承诺机制,形成了"先定事、后选人、再践诺"的选举方式,即先由村两委经村民代表会议同意后提出下一届班子需要完成的工作目标,再由村干部候选人就如何完成这些目标进行竞选,选举完成后新当选的村两委在乡镇政府主持下签订承诺书,向村民公开,接受村民的监督。2008年选举中还实行了村委会妇女委员专职专选;全面推行以选纪、工作目标和廉洁为主要内容的竞选承诺;设立选民固定登记点,实行选民主动登记等举措。1999年,在浙江温州的寮东村,村民在全国首次罢免了不称职的村委会主任,等等。

## 二、民主管理和民主决策

村民参加村务管理,无论从法律上说,还是从官方的角度来说,或者是从学界多数人的视角来说,都被认为是村民自治中最基本、也是最重要的活动①。浙江民营经济发达,农村人均收入长期在大陆各省区据第一位,许多村庄具有较大数量的集体收入,农民也普遍具有较强的自主意识和参与意识。为了组织村民有效参加村务管理和民主决策,浙江各地做了许多探讨,创造出了许多有效的形式或做法:

## (一) 出台了全国第一个村级组织工作的"基本法"

2005 年 4 月,浙江省发布《浙江省村级组织工作规则(试行)》。这是全国第一个由省级党委、政府正式出台的规范性的村级组织工作规则。"规则"分总则、村级组织体制和职责、村级组织议事规则、村党组织建设、村干部队伍建设、村务公开与村务管理、村级公共服务和附则等八章,共 36 条。这部规章的最大特色是对党组织、村民大会或村民代表会议、村委会、村经济合作社等村级组织的职责、议事规则和相互关系等作了比较全面、明确的规定,具有村级组织工作"基本法"的性质,具有很强的操作性,为保障村务管理的有序进行奠定了基础。

## (二) 创新了许多村务公开的有效形式

村务公开是村民有效参加村务管理的前提。村务公开的关键,是保证凡村民关注的问题都能向他们真实、准确地公开,并使公开的信息能传向家家户户,真正做到村务与农民的"零距离"接触。在实行村务公开方面,浙江不仅几乎 100% 的村庄设立了村务公开栏和村务公开监督小组,而且涌现出来几种非常有特色的做法:一是湖州市南浔区实行的村务公开"三入户"制度。就是把凡按规定必须向农民公开的村级事务、财务、党务的内容直接送到农民的住房里。"三入户"的表式由区里统一规定,各村按照样张印制并按实填写公开事项,在加盖村两委印章后,由村民小组长负责发放到户。全区统一规定每季度的首月 15 日为发表日。"三入户"表格中设有回执栏,村民对村务有意见或建议可填写在回执栏中,然后交给村两委处理,处理结果在村民代表会议或党员会议上进行公开通报。二是宁波慈溪市开展的村务公开

① 从法律角度来看,村委会组织法第一条开宗明义就指出,村民自治是"由村民群众依法办理自己的事情"。官方讲话也反复强调这一点。例如,中共十五大报告说:"扩大基层民主,保证人民群众直接行使民主权利,依法管理自己的事情,创造自己的幸福生活,是社会主义民主最广泛的实践。"在学术界,人们一般也把村民自治定义为村民通过村民组织依法办理与村民利益相关的村内事务,实行村民的自我管理、自我教育和自我服务。参见赵秀玲:《村民自治通论》,第 3—4 页;中国社会科学出版社 2004 年版。当然,学术界对目前实行的村民自治的实质和如何准确界定村民自治权的内涵,都存在不同看法。参见潘嘉玮 周贤日:《村民自治与行政权的冲突》,中国人民大学出版社,2004 年版。

"三到位"做法。所谓"三到位",就是形式到位,内容到位,程序到位。在形式到位方面,充分利用村务公开栏等各种途径,其中特别是建立了全省第一个农村经济信息管理中心,利用现代信息技术,实行市、镇、村三级联网,向村民公开村务、党务、财务。在内容到位方面,把群众最关注的村级财务,其中包括村干部的收入和招待费,以及计生指标使用情况、宅基地审批情况等逐笔逐项全部公开。在程序到位方面,在公开前对公开的内容如财务账目等进行充分准备,然后交村务公开监督小组审查,再交付村委会审定,相关负责人签字盖章确认后按规定时间及时公开。对村务公开后群众反馈的意见或建议,村两委在 10 日内作出答复。对因公开不到位而引起群众不满意造成不良影响的,则追究相关人员的责任。三是温州瑞安市通过设计"制度链"来有效保证财务公开。首先,建立村级财务工作责任制,明确乡镇党政"一把手"是村级财务公开第一责任人,分管领导和联片驻村干部以及村财务报账员是直接责任人,具体负责落实财务公开。其次,实行全市统一的村级财务管理制度和公开方案。在此基础上,通过开发村级财务公开软件,在全市各村实现了统一的财务公开格式和内容。再次,各村都成立了财务监督小组,对村内所有收支的凭证及财务状况进行集体审核。第四,在公开方式上,村财务公开软件产生的数据,在经乡镇会计核算中心盖章后,由村报账员按月在村务公开栏上进行公开。同时,定期召开村民代表会议或村民会议或党员会议,向群众公开其他需要公开的内容。对群众的疑问或反映的问题,则由村务公开监督小组统一收集后交村两委负责人负责解释或调查解决。第五,加强监督,严格考核。村干部定期就财务公开及其他村务公开问题通过村民代表会议等途径向村民述职,村民评议的结果与村干部的补贴标准直接挂钩。同时,村财务公开的状况也作为考核乡镇工作和驻村干部工作的重要指标。对乡镇分管领导和驻村干部如果在村财务公开方面出现严重工作失误的,在考核中实行"一票否决制"。

### (三) 绍兴新昌县开展的制定"村务公约"活动

民主选举结束后,村民如何根据本村的实际情况有序地开展民主管理、民主决策和民主监督等自治活动,在现实中还存在着不少制度上的"空白地带"或"盲区"。为了解决这些问题,新昌县经过试点在全县范围内逐步开展了制定"村务公约"活动。具体来说就是村党支部与村委会组织村民依据党的方针政策和国家的法律法规,从本村的实际情况出发,就村民在自治活动中的权利和义务,各村级组织的职责、关系和工作程序以及经济社会事务的管理等问题作出规定,经全体村民公决获得多数人同意后生效,成为村民在开展自治活动时必须加以遵循的权威性章程。从内容来看,"村务公约"规范和细化了村党组织在村民自治中的领导职能,强化了村民在自治中的主体地位,进一步明确了村务管理的内容和各种村级组织的权限。"村务公约"坚持村务管理中的重大事项要由村民公决来决定,并就公决的具体事项、形式和程序作出明确规定。对村民如何参与村内日常事务的管理,其中特别是财务的管理,"村务公约"也作了细致的规定。"村务公约"注重加强民主监督制度,规范和完善了村务公开的内容、形式和程序,确立了对村干部工作的民主评议机制和违规责任追究机制,同时明确了村民必须在行使自治权利的同时履行相应的义务,对村民的违规行为也必须加以追究。在新昌农村,"村务公约"的制定,受到农民的欢迎。农民把它看成是一部"小宪法",普遍具有很强的认同感。

### (四) 台州温岭市的民主恳谈

"民主恳谈"是对温岭市在乡村、城镇及市直机关开展的各种基层民主活动的统称。它最初是1999年6月台州市委宣传部和温岭市委宣传部联合在温岭松门镇开展农业农村现代化试点教育中创造的以会议对话和讨论为基本形式的一种思想教育方法。此后,经过不断的发展、改进和再创造,逐渐成为民主的一种载体。从内容来说,"民主恳谈"会具有多种类型:民主沟通会、决策听证会、村民议事会、乡镇人大表决会、党代表建议回复会、重要建议论证会和村民代表监督管理会等。尽管类型多样,但核心或基础仍是"民主恳谈",即基层党委、政府或农村自治组织在就公共事务做出决策前,先在干部和群众或群众代表之间,决策者和决策实施后将影响到的各利益相关者之间,对公共事务了解不多、知识不多的人与具有处理相关问题的经验和相关知识的人之间,开展完全自由、平等、公开、坦诚、双向和深入的讨论,交流思想,分析利弊,论证观点,辨明事理,相互说服,在形成基本共识后,再通过一定程序,由基层党组织、政府、基层人大或人民群众自己做出决定。"民主恳谈"最初是一种方法,现在已成为一种稳定的制度。在农村,民主恳谈会凡本村村民均可自愿参加,村民代表必须参加,恳谈会的议题,既可由村党支部或村委会提出,也可由1/10以上村民联名或1/5以上村民代表联名提出,由村党支部受理,在村两委联合研究提出初步意见或方案后,交民主恳谈会讨论。村组织民主恳谈会的议题范围主要是:村民自治章程、村规民约的制定和修改;村财务年度、半年度收支的情况;村集体资金使用安排;村建设规划的编制与调整,工程建设项目及承包方案;村民承包土地的变更、调整、征收与征用;村集体企业、资产、资源等的承包、出租和出售;村干部享受误工补贴的人数及补贴标准;公益事业建设资金的筹集;其他涉及多数村民利益的公共事务与公益事业。在举办恳谈会前,一般先要把讨论或决策的事项与方案向村民公布。恳谈会由党支部主持,村民或村民代表可对讨论对象充分发表意见。对需要决策的,在经村民或村民代表充分讨论、修改后,由村民代表表决通过。对涉及全体村民利益的事项,则召集由全体村民或以户为代表参加的恳谈会进行公议公决。对恳谈会上多数群众反对或不同意见较多、较集中的事项,则暂缓决策,在重新论证、充分考虑和吸收了群众意见并对原方案做出调整、修正后再做出决定式决策。作为一种制度,民主恳谈的特点主要是:程序化、规范化程度比较高,与实际工作结合紧密,为各界人民群众参与公共事务管理提供的空间比较广阔,运行成本比较低,操作比较简便,与党的传统和现有的各种制度之间的融合程度比较高。从实践的结果来看,民主恳谈会优化了村民自治组织的决策程序,提升了决策质量,促进了农民的政治参与,密切了干群关系,推动了信息交流、思想沟通和各种社会矛盾的消解,也提高了村委会决策的执行效率。2004 年,温岭的"民主恳谈"荣获在国内外都有一定影响的"中国地方政府创新奖"。

## (五) 衢州市衢江区的"五步工作法"

在开展民主法治村建设的过程中,衢江区根据相关法律和政策的规定,从农村工作的特点和农民的要求出发,在如何组织农民就重大村务进行决策方面,创立了"动议、审议、报审、民决和告知"的五步工作法。第一步是动议。对重大村务的处置,村党支部、村民委员会、村集体经济组织、1/10 以上村民联名或五分之一村民代表联名,可以提出决策动议案。第二步是审议。在村党支部的主持下,通过走访、听证、商谈等多种形式,对提出的决策动议案广泛征求各方的意见,并在此基础上召开村两委联席会议进行认真细致的审议,形成供决策的文本。第三步是报审。将决策案报送乡镇党委和政府,由乡镇党委和政府对其进行合法性、合程序性审查。如果发现与有关法规相违背或在制度安排上存在显著问题的,则退回村两委重新讨论和修改。第四步是表决。将经过审查的决策案提交村民代表会议进行讨论和表决,形成村民代表会议决议。村民代表会议要有 2/3 以上村民代表参加才可召开,所作决议须经全体村民代表半数以上通过方才有效,涉及本村重大利益的事项要有全体村民代表的 2/3 以上通过才能生效。第五步是告知。按照村务公开的要求,把经村民代表会议表决通过的决议案在村务公开栏中张贴,告知全体村民,并由村委会组织实施。同时,也把它报送乡镇政府备案。为了更好地利用"五步工作法"开展工作,衢江区农村普遍都对需通过"五步工作法"进行决策的事项进行了规范,主要包括:村建设规划,中长期经济与社会发展规划和年度计划,享受误工补贴的人数与补贴标准,村公益事业的建设方案、经费筹措及承包方案,村集体资产收益的使用,村民的土地承包经营方案,村集体经济项目的立项、发包、承包方案,计划生育方案,宅基地使用方案,有关土地使用各项补偿费的方案,以及村党支部、村委会或符合法定人数的村民或村民代表认为应当进行民主决策的其他事项。同时,衢江区委和区政府及区属各级党委政府还通过制定责任追究制度等相关文件,明确实行"五步工作法"的工作责任和相应的责任人,对村干部在村级重大事务管理和决策中不按程序办事,独断专行并造成工作失误或经济损失的,追究其相应的政治或经济责任。"五步工作法"的实施,保障了村民的自治权利,确立了村民代表会议在村务决策中的权威地位,推进了村民自治中民主决策的程序化、规范化和制度化程度,加强了村两委工作的协调,从而改善了乡村的治理结构,提升了治理的效能,促进了乡村中各种重大村务问题,其中特别是易于引发利益矛盾的问题的合理解决。

### (六) 金华市金东区开展的村民议事中心规范化建设

所谓村民议事中心,就是在村庄中建设一个有一定规模、便于村民参与村务管理和调解民间纠纷的固定场所。这个场所可以是专门设立的,也可以与村内原有的党员活动室、电教播放室、治安调解室等公共设施合二为一。金东区从 2002 年开始在区所属乡村建村民议事中心,到 2005 年,全区 509 个村(居)中绝大多数都已建起了村民议事中心。在创建村民议事中心的过程中,金东区委、区政府于 2004 年出台了《关于进一步加强村民议事中心规范化建设的实施意见》,就村民议事中心的活动方式、议事程序、主要任务和管理方法作了具体规定,促进了村民议事中心的规范化建设。作为实现村庄民主管理的一种做法,村民议事中心活动的内容主要有:四项基本任务:一是定期召开村民代表会议和党员会议;二是定期不定期召开村务通报会,向村民通报村两委工作事项和本村重大村务的处理情况;三是举行决策听证会,对涉及本村村民切身利益或对村庄发展有重要影响的事务,在决策前都需召开听证会;四是开展民间矛盾的调解工作。同时建立定期"村情民意恳谈日"制度,每月确定一天为议事中心固定活动日。在这一天,村两委负责人及联村干部需现场坐班,听取村民的意见、建议和要求,调解村民间的矛盾,现场能解决的问题现场解决,不能解决的带回去研究后尽快予以解决或作出答复。此外,村民议事中心还设立意见箱,负责收集村民对村务管理的意见和建议,并落实专人管理。村民议事中心建立后,金东区委、区政府对未按中心运作程序处理问题的做法规定了严格的处理意见。凡村两委或村干部个人对重大事项在决策前未经民主程序进行听证的,乡镇党委应取消其已做的决定,并在提交村民议事中心讨论或听证后重新决策;凡因擅自决策而造成损失的,决策者须承担相应责任;凡按规定对有关事项应向村民通报而未加以通报且在群众中造成不良影响的,乡镇党委需及时予以纠正,并对违规责任人予以警告、诫勉或做出相应的处分。村民议事中心的建立,为村民参与村务管理提供了一个固定的场所,为干群之间的沟通对话和交流提供了一个有效的平台,为村干部了解情况、调解矛盾、开展公共服务提供了一种良好的机制,也为村两委决策的民主化、科学化提供了一种制度上的保障。

## (七) 舟山市定海区开展的村级民主理财活动

如何管理好村庄的集体资产和集体收入,是村民普遍关心的一个问题,也是村民自治中的一项十分重要的内容。定海农村是个渔区。随着临港工业的发展和城市化的推进,乡村的集体资产和集体收入不断增加。为了管理好这些资产和收入,定海区在各乡村和涉农的居委会普遍开展了民主理财活动。一方面,切实发挥村民会议或村民代表会议在财务管理中的作用。村合作经济组织中的财务管理小组是村级财务的管理单位。但是,凡涉及财务预决算、财务负责人在财务支出审批限额的确定、生产经营活动中超出限额的"招待费"金额的确定、村级管理人员月工资、奖金及各种补贴标准的确定,以及村级财务中发生的呆账坏账的核销、村庄举债开展公益事业建设等举动,都必须经村民会议或村民代表会议讨论通过后,才能生效或开展。另一方面,建立村级民主理财小组,充分发挥民主理财小组的作用。具体做法是:(1)规定村合作经济组织必须建立民主理财小组。民主理财小组成员必须经村民会议或村民代表会议选举产生,一般由6—7人组成,村干部及其直系亲属不得兼任或担任理财小组成员。(2)加强理财制度建设,保证理财工作的有序开展。在区政府制定的《定海区村合作经济组织财务管理办法(试行)》这一文件中,对村民主理财小组的工作职责、权限范围和工作机制,都作出了明确的界定。民主理财小组向村民会议或村民代表会议负责并报告工作,定期召开理财会议,有权参与制定本村的财务计划与财务制度,有权检查审核财务账目及相关的经济活动事项,有权否决不合理的开支。村民对村财务账目有疑问的,可委托民主理财小组查阅并审核账目。对村民主理财小组提出的意见和建议,村合作经济组织须认真研究,及时做好解释或整改工作。如意见分歧较大的,由乡镇(街道)调解或由村民代表会议讨论决定。此外,村财务在公开之前,所有准备公开的内容事先都需经民主理财小组的审核,以保证公布内容的准确、完整。(3)开展财务管理知识的学习培训,提高理财本领。财务管理是一项专业性很强的工作。为了提高民主理财小组成员的业务素质,区业务主管部门及乡镇街道有关部门,通过印制小册子、办培训班、现场指导、开座谈会、组织相关人员交流做法或经验等多种途径,向村民主理财小组成员讲解财务知识、财务制度和财务制度的实施细则,使他们能尽快掌握财务管理的本领,从而能公正、客观并合乎规范地开展民主理财活动。通过上述这些措施,使定海农村的村级财务民主管理真正落到了实处,取得了实效,促进了村级集体经济的进一步发展和渔农村社会的稳定与和谐。

### (八) 杭州市西湖区实行的乡村经济合作社的股份制改革

随着城市化进程的加快,西湖区大批村庄相继撤村建居,为了保障农民的权益,促进村集体经济的健康发展,西湖区积极探索和推进村经济合作社的股份制改革,现在全区大多数村经济合作社完成了股份制改革。西湖区推行的村社股份制改革,本身就是村民自治的一种实践,同时又拓宽了村民实行民主管理和民主决策的领域,为农村基层民主政治的进一步推进和深化提供了新的平台。农村经济合作社是集体性质的经济组织,把它改造成股份合作制需要经历清产核资、明晰资产产权、明确成员构成、股权设置、股份量化、建立管理机构、制定章程、确立各项管理制度等环节。西湖区在开展股份合作制改革时,在股份制改革的各个主要环节中都坚持民主的原则:通过召开村民代表会议来批准村股份合作制改革筹备委员会的人选,以民主理财小组为主开展清产核资工作,在认真听取每位农户意见的基础上确定股份制改革方案。股份经济合作社建立后,在户主大会的基础上,以民主选举的方式产生了股东代表,通过股东代表大会选举产生董事会、监事会,审核和通过股份经济合作社章程及各项规章制度。股份经济合作社的建立,明确了农民的股东身份,确立了他们作为集体资产和合作经济组织主人翁的地位。股份经济合作社的建立也把集体资产的收益权量化到合作经济组织的每一个成员,使村民真正意识到了自己作为合作经济组织一个成员的价值。股份制改革所带来的农村经济关系上的这种变化,不仅大大推动了农村集体经济的发展,而且对农村基层民主政治的开展产生了深刻的影响。首先,由于股份经济合作社运行的好坏,与农民的经济利益有直接的关联,这就从经济利益上推动农民更加关注股份经济合作社的运行。其次,同样是由于利益机制的作用,农民在参与民主管理和民主决策时,更愿意审慎从事,更注重了解和掌握政策法规,集体观念、整体意识也更加明确,从而有效提升了村民参与民主管理与民主决策的质量。再次,虽然把农村原有的经济合作社改造成股份经济合作社是一种新生事物,但是从世界范围看,股份经济却是一种成熟的经济形式,股份经济组织内部的治理结构及其运行规则也是一种成熟的治理结构与运行规则,有许多成功的做法和制度安排可供学习或移植。因此,股份经济合作社的建立,在股东的权利与义务的规定,各内部组织的产生方式、职权及议事方式、决策方式等问题上,把村民自治的原则与股份制经济的治理方式和运行规则结合起来,从而有效地推动了农村基层民主的规范化、制度化和法制化程度。最后,股份经济合作社的建立,也进一步增强了农村干部的民主意识和平等意识,改进了村民与干部的关系。

## 三、民主监督

村民委员会组织法虽然把民主监督列为村民自治的一项内容,但并未对村民行使监督权的形式或制度安排做出明确规定,由此常常在实际上造成监督权行使的虚置。在整个中国大陆地区的村民自治实践中,监督权因难以有效行使而造成的监督缺损是一种比较普遍的现象。浙江农村比较富[①],村干部手中权力的含金量相对也比较大,因而由于缺乏监督而带来的矛盾一度也比较多[②]。为开展或推进民主监督,在各级纪委的推动下,浙江许多地区的村庄都进行了大胆探索,取得一些重要的进展。

---

① 例如,县域经济综合实力居浙江第一位的义乌市,2004 年底全市农村集体资产存款达 13 亿元,有 20 个村的集体经济资产超过 1000 万元。
② 这样的例子在调查中听到了很多。例如,在武义县,2003 年县纪委共受理来信来访 300 多件次,其中反映村干部问题的占 65%;同年县纪委处理的党员干部中,农村党员干部有 40 人,占查处总数的 48%。尤其是,在未创新农村的监督制度前,尽管处理严厉,但村干部因违规而翻身落马的现象仍持续不绝。

### （一）金华市武义县通过建立"村务监督委员会"开展的民主监督

2004年2月到6月，武义县在白洋街道后陈村开展完善村务公开与民主管理试点工作，探索建立可操作性比较强的村级民主监督体制与机制，以便更好地解决村务管理中由于监督"缺位"或"错位"而造成的各类问题。在这个过程中，后陈村制定了《后陈村村务管理制度》和《后陈村村务监督制度》这两项重要制度，并为有效执行村务监督制度，创建了"村务监督委员会"，这是全国第一个在村民自治中专门从事监督的村级组织。后陈村通过建立"村务监督委员会"来开展民主监督的做法经过一年的运行，实践证明成效显著，因此2005年5月后已经在武义全县的550多个村庄中普遍推广。具体来说，后陈村的做法是：首先通过系统的调查研究，在法律政策规定的框架内，对村里已有的各项管理制度进行全面的梳理和评估。在此基础上，草拟出用于规范和约束村干部行为的《后陈村村务管理制度》和《后陈村村务监督制度》这两个文件的建议稿。建议稿出台后，又在全村各农户及村两委、党员及村民代表中反复讨论和修改，最后在村民代表会议上表决通过并正式生效。与此同时，"村务监督委员会"的成员也由村民选举产生。按照规定，村务监督委员会成员只能由非村两委成员及其父母、配偶、子女、兄弟姐妹等直系亲属的村民代表担任。候选人通过有全体党员和村民代表参加的推荐会推举，再在村民代表会议中进行差额选举。监委会由3人组成，其中主任1名，委员2名。主任由村民代表会议选举得票最多的候选人担任，任期与村民委员会成员相同。村务监督委员会受村民代表会议委托独立开展工作，对村民会议或村民代表会议负责，不参与村务管理，是一个专门从事村务监督工作的机构。《村务监督制度》赋予村务监督委员会的工作职责主要有9项：对村两委执行党的路线、方针、政策及村级管理制度的情况进行监督；对村务、财务公开的清单进行审核；建议村委会就有关问题召开村民代表会议；对不按村务管理制度规定做出的决定或决策提出废止建议，村委会须就此类事项的处理提交村民代表会议表决决定；协助街道党委对村干部进行年终述职考评；列席直接涉及群众利益的重要村务会议；定期向村民代表会议报告村务监督工作；向村民宣传党的方针政策，维护村两委正确决策；向村两委反映村民对村务管理的意见建议。从运行机制来看，武义县规定当村务监督委员会发现村务管理发生问题后，首先向村两委提出改进意见或建议，如果村委会对这些意见或建议不予采纳，则提请村委会召开村民代表会议决；如果村委会不召集村民代表会议，村务监督委员会可直接向乡镇(街道)或县的村务公开和民主管理办公室寻求帮助;乡镇(街道)或县在接到村务监督委员会的请求后,要在7天内派人调查,若情况属实,则责成村委会召开村民代表会议对村务监督委员会提出的意见或建议加以讨论并做出决定。此外,村务监督委员会还可根据多数村民或村民代表的意见,对不称职的村委会成员提出罢免建议,提请村党支部报上级党委、政府后,依法启动罢免程序。与武义农村原有的监督体制相比,村务监督委员会的创设及其职权配置,把村务监督专职化,增强了监督权行使的独立性,不仅注重事后的监察,而且注重事前的防范,监督的力度也明显增强。同时,它还在村民中发挥了上下沟通、释疑解惑的作用,促进了干群关系的融合。

### (二) 台州市天台县创建的"廉情监督站"

2005年5月,天台县就如何加强村干部尤其是非党村干部的有效监督开展调查研究,按照"权力制衡"的工作思路,选择了三个不同类型的村,就如何开展对村干部的监督进行试点。在此基础上,建立了村级廉情监督站。到2007年10月底,全县597个行政村中,已经建立了427个廉情监督站。主要做法是:根据村委会组织法和浙江省村民委员会选举办法,召开村民会议,讨论通过建立廉情监督站及其主要职责的决议,并将决议写入村民自治章程。在此基础上,召开村民代表会议,由村民代表授予廉情监督站相关职权,并推选候选人,报乡镇纪委审核后在村内公示。公示期满后,召开村民代表会议,差额选举产生3至7名监督站成员。再举行监督员会议,推举产生监督站站长1人。监督员实行回避制度,村两委干部及其配偶、直系亲属不得担任。监督站任期与村两委相同。廉情监督站集农村原有的村务公开监督小组、民主理财小组及对村干部公、勤、廉监督等功能于一体,对村民代表会议负责,在乡镇街道纪委指导下独立开展工作,可以列席村两委会议,对村务及村干部的公、勤、廉等进行监督。为使监督站切实发挥作用,天台县纪委制定了《天台县村级廉情监督站工作暂行办法》,明确了反映受理制度、季分析制度、通报会制度等一系列制度。廉情监督站的工作一般遵循收集民意、研究对策、监督落实、通报反馈等四个步骤进行,通过素质测评、廉情公示、廉情汇报等方法,保证监督有序进行。廉情监督站的一项重要职权是对村民依法提出罢免村委会成员,而村委会未在法定时间内启动罢免程序的,有权主持召开罢免会议。为确保廉情监督站能真正发挥作用,天台县还建立了以下几种制度。一是农村案件查办联席会议制度。建立由纪检、检察、组织、公安、检察、法院、农业、民政、审计等部门组成的农村案件查办联席会议制度，对廉情监督站反映的村干部违法违纪问题，在十天内召开联席会议，确定责任单位调查处理。二是建立直通热线，如村两委对廉情监督站的合理要求拒不予以答复，可通过直通热线向乡镇（街道）纪委反映，乡镇（街道）纪委在十五天内应会同有关部门及时介入，督促村级组织限时办理或实行诫勉、查处。三是加强业务培训。纪委每半年对监督员至少进行一次财务制度、法律法规知识的培训，以提高监督员的业务水平。为防止监督员不负责任，村年终召开村民代表会议对监督员进行信任投票，信任度低于60%取消其资格。从实践情况来看，廉情监督站的建立增强了农村监督工作的规范化、程序化和制度化，增强了它的威慑力，从而有效地防止了村干部违法违纪行为的发生。

### （三）杭州市余杭区建构的以村干部"双述"、"双评"为核心的村务监督体制

余杭区是经济发达地区。为了预防村官腐败，民主监督一直是贯穿村务管理中的一条基本线索。经过多年努力，逐步形成了一套多维度、网络化的村务监督体制，它的核心是村干部的"双述"、"双评"制度。所谓"双述"，就是在年终考核时要述职述廉，所谓"双评"，就是民主评议村干部年度工作和民主评议村干部报酬补贴。参加"双述"的人员为村党组织、村委会和村经联社班子成员；参加"双评"的人员为党员代表、村民代表、村民小组长、个私业主代表、种养大户代表。参评总人数小村一般不少于50人，规模调整村一般不少于80人。"双述"、"双评"的程序是：先由各受评的村干部，就一年来个人的思想建设、工作业绩、工作作风、廉洁自律等方面的情况及存在的问题与整改措施，进行实事求是的叙述汇报；参评者在听取村干部的述职汇报后，对他们的工作状况和廉洁状况进行综合评议，并以无记名的方式填写村干部民主测评表。评议结果报乡镇或街道党委、党工委，存入本人档案。在此基础上，由乡镇、街道党委或党工委根据考核的情况，对照上年的报酬补贴标准，提出村干部新的基本报酬补贴建议，供参评人员参考。评议人员在建议标准上下浮动50%的范围内，以无记名的方式，填写"村干部报酬民主评议表"，提出自己对村干部月发基本报酬补贴的意见。评议表统计汇总后，取其评议的平均数作为每位村干部应得基本报酬补贴的标准。评议结果当场公开，同时上报乡镇党委、街道党工委，核准后发放。村干部"双述"、"双评"从2000年开始试点，到2004年，余杭区几乎所有应参

评村干部都参加了评议。"双述"、"双评"是对村干部的一种有效的监督机制,它不仅把衡量村干部工作好坏的尺子交给了村民,而且把在一定范围内决定村干部工作报酬数量多少的权力也交给了村民,走出了一条村民开展民主监督的新路子。除了村干部"双述""双评"外,余杭区在推进民主监督方面还采取了一系列举措,其中有特色的举措主要有四条:一是大力加强制度建设。据粗略统计,仅余杭区一级就制定了与民主监督有关的各类文件、规则或办法近30件,内容覆盖了村民自治的各个基本方面和监督工作的各个主要环节,为村民开展民主监督奠定了坚实的基础。二是在村务公开和民主管理方面,提出"五个100%"的要求,即村务公开栏必须100%设在墙外醒目处;村务100%按季公开;村务内容100%按统一表式公开;村干部报酬及村级招待费100%逐笔逐人公开;村级民主监督理财小组成员100%民主选举产生。这五个100%,其中特别是村干部报酬的逐人公开和村级招待费的逐笔公开这两种做法,有效地保障了村民的知情权、决策权和监督权。三是在财务监督方面,除规定村级财务预算方案必须经过村民代表会议讨论通过并形成决议方可生效外,还规定在日常费用开支上实行"双签字"制度,即村各项财务开支费用的审核审批,应按规定先由经办人、证明人签字,再交由村委会主任审核,最后由经联社社长审批同意才能报销,入账前必须由村民主理财小组审核签字。此外,在实行"村账镇管"的同时,还实行"组账村管",村组财务账款分离、印鉴分离制度。四是村级信访接待室制度。接待室的建立,为村民及时反映本村干部或党员在党纪政纪和廉政建设方面的问题提供了方便,也为及时解决所反映的问题,防止重大违纪问题发生创造了条件,还有助于加强村民和干部的沟通,澄清一些因信息不对称而造成的误解。除上述这四条外,余杭农村还创设了村务监督小组、"三老"(老党员、老干部、老村民)议事会、村干部接待日等监督方式。所有这一切,都有效地拓宽了监督渠道,提高了监督效能,促进了民主监督活动的开展。

### (四) 义乌市开展的村级财务的民主审计

义乌经济发达,从1994年开始就尝试开展农村财务的审计监督,经过十多年的实践,逐渐形成一套有效做法。按照有关规定,县级以上人民政府的农业行政主管部门负责本行政区域内的农村审计工作。义乌的做法是把由政府的农业行政主管部门负责的农村财务审计与在农村推进政务公开和民主管理有机地结合在一起,走出了一条对农村财务实行民主审计的新路子。在领导体制上,义乌市、镇(街道)两级都成了立了村务公开和民主管理工作领导小组。领导小组既负责指导农村的村务公开与民主管理工作,又负责指导农村的财务审计工作,保证了这两项工作之间的一致性和协调性。审计是一项专业化、规范化程序很高的工作,只有经过专业培训并考核合格的人才可从事这项工作。在具体的审计工作中,义乌一方面十分重视审计工作的专业特色,严格按照审计规章办事;另一方面又充分考虑到农村实行村民自治的实际状况,把公开、参与、尊重民意这些民主的基本原则贯穿到审计工作的全过程。在审计工作开展之初,要求审计期内的财务公开,并接受村理财小组的民主理财;同时召开村两委会议及村民代表会议,听取和征求各方对村财务管理的意见和如何开展审计工作的建议。在此基础上,实行审计公示制度,即向村民公示审计时间、审计项目、审计程序、审计方法,审计小组成员与组长的名单,以及举报电话或联系地址,既为村民参与审计工作提供条件,也接受村民对审计工作的监督。对审计中发现的问题,或在审计期间干部群众通过电话、信访及书面形式反映的问题,审计小组都要找相关人员进行认真的调查取证和核实,并加以实事求是的解决或回答,否则不出具审计报告。审计工作基本结束后,要召开审计情况反馈会,通报审计的结果,听取村干部及村民代表的意见。对农民有疑惑的问题,尽力做好解释工作,必要时重新进行审计。在全部审计工作都完成后,义乌还实行回访制度,即由乡镇街道和审计实施单位派人对被审计村的审计意见执行情况进行回访,以确保审计中发现的问题能真正得到整改。总之,义乌开展的村级财务民主审计,把保障审计质量与推进审计民主结合起来,有效地发挥了审计监督的作用。

## 四、评价和建议

在浙江,村民自治制度上的改进和创新,推动了自治实践的不断深化。从实际情况来看,选举制度的不断改进和创新,促进了村民选举的程序化、制度化和规范化。在村委会选举中,体现现代民主选举要求的普遍性、平等性、直接性、差额和竞争、自由和秘密投票等原则得到了保证。农民参选的积极性始终比较高,在外地经商务工的农民乘飞机回村投票的现象时有所闻。在全省统一举行的 4 次村民选举中,村民参选率都在 90% 以上,其中 2008 年的选举达到了 96%(同年全国平均参选率为 80%)。通过选举产生的最近几届村委会成员,平均年龄保持在 42 岁左右;受教育程度上大多数人都有中学文化。同时,越来越多的创业能人被选进村委会,特别是在温州、台州、金华等地区,由善于创业而致富的人当选村委会主任的比例有时达到 60% 以上。浙江各地在民主管理、决策和监督上的改进和创新,不仅在当地取得明显成效,而且基本都在不同范围内得到推广,其中特别是民主议事协商、集体财务审计监督和民主评议村干部三项制度,现在已成为全省农村普遍实行的制度。源自温岭的民主恳谈,现在不仅在农村,而且在浙江省内各级政府中都得到了推广。从更广泛的视角来看,村民自治的成功,虽不能直接带动高层民主政治的开展,但它在培育人们的民主理念与习惯,积累开展民主政治的经验,夯实高层民主政治建设的社会基础方面,确实都发挥了无可替代的作用。

在一块没有民主传统、并且它所处的社会环境的民主化程度也比较低的土地上,浙江农村的民主政治能逐渐生根并不断发展,有着多方面的原因。从根本上说,实行村民自治是农村经济、政治和社会发展的客观需要。改革开放后,农村实行了以家庭联产承包责任制为内容的经济体制改革。浙江农村从 1979 年开始,逐步推行以包产到户、包干到户为主要形式的家庭联产承包责任制。这场改革极大地调动了农民的生产积极性,不仅推动粮食产量大幅度增长,基本解决了农民自己的温饱问题;同时也启动了农村的工业化进程,形成了乡镇集体企业、农民集资联办企业、各种形式的联户企业和农村家庭工业多路竞进的局面。随着农民生产经营方式的改变、农业劳动生产率的提高和面向市场、自主经营的农村工业的发展,浙江农村还开始了由自然经济向商品经济的转变这一对农村来说是有根本意义的变革。经济领域的这些深刻变化,瓦解了农村原有的高度集中、政社合一的管理体制,从而引发了农村政治、社会管理体制的改革。正是在这样的历史场景下,一种能够更好地适应农村经济体制改革和社会发展要求的新的政治和社会管理体制——村民自治制度,在短短几年里,就在浙江农村全面铺开,成为农村基层的一项基本制度。在现实生活中,村民自治体现、维护并促进了农民的政治、经济、社会和文化权利,使他们能够在自治这一制度平台上,既摆脱了因不适当的行政干预或管制而造成的各种束缚及由此带来的利益损失,又避免了个体农民因缺乏组织而无法开展各种有益于村庄整体的活动这一现象的发生,从而能更自由、自主、理性地追求和实现自身的利益诉求和价值诉求,更有成效地建设自己世代居住的家园,更加公平地分享集体资产和相互合作所带来的果实。除了这个根本原因外,村民自治的进展也和执政党的组织、领导及大力推动紧密关联在一起。首先,村民自治的开展,从民主选举到民主管理、民主决策和民主监督,始终都是在党和政府的领导下进行的。从省到乡镇,各级党委、政府都成立了专门的领导机构,以组织和领导村民自治的开展。如果离开党和政府的组织保障,村民自治面临的诸多难题是难以有效克服的。其次,党和政府在领导村民自治时,制定了大量的法规和规章。这些法规与规章的制定,既为村民自治的开展提供了行为规范,推动了村民自治健康有序地进行;又为各级地方政府提供了行为规范,约束了政府自身的行为,使村民自治的制度环境得到改善。再次,勇于探索,大胆实验。村民自治是个新生事物,谁也没有经验。党和政府在领导村民自治时,不仅鼓励村民大胆尝试新的做法,而且自身带头组织试点,摸索经验。浙江省的许多创新做法,例如温岭的民主恳谈,武义的村务监督委员会,就都是在基层党组织领导下先经过试点,取得经验,再在全县及更大范围内推广的。此外,社会各界的广泛支持也是一个重要原因。农村实行村民自治后,引起社会各阶层和各界人士的普遍关注,特别是人大代表、政协委员、专家学者乃至海外人士,都对村民自治的开展和深化献计献策,或表示认同,形成了非常有利于村民自治开展的良好的社会氛围。

当然,必须指出:浙江农村的村民自治无论在选举、管理等实务上还是在法律规定方面都存在着许多不足。其中特别值得指出的是,村民自治中的许多制度设计和安排都是至上而下地进行的,它的动力主要也是来自于执政党的各级组织与一些具有革新意识的官员。在实践中,这些制度设计和安排虽然具有政府主导的制度创新所特有的优点——有序、有效,与制度环境能较好地契合,也确实为农民行使和维护民主权利及其他权利提供了新的空间,但是,它们在形成时并未相应地伴随着农民行为方式的改变和民主意识的提升,因此离开了有效的政治动员与组织,这些制度的效能就会严重削减,甚至流于形式。所以如果我们深入到农民在民主生活中的具体行为这一层面上去考察,或深入到农民的政治文化中去考察,就必须承认浙江省的村民自治与成熟的民主政治相比仍然有较大的距离,仍然是一项成长中的事业。同时,至上而下的制度设计和安排本身也有其内生的局限性:主导者常常选择与其特定的利益和认知相一致的制度形式或做法,而忽略或轻视与其利益或认知不相一致然而对制度的效能、特别是长期效能也许更有影响的制度形式或做法。这种状况在浙江农村村民自治的制度设计和安排上,也是不难发现的。需要说明的是,近代以来,中国经受了一百多年的社会动荡,其间虽然有过多次重大的带有革命性的至下而上的制度变革,这些变革客观上也带来了社会的进步,但是人民承受的代价过大,这种变革方式已经很难再为人民所接受。因此,近代以来至文化大革命的历史实际上为当代中国的变革设定了一个特定的路径,这就是在保障社会稳定前提下的有领导、有秩序地渐进的改革。而所谓渐进改革,既包括在执政党领导或主导下对社会各个领域的改革,也包括对执政党自身及其执政方式的改革。在实际操作中,由于执政党的地位和握有的资源,前者一般进行得比较快也比较顺利,后者通常则较慢也会有较多曲折,但是由于前者构成后者的制度环境,因而随着前者的变化后者也会或早或迟地发生变化。因此,当代中国改革(包括推进和深化村民自治)所遵循的路径虽不是十分理想的路径,但它在保证社会稳定的基础上推动社会发展的功能仍是毋庸置疑的。本着这样的想法,在本文的最后,我想就如何在现有做法的基础上进一步改进和深化浙江的村民自治提几点建议。

**第一,改进乡镇与村的关系,加强乡镇对村民自治的指导和服务,同时推动村民对乡镇管理事务的参与。**乡镇政府作为政府序列中的基层政府,与广大农民具有直接的联系。在实行村民自治后,乡镇与村在政治上存在三重关系,即乡镇党委与村党组织之间的上下级关系,乡镇党委和政府与村委会之间的指导关系,以及乡镇政府依法对村民行使职权时乡镇的行政管理权与村民的执行和配合关系。乡镇党委与村党组织是领导与被领导关系,而村党组织与村委会也是领导与被领导的关系。对乡镇党委的决定,村党组织必须要加以执行。在这种情况下,正确处理乡镇党委与村党组织关系的关键,是乡镇党委下达给村党组织的指示,必须集中在思想、政治和组织工作这些属于党的工作的范围内,而不要干涉依法属于村民自治范围内的事项,或要求村党组织去直接处理依法属于村民自治范围内的事项。关于乡镇政府与村委会的关系,《村委会组织法》第四条规定:"乡、民族乡、镇的人民政府对村民委员会的工作给予指导、支持和帮助,但是不得干预依法属于村民自治范围内的事项。村民委员会协助乡、民族乡、镇的人民政府开展工作。"也就是说,村委会作为自治组织与乡镇政府已不存在行政隶属关系,但乡镇政府对村委会的工作和村庄的发展又必须尽一定的责任。但是,由于种种原因,在乡镇与村的关系上,现在存在着两种偏向,一是有些乡镇政府不适当地干预许多依法属于村民自治的事项;二是有些乡镇政府对村庄的事务抱放任自流的态度,未尽到应尽的责任。这两种偏向都不利于村民自治的发展,应该加以改进。首先必须明确,乡镇和村不是行政领导的关系,而是行政指导关系。所谓指导,就是对村民委员会如何依法开展自治活动给予引导,内容主要是指导和帮助村委会履行职责,开好村民会议或村民代表会议,实行村务公开,帮助村民会议或村民代表会议开展对村委会成员的民主评议,指导和帮助村委会建立和坚持村民自治的各项制度,组织培训村委会主任、副主任、委员等。对乡镇政府的指导,村委会有义务认真思考并在自己的工作中加以吸收消化,不能无端拒绝。但对属于村民自治的事项则应由村民自己讨论决定,地方政府不能越界干涉。在实践中,对一些难以界分是否属于村民自治范围内的事项,乡镇政府应根据依法行政必须遵循的法无授予即无权的原则,凡法律法规未规定属于乡镇政府管辖的,政府就不要管。但另一方面也必须明确,凡属于政府应该管理的事项或应该承担的责任,政府必须管好做好。当前,特别是在提供农村的公共服务方面,例如保障社会治安,防范和整治环境污染,加强农村道路、用水、学校、广播电视等基础设施,农民的社会保障,特别是失地农民的生活保障,公共卫生建设,精神文明建设,对困难人群的帮扶,外来人口的管理,住宅的规划与建设等,农民对政府有着强烈的期求。搞好这些方面的公共服务将能有效地推动农村的现代化建设,并使现代化建设能更好地造福于改善农民的生活,乡镇政府应当切实肩负起自己应负的责任。对乡镇政府职责范围内的各项行政工作,村委会应当尽力予以协助,其中涉及属于村民义务的,村民应当履行自己的义务。为了搞好乡镇政府的行政管理,必须创造条件,逐步让村民参与乡镇政府的管理工作和决策过程,维护并逐步扩大他们在乡镇管理中的民主权利。在这方面,温岭的"民主恳谈"和其他一些基层党委、政府的民主改革,都做出了很好的尝试。在这些地方,由村民参加的民主恳谈或其他形式的民主协商已经成为政府管理和决策的一个必不可少的环节,并已制度化,收到了很好的成效,具有明显的示范作用。

第二,全面推进村级组织建设,**不断增强村级班子的整体功能**。实践表明,在农村,凡是村民自治开展得比较好的地方,无一例外地都有一个团结的班子,有一些高素质的领导成员,村级班子的整体功能发挥得比较好。反之,如果村庄的各类组织关系不顺,工作不协调,不能做到既各尽其职又相互配合,而是相互牵制,甚至相互对立,则必然会影响村民自治的开展,严重时还可能导致村庄自治事务的瘫痪。因此,加强村级班子建设对开展村民自治具有决定性影响。浙江农村的党组织在村庄治理中仍然发挥着核心作用,但在一些党组织中也存在着观念老化、工作保守、不思进取、独断专行、关门建党、以权谋私等问题。农村党支部是村民自治的领导者和组织者,也是执政党的路线、方针、政策和国家的法律法规在农村得到有效贯彻的组织保证。因此,如果党支部出了问题,村民自治就难以顺利进行。加强党的组织建设,首先要加强党组织的领导班子建设。在农村村民自治不断深入的条件下,党组织领导班子建设的基础是发扬民主。要坚持"党员民主推荐、群众推荐测评、党内民主选举"的村党组织换届选举制度，并逐步过渡到全体党组织领导班子成员由党内直选、候选人作岗位承诺和任职演说的选举方式产生，真正把那些有本事、作风好、"双带"（既会自己带头致富，又能带领他人致富）能力强、在村民和党员中威望高的人选进村党组织班子，夯实村党组织的群众基础。对确实没有合适人员的村，可以选派优秀机关干部或从其他村选调合适人选来担任或兼任支部书记，同时注重对本村干部中有可能担任支部书记一职的人选的培养。为保证党组织的号召力，必须注重改善党员队伍的结构，努力把村委会成员、村民小组长、村民代表、致富能手、学历比较高的年轻人中愿意加入党组织的人培养、发展成党员，从而能做到把农村中的民意代表和有影响的精英人士都汇聚到党内。为了更好地发挥党组织的作用，必须要创新学习培训机制，加强对村级班子成员的培训教育，不断提高他们的思想素质和知识水平。同时，党内要加强对党员的教育与管理，增强党性观念，严肃党的纪律，切实发挥好党员应有的作用。在党员发展上，要切实防止一些党员良莠不分，借机扩充自身势力，将优秀分子拒之门外的现象发生。要根据村庄的调整归并以及农村产业多元化的发展趋势，及时调整村级党组织的组织设置与布局，以更好地发挥党组织的作用。按照村委会组织法的规定，村党支部与村委会是领导与被领导的关系，但是这两个组织在性质、基本职责、工作方式等方面都有很大的区别。根据调查，在浙江农村的村级班子中约有10%左右的班子里村两委之间存在着矛盾，影响了村民自治的顺利开展。在改善村级班子之间的关系上，要特别注意按照《浙江省村级组织工作规则（试行）》的规定，界分清楚各类村级班子的职权，规范运行机制。要明确村党组织的主导地位，重大村务都应由村党组织统一受理，但党组织不能代替村民会议或村民代表会议作出决定。要依法健全以村委会、村民会议、村民代表会议和村民小组为主体的村民自治组织体系，明确村民自治组织的职能范围、议事程序和工作规章。对属于村民自治范围内的事项，党组织不能统包统揽，妨碍村民自治组织行使职权。在村民自治中，村党组织还要注意发挥好村合作经济组织及共青团、妇代会、民兵等群团组织的作用，引导它们支持和监督村委会的工作，在村民自治中形成整体合力。

第三，总结经验，完善制度，进一步做好村民选举。选举是村民自治的基础。浙江省的村民选举虽然取得了重要成就，但仍存在着一些需要认真研究解决的问题，主要表现在：随着许多县市区对村庄设置进行调整归并，有些村庄的规模迅速扩大。

从全省来看,村庄数已从 2000 年底的 42037 个减少到 2004 年底的 35502 个,再到 2008 年的 29970 个,减幅近 30%,其中有些县市力度更大,如东阳市将原来的 1270 个村居调整为 43 个社区,349 个村,减幅达 70%。有的村庄的人数达到了七八千人,几乎相当于过去一个小乡的规模。村庄合并减少了村的数量,也减少了村两委班子成员的数量,既在选举中强化了竞争,也造成许多选民相互之间的不了解和部分选民对候选人的不了解,增大了选举的难度。从 2008 年选举情况看,选举竞争较以往更加激烈,竞争的职位从村级班子扩展到村民小组长、村民代表。方法更是多种多样,如组织竞选班子,张贴竞选宣言,召开各类座谈会,发表公开演说承诺捐赠或发放凭据用于选后兑现,请客送礼,利用家庭、宗族关系拉票,甚至雇凶打架、暴力威胁。除了明显的违法行为外,对上述竞选中的相当一部分做法是否违规目前难以认定,从而影响了村民选举健康、顺利的开展。由于许多村庄实行海选,使候选人的任职条件难以把握,导致一些素质或品质较差的人当选,选后难以有效开展工作。从选举结果来看,由于竞选激烈和其他因素的影响,妇女当选的比例严重不足。例如在第七次村委会选举中,截至 2005 年 7 月底,在已完成的 32802 个(占全部村委会数的 97.48%)村委会中,当选的妇女委员 10185 人,仅占总数的 9.48%;当选女村民代表 70045 人,仅占总数的 8.43%。2008 年实行"专职专选",才保证村两委班子中基本有一个女委员。但现在留在农村的劳动力 65% 以上是妇女,因此,妇女当选的比例与她们在农村的实际地位仍然是不相适应的。此外,还存在着有些村庄因青壮年都外出务工而找不到合格的村干部人选,有些城郊结合部的村由于土地征用等原因而造成部分农民参选资格难以认定,以及选举时间拖沓,牵扯基层官员和乡村干部精力过多等问题。解决这些问题的主要思路,一是加强政策研究,修改和完善有关村委会选举的法律法规。要更好地设计在以"陌生人"为主的大型村庄内开展民主选举的程序,确保让所有的选民都能充分了解候选人的主张和人品,真正投出负责任的一票。要从实际情况出发,同时参照地方选举比较成熟的国家中的一些做法,对贿选和其他不正当竞争行为作出科学的界定,并做出相应的禁止或处罚规定。二是积极探索,总结推广好的经验和做法。基层组织和广大基层干部,具有从实际出发去解决工作中面临的各种问题的积极性和聪明才智,常常能够创造出符合实际的好的经验和做法。例如,作为我省第七次村委会选举试点之一的义乌市,在试点中,就《浙江省村民选举委员会选举办法》中没有具体规定,但在选举中又必须规范的选民资格认定、候选人的前置条件、村民代表的数量等事项,先提出解决方法的建议,再交给村民代表会议讨论,最后经市人大法律监督机构审核后形成行政规章,从而较好地解决了这些问题。在实践中,像义乌这样的例子有很多,关键是要去挖掘、总结、加工、提炼,并在此基础上推广。三是更好地发挥党组织在选举中的作用。政党的一项重要职能就是组织选举。农村基层党组织是村民选举的领导者和组织者,在选举中,除了通过村民选举委员会发挥作用外,在培养和推荐候选人,宣传和介绍候选人,其中特别是女性候选人,动员和组织村民投票,以及纠正某些不当部分行为等方面,党组织依然能够发挥很大的作用。农村基层党组织也应不断总结经验,改进领导艺术和工作方法,从而能通过自身的工作,引导选举活动的开展。四是调整具体的选举时间或选举周期。乡镇及以上政府换届是 5 年一次,而村庄是 3 年一次。一次村庄换届从试点到完成要近一年时间。之所以如此拖沓,除了要试点外,把外出务工的人员召集回来也需要时间。因此,建议把换届选举的时间集中到春节前后的那一个月,这时农村人员聚得最齐,农民相对来说也最能把精力用于选举。如果做不到这一点,则建议延长选举时间,改为 5 年一选。

第四,适应新的情况,探索新的工作思路,不断提高村民自治的效能。在这方面,需要改进的主要是四件事。首先,是如何更好地发挥村民代表会议的作用。村民会议或经它授权的村民代表会议是农村的权力机关。但实际上,村民会议很难召开,现在小村并大村后尤其如此。现在实际上履行权力机关职能的是村民代表会议。但是与村民代表如何产生和村民代表会议如何履职相关的法律规定基本上是空白,哪些问题应交由村民代表会议决定,哪些问题应交由村民代表会议批准,农民与村干部的认识有时很不一致。因此,现在亟需要制定一部关于村民代表会议的法规,从而能保证村民代表会议既有序又有效地发挥职能。其次,是农村社区的民主治理问题。随着城市化进程的推进和农村社会管理方式的改革,浙江许多经济条件比较好的地方先后实施了撤村建社区工作,有的地方如杭州市西湖区农村社区的数量已超过行政村,舟山市所有的渔农村都进行了改制,全市 44 个乡镇(街道)建立了182 个渔农村社区。这些农村社区从类型上讲多种多样,有的是由原来的村改建的,有的则是由开发商建成的连片商住区组建的,或由原来的村与相连的居民区、机关单位整合起来的。从规模来看差异性也很大,最大社区的人数与最小社区的人数相差可达几十倍。还出现了有些村庄的村民经济上同属一个股份经济合作社,而人却分属不同社区的情况。从管理体制来看,有些社区设立了党委、党总支,有些仍是党支部;有些社区保留了村委会、经济合作社等自治组织,同时又增设了社区服务与管理机构,有些则实行了城市社区管理模式;社区的管理干部有些和原来的村干部交叉任职,有些从原乡镇干部分流下派,有些则是聘用的,他们的报酬也不一。农村社区的建立,受到了农民的热烈欢迎,它实际上是从农村向城市化过渡的一个中间环节,因而是农村现代化建设的一个发展方向。但它内部的治理,还需要作进一步的探索,最终形成一个既与过渡社会状况相适应、又能为各方所认同的治理结构,才能适合农村社区民主建设的要求。再次,如何发挥政府财政对村民自治的扶持作用。浙江是个富裕省份,但仍有 10% 左右的村庄由于集体经济薄弱,村民自治没有合适的办公场所和活动场所,这个问题长期得不到解决。2005 年在省委的协调下,各级政府共同努力,一年内筹集了 2 亿多建设资金,基本满足了这些村庄建设办公场所和活动场所的需要,为村民自治的开展创造了基本的物质条件。在嘉兴市秀城区,从 2004 年起实行村干部职务补贴由区镇两级财政共同支付的制度。村干部的职务补贴由财政专项支付,既有利于更好地调动村干部的工作积极性,也使村里能拿更多的钱来举办村的公益事业,还减少了村干部异地任用的障碍,为促进全区村民自治的均衡发展创造了重要条件。"村事民办"、"村官民养"一直是人们习以为常的做法。但在经济发展起来、政府财政比较宽裕后,就应该考虑逐步增加财政对村民自治的支持力度了。通过财政支付来改进村民自治的条件,对推进和深化村民自治具有重要意义。最后,注重发挥好农村社团的作用。在农村,除了法定组织外,传统社会中形成的庙宇祠堂等民间组织也基本上保留下来。随着农村社会的发展和村民自治的开展,农村社团的数量也越来越多,活动的内容涉及到了专业合作、经济互助、矛盾调解、治安消防、环境保护、计划生育、老人生活、文化体育等方面。农村社团的大量涌现和在广泛的范围内开展的各项活动,提高了农民的组织化程度,增强了村民自我治理自身事务的能力,促进了农村的经济社会和文化事业的发展,成为推动农村现代化进程不断向前发展的一支不可替代的力量。在现在的农村,特别是在人口比较多的村庄或经过合并而组成的规模比较大的村庄中,通过组织社团参与自治事务将会显著增强村民的利益表达和诉求能力,改进民主管理、决策和监督的质量,提升他们的政治效能感。同时,也将会显著推动村庄公共服务的供给和公益事业的开展,促进良好社会风气的流行和集体凝聚力的增强,推动农村和谐社会的建设,因此,进一步发挥好社团的作用,是我们推进和深化村民自治的一个重要的选择。

# 中国式的公民会议与地方
# 治理:浙江省温岭市民主恳谈会的经验

郎友兴①

**【内容提要】** 随着商议性民主的兴起与发展,首先在西方出现了公民会议这种新的公民参与方式,尔后逐渐地推广到其他国家和地区。中国大陆在地方政府向地方治理的转变过程中也出现了类似于西方的公民会议的一些治理制度的创新,这其中典型的案例就是浙江省温岭市的民主恳谈会。本文以温岭市泽国镇2008年公共预算民主恳谈会的经验为案例,从公民会议的角度来具体地描述与勾画出其过程,分析其意义与可能完善之处。通过对泽国镇2008年财政预算民主恳谈会的实验和实践的研究分析,本文得出一些基本结论:民主恳谈会是一个保障农村居民的民主决策权、民主管理权和监督权的有效的制度设计;因其公民参与相对的有效性,因而使民意某种程度上能够被充分吸纳,从而使政府决策的正当性、科学性能够得以提升;这种中国式的公民会议包含着商议性民主的一些元素,由此表明"商议—合作型治理"模式在中国地方治理过程中逐步生成;如果能够将民主恳谈会的实践上升到法律层面的话,那么就会大大地推进中国基层的民主建设和发展。

**【关键词】** 公民会议 民主恳谈会 财政预算 地方治理 基层民主

## 一、前 言

治理现已成为社会科学研究中一个引人注意且广泛使用的分析概念。受治理的思潮影响,政府职能产生了不少转变的现象,这其中一个就是向下移转,即中央政府将权力下放给地方政府,于是产生了多层次治理(multi - level governance)。在这种授权过程中,出现了值得重视的一个现象:地方治理(local Governance),它以地方政府为核心,并与中央政府、民间组织、非营利组织与社区之间产生结构性的互动关系。近年来,地方治理成为一个相当流行的学术名词,成为讨论地方公共事务的一

---

① 郎友兴:浙江大学政治学系教授。Email: ylang2002@ hotmail. com; ylang2002@ 163. com

个分析视角。"地方治理"概念的兴起,致使利害关系人及公民参与决策过程也成为学界研究的焦点,而实务界也开始尝试以各种新的公民参与模式,来解决地方的争议。地方治理意味着要让大众参与地方事务,与此同时作为拥有正式权威的且是治理主体地位的地方政府想要实现治理,就必须清楚地了解到它们需要大众的支持。

但是,在目前的政治体制下,中国的一般民众缺乏有效的机会来参与政治过程,也缺乏适当的机会与渠道来了解政策事务,尤其对于政府所制定的政策之了解和参与甚少。正因为政府在作出政策决定的过程,往往不向公众提供充分的信息,使民众不能在了解的基础上来形成公共意见。我们以为,对于中国的地方治理过程来说,公众了解与参与公共政策的欠缺是一个突出且久而未能有效解决的问题。不过,近几年来,各地时有出现所谓的扩大公民参与者的"制度创新",来解决地方治理过程中所出现的公众参与缺失的问题。中共中央编译局所主持的"地方制度创新评奖"项目的实施进一步激励了地方进行制度创新的积极性与热情。在这些基层民主的实践中,发生于浙江省温岭市的民主恳谈会是其中的一个典型,引起了政府与学界的广泛关注。

对温岭民主恳谈会有不同的解读。最早将其解释为"农村思想政治工作"的新形式与新发展①,尔后,对其解读的视角发生了一些变化。2002年8月,温岭市委举办了高层次的理论研讨会,来自北京大学、人民大学、浙江大学的教授对"民主恳谈"做了现场观察和深入思考后,认为温岭的"民主恳谈"是一种原创性的新型基层民主形式,对我国的基层民主政治建设具有普遍的示范和借鉴意义。② 由此,人们开始从民主治理角度来分析其意义了。从那以后,"民主恳谈会"得到官方与学术界的关注,2004年曾获得了重要学术机构——中共中央编译局——所发起的第二届(2003年—2004年度)"中国地方政府创新奖"。2004年,解读再次发生变化。2004年11月下旬,浙江大学政治学与行政管理系主办了"协商民主理论与中国地方民主的实践"国际学术研讨会,开始尝试从商议性民主来分析"民主恳谈"的价值和意义。随后,经过政府与学者的合作与努力,"民主恳谈会"被拓展,引入到预算领域。2006年浙江温岭新河镇开起了预算民主恳谈之先河。预算民主恳谈是中国政府预算管理的又一次重大革新,其贡献在于通过重构公民和国家之间的关系,增强公民和政

---

① 刘敬怀,"专家评说台州农村思想政治工作",《瞭望新闻周刊》,2001年8月,第33期,第29页。
② 《浙江社会科学》2003年第1期刊登了讨论会的一组文章。

府官员的民主理财意识,提高预算决策的科学性,推动了地方政府的民主治理。① 差不多同时,另一些学者从治理的角度来解读,将"民主恳谈会"视为"乡村治理的新技能与新策略"②。还有学者将以往有关研究归纳为三种视角:民主的治理视角、民主的参与视角和民主的制度视角,在此基础上从民主的工具视角来解读"民主恳谈会",作为一种民主工具的"民主恳谈"活动,"虽然是基层党务官员为了提高执政能力而使用的一种工具,但是这种工具的开发也有利于在特定时空范围内激发出其他的民主工具。"③以上这些解读从不同的角度挖掘出温岭民主恳谈会所蕴含着的理论价值与实践意义,但是,其中一个不足就是没有从会议本身来解读。本文做的就是从公民会议的角度来解读。

本文以发生于浙江省温岭市泽国镇 2008 年公共预算民主恳谈会为例,从公民会议的视角来具体地描述与勾画出其过程,分析中国式的公民会议的意义与可能完善之处,以期推进中国基层民主政治建设。本文作者参与了 2008 年温岭市泽国公共预算民主恳谈会,全程参与观察,并以文字和影像记录这次会议的过程;与此同时,在会议召开之前和之后,我们对参与者进行两次问卷调查,对于少数与会者作了访谈。温岭民主恳谈会类似于西方的"公民会议",是一种力图让普通民众参与地方公共事务决策过程而政府能够有效地吸纳民意的尝试。本文所分析与讨论的温岭市民主恳谈会,无论就民主政治还是地方治理来说,是一种创新性的公民参与模式,并且这种模式接近于"商议性民主"④所揭示出来的理念。在分析 2008 年温岭市泽国公共预算民主恳谈会之前,作者先对发生于西方的公民会议之起源与理念作个说明,然后在此基础上进入中国式公民会议的经验。

---

① 牛美丽,"预算民主恳谈:民主治理的挑战与机遇———新河镇预算民主恳谈案例研究",《华中师范大学学报》(人文社会科学版)第 46 卷第 1 期,2007 年 1 月,第 14—20 页。

② 朱圣明,"民生决策中的公民参与———一个地方乡村治理的新技能与新策略",《公共管理学报》,2007 年 7 月,第四卷第三期,第 110—116 页。

③ 何俊志,"民主工具的开发与执政能力的提升———解读温岭'民主恳谈会'的一种新视角",《公共管理学报》,2007 年 7 月,第四卷第三期,第 102—109 页。

④ "deliberative democracy",在中文世界有多种译法,在大陆译为"协商民主"或"商议性民主",在台湾译为"审议民主"。对于"商议性民主",有一些中国学者提出批评。他们批评在中国搞商议性民主的实验,因为在他们看来,没有选举政治哪来的商议性民主?中国关键的在于搞选举民主。这些学者的基本逻辑是这样:先有选举,然后才谈得上商议的问题。这样的逻辑有两个值得讨论的,一是这种看法是西方民主政治发展的逻辑,二是难道非要先选举然后才能够进行商议性的民主吗?台湾大学政治学系朱云汉教授曾经认为,欧洲与中国大陆的协商民主是有所不同的,欧洲的协商性民主是先选举然后协商,而中国大陆则是先协商然后选举。当然,笔者文章的重点不放在此,不参与争论。

## 二、公民会议的理念与浙江省温岭市的实践

这一小节主要是对产生于西方的公民会议其理念与基本程序作个介绍,对中国式公民会议产生的背景作个分析,然后对温岭市民主恳谈会作个概述。

### (一) 西方公民会议的理念

公民会议的理论与实践恐怕在古希腊城邦和古罗马时就产生了,那时的公民大会(ecclesia)是古希腊城邦和古罗马的最高权力机关。古希腊公民大会起源于公元前11~前9世纪的荷马时代,当时称人民大会。由王或议事会召集,全体成年男子(战时全体战士)参加,讨论、决定部落各项重大问题。通常用举手或喊声表决。城邦建立后,希腊多数城邦都设立此类大会。公民大会在雅典政制中所处的地位及其职能,从其统治者伯里克利的话得以有力的证明:"我们的制度所以名为民主制度,因为它不是顾全少数人的利益,而是顾全多数人的利益。"但是,我们今天所实践的所谓"公民会议"与"商议性民主"(deliberative democracy)相关联。

公民会议为主要机制的商议性民主旨在纠正在政党的操作下代议制民主的缺陷。由于选举机制和社会利益团体的运作,代议制民主无法充分为一般公民提供形成和表达政策偏好的机会,所以,有必要在代议民主之外,提供个别公民参与的渠道。公共政策科学向来以专家为导向的,也就是公共政策的制定是专家们的事,因为政策的制定需要专门化的知识与能力,而这是一般民众所不具备的。但是,1980年代以来,这种导向的公共政策科学有了新的变化,其表现是将公民引入到公共政策的制定过程中。这就是公共政策的商议式模式。①

公民会议,其目的在于通过意见交流、对话的机制以提升政策决定的民主化。公民会议(citizen conference,或称共识会议 consensus conference)是在1980年代中期源于丹麦的一种公民参与模式,在1990年代以后引起国际重视而逐渐推展到其他国家。公民会议蕴含着的理念突显一些重要的民主价值。第一个重要的理念是平等参与的权利。它反对专家治理的精英主义,也认识到议会民主体制在回应民众偏好时的局限,而试图鼓励一般公民积极地参与政策讨论。正如达尔所指出的,民主

---

① 请参见 Simon Chambers 的"Deliberative Democratic Theory",文载于 *Annual Review of Political Science*,2003 年卷,第307—326 页。

的政治过程,应该是要保证所有受到决策所影响的人,能够具有有效的机会来参与政治过程,而且有平等的权利来选择议题并控制议程;民主程序同时要求一种"开明的了解"(enlightened understanding):必须让公民们根据充分信息和良好理性来对争议的利益和共同的事务,发展出清晰的理解。"只要个别公民的福利或利益必须注意到公共福利与一般利益,公民们必须有机会来了解这些事情"。① 第二是对理性、知情的公共讨论及其教育效果的重视;第三是对共善目标的强调。哈贝马斯在《事实与规范之间》一书中也有明确的说明。他说,达尔所说的所谓"开明的了解"这个要素,将民主指向于意志形成的信息和讨论性质(information and discursive character of will - formation);而充分信息的提供,公民了解事务的机会,以及公民的意志形成,则有赖于公共讨论。

公民会议的目标,按照 David H. Guston 的说法是"扩大传统菁英治理所不及的参与管道与眼界,透过知情的公共辩论而增进公众(对政策议题)的了解,促进公民参与而提升民主的质量",并且使参与者从会议过程体验到 Sclove 所说"社群感"与"公民意识",公民会议能够"革除讥嘲的习癖"并"建立充满活力的民主文化"。② 公民会议的操作程序通常是这样的:(1) 议题的挑选。首先是挑选具有重大社会关切,需要政府政策响应,又具有争议性的议题作为公民会议的题目。议题,由主办机构挑选。主办机构可能是官方的,或接受政府委托的民间机构,或由民间团体主动地发起;(2) 执行委员会(steering committee)的组成,以负责组织与监督公民会议的进行;(3) 挑选参与者。挑选志愿参加公民会议的民众来组成"公民小组"(citizen panel);(4) 预备会议。在正式召开公民会议之前,有预备会议的阶段,让公民小组的成员能有所互动,并熟悉他们所要讨论的议题;(5) 提出问题与挑选专家小组;(6) 公共论坛;(7) 效果。③

### (二) 中国式公民会议出现的背景:从地方政府转向地方治理

按照达尔的"开明的了解"的说法,中国长期以来就是公共政策缺乏公共讨论。

---

① Robert Dahl (1989). *Democracy and Its Critics*. New Haven: CT: Yale University Press, 1989, p.108—118,112. 转引于林国明、陈东升的"公民会议与审议民主:全民健保的公民参与经验",《台湾社会学》,第六期,2003 年 12 月出版。
② 转引于林国明、陈东升的"公民会议与审议民主:全民健保的公民参与经验",《台湾社会学》,第六期,2003 年 12 月出版。
③ 有关西方公民会议的程序,请参阅林国明、陈东升的"公民会议与审议民主:全民健保的公民参与经验",《台湾社会学》,第六期,2003 年 12 月出版;林国明,"公民会议:公民参与的民主实验";林国明,"审议民主与公共参与"等文献。

但是近几年来,随着地方治理理念的兴起,地方政府转向地方治理趋势使然,各地产生一些类似于西方的公民会议的制度性的创新。

所谓转向地方治理,就是"把决策拉到街头上去",就是政府在做决策时须以地方性的输入(local inputs)为主,在吸纳地方人民所提出的要求(demands),并回应人民的需求。为此,需要强化地方民主(local democracy)。而强化地方民主政治建设有两个基本的途径:一是通过选举;二是非选举形式的参与。

台湾学者史美强、丘昌泰和蔡智雄指出,目前是从"地方政府"迈向"地方治理"的时代,主要是基于下列六大因素:(一) 全球化之冲击;(二) 迈向后官僚政府(Post—Bureaucratic State);(三) 新型态公共政策议题之挑战;(四) 公共参与本质与范围的蜕变;(五) 中央政府权力的下放趋势;(六) 知识经济的兴起为地方政府营造不少发展机会。① 中国大陆从"地方政府"转向"地方治理"更主要是软经济与硬政治之间、政府/政治的一元与社会的多元之间张力的一种调适,这就是中国地方治理的实质。一方面,随着中国社会结构的巨大变迁,尤其私人经济、私人部门和各种民间组织力量的日益发展壮大并发挥愈来愈大的作用,但政治或政府依然处于一元的状态,在经济相当的开放与自由发展的同时,政治国家依然缺乏变化。地方政府如何缓解软经济与硬政治之间、政府的一元与社会的多元之间张力,在政治国家与公民社会、公共部门和私人部门之间形成一种相对独立、相互合作的新型结构关系模式,积极促进、整合上层政府(high politics)与下层政府(local politics)及民间的人力、组织与资源,发展地方市民参与社会,提高民间参与公共事务决策、执行监督及参与竞争管理能力,以建构一个宽广的政府与民间伙伴关系,共同推动治理型地方政府与社会,就成为一个重要的事项。

而民主政治发展的减压,客观上需要发展民主政治。回应与减压是一个问题。党内民主与基层民主是十七大政治报告的两个策略性的选择。选择基层民主,因为这是一条安全的通道,一条已经有多年的发展经验之路。由此,产生出许许多多的所谓地方制度创新,所谓的基层民主政治的新实践、新的民主治理经验。

### (三) 中国式公民会议——温岭民主恳谈会——的发展历程

在这些类似于西方的公民会议的一些制度性的创新中,温岭民主恳谈会是其中

---

① 史美强、丘昌泰和蔡智雄,"地方治理途径之分析",《中国经济转型与地方治理学术研讨会》(2005 年 4 月 24 日,政治大学国际关系研究中心第四所主办)。

的一个典型,充分地展示出中国式公民会议的特色。浙江省温岭民主恳谈会就是属于非选举形式的一种参与,一种具有中国特色的公众政治参与模式。

温岭,浙东的一个县级市,因为"民主恳谈"而名声鹊起。备受国内外研究基层民主专家们关注。"民主恳谈会"通常由乡镇、村或乡镇部门党组织主持,由广大的群体或相关的代表参与。它主要有四种形式:一是乡镇、村、部门以及企业的民主恳谈活动;二是镇民主听证会;三是村级民主议事制度;四是"民情恳谈"活动。

温岭民主恳谈会的主要运作者、当事人陈奕敏曾经在一篇文章中将民主恳谈会的发展归纳为"初始形态:思想政治工作的创新载体"、"体制外的生长:原创性的基层民主形式"和"体制内的融合:推动基层人大改革"三个发展阶段。① "民主恳谈会"1999 年 6 月诞生于浙江省温岭市松门镇,被当地村民称之为松门的"焦点访谈"。"农业农村现代化教育建设论坛"是"民主恳谈会"的雏形,其目的本来是宣传政策、普及观念,是由上而下的,就在于变"干部对群众的说教"为"干部与群众的对话",为的是探索在新形势下如何加强和改进农村基层思想政治工作而进行的制度创新。论坛设计了让群众发言的环节,结果出现了意想不到的情况,老百姓感慨"都 20 年没有这样说话的机会了!"温岭市和松门镇一批富有眼光、勇于探索的领导干部不仅将这活动坚持下来,而且经过逐步摸索,将这一措施推广到其他的乡镇。

为了统一组织,进一步规范这种民主的形式,不断推广、深化,温岭市委宣传部决定采用"民主恳谈"这个名称在全市统一开展。民主恳谈会不断深化,渐渐地转到了基层民主政治建设的层面。例如,2002 年 5 月到 8 月的几个月时间里,温岭市温峤镇就召开过 35 次层次不一的"民主恳谈会"。② 2003 年发布的"浙江省关于进一步加强农村基层民主法制建设的意见"指出,"要建立和完善由村党支部书记主持的村党支部、村民委员会联席会议制度,规范村级事务决策程序。要认真实施《村民委员会组织法》,健全村民委员会、村民会议、村民代表会议、村民小组等村民自治组织,正确处理相互关系",而且强调"不断完善民主议事程序,健全村级民主决策制度。凡涉及农村经济、政治、文化发展的重要事项,尤其是重大的政务和财务,都要依法召开村民会议或村民代表会议讨论决定。逐步规范农村村级重大事务民主议事、决策的范围、程序和方法"。"民主恳谈会"由村级扩展到机关部门、企事业单

---

① 陈奕敏,"温岭民主恳谈会:为民主政治寻找生长空间",《决策》,2005 年第 11 期,第 32—33 页。

② 数据资料来源:台州市委宣传部编的《基层民主政治建设:浙江省台州市民主恳谈创新研究》,中国社会科学出版社,,2003 年 9 月版,第 42—43 页。

位、城市社区,而内容与方式亦不断丰富、深化。温岭在村、乡镇、社区、企业、党内等不同层次开始尝试民主恳谈。例如,在 2004 年 1 月到 11 月期间,温岭市泽国镇的村级民主恳谈就曾经进行过 86 次。① 2004 年 3 月,温岭民主恳谈获得第二届中国地方政府创新奖。

随后"民主听证会"成为"民主恳谈会"的主要内容。"民主恳谈会实际上是政府决策的公开听证会,官员和公民的平等对话会,也是不同利益群体之间的协调沟通会"。② 2005 年 7 月,新河镇人大首次运用民主恳谈方式讨论、审议政府预算。"参与式预算"由此在温岭诞生。"参与式预算"是指人大代表和普通民众可以在镇人代会上"参与"政府预算的审查,他们对政府的"花钱计划"发表意见并促成政府预算的调整。这项改革将商议民主与预算审查结合起来,在国内首开先河。

## 三、温岭市泽国镇 2008 年预算民主恳谈会的过程分析

温岭市泽国镇是历史悠久的江南水乡名镇,位于甬台温经济区"台州金三角"腹地,素有"台州商埠"、"工贸重镇"之称,是中国大陆第一家股份合作制企业的诞生地。泽国镇域面积 63.12 平方公里,中心城区面积 6.5 平方公里,辖 97 个村(居),常住人口 12 万人,外来人口逾 15 万人。2007 年实现工农业总产值全镇工农业总产值 234.6 亿元,同比增长 24.85%;财政收入 5.68 亿元,同比增长 26.79%;农民人均收入 10946 元。

泽国镇人民政府所起草的《泽国镇 2008 年预算民主恳谈会导言》中已经明确地表达出泽国镇领导的思考高度:"随着经济社会的不断快速发展,人民群众对参与社会事务管理的热情越来越高,要求扩大群众对公共事务的参与情、知情权的呼声也越来越高,在此情形下,我镇于 2000 年开始实行民主恳谈制度,让群众参与决策,把听取群众意见引入决策过程,提高政府决策的民主化和科学化,受到了全社会的高度肯定。"泽国镇 2008 年公共财政预算民主恳谈会是温岭民主恳谈会中的一个典型的案例:典型的地点、典型的人物、典型的内容和典型的实验。

---

① 数据来源于胡家勇等著的《浙江省温岭市泽国镇经济社会调研报告》,北京:中国社会科学出版社,2008 年 5 月版,第 324—326 页。

② 郭宇宽,"聚焦浙江县级市温岭的'民主恳谈会'",文章载于《南风窗》,来源于 < < http://www.zj. xinhuanet.com/newscenter/2004—02/18/content_1640856. htm > >(2008 年 6 月 10 日上网)

### （一）泽国镇 2008 年公共预算民主恳谈会的基本过程

"200 万的预算应该用于更急需的农村最低生活保障和其他项目上"；"现在我们这个地方富裕起来了，政府要搞市民广场也是对的，面子是要的，但是，目前我们镇有些村的道路凹凸不平，50 万村村通公路的预算肯定太少，应该从 500 万的市民广场项目中切出一块加到农村公路建设上"。你不要以为这是哪一级人大代表在讨论政府的预算。这是在泽国镇 12 万人民中随机抽取出来的 197 位农民在富有激情和组织艺术的浙江省温岭市宣传部慕毅飞副部长主持下的"泽国镇 2008 年财政预算民主恳谈会"的一个场景。温岭市泽国镇于 2008 年 2 月 20 日和 29 日举行了"泽国镇 2008 年财政预算民主恳谈会"。这是浙江省温岭市泽国镇继"2005 年城建基本项目"民主恳谈、"2006 年城镇建设预选项目民主恳谈会"和"2007 年旧城区拆迁"民主恳谈之后又一次商议性民主意义上的实验。当然，在此之前举办过多次的民主恳谈会与实验，从人员的选择、程序的设计、民众的相关知识与心态诸方面都为 2008 年公共预算民主恳谈打下了坚实的基础。《泽国镇 2008 年公共财政预算民主恳谈实施方案》（请参阅附录一）已经相当具体而清楚地呈现出恳谈之过程。

**第一，民主恳谈会议题的选择。**

泽国镇 2008 年公共预算民主恳谈会的议题是由当地党政官员谋划的。《泽国镇 2008 年公共预算民主恳谈会导言》对此有明确的说明："本次协商民主恳谈会的议题和任务是以参与式公共财政预算决策机制，组织具有广泛代表性的民意代表，与有关专家进行协商民主恳谈，协助镇政府对 2008 年镇政府公共财政预算编制作出科学决策。"而《2008 年预算编制说明》也同样反映了泽国镇领导对恳谈议题与内容的倾向性（请参阅附录二）。

对于现代政府来说，财政预算是至关重要的。财政预算不是简单的资金分配，而是政府的职能怎样履行的问题，财政预算不仅事关政府的钱袋子问题，也关乎纳税人钱的去向问题。在中国，财政预算的改革不仅涉及政府职能的转变，更是关系到中国建立起现代意义的公共财政制度的大事。可以说，拿财政预算进行民主恳谈的泽国镇把握住了现代政府一个核心的议题。民主恳谈前泽国镇政府编制出了一本用 A4 纸打印出来的达 48 页的《泽国镇 2008 年财政预算支出测算表》，对 2008 年泽国镇 24852.3 万元的财政预算提供了极为详细的预算开支清单，供经随机抽样产生的 197 名民意代表分小组进行恳谈和协商。一民意代表认为，这个"测算表"比我们家里开支列出的账目还要细。对比全国人大的预算草案就可以明了《泽国镇2008年财政预算支出测算表》的意义:2007年全国"两会"前夕曾有全国人大代表批评财政部,认为财政部所编制的中央与地方预算实在太粗了,代表没有办法审查,因而没有任何实质性的意义。从"2005年城建基本项目"的恳谈和"2006年拆迁"的恳谈再到2008年的"财政预算"的恳谈,表明泽国民主恳谈逐渐地进入了现代政府的核心议题了。

在温岭市,部分乡镇政府明确规定,在民主恳谈会议题的确定中,民众可以联名提出建议,并且如果达到一定人数则可以直接决定恳谈议题,例如《温岭市箬横镇村级民主恳谈若干规定》中就有明确规定:"十分之一以上村民或者三分之一以上村民代表联名提议,村两委应当根据提议的议题组织民主恳谈。"

**第二,民意代表的确定。**

泽国镇则在人代会审议批准预算之前,从全镇12万人口中依据村民选举名单随机抽选197位民意代表。这197名民众代表则是依据村民选举名单利用Excel软件随机抽样产生。会议还邀请了93位(实到63位)镇人大代表旁听2月20日的民意代表的恳谈。

**第三,第一轮恳谈。**

第一轮恳谈属于民意代表的恳谈。公共财政预算民主恳谈会第一轮于2008年2月20日上午开始进行,197名民意代表中的175位民意代表参加了当天的会议。这175位民意代表经过抽签又被分成13个小组,根据之前所拿到的《泽国镇2008年财政预算支出测算表》对2008年泽国镇财政预算进行分组讨论。上午和下午分两场召开全体会议,将每个小组讨论会上民众代表意见比较集中的问题提交大会恳谈。小组讨论由经过培训的工作人员主持,之后民意代表带着小组讨论时最关注的问题和意见参与大会讨论。主持人要求发言者阐明所提意见的理由,并在会场上进行"辩论",最后再由政府组成人员与之互动。

> "经济发展后绿化当然重要了。但是,在搞好绿化之前,要将村里的道路建设好,绿化的资金要落实好,而资金的管理与监督也是相当重要的。"(第七小组一民意代表)

> "教育资金目前主要放在城镇,而对村里的教育尤其偏僻的村庄的教育投入是远远不够的,有些村的小学道路很差,可是中心校的建设是很不错的。如

果村里的小学教学条件好的的话,村民就不会将子女送到城镇去上学。"(第七小组—民意代表)

"预算,我们是外行,有点看不懂。相信这个预算是好的,是对的,重要的是要对各预算项目执行过程中进行监督与管理。"(第七小组—民意代表)

"这本预算总的看起来都是有道理的。领导看得全面些,而我们百姓看得具体。这本预算表中有些预算项目看不出具体安排,笼统了点。"(第七小组—民意代表)

"这本预算表中的'其他费用'太多了,并且模糊不清。这样看起来就像我们有些家庭有私房钱一样了,政府也做两本账。"(第七小组—民意代表)

"你(指小组讨论的主持人)让我们说说,我们说不出什么东西的,如同老师出题目,这本预算表的题目太枯燥了。"(第七小组—民意代表)

"大学生挂职的费用为什么列入我们镇里的预算? 不应该由我们负责的,上级本身就有他们的经费预算。倒是村干部生病的补贴预算应该提高,全镇的村干部只有1万元太少了。"(第七小组—民意代表)

"泽国镇经济是发展了,与其他地方相比较,当然算富裕起来了,但是,我们不是富得流油,在泽中建一个风雨操场就没有必要了,还不到这个财力。倒是一些村的基础设施镇里要多补贴些。"(第七小组—民意代表)

以上是预算民主恳谈会分组讨论第七小组民意代表的一些发言片断。①

"我们小组就教育问题有这些看法:泽国中学已经评上了三级中学,现镇政府应该多些投入,使其升到二级中学,在学校里建一个体育馆;中心幼儿园要好好建设;要办老年大学;文化娱乐与健身场所不够,村级健身路径补助和健身苑建设15万预算少了点,要与环境卫生的投入比例相当。"

这是第196号民意代表代表第13组所作的小组总结发言。

"今年的投入比例应该就这样了,不必再提高教育的投入比例,后年可以考

---

① 作者全程观摩了2月20日上午第七小组的讨论过程,不仅记录了发言,并且关注了第七小组民意代表与主持人的发言表情和互动情况。。

虑。"(一民意代表)

"小学投入可以少点,中学可以多投些。"(一民意代表)

"小学投入怎么能够少投入,小学是基础,泽国中学已经设施很好了。"(一民意代表)

"手心手背都是肉,不能'挖'了对小学的教育投入,填补给中学! 要'割'就让镇领导们再看看,'割'点哪个项目的'裙边'来补,不能亏了教育!"(一民意代表)

这是针对196号民意代表的小组总结发言,部分民意代表的讨论发言。

"我对我们国家教育投入的政策作个解释。根据有关规定,我们镇的高中的教育经费投入是由温岭市人民政府负责的,而我们镇里的小学和初中则是镇自己负责。"

这是负责泽国镇教育的一位副镇长对于第13组所作的小组总结发言和民意代表的发言所作的回应。

同时要求与会民意代表分两次填写同一内容的调查问卷(请见附件三)(第一次在恳谈前进行,第二次在恳谈会结束后进行),并将第二次填写的调查问卷作为政府修改预算的根据。

**第四,第二轮恳谈。**

更值得关注的是,这次民主恳谈会有两个步骤。除了以上这一步骤外(以往各次都如此进行的),还将恳谈延伸到镇人大会议之中。《泽国镇2008年预算民主恳谈会导言》中指出了"镇政府想通过协商民主恳谈这种形式,让我们的民意代表来讨论预算决策中主要项目,集中讨论预算方案中的'四个倾斜'。本次协商民主恳谈评议结果将提交镇人大,作为人大审议镇财政预算的重要参考。由镇人大代表组成的监督小组将进行过程跟踪。届时,将以信函的形式向本次民意代表报告执行情况。"在预算审议这一环节中,人大代表与镇主要领导进行民主对话,这个对话邀请了10位已参加过预算民主恳谈会的民意代表旁听就2008年度镇财政预算人大代表与镇主要领导之间所进行对话、人大代表之间所进行的辩论。当然,根据规则,如同旁听预算民主恳谈会的63位镇人大代表,这10位民意代表没有举手发言的权利。

"计划生育的预算 80 万元不应该的,因为既然是违反计划生育政策的,属于超生的,钱应该由超生的夫妇来出才合理。"(一镇人大代表)

这是 2 月 29 日泽国镇人代会正式召开之际镇人大代表在民主恳谈会上对计划生育预算的意见。

"泽国镇属于人口大镇,育龄妇女有 3 万多人,加上外来人口也多,安排计划生育的预算 80 万元,对于稳定全镇人口与社会稳定本身都是必要的。"

这是泽国镇一位分管计划生育的副镇长对 80 万元的计划生育预算所作的解释。

"文昌阁是我们镇的文化历史遗产,应该加强保护,有利于提升城市品位,200 万元的修复经费还不够。"(一镇人大代表)

"文昌阁是应该加强保护的,但是,可以暂缓,因为现在民生问题更重要,这200 万元的预算应该用于更急需的农村最低生活保障和其他项目上。"(一镇人大代表)

"文昌阁建设投入 200 万是没有必要的,可以将这笔钱用于'天网工程'的建设上。"(一镇人大代表)

"文昌阁应该修复的,但是现在可以暂缓,将这笔钱投入到居民的休闲设施建设上。"(一镇人大代表)

这是 2 月 29 日泽国镇人代会正式召开之际镇人大代表就文昌阁建设的一些截然不同观点的讨论。

"文昌阁建设,近年来代表们的呼声很高。镇政府有三点考虑:文化意义上的修复,文化休闲意义上的修复和历史性的修复。目前,工程还处于调研阶段,预计投入 400 万元,分步分期建设,2008 年先投入 200 万。"

"修复的方式,目前还在论证中。我们希望代表们对时间、经费、工程进度方面多提意见。文昌阁问题成为今天讨论的焦点。镇政府不再作解答,此问题应该交给人大主席团来讨论。"

这是负责镇城建工作的副镇长和镇长就"文昌阁建设"项目预算的一些答复与解释。

泽国镇政府在与人大代表作民主恳谈之前做了一件有意义的事,那就是培训工作。要看懂预算并进行讨论需要相应的知识,但是,目前人大代表不要说是乡镇层级的就是全国人大代表都普遍缺乏这一知识。为此,2008年2月25日,浙江省温岭市泽国镇人大主席团从上海市人大那里邀请了两位专家给全镇人大代表进行乡镇人大预算知识和代表履职知识培训。这次培训向代表发放了由温岭市人大常委会和上海市常委会培训工作委员共同编著的《乡镇人大预算知识简明读本》。《读本》详细介绍了乡镇预算的基本知识,并提供了预算审查的案例以及预算修正案的样本。通过培训使代表们"在人大会的票决之前,对预算报告的审议已进入了角色"。

**第五,结果与效果。**

经过一天的民主恳谈,民意代表对镇政府所作出2008年2.485亿元的公共财政预算安排作了讨论。2月20日上午,民意代表主要关注和集中讨论的是生态环境卫生、教育投入、农业直接补贴和社会治安等方面,2月20日下午,主要关注和集中讨论的是旧城区的消防、政府运行成本、医疗卫生、城区停车位建设、中心区配套工程、农村困难老人补贴等方面,提出了一些修正意见。这些意见与建议于2月28日镇人代会召开前夕,得到了政府领导的有效回应:(1)农村困难老人生活补贴从原先预算2万元增加到10万元,所增加的8万元从中心区市民广场二期建设工程中调出;(2)从农村基础设施建设"村村有项目"中调出40万元作为困难村基础设施补助,"村村有项目"的补贴从原160万元调整为120万元;(3)"小型农田水利建设"从原50万元的预算提高到100万元,所增加的50万元从中心市民广场二期工程建设中调出;(4)中心市民广场二期工程建设的预算从500万元调整到442万元。这些调整将会反映在人代会的预算草案之中。这就是第一轮民主恳谈的结果与成效。

2月29日召开镇第十五届人大第二次会议。29日上午,83位镇人大代表就2008年泽国镇预算草案进行民主恳谈。预算草案的讨论热烈,争论也激烈。例如,在2008年泽国镇人代会上,《居委会增加工作经费5万元的预算修正案》经过激烈的争论而未能获得通过:"《居委会增加工作经费5万元的预算修正案》表决结果是:

共收回有效票91张,其中赞成44票,反对47票。此修正案未获通过。"领衔提交此修正案的代表柳素莲表示:"实在是太可惜了。就差那么一点点。镇里的领导前期给予了我们很大的支持,本想应该是铁板钉钉的事了,多数代表们也会赞成的,可谁知结果却大出我们意料。"不过,她表示,尽管她的修正案未获通过,但是对于民主恳谈给予充分的肯定:"以前从来没有过'票决',这是第一次。我当了那么多年的人大代表,以前都是用举手的方式来表决的,很少看到有人反对。而这次不同了,票决的结果谁都难以预料。很有意义。"泽国镇2008年财政预算的票决结果是:"总共93票,60票赞成,反对28票,弃权5票。"只比法定过半数多了6票(应到代表107名的半数是54票)。尽管涉险过关,但这个结果无疑会让在主席台就座的镇政府组成人员惊出冷汗。有专家称,如果再差几票,可能就会酿成全国首起乡镇预算被否决的先例。

### (二) 公民会议的中国元素:过程之分析

中国目前基层的各种民主参与经验并不是中国所独有的,世界不少国家都有类似做法与经验。拿基层的公众听证会(public hearings at the local level) 来说,这种听证会是一种推进决策透明性的机制。1989年,委内瑞拉(Venezuela) 出台一个法律,要求地方政府每3个月举行1次公开的会议,至少要有10个公民以书面的形式提出召开会议。例如,市政府要回答事先向其所提出的问题,会议期间,公民可以自由地表达自己的意见、要求与建议。但是,相较于之前的"民主恳谈",较之于其他国家与地区的经验,泽国镇2008年预算民主恳谈有一些创新之处,并且,显示出公民会议的一些中国特色。

**第一,会议参加者选择方式的创新。**

创新之处在于民意代表的随机选择。本次恳谈采用科学的随机抽样法中的分层随机抽样产生民意代表。2005年、2006年泽国的协商民主恳谈都采用了抽样,这种办法在当地被群众形象地称为"乒乓球摇号"——按照1000人口以上每村4人、1000人口以下每村2人的原则,确定了民意代表分配比例,全镇每户人家都分到一个号码,写有哪家号码的乒乓球被抽中,哪家就可派出1名代表参会。泽国镇党委政府同时还规定,如果摇号结果是奇数,那么必须由男性代表参加,如果结果是偶数,那么是女性代表参加。如果说前两次还不能称完全有代表性意义上的随机抽样的话,那2008年财政预算民主恳谈会的197名民意代表则完全是根据随机抽样原则产生的。所抽取出的 197 名恳谈代表,按照随机抽样的原理来说应该能够代表全镇 12 万居民的。并且,在小组讨论时,采用了编号制,主持人和记录员只记录每一个编号的发言,每一个人可以大胆发言而不怕政府官员事后打击报复。通过随机选择民意代表,是泽国镇预算民主恳谈会——中国式公民会议——的一个创举。澳大利亚迪金大学何包钢教授的评判是准确的:"这种以现代科学统计的随机抽样形式选出民意代表,并通过民主恳谈的形式让群众参与财政预算的讨论,是温岭市的首创。"民意代表产生的随机性保证其代表性。随机抽样体现了协商民主的平等原则,即所有的人都有被抽到的可能性,人们在统计意义上是平等的。抽样方式可以克服由领导人指定座谈人员这种传统方法所带来的弊病。过去开座谈会、恳谈会常常是领导指定、或者是自愿参加。领导指定人员的方法对领导来说可能是件好事,可以指定那些靠得住的人来参加会议。弊端是听不到真实的声音。正如泽国镇原党委书记现为温岭市副市长蒋招华所说的,"上级强调联系群众,但一直找不到好方法。以前民主恳谈的代表大部分是乡镇、村庄的精英。现在抽样,具有更广泛的民意基础和代表性。文盲、老人、妇女都被抽到了,真正联系了群众。这种方法可以处理各种问题"。泽国民主恳谈会成功运用现代科学的方法抽取会议参与者,表明泽国民主恳谈会朝着精致化方向发展。

**第二,会议方式的创新。**

大会介绍、小组分组讨论、大会交流,与人大代表会议的嫁接,采取主持人制度,这些是泽国镇召开民主恳谈会的方式。在恳谈之前,与会的民意代表及受邀请的人大代表集中开全体大会,由镇政府主持,镇领导与参与策划恳谈的学者介绍与说明这次恳谈的目的与意义及相关的程序、要求。接着,民意代表与人大代表被分成小组,一个小组约十多个人,小组会议是为了让每个人充分发言,体现平等发言的机会。在小组讨论最后 10—20 分钟,确定到大组会议提问的问题及其发言人。小组讨论结束后,进行第二次全体民意代表集中参加的民主恳谈会,民意代表与政府官员、专家进行对话、辩论。小组讨论表现为一种平等条件下的公共商谈活动,民意代表的各种观点在此进行交流和沟通,从而可以使民意得到初步表达与汇聚;而大会讨论则具有更多质询意味,参与者可以根据小组讨论情况对议案提出建议和意见,对相关领导进行质问,或要求对议案作出解释和说明等。这种大、小组的操作方式已被温岭市采用并推广,而且当地政府官员有一些创新。例如,在 2005 年老城区拆迁问题上,泽国镇的领导采取了大、小组分开的形式。他们把参加会议的人用随机抽样的方法分成不同的小组,由此防止某一片的居民构成一个利益集团与政府打交道。参加 2008 年的公共财政预算民主恳谈会的 175 位民意代表也是经过抽签而被分成 13 个小组。

此外,在泽国的民主恳谈中主持人制度被普遍采用。在干群关系不融洽,老百姓不信任政府的情况下,引进外来人主持小组会议有必要。针对主持人制度,泽国镇提出一些要求和条件:一是主持人聘自村外,而不是从生活在本村的人中选拔;二是主持人应具备较强的组织能力和现场讨论掌控能力;三是应具有相当高的文化水平;四是对主持人进行一定的培训;五是主持人的职责是全面掌控讨论过程,引导讨论方向并现场记录讨论内容。对主持人提出这样的要求和条件,一方面可以使现场讨论有序进行,另一方面则可确保主持人在讨论中没有任何偏好倾向,使得每个参加人员都有机会发表看法,并得到同样的尊重。经过考虑与分析,泽国镇的小组讨论由当地经过培训的中小学老师来主持,非常中立,可以克服老百姓不信任感,充分鼓励参与者讨论,避免其他一些地方在搞民主恳谈、座谈会由领导干部来主持时不能得到真实的意见的结果。

**第三,政府的主导性与学者的参与性。**

中国式的公民会议由政府组织、操办并主导着的,温岭的民主恳谈会也不例外。

通过几次的观察,我们发现有几个因素保证了温岭的"民主恳谈会"的成功与收获,其中一个就是领导重视与基层政府自己的直接组织与操办。温岭的"民主恳谈会"是地方政治/治理精英主导下进行民主治理之实验的一个典型案例。地方政治/治理精英主导在"民主恳谈会"中的表现就是温岭市地方政治精英致力将"民主恳谈会"制度化、规范化。温岭市地方政府在"民主恳谈会"的制度化方面作了不少的努力。其主要的制度建设有三个方面:(1)"民主恳谈会"领导机构:在温岭各乡镇都成立了以党委书记为组长的民主恳谈领导小组。该领导小组的主要任务是确定每期民主恳谈会的主题、时间、地点组织者、参加者,负责通知到会;主持民主恳谈会;会后召开领导小组会议;将会议有关情况反馈给有关与会者。例如,温峤镇建立了一个强有力又分工明确的民主恳谈领导小组:组长与副组长、成员,领导小组下设秘书组(组长、副组长与成员)、实施组(组长、副组长与成员)和督查组(组长、副组长与成员);(2)制度与原则:制度主要有四个。第一个制度是民主恳谈工作例会制度。这个制度的建立旨在完善民主恳谈的实施机制,研究解决事关全乡镇经济和社会发展的重大事项。第二个制度为民主恳谈重要建议论证和决策制度。此制度的建立旨在增强民主恳谈的教育、民主服务功能,使决策民主化。第三个制度是民主恳谈挂牌销号处理制度。其旨在拓宽沟通农民渠道,解决农民所关心的热点、难点、焦点问题,进一步密切干部与群众的关系,为农民办实事、办实事。第四为民主恳谈反馈监督制度。基本原则有党委领导原则、依法原则、公平原则、公开原则、实效原则;(3) 操作程序:各种民主恳谈会都有相应的操作程序。例如,镇级民主恳谈会的程序是这样:镇党委、镇人大、镇政府、市镇人大代表或政协委员、各种团体、群众观点 → 政府民主恳谈信息来源 → 镇党政人大联席会确定恳谈主题 → 办公室制订恳谈会实施方案 → 公布时间地点对象主题、会场布置人员分工材料准备 → 民主恳谈会程序 → 报告恳谈目的意义和恳谈主题及注意事项、报告主题内容、围绕主题开展平等对话 (记录材料和整理建档)→ 领导班子研究落实意见建议 → 公布 → 政府组织实施 → 党委人大监督并征求反馈意见。

政府的主导性还表现在主动与专家、学者合作,筹划与组织民主恳谈会。泽国镇几次有重要意义的民主恳谈会都是政府与学者共同努力的结果。如果说政府的作用或角色在于民主恳谈会的组织与决定,那么,专家、学者们的作用就在于设计与建议。同时,他们所起的公正中立性相对的重要与明显:在泽国 2008 年预算民主恳谈会中,专家们会前对预选方案进行可行性研究,并向代表们提供中立、客观的分析;会中作为"第三方"的非利益相关人身份对提问作出解答;当民意代表与政府官员对项目的看法持不同意见时,专家的"理性人"身份是很有说服力的。

除了学者直接参与民主恳谈会的筹划外,温岭市和各有关乡镇政府与学者共同努力所举办的三次学术研讨会对于民主恳谈会的发展有着重要的意义:(1) 1999年 12 月,台州市委举办了由上级领导和省内外专家参加的"民主恳谈"研讨会,有关专家在观摩了松门镇的"民主恳谈"会后,将"民主恳谈"界定为一种新型的基层民主形式。据此,温岭市开始把"民主恳谈"的内涵由以民主的方式加强和改进农村思想政治工作向基层民主政治建设方向深化,使之成为探索新形势下基层民主政治建设的新形式;(2) 2002 年 8 月,温岭市委举办了高层次的理论研讨会,来自北京大学、人民大学、浙江大学的教授们一致认为温岭的"民主恳谈"是一种原创性的新型基层民主形式,对我国的基层民主政治建设具有普遍的示范和借鉴意义。在现场观摩了松门镇的"民主恳谈"会后,学者们还提出了"民主恳谈"与人大制度相衔接的必要性和建议;(3) 2004 年 11 月,浙江大学召开了"协商民主与地方治理"国际研讨会,负责民主恳谈会的温岭市有关官员受邀出席会议,他们的发言引起与会者尤其美国学者的关注,由此民主恳谈会在海外有相当的知名度。专家学者的理论研究和建议无疑对温岭的"民主恳谈"制度化进程起到了重要的指导作用。

此外,通过观摩,我们不难发现,中国式的公民会议既有规范性的一面,如强调会议的程序性,注意发言的平等性,"民主恳谈会实际上是政府决策的公开听证会,官员和公民的平等对话会,也是不同利益群体之间的协调沟通会"[1],又有自己的乡土特色与气息,例如,辩论时没有大道理,有的只是具体的举证;质询时单刀直入;讨论时不完全按议题安排,想到什么就说什么,想说什么就说什么,守的是乡土规则。

## 四、民主恳谈会的功能及进一步发展与深化之方向

通过对"泽国镇 2008 年财政预算民主恳谈会"的观察,我们认为,这是一次商议性民主意义上的商议性民意测验的成功实验,表明民主恳谈会在温岭市不断地得以推进,是中国式商议性民主在基层的一次深化。

### (一) 温岭民主恳谈会的功能

从公民会议的角度来看,温岭民主恳谈会有下列这几个方面功能。

**首先,理性讨论的可能与共识的达成。**

西方与台湾学者都强调知识在公民会议中的重要性。例如 Christiano 认为,理想情境的公共讨论,必须让参与者平等地取得认知的条件(cognitive conditions),能够清楚地了解政策的争议所在,以及有能力可以分辨什么样的决定才是对的。[2] 但是,从温岭的民主恳谈会的经验来看,知识对于公民会议的讨论自然是必要的,但并不是构成公民会议讨论的一个重要环节。而怀疑农民有理性讨论的能力是没有事实根据的。事实上,有基本的理性与沟通能力足以在公民会议中进行有效的讨论。在中国,公民会议的关键在于会议与参与者利益的关联程度及参与者建议、意见的被吸纳与落实情况。

恳谈辩论是据理力争,是商讨对话,是分享信息,是调节各利益主体间的相互关系,要求人们接受不同于自己观点的其他观点存在,是对各种解决之道的深思熟虑

---

[1] 郭宇宽,"聚焦浙江县级市温岭的'民主恳谈会'",《南风窗》,见于 < < http://www.zj. xinhuanet. com/newscenter/2004—02/18/content_1640856. htm > >。

[2] 请参阅林国明、陈东升的"公民会议与审议民主:全民健保的公民参与经验",《台湾社会学》,第六期,2003 年 12 月出版。

的权衡,因而有助于各观点之间的沟通:"在不同观点的交锋中,解读信息,换位思考,加深对事物本质的理解","求同存异,缩少可能解的范围"①。民主恳谈会是一所"公民学校",它使参与者能够更好地理解他们作为公民的权利和责任,以及政府的职能和义务,培养出健康民主所需要像政治共同体成员之间的相互理解的公民品质。2008 年泽国镇预算民主恳谈经历了两次小组讨论和两次大会交流,民意代表因此拥有足够的时间和机会表达、吸取其他人的意见以及专家的分析,从而更理性地思考。两次调查问卷结果所反映的代表们偏好的变化正体现了恳谈所起到的作用。

我们发现,经过恳谈会后,参会人员在许多原来分歧比较大的重要问题上基本达成了多数共识。例如,文昌阁的重修其民意包括人大代表中都发生了严重的分歧,争论尤为激烈。"文昌阁建设,近年来代表们的呼声很高。目前,工程还处于调研阶段,预计投入 400 万元,分步分期建设。"负责镇城建工作的副镇长骆立方给代表们交了底。镇长王晓宇则补充道,"修复的方式,还在论证中。希望代表们对时间、经费、工程进度多提意见。"基于多方的互动,代表们逐渐形成了共识。镇政府相关部门原先所作的文昌阁的重修 200 万预算安排,经过人代会的表决减少 100 万。通过对恳谈会前的问卷调查结果和恳谈会结束时的问卷调查结果进行比较,我们会发现共识的达成。当然,一次、两次的恳谈会不可能在所有问题上都能达成共识,有的问题需要多次讨论才有一致的看法,但是,至少在人们意见分歧的时候,民主恳谈会能提供一个意见交流和讨论的平台,大家通过这个平台,说明观点和理由,缩小分歧,或者达成理解,这本身就有利于社区内部的和谐。

**其次,参与的有效性与"商议—合作型治理"模式的逐步生成。**

温岭的民主恳谈会是一种较为有效的参与机制。"民主恳谈会"不仅拓展了基层群众政治参与的空间,而且增强了参与的有效性。长期以来,中国农村缺乏供不同群体对乡村重大事件(或问题)充分发表意见的机制,农村的事物大多情况下还是靠少数人(特别是少数精英)来处理。但是,在温岭市的民主恳谈会上,来自不同群体的代表可以就重大事件(或问题)进行讨论,某种意义上可以做到畅所欲言,对政府的决策确实起到一定的作用。即便不能,但他们的意见与想法毕竟能够公开地被讨论或提出。

公共政策科学向来以专家为导向的,也就是公共政策的制定是专家们的事,因

---

① 朱圣明,"衍进与深化——参与式预算的温岭'实验场景'",《中共南京市委党校学报》,2008 年第 3 期。

为政策的制定需要专门化的知识与能力,而这是一般民众所不具备的。但是,1980年代以来,这种导向的公共政策科学有了新的变化,其表现是将公民引入到公共政策的制定过程中。这就是公共政策的商议式模式。①

对话、商议直接影响了公共行为,增加了公民对公共事务的发言权和影响力。商议式民主理论家强调公民参与讨论某一公共决策的权利和机会,强调参与对话者都拥有商议之能力。根据宪法,公民享有政治权利,这其中就有参与权,即公民有平等参与重大的公共事务决策的权利。但多年来即使在西方民主政治的社会里,也缺乏相应的制度性渠道,能让公民广泛参与公共决策之活动。过去中国的大众也很少机会参与政府的决策,而"民主恳谈会"为人们平等地参与提供了一种机制,正如上面所引用的农民的一句话"都20年没有这样说话的机会了"。

温岭民主恳谈会体现了商议性民主的精神,例如在对话过程中都有平等的发言权,可以表达自己的利益要求,或提出各种意见和建议;讨论者能够准确地表达自己的利益要求,也存在着观点交锋;政府部门负责安排恳谈会的议程的,但没有刻意垄断话语权或支配商谈过程、预设商谈目标;商谈的过程是公开的,信息的透明度是高的,绝大多数与会者对议题是关心和了解的,他们能够做到互相倾听;商谈活动起到了行政咨询和沟通作用,让政府了解舆情民意,让群众了解具体政策,优化决策也使行政活动获得了合法性。②

更具有政治意涵的是,"民主恳谈会"这种商议式民主转变了地方的治理方式,从而也有可能增强地方政府的治理能力。中国的地方治理向来是权威型的,而这种权威型的治理面临着这样或那样的挑战。正如,英国社会学家吉登斯所指出的,"目前的治理方式必须适应全球化时代的新情况,而且权威,包括国家的合法性,必须在一种积极的基础上得重构"③。而地方治理的重构必须走出权威型的模式,走向民主治理的方向。从"民主恳谈会"的实践经验中,人们可以看出了中国基层治理方式的一些变化,向民主治理方向的变化:"民主恳谈会"的实践最主要的在于群众了解并实践了以商议式的方式表达而不必以极端式的方式自己的政治意愿或对政府的要求,而政府官员体验到民主行政的具体意涵。通过商议与对话有助于重构乡镇与村民的信任关系,有助于解决或缓和乡村社会的各种矛盾尤其乡镇政府与农民的矛

---

① 请参见 Simon Chambers 的"Deliberative Democratic Theory",文载于 *Annual Review of Political Science*,2003 年卷,第307—326 页。
② 请参阅慕毅飞、陈奕敏主编的《民主恳谈:温岭人的创造》,北京:中央编译出版社,2005 年版。
③ 安东尼·吉登斯:《第三条道路:社会民主主义的复兴》,郑戈译,三联书店,2000 年,第 76 页。

盾。当然,那些习惯命令的方式的地方官员可能会看到这种制度的局限性。浙江温岭市的"民主恳谈会"之经验清楚地表明基层的商议式民主实践已经超出简单的基层工作方式的变化,而是要求整个中国地方治理方式的变化。"民主恳谈会"产生与发展表明中国乡村社区开始走出"权威型治理"模式,而一种新的可以称之为"商议—合作型治理"模式正逐步生成。

**第三,民意的吸纳与政府决策正当性、科学性的提升。**

民主恳谈意味着政府和公民围绕公共事务进行平等、自由、公开的对话和讨论,政府将在吸收这些讨论结果的基础上做出决策。事实亦表明,泽国镇的人大、镇人大代表和人民政府是尊重民意的,是能够吸收民意的。2008 年 2 月 20 日的"财政预算民主恳谈会"上民意代表所提出的建议与意见,在 2 月 29 日人代会的表决中得以体现出来。下列四个项目反映出民意得以充分的尊重和吸纳:(1)民意代表认为,应该增加对农村困难老人生活的补助,镇政府的研究与人代会最后的表决结果是,从原来的 2 万元预算安排,增加到 10 万元,所增加的 8 万元从中心区市民广场二期建设工程预算中调出;(2)民意代表认为,应该增加对困难村基础设施的补助,镇政府的研究与人代会最后的表决结果是,从农村基础设施建设"村村有项目"中调出 40 万元,作为对困难村基础设施的补助,而"村村有项目"的补助从原先预算的 160 万元调整为 120 万元;(3)民意代表认为,应该增加对小型农田水利建设的投入,镇政府的研究与人代会最后的表决结果是,从原告预算安排的 50 万,提高到 100 万,所增加的 50 万从市民广场二期建设工程中调出;(4)文昌阁的重修其民意包括人大代表中都发生了严重的分歧,镇政府相关部门原先所作的 200 万预算安排,经过人代会的表决减少 100 万。

与此同时,通过民意的吸纳使政府的决策的正当性得以提高。泽国镇 2008 年财政预算民主恳谈会除了 197 位民意代表外,会议还邀请了 93 位(实到 63 位)镇人大代表旁听,这些人大代表在分组讨论时可以发言,但是,在大会集中发言与辩论时他们没有举手发言的权利。让人大代表旁听,旨在让原本就是民意代表的人大代表能够更多地、更真实地和更有实感地听取民意、吸纳民意。2 月 29 日,镇人大会议期间,人大代表与镇主要领导进行民主对话,这个对话邀请了 10 位已参加过预算民主恳谈会的民意代表旁听就 2008 年度镇财政预算人大代表与镇主要领导之间所进行对话、人大代表之间所进行的辩论,当然,根据规则,如同旁听预算民主恳谈会的 63 位镇人大代表,这 10 位民意代表没有举手发言的权利。"'泽国实验'的民众代表与人大代表互动表明,人大决策的合法性正朝着拓展民意基础方向发展,而民意正不断地化为合法性的决策。"[1]

我们的观察表明,民主恳谈会这个中国式的公民会议已经成为温岭市各级重大公共事务决策的前置条件。"民主恳谈"作为一种民主决策和基层民主政治建设的形式,成为人们确定某种公共物品的供给,接受和信任某项决策的构成部分。如果镇政府就某一个公共事项未经恳谈就做出了决定,人们就会对这个决定或决策产生疑问,从而对政府的行为和决策进行质疑。公众的权利意识和民主意识已经觉醒。泽国镇的党政领导赵敏书记和王晓宇镇长在"2008 年泽国镇财政预算民主恳谈会"结束后即刻都表态,党委和政府都会尊重民意,以后继续通过民主恳谈会等形式充分地吸纳民意,并创造更好的时机与机制使政府更能善于并有效地吸纳民意,成为决策的重要依据,真正落实"以人为本"的执政理念。他们表示,泽国 2009 年的财政预算会继续通过民主恳谈会形式吸纳民意,并提早做好 2009 年的财政预算"测算表",早些发到民意代表手中,便于他们能够有充分的时间进行研读。

《泽国镇 2008 年预算民主恳谈会导言》明确地指出,"本次协商民主恳谈会的目的在于发展基层民主,扩大公民有序的政治参与,组织、引导公民广泛参与公共财政预算的决策和管理,发挥人大职能作用,提高政府财政权力运作的公开性和透明度,增进政府决策的科学化、民主化。"民意代表通过在恳谈会上的沟通了解,提高了知识和道德水准,从理性、公正客观的角度思考问题,减少决策失误造成的风险,有利于提高最后决策的质量,最终提高决策的科学性。通过泽国预算改革实践,人们不难看到"公共投资效率的'偏好表达'与'偏好集结'问题得到了有效解决"[2],最终形成偏好一致。协商民意测量方法所追求的是,以问卷和统计的方法来反映参与者的看法。在讨论前做一套问卷,在讨论后再做同样的问卷,同样的问题检测两次,通过比较,就可看出协商民主讨论所带来的结果。第二次的问卷结果可以作为决策的根据。这是一个由抽样产生的、并通过大小组会议讨论后得出的、统计意义分析出的民主的科学的根据。继 2005 年、2006 年、2007 年使用两次问卷后,2008 年财政预算民主恳谈会再次运用这种办法。问卷的统计数据表明,与第一次问卷数据相比较,第二次所做的问卷的数据有些有较有大的变化,有些有点变化,有些基本不变。

---

[1] 何包钢、郎友兴,"协商民主在中国基层的深化——泽国镇的 2008 年财政预算民主恳谈会",《学习时报》,2008 年 3 月 10 日,第 5 版。

[2] 苏振华,《参与式预算的公共投资效率意义——以浙江温岭市泽国镇为例》,公共管理学报,2007 年 7 月,第三期。

2008 年泽国的问卷测量所提供的数据再次验证了协商机制所存在的价值。同时，随机性和两次问卷的使用也表明了泽国民主恳谈朝着科学化方向发展。

### （二）进一步发展与深化的方向

通过对泽国镇 2008 年财政预算民主恳谈会的实验和实践的研究分析，我们认为，民主恳谈会这种中国式的公民会议包含着商议性民主的一些理念和原则，因公民参与的相对有效性而使民意某种程度上能够被充分的吸纳，从而使政府决策的正当性、科学性能够得以提升。当然，这样的公民会议制度需要进一步在实践中进行检验和完善，然后上升到法律层面，这将会大大地带动中国的民主建设和发展。

第一，如何引入"第三方"的力量于民主恳谈会中？民众原本就是没有组织化的原子，目前只有政府将他们组织起来，才能参与各类公共事务。但是，政府的公信力一旦受到质疑的话，那么，由政府组织或动员起来的民主恳谈会就有可能被百姓视为一种作秀。对于过程的监督可以引入第三方的力量则更好，因为如果说决策是政府的事，在决策前引入民主恳谈会形式，可以增加决策的民意性，因此这种恳谈会由政府来组织、动员从逻辑上讲是讲得通的，那么对执行或结果的监督引入恳谈依然由政府来组织的话，恐怕是不够好的做法，因为对自己的活动进行监督由自己组织人员来完成，于情于理都讲不过去。更何况目前地方政府的公允性、公信力普遍地受到质疑。由此将第三方力量、民间组织、NGO 引入就自然有意义，它们可以中立者的身份出现，这第三方力量可以由学者、地方精英、社会贤达、退休的地方官员等组成。

第二，民主恳谈会的功能应该从决策前的咨询延伸到政策执行过程的监督以及对结果的监督与审议。2008 年 2 月 20 日"泽国镇 2008 年财政预算民主恳谈会"上不少民意代表所表达的正是对执行与结果监督的兴趣与愿望，尽管其中不少民意代表表示他们对预算本身没有什么看法，或说看不懂。

第三，如何与选举民主衔接起来。这恐怕是一个较为关键的问题。因为选举是民主政治的基础，选举搞好后管理与决策才有可能做好。

第四，会议的有效性与民主恳谈会的深化。

民主恳谈会的深化还有一个重要的问题就是有效性的提高问题。可以从下面几个方面提高其有效性：

（1）主持人。主持人的主持技巧是相当重要的。2 月 20 日"泽国镇 2008 年财政预算民主恳谈会"大会集中发言由富有激情和组织艺术的浙江省温岭市宣传部慕毅飞副部长主持下富有成效。主持人的风格、对议题的掌握、对参与者情绪的调动与控制、如何将讨论问题与发言者发言内容简明扼要地重复叙述；

（2）事先的准备尤其信息的充分提供相当的重要；

（3）恳谈的议题的可恳谈性；

（4）场所。恳谈会的场所包括空间布局。空间布局某种意义上也会影响恳谈的质量；

（5）运用现代科技，包括传媒技术于民主恳谈会之中。这依然有不少空间可拓展。

# 五、结 语

脱胎于1998年的农村政治思想教育运动的民主恳谈会，短短十年时间将一个教育农民的政治教育运动发展成为一个具有协商民主意涵的民主形式，20年前绝大多数依然卷起裤腿种地的温岭农民现在居然坐在会场上有板有眼地讨论起镇里的财政预算，这是何种的发展与进步。

中国民主在基层的深化，需要扩大公民参与公共事务的的机会，更为重要的在于在参与的过程中需要创造公共讨论的空间。从温岭民主恳谈会这个中国式的公民会议的实践经验，我们看到了提升公民参与能力，养成理性思辨、积极参与的公民品德的可能。温岭的民主恳谈会属于转向民主治理的一种较为成功的案例。

亚当·普沃斯基（Adam Przeworski）在《民主与市场》一书中曾经说过，"一个国家有了发展，其他国家的人民成功的可能性就增加了；再随着下一个国家局面的改观，对最终的结局人们就会越来越有信心。"[1]照普沃斯基的句型："一个村庄或乡镇有了民主政治实验的发展，其他的村庄/乡镇试验的成功可能性就增加了；再随着一个县市的改观，对最终中国走向民主的结局人们就会越来越有信心。"温岭的变化正好说明了这一点。

（2008年8月于中国杭州）

---

[1] 亚当·普沃斯基：《民主与市场》，北京大学出版社，2005年3月版，第3页。

# 附录一：泽国镇 2008 年公共财政预算民主恳谈实施方案

**决策项目：**

2008 年镇政府公共财政预算编制。

**总体要求：**

发展基层民主，扩大公民有序的政治参与，发挥人大职能作用，组织、引导公民广泛参与公共财政预算的决策和管理，提高政府财政权力运作的公开性和透明度，增进政府决策的科学化、民主化。

**工作目标：**

运用协商民主理论和应用模式，组织有广泛代表性的市民与有关专家、政府官员进行充分的对话和协商，依据收集到的有真实代表性的民意，开展人民代表大会预算民主恳谈，对镇 2008 年公共财政预算编制做出决策。

**实施步骤：**

第一阶段：(1 月 1 日 至 1 月 11 日)

1. 建立泽国镇 2008 年公共财政预算编制工作委员会、泽国镇 2008 年公共财政预算编制专家委员会。

2. 由工作委员会组织有关政府官员、人大代表、政协委员和专家委员会进行调查研究，提出 2008 年政府公共财政预算的初步方案。

第二阶段：(1 月 12 日 至 1 月 22 日)

1. 专家委员会对财政预算进行论证，并提出各个项目说明书。

2. 以公告形式公布初选财政预算项目及市民参与方式。

3. 以随机抽样的方法从全镇 12 万居民中确定 237 名参加本次协商民主活动的民意代表。

4. 工作委员会根据专家委员会提出的项目说明书，拟制"泽国镇 2008 年公共财政预算民意调查问卷。"

第三阶段：(1 月 23 日 至 1 月 31 日)

1. 培训工作人员，并确定每组的会议主持人(由经培训的工作人员担任)。

2. 召开泽国镇 2008 年公共财政预算第一阶段民主恳谈会：

(1) 随机分组，将 237 名民意代表分成 16 个小组。

（2）各小组召开第一次民主恳谈会，讨论各预算项目。

（3）由政府官员主持召开第一次全体民意代表集中参加民主恳谈会，继续讨论。

（4）各小组召开第二次民主恳谈会议，继续讨论。

（5）由政府官员主持召开第二次全体民意代表集中参加的民主恳谈会，民意代表与政府官员、专家进行对话、辩论。

（6）各小组召开第三次民主恳谈会，继续讨论。

（7）向各民意代表发放"泽国镇2008年公共财政预算项目民意调查问卷"，并收回问卷，进行数据分析。

第四阶段：（2月1日至2月25日）

1. 工作委员会统计好"民主调查问卷"，向镇政府提供调查结果。

2. 镇政府根据民意调查结果对2008年公共财政预算进行修改并形成报告。

3. 召开人大代表培训会，对镇2008年公共财政预算进行说明及提供民意调查情况。

4. 在人大会议期间，镇人大主席团组织人大代表召开泽国镇2008年公共财政预算第二阶段民主恳谈。

5. 镇人大财经小组的各专门小组分别向大会报告预算初审报告。

6. 人大代表对预算报告发表意见和建议。政府回答全体人大代表提出的询问。

7. 镇人大主席团、镇政府召开联席会议，讨论预算和审报告以及人大代表就政府预算报告提出的相关意见和建议，并由政府形成预算修改方案。

8. 联席会议后，向大会通报镇政府的预算修改方案，然后按代表团进行分组审议。

9. 在分组审改的基础上，人大代表可提出预算修正议案。人大代表的预算修正权限包括：（1）削减；（2）否决；（3）增加。但必须同时提出其他专向支出项目的削减，以保持预算平衡。

10. 镇人大主席团就人大代表联名提出的预算修正议案，召开会议进行审查。

11. 人代会全体会议对主席团审查提交的预算修改议案分别进行表决。

12. 镇政府根据人民代表大会表决通过的预算修正议案，对政府财政预算报告进行修改，形成预算报告（修正稿），并提交人民代表大会表决。

阅毕请回复宝贵意见和建议　勿忘　　谢谢

# 附录二:2008 年预算编制说明

## 一、预算编制的指导思想

按照参与式公共财政预算原则,按照公共财政理念,以《预算法》为准则,以人为本,为民理财,认真落实率先发展、科学发展、和谐发展要求和富民优先、科教优先、节约优先的方针,继续执行稳健的财政政策,突出重点,统筹兼顾,逐步增加对生态环境、教育、科技和社会保障的投入。促进泽国镇经济社会全面协调可持续发展,促进和谐社会建设。

## 二、预算编制原则

1. 参与式公共预算原则。公民参与公共资源分配过程,使公民了解政府行为,提高政府工作的透明度和公信力,提高政府运行效率,防治腐败。

2. 收支平衡原则。坚持量入为出,量财办事,不打赤字预算,确保财政收支平衡;财政支出安排坚持按照先安排人员经费,后安排公用经费,先考虑重点支出,后考虑一般支出的顺序进行。

3. 综合预算原则。把财政预算内外资金捆在一起,统一安排各办公室(各线)的收支计划,做到收支统管,统筹兼顾。

4. 零基预算原则。按当年可用财力和实际需要,统筹安排各项支出,不考虑上年经费安排基数,对一些无实质内容的专项支出坚决取消。

5. 简化和细化相结合原则。简化基本支出编制方法,人员经费以财政所代编为主,项目支出由各办公室(各线)编制,细化项目支出预算,提高项目预算编制质量。

6. 一要吃饭,二要建设,三要有所结余原则。

## 三、预算编制程序

为了优质高效地编制年度财政预算,采用"两上两下"的预算编制程序。"一上":由镇各办公室(各线)根据 2008 年度镇党代会确定的工作目标、任务编制本办公室(线)预算草案,报财政所审核汇总,财政所将审核汇总后的预算建议草案,报镇长办公会议审核。"一下":财政所将初步审核后的预算下达各办公室(各线),各办公室(各线)据此修订预算。"二上":各办公室(各线)在规定时间内将调整后预算草案报镇财政所审核汇总,财政所在人代会举行前一个月,将当年预算草案的主要内容提交镇人大主席团审查。"二下":年度预算草案下放到由随机抽样产生的民意代表大会中讨论,征求公民意见,并交镇人民代表大会审查,一个月内由镇财政所批复到各办公室(各线)。

**四、财政支出预算**

根据预算编制原则,在安排预算时,首先确保人员经费预算到位;二是根据泽国镇实际,做到"四个倾斜":一是倾斜生态环境建设,主要抓农村环境综合整治、城乡环卫一体化建设、污染防治和生态修复、污水处理等,逐步解决泽国环境状况,努力改善人居环境、投资环境。二是倾斜教育事业,认真落实好义务教育基础投入,特别要解决好外来务工人员子女的入学、入托问题。三是倾斜社会保障体系和社会治安打防控一体化建设,主要抓好困难群众救济、农村低保户、五保户生活救济,着重抓好天网工程建设。四是倾斜重点工程项目,主要抓好供水二期工程、104复线改造、中心区配套工程、休闲场所等重点项目建设,促进泽国又快又好发展。

今年共安排财政支出24852.3万元(含预备费),增加9670.3万元,增长63.7%。

(1)一般公共事务支出,包括党政机关、人大、政协、社会团体等部门,预算安排支出808.16万元,与2007年持平。

(2)国防事务支出:包括民兵及预备役训练、征兵政审等。预算安排122.3万元,增加20万元,增长19.55%。

(3)公共安全支出,包括消防、基层司法等,预算安排支出996.58万元,增加493.3万元,增长98%。

(4)教育支出:包括普通教育支出,成人教育支出等,预算安排支出1511.46万元,增加554万元,增长57.88%。其中:人员经费增加102万元,经常业务经费259.1万元。

(5)文化体育与传媒支出:包括文化、文物保护,体育、新闻出版等,预算安排支出428.26万元,其中:人员经费71.3万元,经常业务经费157.32万元,文昌阁修复200万元。

(6)社会保障和就业:包括民政、社保、抚恤、社会救济等,预算安排1511万元,增加758.3万元,增长100.75%。其中:人员经费829.26万元,经常业务经费681.7万元。

(7)医疗卫生:包括医疗保险、疾病防控、农村卫生等,预算安排为389.5万元,与 2007 年持平。

（8）城乡社区事务支出：包括城乡社区管理、城镇建设、规划、环境保护、农村基础设施建设等。预算支出安排 16242 万元，增加 7568 万元。

（9）农林水事务支出：包括农业、林业、水利等支出，预算安排 594.79 万元。

（10）工业商业金融等事务：包括安全生产、中小企业事务支出，预算安排 293.4 万元。

（11）其他支出安排 800 万元，主要是用于难以预料的开支。

## 附录三：泽国镇2008年公共财政预算民主恳谈民意调查问卷

**一、答卷人基本情况**

A 性别：1. 男　　2. 女

B 年龄：＿＿＿＿＿＿

C 婚姻状况：1 已婚　2 未婚

D 文化程度：1 无正式学校教育　2 小学　3 初中　4 高中　5 中专　6 大专　7 大学　8 其他＿＿＿＿

E 职业：1 农民　2 工人　3 企业主　4 商人　5 教师　6 公务员　7 学生　8 其他＿＿＿＿

F 政治面貌：1 □ 中共党员　　　　　2 □ 民主党派

　　　　　　　3 □ 共青团员　　　　　4 □ 群众

G 您1997年实际家庭收入：

1 □ 3000 元以下　　　　　　　2 □ 3001—5000 元

3 □ 5001—10000 元　　　　　　4 □ 10001—20000 元

5 □ 20001—30000 元　　　　　　6 □ 30001—40000 元

7 □ 40001—50000　　　　　　　8 □ 不清楚

H 在过去的5年中，你曾参加过村、镇、行业中的民主恳谈？

1 □ 没有　　　　　　　　　　　2 □ 一次

3 □ 二次　　　　　　　　　　　4 □ 三次

5 □ 四次　　　　　　　　　　　6 □ 五次及以上

**二、政府收支分类项目**

请您仔细阅读以下每一项，然后作出评估，从0到10,0代表完全不重要,10代表最为重要。如您感觉有些是完全不重要,请您圈0;如您感觉有些是最为重要,请您圈10;中间请您圈5;没有看法,请您圈99。

| | 完全<br>不重要 | | | | 中间 | | | | | 最为<br>重要 | 没有<br>看法 |
|---|---|---|---|---|---|---|---|---|---|---|---|
| 1. 一般公共事务 | 0 | 1 | 2 | 3 | 4 | 5 | 6 | 7 | 8 | 9 | 10 | 99 |
| 2. 国防事务 | 0 | 1 | 2 | 3 | 4 | 5 | 6 | 7 | 8 | 9 | 10 | 99 |

| | 完全<br>不重要 | | | | 中间 | | | | 最为<br>重要 | 没有<br>看法 |
|---|---|---|---|---|---|---|---|---|---|---|
| 3.　教育 | 0 | 1 | 2 | 3 | 4 | 5 | 6 | 7 | 8 | 9 | 10 | 99 |
| 4.　社会保障和就业 | 0 | 1 | 2 | 3 | 4 | 5 | 6 | 7 | 8 | 9 | 10 | 99 |
| 5.　医疗卫生 | 0 | 1 | 2 | 3 | 4 | 5 | 6 | 7 | 8 | 9 | 10 | 99 |
| 6.　城乡社区事务 | 0 | 1 | 2 | 3 | 4 | 5 | 6 | 7 | 8 | 9 | 10 | 99 |
| 7.　农林水事务 | 0 | 1 | 2 | 3 | 4 | 5 | 6 | 7 | 8 | 9 | 10 | 99 |
| 8.　工业商业金融等事务 | 0 | 1 | 2 | 3 | 4 | 5 | 6 | 7 | 8 | 9 | 10 | 99 |

三、医疗卫生

　　像上一个问题,如您感觉有些项目是完全不重要,请您圈0;如您感觉有些是最为重要,请您圈10;中间请您圈5;没有看法,请您圈99。

| | 完全<br>不重要 | | | | 中间 | | | | 最为<br>重要 | 没有<br>看法 |
|---|---|---|---|---|---|---|---|---|---|---|
| 1.　医疗保障 | 0 | 1 | 2 | 3 | 4 | 5 | 6 | 7 | 8 | 9 | 10 | 99 |
| 2.　疾病预防控制 | 0 | 1 | 2 | 3 | 4 | 5 | 6 | 7 | 8 | 9 | 10 | 99 |
| 3.　卫生监督 | 0 | 1 | 2 | 3 | 4 | 5 | 6 | 7 | 8 | 9 | 10 | 99 |
| 4.　农村卫生—灭蟑灭老鼠经费 | 0 | 1 | 2 | 3 | 4 | 5 | 6 | 7 | 8 | 9 | 10 | 99 |

四、城乡社区事务

　　像上一个问题,如您感觉有些项目是完全不重要,请您圈0;如您感觉有些是最为重要,请您圈10;中间请您圈5;没有看法,请您圈99。

| | 完全<br>不重要 | | | | 中间 | | | | 最为<br>重要 | 没有<br>看法 |
|---|---|---|---|---|---|---|---|---|---|---|
| 1.　生态保护/建设 | 0 | 1 | 2 | 3 | 4 | 5 | 6 | 7 | 8 | 9 | 10 | 99 |
| 2.　基础设施投入 | 0 | 1 | 2 | 3 | 4 | 5 | 6 | 7 | 8 | 9 | 10 | 99 |
| 3.　征地和拆建补偿支出 | 0 | 1 | 2 | 3 | 4 | 5 | 6 | 7 | 8 | 9 | 10 | 99 |
| 4.　土地出让业务支出 | 0 | 1 | 2 | 3 | 4 | 5 | 6 | 7 | 8 | 9 | 10 | 99 |
| 5.　环卫一体化建设 | 0 | 1 | 2 | 3 | 4 | 5 | 6 | 7 | 8 | 9 | 10 | 99 |
| 6.　农村饮水 | 0 | 1 | 2 | 3 | 4 | 5 | 6 | 7 | 8 | 9 | 10 | 99 |
| 7.　教育 | 0 | 1 | 2 | 3 | 4 | 5 | 6 | 7 | 8 | 9 | 10 | 99 |

| | 完全<br>不重要 | | | | 中间 | | | | | 最为<br>重要 | 没有<br>看法 |
|---|---|---|---|---|---|---|---|---|---|---|---|
| 8. 农村环境综合治理——村村<br>新工程 | 0 | 1 | 2 | 3 | 4 | 5 | 6 | 7 | 8 | 9 | 10 | 99 |
| 9. 乡村道路补助——村村通<br>工程 | 0 | 1 | 2 | 3 | 4 | 5 | 6 | 7 | 8 | 9 | 10 | 99 |
| 10. 水利建设 | 0 | 1 | 2 | 3 | 4 | 5 | 6 | 7 | 8 | 9 | 10 | 99 |
| 11. 城镇建设支出 | 0 | 1 | 2 | 3 | 4 | 5 | 6 | 7 | 8 | 9 | 10 | 99 |

五、教育

像上一个问题,如您感觉有些项目是完全不重要,请您圈0;如您感觉有些是最为重要,请您圈10;中间请您圈5;没有看法,请您圈99。

| | 完全<br>不重要 | | | | 中间 | | | | | 最为<br>重要 | 没有<br>看法 |
|---|---|---|---|---|---|---|---|---|---|---|---|
| 1. 普通教育 | 0 | 1 | 2 | 3 | 4 | 5 | 6 | 7 | 8 | 9 | 10 | 99 |
| 2. 成人教育 | 0 | 1 | 2 | 3 | 4 | 5 | 6 | 7 | 8 | 9 | 10 | 99 |
| 3. 其他教育支出 | 0 | 1 | 2 | 3 | 4 | 5 | 6 | 7 | 8 | 9 | 10 | 99 |

六、社会保障和就业

像上一个问题,如您感觉有些项目是完全不重要,请您圈0;如您感觉有些是最为重要,请您圈10;中间请您圈5;没有看法,请您圈99。

| | 完全<br>不重要 | | | | 中间 | | | | | 最为<br>重要 | 没有<br>看法 |
|---|---|---|---|---|---|---|---|---|---|---|---|
| 1. 移民安置 | 0 | 1 | 2 | 3 | 4 | 5 | 6 | 7 | 8 | 9 | 10 | 99 |
| 2. 农村最低生活保障 | 0 | 1 | 2 | 3 | 4 | 5 | 6 | 7 | 8 | 9 | 10 | 99 |
| 3. 其他农村社会救济 | 0 | 1 | 2 | 3 | 4 | 5 | 6 | 7 | 8 | 9 | 10 | 99 |
| 4. 自然灾害生活救助 | 0 | 1 | 2 | 3 | 4 | 5 | 6 | 7 | 8 | 9 | 10 | 99 |
| 5. 残疾人事业 | 0 | 1 | 2 | 3 | 4 | 5 | 6 | 7 | 8 | 9 | 10 | 99 |
| 6. 社会福利 | 0 | 1 | 2 | 3 | 4 | 5 | 6 | 7 | 8 | 9 | 10 | 99 |
| 7. 抚恤 | 0 | 1 | 2 | 3 | 4 | 5 | 6 | 7 | 8 | 9 | 10 | 99 |
| 8. 就业补助 | 0 | 1 | 2 | 3 | 4 | 5 | 6 | 7 | 8 | 9 | 10 | 99 |
| 9. 劳动维权 | 0 | 1 | 2 | 3 | 4 | 5 | 6 | 7 | 8 | 9 | 10 | 99 |

| | 完全<br>不重要 | | | | | 中间 | | | | | 最为<br>重要 | 没有<br>看法 |
|---|---|---|---|---|---|---|---|---|---|---|---|---|
| 10. 行政事业单位离退休 | 0 | 1 | 2 | 3 | 4 | 5 | 6 | 7 | 8 | 9 | 10 | 99 |
| 11. 民政管理事务 | 0 | 1 | 2 | 3 | 4 | 5 | 6 | 7 | 8 | 9 | 10 | 99 |

七、下一类事情,有一些人感觉重要,有一些人感觉不重要。如您感觉是完全不重要,请您圈0;如您感觉有些是最为重要,请您圈10;中间请您圈5;没多想过,请您圈99。

| | 完全<br>不重要 | | | | | 中间 | | | | | 最为<br>重要 | 没多<br>想过 |
|---|---|---|---|---|---|---|---|---|---|---|---|---|
| 1. 您与您家 | 0 | 1 | 2 | 3 | 4 | 5 | 6 | 7 | 8 | 9 | 10 | 99 |
| 2. 确保医疗保障 | 0 | 1 | 2 | 3 | 4 | 5 | 6 | 7 | 8 | 9 | 10 | 99 |
| 3. 退休后有舒适生活 | 0 | 1 | 2 | 3 | 4 | 5 | 6 | 7 | 8 | 9 | 10 | 99 |
| 4. 刺激经济增长 | 0 | 1 | 2 | 3 | 4 | 5 | 6 | 7 | 8 | 9 | 10 | 99 |
| 5. 维持社会风尚 | 0 | 1 | 2 | 3 | 4 | 5 | 6 | 7 | 8 | 9 | 10 | 99 |
| 6. 保护环境 | 0 | 1 | 2 | 3 | 4 | 5 | 6 | 7 | 8 | 9 | 10 | 99 |
| 7. 城市形象 | 0 | 1 | 2 | 3 | 4 | 5 | 6 | 7 | 8 | 9 | 10 | 99 |

八、泽国镇2008年的财政收入预计比2007年增长多少?

1. 5.6%

2. 10.2%

3. 15%

4. 20.1%

5. 33.7%

99. 不知道

九、在泽国镇2008年的预算,大约有百分之六是用于以下哪个政府收支分类项目?

1. 城乡社区事务

2. 公共安全

3. 社会保障和就业

4. 教育

5. 医疗卫生

99. 不知道

十、泽国镇 2008 年的预算有"四个倾斜",下列哪个不在"四个倾斜"之内?

1. 生态环境建设

2. 教育事业

3. 重点工程项目

4. 国防事务

99. 不知道

十一、下列哪一个原则不在泽国镇预算编制原则之内?

1. 零基预算原则

2. 用五年展望预算原则

3. 收支平衡原则

4. 综合预算原则

99. 不知道

十二、您认为您在此次问卷调查中所提的意见建议,政府会诚恳认真地吸取吗?

选择意见:(0 是完全不会,依次顺序递增,5 为中间状态,10 会认真吸取,98 为不知道)

不会                            会                          不知道

0    1    2    3    4    5    6    7    8    9    10    98

十三、您认为民主恳谈会的讨论结果,政府会执行吗?

选择意见:(0 是完全不可能,依次顺序递增,5 为中间状态,10 为可能性很大,98 为不知道)

不会                            会                          不知道

0    1    2    3    4    5    6    7    8    9    10    98

十四、您是否同意下述看法:"大多数人不知道社会公共事务,最好由专家和政府官员来决定"。

1. 非常同意  2. 一般同意  3. 无所谓  4. 不同意  5. 非常不同意  6 没有看法

十五、您是否同意下述看法:"像我这样的平民百姓对政府的决策行为没有发言权"。

1. 非常同意  2. 一般同意  3. 无所谓  4. 不同意  5. 非常不同意  6. 没有看法

**参考文献**

陈家刚选编：《协商民主》，上海三联书店，2004 年 7 月版。

陈剩勇、吴兴智，"公民参与与地方公共政策的制定——以浙江省温岭市民主恳谈会为例"，《学术界》，总第 126 期，2007 年第 5 期，第 30—39 页。

陈奕敏，"温岭民主恳谈会：为民主政治寻找生长空间"，《决策》，2005 年第 11 期，第 32—33 页。

何包钢、郎友兴，"协商民主在中国基层的深化——泽国镇的 2008 年财政预算民主恳谈会"，北京：《学习时报》，2008 年 3 月 10 日出版，第 5 版。

何包钢、王春光，"中国乡村协商民主：个案研究"，《社会学研究》，2007 年第 3 期，第 56—73 页。

何俊志，"民主工具的开发与执政能力的提升——解读温岭'民主恳谈会'的一种新视角"，《公共管理学报》，2007 年 7 月，第四卷第三期，第 102—109 页。

胡家勇等：《浙江省温岭市泽国镇经济社会调研报告》，北京：中国社会科学出版社，2008 年 5 月版。

黄东益、施佳良、傅凯若，"地方公共审议说理过程初探：2005 年宜兰社大公民会议个案研究"，《公共行政学报》第二十四期，民 96 年 9 月，第 71—102 页。

黄俊尧，"协商民主与基层实践：对'民主恳谈'模式的再思考"，《湖北社会科学》，第 24—27 页。

杰瑞·斯托克，"地方治理研究：范式、理论与启示"，《浙江大学学报》（人文社会科学版），第 37 卷第 2 期，2007 年 3 月，第 5—15 页。

景跃进，"行政民主：意义与局限 — 温岭'民主恳谈会'的启示"，《浙江社会科学》，2003 年第 1 期，第 25—28 页。

郎友兴，"商议式民主与中国的地方经验：浙江省温岭市的'民主恳谈会'"，《浙江社会科学》，2005 年第 1 期，第 33—38 页。

李景鹏，"建立民主恳谈和民主决策的新机制"，《浙江社会科学》，2003 年第 1 期，第 12—16 页。

林国明、陈东升，"公民会议与审议民主：全民健保的公民参与经验"，《台湾社会学》,第六期,2003 年 12 月出版。

慕毅飞、陈奕敏主编,民主恳谈:温岭人的创造. 北京:中央编译出版社,2005
年版。

牛美丽,"预算民主恳谈:民主治理的挑战与机遇——新河镇预算民主恳谈案例
研究",《华中师范大学学报》(人文社会科学版),第 46 卷第 1 期,2007 年 1 月,第
14—20 页。

史晋川、汪炜、钱滔等著:《民营经济与制度创新:台州现象研究》,浙江大学出版
社,2004 年版。

萧楼,"载体:通向制度抑或回归事件——民主恳谈个案与东南沿海的有限政
治市场研究",《开放时代》,2003 年第 6 期,第 87—100 页。

余逊达,"民主治理是最广泛的民主实践",《浙江社会科学》,2003 年第 1 期,第
28—31 页。

约翰·克莱顿·托马斯:《公共决策中的公民参与:公共管理工作者的新技能与
新策略》,孙柏瑛等译,北京:中国人民大学出版社,2005 年版。

张小劲,"民主建设发展的重要尝试:温岭'民主恳谈会'所引发的思考",浙江
社会科学,2003 年第 1 期,第 21—25 页。

中共台州市委党校编:《中共台州市委党校调研文集》(未正式出版,2003 年 12
月)。

台州市委宣传部编:《基层民主政治建设:浙江省台州市民主恳谈创新研究》,中
国社会科学出版社,2003 年 9 月版。

周梅燕,公共预算启动中国乡镇人大的制度改革——以温岭新河人大预算民主
恳谈为例,《公共管理学报》,2007 年 7 月,第四卷第三期,第 96—101 页。

褚松燕,"民主恳谈":政府创新的维度与限度",《甘肃行政学院学报》,2007 年
第 3 期,第 21—25 页。

朱圣明,"衍进与深化——参与式预算的温岭'实验场景'",《中共南京市委党
校学报》,2008 年第 3 期,第 63—69 页。

朱圣明,"民生决策中的公民参与——一个地方乡村治理的新技能与新策略",
《公共管理学报》,2007 年 7 月,第四卷第三期,第 110—116 页。

Jon Elster ed. *Deliberative Democracy*, Cambridge University Press, 1995.

John Dryzek. *Deliberative Democracy and Beyond*, Oxford University Press, 2000.

Archon Fung, "Deliberative Democracy, Chicago Style: Grass – roots Governance in Policing and Public Education," in Archon Fung and Erik Olin Wright eds. *Deepening Democracy: Institutional Innovations in Empowered Participatory Governance*, London: Verso, 2003, pp. 111—143.

# 审议民主在社区:台湾地区的经验

林子伦①

【内容提要】 近年来台湾的民主发展,有两个趋势特别值得关注,一是社区草根运动的发展,另一是审议民主的实践。审议民主理论是1980年代以来西方政治学界广受瞩目的民主理论发展,它不仅反映了学界对于传统代议式民主制度的焦虑,同时也突显了学界对于审议式民主此一新兴治理模式的期待。而台湾自解严后,民间与社区力量迅速开展,传统上政府与民间由上而下的层级互动,已无法因应新兴的民主治理需求。由于长久以来台湾的社区欠缺沟通、讨论及整合公共事务意见之机制,审议民主的理念与目标,呼应了基层社区组织,特别是社区大学对于知识解放及公民社会养成的期待,因此,审议民主的公民参与逐渐与社区主义相结合,各地社区大学成为审议民主的倡议网络,审议式的公民参与,迅速在台湾各地开展。

本文首先讨论西方审议民主的发展,并回顾审议民主在台湾的实践历程与特色,最后分析与评估台湾的社区实践经验。本文指出,对审议民主概念不熟悉、社区资源与人力欠缺、在地知识的建构与累积不足、制度性响应机制不健全、地方政治权力结构复杂是台湾当前推动社区审议的五项困境。本文认为公共审议应成为地方治理的核心课题,因为地方性的议题相较于更高层次的事务,不仅更贴近公民的关怀,公民参与的可行性更高。透过审议式的参与过程,让民众关怀自身周遭的公共事务,提升政府之治理能力,进而发展出一个由市民社会与政府共同勾勒之未来愿景。

【关键词】 审议民主 社区治理 地方治理 公共审议 公民参与

## 一、前 言

近年来台湾的民主发展,有两个趋势特别值得关注,一是社区草根运动的发展,

---

① 林子伦:台湾大学政治学系助理教授。tllin@ntu.edu.tw

另一是审议民主(deliberative democracy)的实践。由于1990年代初期社区主义在台湾兴起,社区俨然已经成为新一代公共政策推动与民主深化的基本单位。1994年提出的"社区总体营造"政策,接续了解严后崛起的民间草根力量与各地的社会运动,社区大学、社区文史工作室与社区发展协会等各类社区组织纷纷成立,在民主化与本土化的浪潮下,营造社区意识与在地认同成了各地社区运动亟欲追求的目标。其次,解严后的台湾民主发展,虽然透过各类型的定期选举逐渐巩固,然而,代议民主制度下以投票机制作为主要公民参与的形式,显然已不能满足公众的需求,一般民众仍欠缺适当的管道与机会参与政策决定的过程,以至于台湾"民主的形式"虽然大致完备,然而"民主的质量"却仍有待提升。政治学者 Simone Chambers(2003)即认为,西方政治理论对于民主的思考,正由过去以"选举为中心"的投票民主,转向以"讨论为中心"的审议式民主。换言之,民主参与,不应局限于投票,而应该鼓励公民对于公共事务的参与,因此,审议民主思潮的引进台湾,一方面反映了台湾民主实践的瓶颈,另一方面也为台湾民主内涵的深化提供了新的契机。

审议民主理论是1980年代以来西方政治学界广受瞩目的民主理论发展,它不仅反映了学界对于传统代议式民主制度的焦虑,同时也突显了学界对于审议式民主此一新兴治理模式的期待。审议民主的倡议者认为一个民主的社会应该促进不同主张与价值的"政治对话",此处的政治对话并非意味着人们的主张必须趋于一致,而是大家愿意以对谈与协商的方式解决冲突,让公民的介入构成政治对话的一部分,透过沟通可以使参与者彼此分享各自观点、搜集信息、交换理由,而且这一对话可让政治权威具有更大的合法性基础(Benhabib,1996;Dryzek,2000)。公民不仅是治理的对象,也是达成良善公共治理的知识来源与政策伙伴,透过有效的公民参与,公民的民主素养得以提升,政策的质量得以强化,民主政治也得以深化。

依循审议民主理论所设计的公民参与机制本身即是在响应日益增长的公民参与需求,许多学者认为,活络的"民主"政治需要透过较低的行政层级(如县市、社区)并广纳草根性的公民参与来促成(Shapiro,2003;Bohman,2004;丘昌泰等,2002)。从2004年起,台湾开始举办各类型的审议民主会议,涵盖"代理孕母"、"全民健保"与"税制改革"等议题,并以公民会议为主要的推动模式。值得注意的是,审议民主的公民参与逐渐与社区主义相结合,由于长久以来台湾的社区欠缺一套良好的沟通、讨论及整合公共事务意见之机制,因此,审议民主的参与模式,为促进社区层次的参与及公民对话提供了一个可行的运作模式。本文首先将讨论审议民主的理论与各类的社区审议模式,并介绍欧美社区的实践经验,接着将回顾审议民主在台湾的实践历程与经验,第三部分介绍社区公共审议的实际案例,最后则评估与反思审议民主在台湾社区实践的成效与面临的困境。

## 二、审议民主与社区主义的结合:理论探讨与西方的实践经验

### (一) 审议民主的意涵

审议民主的概念,可以溯及公元前五世纪希腊雅典形式的直接民主,因此,与其认为近十年来审议民主的发展是一种理论的创新,倒不如说是一种理论的复兴(Elster,1998)。学者 Jon Elster(1998)认为,所谓审议民主,指的是:所有受到决策所影响的公民或其代表,都应该能够参与集体决定,而这集体决定,是抱持理性与无私态度的参与者,经由论理的方式来形成。审议民主应包含两部分,其一,在"民主"的面向,强调受到决策所影响的公民们,应该要有机会来影响政策。政策决定不应该操之在少数菁英手里,公民们应该主动、积极参与公共事务;其二,在"审议"的面向,强调公民们在参与公共事务时,应该透过相互论理的讨论过程,来形成意见。换言之,审议民主强调公民是民主体制的主体,应该积极促进公民对于公共事务的参与,同时,参与者应该在信息充分,发言机会平等与决策程序公平的情况下,对公共政策进行公开的讨论,并以说理的方式提出可行的方案或意见(林国明、陈东升,2003)。

审议民主作为一种着重沟通与讨论的民主,除了强调一般民众参与公共政策审议的必要性,亦特别关注公民参与的条件与过程。首先,审议民主相当强调以公民为主体的直接参与。就过程而言,除了强调理性、共识、共善取向的公共讨论,公民的偏好能够在论辩的过程中转化之外,也相当强调平等的参与(能力与程序上的平等)、对不同意见的包容、过程的透明公开等。就结果面向而言,知情的讨论使结论能呈现公民偏好与理由的差异,也能克服个人理解议题上所谓有限理性的难题,而进一步提高决策质量,赋予决策结果一定的正当性(林国明、陈东升,2003)。综言之,在审议民主的运作机制之下,其核心理念在于促进公民理性(reason—giving)、思索讨论公共议题及其解决方案,相信在扩大信息基础与公共讨论后,可以做出较好的、一致的决定,一方面强化一般民众对公共事务的了解,提高民众参与公共政策的能力与意愿,二方面透过公民间持续地聆听、思考与公开讨论不同的价值与观点,检

验不同意见的利益或理由,共同寻求集体的公共利益(Young,2000)。

综合而言,审议民主的理论与概念发展虽然存在分歧,然而它们的确共享着一些内涵与特色(Gutmann and Thompson,1996;Young,2000;Gastil and Levine,2005):

1. 互惠性(reciprocity)

亦即"对于得到的好理由,做出相当的响应",同时,为了能够证明将自己的意志加诸他人是合理的,就必须提出他人可理解的理由。互惠性的基础为人民追求社会生活平等合作的方式,公民因此必须提出得以相互印证的理由,纵然面对歧见,也能够继续寻求合作。

2. **信息透明性**(transparency)

公共审议强调知情的讨论,希望参与者能在充分的信息下进行对话,同时参与者也要能够合理正确地运用信息。唯有透过信息的分配与揭露,才能使参与者在充分知情的情况下对所要讨论的议题进行思辨与对话。信息的重要性在于,其缩短了参与者知识与教育水平的差距,减缓实质不平等的现象;同时,参与者可以藉由阅读、讨论相关数据的过程中,成为知情的审议者,并在审议过程中有改变自己偏好的可能。这并非意味着审议民主确保了偏好一定会改变,或者一定会形成"大公无私"的偏好,不过在包容而信息充分的情况下,审议提供了人们相互观照并且联系到更广泛议题的可能。

3. **公开性**(publicity)

公开性的过程具有两种公共意涵,首先,在公共讨论中,参与者必须公开地陈述能被广泛接受的理由,此提供了审议过程产出更好结果的可能;其次,公开性也关系到参与者对话的内容,如果参与者不能够了解这些理由的重要内容,审议的论辩即无从开始。因此,公开性对于审议过程的重要性,在于提供了人们走出私人利益以及固定偏好的窄门。在公开场合中,发言者会试图隐藏其自利的意图,以理由取代利益的主张,使得审议能更趋向诉诸共同利益的理想。

4. **包容性**(inclusiveness)

意指民主决策唯有在"受影响者"(即因决策而行动选项受到限制者)皆被包括于讨论与决策程序时,才能取得规范的正当性。人们只有在其主张与利益被考虑的情况下,才必须受到所订规范的拘束。

5. **平等性**(equality)

平等的政治影响力可表现在两个层面:一是参与者能够自愿、不受强迫地表意,不因权力与资源分配的因素,而做出与其偏好相违的表示,强调的是每位参与者在审议程序中的资源平等;另一则是平等影响其他参与者的机会,此更进一步使公民得以参与审议民主相互影响的过程,强调的是社会中的权利与资源分配,使公民能有相当的资源有效参与审议。简言之,审议民主提供了人们平等的机会,去参与公共生活并且形塑那些影响自身的决策,而此正是民主的精髓。

6. **共识性**(consensus)

审议民主理论认为,透过审议的过程与对话寻求共识,追求共善与公共利益,人民的偏好是有转变的可能。

1990 年代以来发展出的公共审议模式,如公民会议(citizen conference)、愿景工作坊(scenario workshop)与学习圈(study circles)等,都强调公共论述审议与聆听学习过程对民主质量提升的重要性。审议提供了公民关于民主生活的技能与德行,并逐渐体认到自己乃是政治生活中不可或缺的成员,这个面向是审议民主对抗当前政治生活私领域化、公民退缩等趋势的重要价值(Gastil and Levine,2005)。审议的过程本身同时成为一个社会学习机制,在面对复杂的争议议题时,可以在过程中藉由专业知识的提供,建立较理性客观的讨论基础,若以台湾的政治现状来说,审议民主所体现的政策正当性、个人自主性、以及社会学习机制,对于台湾现今民主发展过程,提供了一个思考与改革的方向。

## (二) 审议民主与社区主义的结合:参与式治理的实践

审议民主的发展与社区主义治理模式的结合,本文认为主要有三项理由:第一,公民参与是社区治理的核心;第二,社区已成为政策推动与民主深化的基本单位;第三,审议民主的理念与目标,与社区主义所主张的公民社会建构相契合。换言之,审议民主概念的兴起,对于社区参与式治理的实践,提供了新的论述途径与实际模式。美国学者 Richard C. Box (1998) 所提出的公民治理四项原则,即相当具有启发性。首先,他认为公共政策的制定与执行过程应尽量贴近被政策影响的民众,也就是将公共决策尽可能地保留在"最小的"层次上,例如,如果属于邻里或社区层次能决定的政策,且能够符合政策问题提出解决方案,那么邻里或社区层次就是最适当的。其次,认为如何让公共政策的制定获得"最好的"结果,关键在于公民是否能够获得信息,并且能对公共政策问题进行公开而自由的讨论,而不是依赖菁英的偏好或局限于代议者的判断。再者,为提升政府对于公民的责任,需要民众、政策规划者与民意代表共同参与公共政策的过程,让公民能够了解公共政策的重要性,透过审慎的思考,不仅能够有表达自己意见和被聆听的机会,更要尊重他人的观点和态度。这些公民治理的原则恰与目前学界运用审议式民主理论所设计的公民参与机制来扩张并深化公民参与的理念相呼应。

具有审议民主特质的公民参与模式,过去在欧美各国至少有 20 种以上的模式曾经在全国、地方政府或是社区等不同的行政层级举办或进行实验,例如:公民共识会议、愿景工作坊、公民陪审团(citizens jury)、审议式民调(deliberative polls)、国家议题论坛(national issues forums)以及学习圈等,这些不同的参与模式,根据政策议题的性质、参与对象的背景、参与者的遴选方式、结论的形式等不同,而有所差异。在社区层次上,最常见的审议参与模式则有五种(参见表1),包括公民会议、愿景工作坊、公民陪审团、学习圈与开放空间(open space)等模式最为广泛运用。以下即针对公民陪审团与学习圈两种模式在欧美国家的实践经验进行介绍。

### 1. 公民陪审团

公民陪审团的审议参与模式在 1970 年代初期由美国政治学者 Ned Crosby 所创,他成立杰佛逊中心(Jefferson Center)作为执行并推广公民陪审团的机构。而在德国,类似的讨论模式则以"规划团"(planning cell)的名称为人所知,美国的模式较倾向采用 12 至 24 人组成的独立陪审团,而德国的模式则是同时采用许多个"规划团",每团包含 25 人,德国最大的"规划团"活动曾经同时招募了 500 位来自全国各地的参与者。

公民陪审团乃是集合一组透过随机抽样的公民(陪审员),通常约 12 至 24 人,针对由主办单位设定的议题进行协商,参与者在会议期间接触大量关于此一议题的信息,并广泛听取专家证人的意见,专家证人则是由各具专长或代表相关利害关系人之中选出,而训练有素的主持人会在程序公正的情形下,让陪审团人员诘问证人。在陪审团协商之后,会产生一份决议或提出建议,该决议或建议会以公民报告的方式呈现。一般而言,发起者(可能是政府部门或是地方主管机关)会被要求做出响应,说明实行或是拒绝这一份公民报告的原因。公民陪审团的特点,在于透过结构性的议程设计,尽可能地提供议题相关信息与不同的观点,透过深度的对话讨论,以提升政策规划的质量。

表1　五种社区审议参与模式之比较

| 公民参与模式 / 差异面向 | | 公民会议 | 愿景工作坊 | 学习圈 | 公民陪审团 | 开放空间 |
|---|---|---|---|---|---|---|
| 参与者特质 | 参与主体 | 一般民众 | 一般民众、利害关系人 | 一般民众 | 一般民众 | 一般民众 |
| | 遴选方式 | 主动报名 | 被动受邀 | 主动报名 | 随机抽样 | 主动报名 |
| | 人口代表性 | 低 | 低 | 低 | 高 | 低 |
| | 参与规模 | 12—20人 | 20—60人 | 12—20人 | 12—24人 | 10—1000人 |
| 取得信息 | 参与时间长度 | 5—7天 | 1—3天 | 1—3天 | 3—7天 | 1—3天 |
| | 提供阅读数据 | 丰富 | 较少 | 较少 | 中度 | 较少 |
| | 专家介绍议题 | 高 | 较低 | 较低 | 高 | 无或较低 |
| | 与政府、团体代表及专家对话并质疑论点 | 高 | 高 | 较低 | 高 | 无或较低 |
| 程序规则 | 主动设定议程 | 最高 | 高 | 高 | 中低 | 最高 |
| | 规则弹性 | 低 | 高 | 中度 | 中度 | 最高 |
| 意见产出 | 结论形式 | 书面结论 | 政策建议 | 行动方案 | 政策建议 | 行动方案 |
| | 形成共识 | 是 | 较弱 | 是 | 是 | 低 |

资料来源:整理自林国明、黄东益(2004);林子伦、杨志彬(2007)。

公民陪审团的参与模式,已扩及英国、澳大利亚、西班牙、印度、南非、瑞典、爱尔兰、丹麦以及中国台湾地区,就场次而言,美国已举办过至少30场,英国各地则已经举办超过200场次的会议(Jefferson Center,2007)。以一场在英国西北方的伯恩利(Burnley)地区所举办的公民陪审团为例(Kashefi and Mort,2004),1999年由柏恩利地区的Primary Care Group与社区团体Health and Social Care Group组成执行委员会共同发起公民陪审团,针对当地基本健康与社会照护进行评估,讨论如何提升当地的医疗服务与质量,以及政府如何增加资源的提供等问题,特别是政府相关部门同意会议讨论的结果就是最终的政策决定,使得这场公民陪审团具有高度的政治影响力。

这场会议共召募12位在地民众参与,由于此地区的复杂性,有许多居民无法透过原先抽样方法,平等接触到参与讯息,因此执行委员会采取不同以往的召募管道,12名参与者中涵盖了2位残障人士、6位有不同程度的阅读和写字困难,会议期间甚至有2位公民发生紧急状况,必须趁休息时回家探视。五天的会议期间,陪审员和主持人相互帮忙彼此协助,讨论的过程都能在信任的基础上开放地交换意见和想法,最终的结论报告也藉由媒体的力量让影响力发酵。总结这场会议,有几项启示:首先让边陲、疏离的公民有发声管道,透过充分审议,让政策更具有合法性;其次,整合在地的知识、组织和团体,让最后的建议得以实践;再者,透过社区建立参与公共事务的能力,让地方的咨询策略能被接受;最后是信任感,透过持续经营,增加回馈或信任,而非加深民众的疏离和冷漠,而且需要在过程和结果有更高层次或关键组织的政治承诺。

### 2. 学习圈

学习圈是由美国的学习圈资源中心(Study Circles Resource Center, SCRC)推动的一种审议民主讨论模式,此中心于1989年在Paul J. Aicher基金会的支持下成立,学习圈的目的在透过集合不同阶层、种族、教育程度、年龄和政治观点的民众进行对话讨论,培养社区解决自身问题的能力,以协助社区的发展。学习圈资源中心广泛地运作在邻里、城镇等地方政府的层级,并且提供了各社区在操作此讨论模式的协助和训练。该中心在历经多年推动的经验显示,学习圈的确是有助于想要改善社区生活并寻求组织社区对话的人士,可以运用的一种创新且有效的讨论模式。

学习圈的运作与一般谈话与聆听的会谈形式不同,学习圈藉由各种背景与理念的社区民众(通常为8—12人),聚在一起讨论社区成员共同关切的议题,透过公正的主持人带领讨论,由参与成员自身的生活经验出发,讨论过程中尊重不同的观点并提供每个人发言的空间,强调聆听与寻找共同理解。透过学习圈的过程,参与者超越自己原先对某项议题的了解,扩大了自身的观点,这个过程有助于解决社区冲突以及促进参与者批判性的思考,学习圈不但培养了各种参与者之间关系,也建立了参与者之间沟通的桥梁,使得参与者与自身生活以外更广大的世界有所连结。学习圈特别强调社区居民的行动方案,希望经由这个对话过程能产生共同的信念,并基于此信念采取行动,亲身参与解决方案的执行并进而解决问题。简言之,学习圈提供了社区居民对于社区重要议题有所作为的机会,透过学习圈的过程使得参与者有机会体验自己作为一个主动参与公民的潜能。

自1989年成立以来,该中心已经协助超过400个美国社区运用学习圈的讨论模式来解决社区面对的问题,这些议题包括种族、教育、贫穷、移民、青年发展、邻里关系、社区安全、警民关系、社区发展及如何面对"9·11"之后的未来等多元的面向(SCRC,2008)。以SCRC近期举办的一场大型的Best Practice Studies学习圈计划为例,该计划于1998年至2000年在美国17个地方(两个州以及15个社区)实施,会议主要的目的在协助社区解决种族的问题,另外也针对学习圈的运作进行评估与检讨。此项会议广泛地邀请各类地方组织共同执行社区的学习圈,此外,并有计划地招募和培训主持人,让学习圈的操作更趋成熟,以建立各社区未来独立执行学习圈的能力。根据会议后的研究结果显示,不论参与者还是筹办者都视学习圈为一种改进种族关系的有效工具,不仅培养个人对于种族态度与行为上的改变、发展新的关系,而且由于透过更多元的种族参与,以及公共对话本身的价值,让学习圈的参与模式成为形塑社区关系的平台。

综合言之,欧美国家社区审议的经验显示,虽然面对公民代表性不足、讨论不够深入等局限、甚或是对话不够公正的批评。然而,透过审议民主的参与平台,让边陲、疏离的公民有发声管道,使政策更具有合法性,并透过整合在地的知识、组织和团体,让最后的建议得以实践,不仅可建立一般民众参与公众事务的能力,参与机制的活化,更可重新激发公民对地方公共事务的兴趣。

## 三、审议民主在台湾的实践历程

审议民主参与模式引进台湾,源自于二代健保公民参与的计划(赖美淑,2004),自2002年开始,"卫生署"与"二代健保规划小组"举办台湾首次的公民会议,之后陆续试办了审议式民调、愿景工作坊、法人论坛、公民陪审团与学习圈等各类讨论模式,受到政府部门、学术界及社区组织的高度关注与重视。根据作者的统计(参见表2),从2002年至2008年12月为止,台湾举办过的各类审议民主讨论活动已经超过60场,其中公民会议模式约占半数(30场),为台湾审议民主讨论最主要的模式。我们若将审议民主的发展历程分为萌芽期、成长期与制度化时期,则台湾审议民主自2002年以来的发展,大致已从第一阶段的萌芽期(2002年至2005年)发展至第二阶段的成长期(2006年迄今),分述如下:

### (一) 第一阶段(2002—2005年):萌芽期

2002年由二代健保规划小组公民参与组举办的"全民健保给付范围"公民会议,为台湾第一次的公民审议会议(陈东升,2006)。有鉴于过去全民健保政策规划与运作缺乏公众参与,为了提升此项与民众切身的社会福利政策的质量,规划小组透过文献阅读,引进西方审议民主讨论的模式,藉由招募较具有公民意识的台北县市社区大学学员,试验性地进行了一场知情、理性的公民会议讨论,此会议虽属实验性的操作与探索,不过却成为台湾推动审议民主的滥觞。2003 年起,二代健保规划小组又试验性地举办审议式民调(黄东益,2004),以及以公民团体为主体的"法人论坛"等公民参与模式(邓宗业、吴嘉苓,2004),针对全民健保议题进行讨论,希望藉由不同公民参与模式,寻求符合台湾社会与文化背景的民主对谈方式。

经由这些试验性审议讨论模式的经验累积,以台大社会系为主的学术团队于2004 年尝试与社区大学促进会合作,基于长久以来台湾的社区欠缺沟通、讨论及整合公共事务意见之机制,因此审议民主的参与模式,为促进社区层次的参与及公民对话提供了一个可行的运作模式。此外,由于在地议题更贴近公众关怀,更能吸引民众参与,推动审议民主深入社区,不仅可凝聚社区意识,同时也能民主讨论于基层扎根,提升民主的质量。在学术团队的协助下,北投社区大学以当地具重要文化意义之"温泉博物馆"为议题,举办台湾第一场地方性的公民会议。之后,又接续办理"北投老街的明天"公民会议,此场较特别的是,除了实体(face to face)公民会议之外,由于因特网(internet)相当普遍,更首度尝试将公民会议移至网络上进行(陈敦源等,2008)。此外,以"税制改革"为议题的公民会议也分别在基隆、北投、芦荻、屏东等四所社区大学举行。

除了社区审议活动的逐渐开展,2004 年也是公部门正式跨入审议场域的关键年,"代理孕母"政策的公民会议,成为台湾第一场正式由政府部门委托举办的审议民主参与会议。此外,由于高雄跨港观光缆车的兴建引发争议,当时担任高雄市长的谢长廷决定引进公民会议方式来讨论此政策议题,2004 年底,高雄市政府举行"高雄跨港缆车"公民会议,成为台湾首次由地方县市政府举办的公民会议。值得一提的是,青年辅导委员会于 2004 年引进审议民主的概念,结合美国"国家议题论坛"与"学习圈"等模式,发展出"公民对话圈"的审议方式,透过招募 18 至 30 岁的青年公民参与召开"青年国是会议",藉以唤起青年关心讨论国是,提出政策建言,并自2004 年起每年举办"青年国是会议"以推动审议民主的政策讨论。

2005 年初,宜兰社区大学结合学术研究团队针对"新竹科学园区宜兰基地"举办公民会议,宜兰县的环境保护与社区营造成果一直在台湾名列前茅,而科学园区的兴建引发在地民众对于环保、交通、产业与文化等争议,因此在地社区团体希望透过公民会议,结合民主的讨论程序,寻求宜兰民众对新竹科学园区宜兰基地设立的共识,以降低未来的影响冲击,也可同时提升宜兰的公民意识。会议期间,当时台湾地区行政领导人游锡堃与新竹科学园区主任曾经到场旁听,会议结果受到政府相关部门的重视。

游锡堃受到"青年国是会议"以及宜兰公民会议的启发,于任内指示每个部会在半年内,必须挑选两项议题举办公民会议,并由"研考会"研拟政府部门操作公民会议作业规范,希望将此成为政府推动政策之一。在政府的支持下,"财政部"委托学术单位进行"税制改革"公民会议,过去主要依赖专家的税制改革议题,首次邀请一般民众参与讨论,会议达成包含取消军教免税、建立最低税负制、海外所得课税设定日出条款、课征证所税等重要建议,当时之"财政部长"林全肯定会议的结论,并认为许多政策建议相当有创意,将作为推动税制改革的参考。

首善之区的台北市也在同年(2005年)举办了首场公民会议,以"台北市应否订定汽机车总量管制"为讨论议题,招募台北市民参与五天的审议讨论,公民小组提出包括分阶段实施汽机车总量管制,以及建议自台北市征收的汽燃费与空污费中,提拨一定比例的款项补助台北大众运输系统,以降低大众运输系统票价等几项重要结论,会议后研究团队并受邀至市政府进行项目报告,当时台北市长马英九也指示交通局参考会议结论研拟分阶段管制的策略,对后续政策方向产生相当的影响。

台湾不仅在审议的实践面上逐渐扩展,相关的研究也逐步展现,例如林国明(2005)以台湾曾经举行的三次公民会议经验资料,探讨台湾的公共讨论是否由社会经济优势者所支配;陈俊宏(1996)、林子伦(2005)则分别从理论与实证的角度,分析审议民主是否有助于实现环境永续发展;杜文苓(2007)探讨审议民主与社会运动的关联;黄东益(2005)则从审议民主对于台湾民主化的意义角度切入,探讨审议民主是否可能有效管理政治分歧;陈东升(2006)则从台湾实施公民会议经验来反省审议民主的限制等。

整体而言,台湾审议民主发展的萌芽期,显现了几项特色:第一,学术界是台湾审议民主运动的关键推手,在公民审议的意识启发与概念倡议扮演了启蒙角色;第二,公民会议为此一阶段公民审议之主要模式,原因之一除了公民会议模式融合了审议理论的主要特质,另一个原因乃是当时台湾的学术界对于其他审议模式的适用性仍在摸索阶段;第三,审议民主所倡议的公共讨论特质与社区赋权(empowerment)的精神相契合,催化审议民主运动与社区运动的逐步串连,各地的社区大学成为发动社区审议与资源连结的据点。

### (二) 第二阶段(2006 年迄今):成长期

2006 年起,不仅审议民主会议的次数逐步成长,审议参与的模式也更加多元化。有感于公民会议的操作经验仍未完全成熟,也希望藉由操作经验的累积与深入检讨,寻求社区公民审议参与的最适当形式与规模,在台湾民主基金会及社区大学促进会的支持下,学术研究团队透过甄选方式选出淡水、曾文、苗栗、基隆与内湖五所社区大学,针对地方性议题举办五场社区型公民会议,讨论主题包括"观光与在地生活共享的淡水小镇"、"苗栗县造桥乡造桥火车站宿舍外围环境规划"、以及"八斗子生活圈如何与海科馆共荣共存"等,触及多元化的社区议题。由于讨论议题贴近地方需求,这五场直接以社区为施作平台的公民会议,扩大了社会基层的民主参与,相当程度地达到了寓台湾民主之力于地方的效果(林子伦,2006;杨志彬,2007)。

基于扩大公民参与以及提升民主质量的需求,台湾地区行政部门对于审议民主的推动一直维持善意的支持态度,除了行政首长每年出席"青年国是会议"听取青年的政策建言,最具体的行动即是 2006 年由"研考会"委托学界推动的"行政民主之实践"研究计划(林国明、黄东益、林子伦,2007),此计划之目的在评估欧美国家办理全国型、县市型和社区型议题审议民主公民参与之工具与经验,以探讨适合台湾情境之审议民主参与模式,并分析实施过程可能遭遇之问题与对策,同时编写审议民主公民参与之操作手册,以供不同层级政府机构之使用。过去数年台湾主要以公民会议为主要的审议参与模式,不过依照"行政民主之实践"计划之规划,2006 年底开始首度试验各种不同的审议民主模式,包含县市层级的"淡水河整治"愿景工作坊与公民陪审团、"澎湖观光博弈"县民论坛、社区层级的"淡水需要什么艺术文化"开放空间、"淡水需要怎样的交通环境"学习圈、"奇岩新社区开发计划"公民陪审团等,透过操作不同审议民主模式,藉以分析与了解不同审议民主讨论模式,于不同层级、议题性质及发展阶段、预算成本考虑等之关联。除此之外,此研究计划亦针对政府官员举办审议民主之培训,希望透过训练课程与模拟演练,将审议民主讨论模式运用于各机关的政策过程中,此计划之研究成果将对审议民主在台湾的深化产生重要的影响。

另一项台湾首创的审议民主实验,乃是 2006 年底由公共电视台、中国时报、联合报、自由时报、苹果日报四大报和"中央社"合作,针对备受瞩目的台北市长选举所举办的一场"审议式辩论会"。这场审议式辩论会,系结合近一二十年来备受瞩目的公民新闻学与审议式民主,藉由整合公民审议与候选人辩论程序,将议题设定权利交还给真正具有选举权的选民。所邀请之公民系采公开招募、依据政党倾向、年龄、教育程度、男女比例、居住区域等基本条件,依据分层随机抽样方式选出 20 位台北市民以组成公民小组,于正式举行审议式辩论会前,公民须先参与规划过的公民论坛,事先阅读了解候选人政见与相关审议辩论会资料,透过两天的审议讨论后,提出询问候选人之问题,此一公民审议的模式受到三位台北市长候选人的一致肯定。此外,碍于电视审议辩论会人数限制,为扩大台北市民的政策参与,公共电视台结合了台北市 12 所社区大学和民间社会团体,共同推动"台北愿景十三谈",以社区学习圈的模式发动民众对市政议题进行讨论。事实上,类似的审议式辩论会模式曾经在2005 年台南县长选举时,由公共电视台、台湾民主基金会、与台湾智库等团体共同合作试办,以期作为台湾往后选举电视辩论模式改革之参考。

除了审议参与模式的多元化,讨论的议题范围亦多样化,从原住民族工作权的保障、社区槟榔健康危害防制、地方特色产业发展政策、农业发展条例与农地政策、十二年国民教育、嘉义市旧监的春天,甚至运用至讨论大学与其社区之关系的"世新在大文山地区的角色与定位"愿景工作坊,以及护理伦理规范的修订等(卢美秀等,2006)。此外,更进一步将审议民主理念深入高中校园,不仅举办审议民主高中种子教师培训,并从受训教师中遴选两所试点学校举行新兴的审议式班会。

相关的审议活动在 2008 年仍逐步扩展,高雄市针对"高雄引进博弈产业是否可行"与"高雄市市政中心是否迁移"等两项议题,广邀高雄市民参与了两场公民陪审团。另外,信息工业策进会科技法律中心为了研拟基因改造科技(GMO)相关法律,建立台湾 GMO 健全管理与法制环境,举办台湾首次的"基因改造食品公民共识会议",来自社会各阶层的 20 位公民经过五天会议后发表结论,建议政府未来应强化此类食品的安全评估与标示,且基于环境风险与成本,台湾不宜大量种植基改作物。台北县亦针对新庄市"中港大排规划与使用"举办愿景工作坊,汇集居民意见。而2008 年底,台湾更将针对"性工作除罪化"与"废除死刑"两项争议性极大的人权议题进行公民审议。2008 年 5 月上任的领导人马英九先生在八项具体政见中,明确主张"以审议民主促进行政及立法改革",希望藉由审议民主以弥补代议政治在民主决策过程中的缺失,并认为应将审议民主理念透过内部自行建立的审议程序进入政府行政与立法过程。

综观上述台湾审议民主之发展进程,此一"成长期"显现了几项特色:第一,审议模式的多元化,不再以公民会议为主要模式;第二,审议议题范围的多样化;第三,审议模式的研究创新,台湾不仅引进欧美的审议公民参与模式,更创新融合设计出"审议式电视辩论"、"审议式班会"等模式;第四,审议民主的理念与目标,呼应了基层社区组织,特别是社区大学对于知识解放及公民社会养成的期待,因此,审议民主的公民参与逐渐与社区主义相结合,各地社区大学成为审议民主的倡议网络,此一网络势必在未来台湾审议民主的制度化进程上,扮演重要的角色。

## 四、社区公共审议个案实例:淡水捷运周边环境改造公民会议①

### (一) 淡水社区公民会议之缘起

台北县淡水镇是北台湾的著名观光胜地,在淡水捷运线于 1997 年通车之后,已经成为台湾游客到访率最高的观光景点。大量游客带来了经济的繁荣,但也对淡水市区与外围地区的环境、空间与文化产生相当的冲击。此外,台北县政府也预计在淡水地区推动多种开发计划,面对这样的多元挑战,淡水社区大学、淡江大学建筑系等学术团体共同发起召开公民会议,以期透过审慎思辨的民主精神,提供社区居民公开理性的讨论平台,从整体发展的角度来思考淡水捷运外围地区的发展图像。

关于公共议题的经营,淡水社区大学与在地文史工作者已累积相当丰富的经验,十多年来进行不同型态的社区营造工作,从抢救老街及古迹、淡水河环境保育、重建街改造等等,都发展出一套经营文化空间的在地经验。2000 年推动"淡水文化会议"以整合淡水的文史教育即空间营造的经验,之后催化成立了"淡水社区大学"以延伸此一论坛的目标。此次公民会议的召开即是以上述在地经验与淡水社区大学既有之课程为根基,透过居民的参与讨论,规划淡水捷运站周遭环境的配套措施,提出属于民间的共识及解决方案,并与公部门进行对话。以下即为淡水公民会议的实践过程概述。

### (二) 公民会议之操作过程

#### 1. 筹组执行委员会( steering committee)

为确保公民会议能在公平、公正且信息充足正确的情况下进行,在会议进行前,

---

① 本节个案改写自淡水公民会议期末报告,参见林子伦(2006)。

主办单位淡水社区大学邀请针对此议题熟悉的各方面专家组成执行委员会,负责公民会议讨论议题之规划、会议流程之安排、公民小组的招募与遴选、议题手册(issue book)的审查,以及监督并确保会议进行的公正性与客观性。淡水公民会议的执行委员会成员包括淡水社大主任、熟悉审议民主操作模式的教授、建筑及交通运输领域之专家学者、淡水文史工作者、捷运局官员、淡水镇民代表等,共同监督并规划整体会议之进行。执行委会并确认邀请两位会议主持人,全程陪同公民小组,协助会议进行。值得注意的是,主持人必须维持超然立场,不应将本身对于政策议题的意见加诸讨论过程。在淡水公民会议筹备与举办期间,执行委员会议共召开了四次会议。

**2. 议题手册数据的撰写**

议题手册之目的在使参与之公民能在会议前对相关政策议题具有基本的认识,其内容必须经过执行委员会的同意,通常在预备会议前一周左右寄达"公民小组"的成员。执行委员会确认本次公民会议讨论的核心议题由两个角度出发,一是对于淡水在地的主动性想象,另一个是实质规划的层面。在生活想象部分包括:(1) 都市发展的定位:捷运线所带来的居住型态与生活方式的改变,冲击了淡水小镇的都市空间,在"行政院"、地方政府、镇公所等不同层级部门的积极介入下,需要有一个整合机制,以厘清淡水都市发展的定位;(2) 捷运站周边景观规范:淡水不但是捷运淡水线的"终点站",同时也是"北海岸地区"的起点,一种"浪漫的地景"性格。在以观音山与淡水河为主要空间景观主轴之外,捷运站周边的建筑风貌需要有所规范,使能够积极塑造淡水入口意象的角色与作用。在实质规划部分,则包括:(1) 交通网络:捷运系统有机会支持一个以人为主的交通网络的建构,需要有效整合目前的公交车系统,以更为贴心地建构出淡水的通勤与生活网络;(2) 环境质量经营机制建构:观光与居住行为的差异,在不断地磨合与协商过程中,导致空间的失序,突显出规划整合的必要性,亟需建构一套经营机制,以累积环境治理的能力;(3) 环境承载力管制:观光力量所带来的开发往往超过淡水的环境负载,因此需要衡量淡水先天环境的限制下,进行细致的环境承载力评估,以维系一个地域特色质量。

**3. 公开招募公民小组成员与遴选**

主办单位透过各种宣传管道进行为期一个月的宣传,公开招募年满 20 岁居住或在淡水地区工作的民众,参与此一场公民会议,除了联合报地方版及文化淡水社区报的报导之外,地方电视台提供跑马灯,并透过淡水社大网站及部落格、社区派

报、社造联盟电子报、地方性免费网站及 BBS 张贴会议讯息，并于捷运车站及透过红
毛城古迹导览学员发放宣传单，以及运用淡水社大网络资源，于社区大学各班进行
宣传与初步解说。

表3　公民小组基本资料统计表

| 基本数据 | | 人数 | 基本数据 | | 人数 |
|---|---|---|---|---|---|
| 性别 | 男 | 9 | 年龄 | 20~29 岁 | 4 |
| | | | | 30~39 岁 | 2 |
| | 女 | 6 | | 40~49 岁 | 2 |
| | | | | 50~59 岁 | 5 |
| | 合计 | 15 | | 60 岁以上 | 2 |
| | | | | 合计 | 15 |
| 教育程度 | 国小以下 | 1 | 职业 | 工 | 1 |
| | 国中 | 2 | | 商 | 4 |
| | 高中职 | 3 | | 学生 | 2 |
| | 大专 | 6 | | 公司员工 | 5 |
| | 研究所以上 | 3 | | 退休 | 3 |
| | 合计 | 15 | | 合计 | 15 |

截止后共计25位民众报名参加，执行委员会依照淡水镇的人口特质与报名人
员之背景加权，然后依"性别"、"年龄"、"教育程度"进行分层抽样，抽选出15位民
众参与本次会议，随即进行连络，以确定全程出席的意愿，无法参与者将其剔除，另
抽选背景相近的报名者递补，以期公民小组的成员能尽量符合淡水镇民的人口特
性，公民小组之背景详见表3。

### 4. 预备会议

预备会议之目的在透过专家授课与角色扮演等活动的设计，使公民小组对于捷
运淡水站周边环境经营议题建立基本的认识，经过两天的会议后(10 月 28 日、29
日)，公民小组经讨论后提出"空间的规划与策略"、"交通系统的规划"、"生态环保
的角度与文化观光"及"文化观光的营造"等四大类项目共十多项问题，于正式会议
邀请相关专家及政府官员进行听证询答，在此阶段公民小组亦可建议参与正式会议
对谈的各领域专家人选。

### 5. 正式会议

正式会议的设计共三天，前两天公民小组将和不同领域和立场的专家学者进行

对谈,透过类似专家听证的程序,让公民小组更完整地了解各方的信息,能让各方观点有更多呈现与比较的机会。程序上,每位专家首先响应公民小组在预备会议中提出的问题,接下来由公民小组提问,由专家现场响应公民小组的提问。

在淡水公民会议期间(议程表参见表4),主办单位针对四大议题共邀请十多位学者专家与政府官员进行交叉询答的讨论,并凝聚全体成员的共识。由于公民会议结束前需撰写一份反映全体成员意见的结论报告,因此由公民小组成员互推主笔人选,依据会议期间的讨论内容与所获共识,分别担任四大议题撰写结论报告初稿。主笔人所撰写的报告内容,于正式会议最后一日(11月18日)提请全体小组成员的讨论与认可,由全体成员进行逐字确认,以忠实反映全体成员的意见,讨论后仍未能取得共识之议题及其论点,也一并纳入结案报告中,并说明成员间无法达成共识的原因。

表4　正式会议议程

| 11月11日(星期六) | | 11月12日(星期日) | |
|---|---|---|---|
| 时间 | 议程 | 时间 | 议程 |
| 9:00—9:30 | 报到 | 8:40—9:00 | 报到 |
| 9:30—9:40 | 议程说明 | 9:00—10:50 | 专家听证:<br>文化观光的营造 |
| 9:40—11:40 | 专家听证:空间的规划与策略<br>捷运局工程人士<br>台北县政府研究发展考核室<br>景观规划建筑师 | | 世新大学观光学系<br>文化局淡水古迹博物馆<br>淡水镇公所机要秘书 |
| 11:40—12:40 | 午餐 | 10:50—11:00 | 休息 |
| 12:40—14:40 | 专家听证:交通系统的规划<br>台北县政府交通局<br>淡江大学运输管理学系<br>台湾大学土木工程学系 | 11:00—12:00 | 综合讨论与形成初步共识(二) |
| 14:40—14:50 | 休息、茶点时间 | 12:00—13:00 | 午餐 |
| 14:50—16:50 | 专家听证:生态环保的角度与文化观光<br>荒野保护协会<br>在地文化工作者<br>淡江大学建筑学系 | 13:00—15:00 | 形成整体意见(一) |
| 16:50—17:00 | 休息、茶点时间 | 15:00—15:10 | 休息、茶点时间 |
| 17:00—18:00 | 综合讨论与形成初步共识(一) | 15:10—17:10 | 形成整体意见(二) |
| | | 17:10—17:30 | 确认结论报告主笔群 |

### 6. 结论报告记者会

公民会议最后一日(11 月 18 日),主办单位安排专家学者,针对公 民小组结论报告初稿中,有关法律条文与数据等事实性的错误提出意见,并不涉及更动结论报告的内容,公民小组参考专家的意见后,由全体成员逐字认可主笔人所撰写的结论报告初稿。本次淡水公民会议的结论报告,对于淡水镇与淡水站周边未来空间营造与控管、交通改善方式与策略、生态永续经营与策略、文化发展愿景与观光经营方式等各方面,提出了诸多共识,包含推动在地的环境公约、发展车站周边转乘系统、以渔业文化为在地特色、以及强化社区总体营造等,以发展出一种对于环境改善、文化与商业并存、游客与居民共享的和谐相处之道。主办单位并邀请台北县政府相关官员、淡水镇公所机要秘书、淡水镇镇民代与淡水社区文史工作者到场聆听结论报告并针对报告做出响应,会后并将结论报告送交政府各单位参考。

## 五、审议民主在社区：台湾经验的反省与展望

综合分析过去台湾社区型审议民主之实践经验,可以看出社区型审议民主促成了公民理性的讨论与相互了解的沟通,提升了公共讨论的知能基础,增加了公民政治效能感与激发讨论公共事务的意愿。透过这些实践经验可以发现,只要提供适当的参与管道,对公民进行知能的赋权,公民是有能力对于政策议题进行理性讨论的。台湾社区型审议民主之实践经验,对于民主治理的发展,有两项主要意涵：

### (一) 落实审议民主于基层,建构强健的民主

台湾的民主越接近基层,越容易受到地方派系的利益纠葛而变质。过去许多民众有感于对地方事务的疏离和缺乏影响力,因此对于公共议题漠不关心,社区型的审议参与提供了一个有利的平台来化解这种现象。审议式民主在地方政治、利益团体运作体系以及菁英支配的治理模式之外,提供一个让民众能够发声的公共讨论空间,使得专家知识与常民经验,以及不同利益团体和价值立场,能够进行对话与沟通。此外,社区的公民审议论坛直接探触地方议题,连结公民、政府官员及社区中的利害相关人,创造了信息的流通互动与对话,拓展了民众参与地方公共政策讨论的空间,透过基层播种参与式民主的种子,巩固民主的发展。换言之,审议民主的参与模式不仅可改变地方与社区治理的型态,亦可强化地方政府与社区组织的治理

能力。

## （二）扩大审议民主的效应，持续民主的深化

台湾自解严后，民间与社区力量迅速开展，传统上政府与民间由上而下的层级互动，已无法因应新兴的民主治理需求。审议民主的理念与目标，呼应了基层社区组织，特别是社区大学对于知识解放及公民社会养成的期待，因此，各地社区大学成为审议民主的倡议网络，审议式的公民参与，迅速在台湾各地开展。公民在此过程中获得了机会表达他们的在地关怀，透过讨论学习到政策议题相关的知识，了解社区居民的想法，并提供政策建议与行动方案，协助地方问题的解决；而政府官员和社区组织也透过此过程有了广大的公众支持，更了解公民的想法为何，也培养了公民关心公共事务及解决问题的能力。值得一提的是，社区大学与社区组织已逐渐具备独立办理公民审议论坛的能力，淡水社区大学于2008年初发表了"淡水的远见——21世纪地方议程"白皮书，即是延续2006与2007年三场社区审议论坛，进一步凝聚淡水居民共识的具体成果。公共审议知能的提升与扩散，将有助于未来审议民主参与模式在台湾的长期发展及民主的深化。

除了上述的民主意涵，本文认为，台湾的社区审议参与在实践上仍存在相当程度的局限以及困境尚待克服，分述如下：

### 1. 对审议民主概念不熟悉

审议民主的理念与讨论模式引进台湾至今大约六年，虽然就审议论坛的数量以及议题的广度而言，审议民主在台湾的发展已经从萌芽期进入成长期，然而，对大多数民众而言，审议民主仍是一个陌生的概念，对于其基本理念与精神以及操作流程并不熟悉，以致参与度仍待提升。过去社区推动审议民主的过程中，报名人数不够踊跃是一大问题，由于参与人数不足将导致与会公民之抽样代表性受到挑战，无法在年龄、教育程度等人口特质上反映社区居民之组成。此外，受限于审议论坛的会议时间过长，而无法全程参与，例如公民会议长达五天，公民陪审团时程为三天，民众不习惯也不了解为何要参与那么长时间的讨论，由于过去并无类似经验，社区民众对相关公共参与经验不足，未来如何提升民众参与意愿，有效传达审议民主之精神，仍有进一步改善之空间。

### 2. 社区资源与人力欠缺

过去审议民主在台湾的推动，经费资源主要来自政府，而社区型之审议活动所

获得之补助相对缺乏,大多仰赖社区民间组织串连发动或协力合作,因此普遍面临资源欠缺的问题。由于审议式民主在操作过程中有许多严谨的设计,需要投注相当的资源,社区团体长期缺乏资源补助,在此条件之下当然对会议的成效造成影响。此外,在地审议人才的培育也是关键之一,例如审议论坛的主持人,他们必须带领公民讨论,并确保公民能聚焦于议题中并提出有建设性的讨论,过程中必须保持中立,并于会议中协助公民小组理解歧异点、寻求共识,并归纳、整并相关的看法,所扮演的角色十分吃重。再者,社区也因其独特的性质需要更多的在地经验与知识的投入,考虑社区型议题常牵涉在地细节之讨论(如街道名称、在地社团组织、相关公共设施地点),若对在地社区不了解,很难进入社区居民之讨论氛围,无法与其充分沟通,所以主持人的养成需要长时间的培养,累积其与社区之互动,以因应未来社区审议发展的需求。

### 3. 在地知识的建构与累积不足

审议式民主强调知情的讨论,丰富的信息与知识的提供将有助于审议讨论的质量与成果。然而,由于社区型的议题长期缺乏关注,导致会议的议题手册编撰、专家经验与咨询,大多缺乏多元的在地知识与生活经验的提供。此外,由于许多政府信息的不公开,公部门提供的政策相关信息亦相对不足。因此,有必要连结在地团体及社区工作者,透过田野调查,考虑各地区文化与资源,长期与有系统地建构与累积在地社区各项知识与数据库,以降低因信息不足而产生相关会议讨论之偏差。

### 4. 制度性响应机制不健全

审议民主所产出的结果应该要能积极地纳入政策方案,才能使此参与模式之成效有其响应性。从台湾过去数场社区公民会议中可以观察到,行政部门与主办单位在会议过程中有良好的互动与合作,相关单位不仅对于审议式的公民参与模式感到肯定,对于结论也予以相当的重视。以苗栗的公民会议为例,造桥火车站主管当局相当肯定此审议论坛的精神与结论,在会议后将其老旧宿舍的营造交由在地文史团体规划,即是一个良好的范例。然而,目前政府单位对于社区审议论坛的会议结论,大多采取选择性响应或根本不响应,使得参与之公民产生相当负面的观感,长期而言将引发可能的抗争与对立关系,增加民众与政府间彼此之不信任。政府缺乏制度性的响应机制,不仅减损主办审议论坛之在地团体的公信力,使得相关议题决策过程中民主化程度大大降低,也将扼杀具有公共参与意愿的与会公民之政治效能感。因此,如何将审议民主与现有之决策机制或地方自治制度结合,例如结合公民投票

（林水波、邱靖鑫，2006），环境影响评估、或是都市计划审议机制等制度化流程，将是审议民主制度化的重要课题。

### 5. 地方政治权力结构复杂

审议式民主的进行仍跳脱不出地方的政治脉络，在许多的社区个案中呈现了地方政治人物、社区团体竞合的问题，在地的紧张关系对于审议民主的讨论与后续结论的推动产生相当重要的影响。此外，社区型议题常常涉及相当多层级的权责范围，现行社区在这些政策上往往无自主决策之权利，因为许多政策相关权责单位在上级政府，有些基层行政官员虽有心参与，但也因为角色尴尬无法做出相关响应，也无力推动相关结论。因此，如何透过对话，缓解在地复杂的政经关系，寻求更多在地团体的整合，亦是地方型审议公民参与的重要挑战。

# 六、结　论

审议民主的台湾经验显示，只要提供适当的参与管道，对公民进行知能的赋权，公民是有能力对于政策议题进行理性的讨论，不仅公民在政策知能提升、态度转换及公共参与意愿等面向有显著的增长。曾经参与过审议论坛的公民、政府官员与专家学者，也对此种参与模式抱持肯定的态度，尤其是社区层次的参与方式更是一个可行的选择方案。因此拓展社区型的审议式公民参与，的确能够更加贴近居民的关怀、凝聚社区意识，落实审议式民主的理念。一方面在地的议题更吸引社区民众的参与，另一方面透过审议的过程，社区民众更关怀了解自己所处周遭的公共事务，藉此机会激发公民的在地意识。

然而，如何强化社区沟通，建立理性、优质的公共讨论文化与机制是实践社区公共审议的一大挑战。本文认为，将审议民主纳入制度性流程，是台湾审议民主持续进展的关键性步骤。在此基础之下，审议民主公民参与机制不仅能提升政府之治理能力，进而发展出一个由市民社会与政府一同勾勒出的未来愿景，深化民主并落实社区自主、自治之精神。

表 2　审议民主在台湾的实践经验

| 举办日期 | 行政层级 | 讨论议题 | 主办单位 |
|---|---|---|---|
| | | | 执行单位 |
| 2002/06 | 全台 | "全民健保给付范围"公民会议 | "行政院卫生署" |
| | | | "行政院二代健保规划小组" |
| 2002/11 | 全台 | 全民健保公共论坛——审议式民调 | "行政院卫生署" |
| | | | "行政院二代健保规划小组" |
| 2003/08 | 全台 | 全民健保新制规划法人论坛 | "行政院卫生署" |
| | | | "行政院二代健保规划小组" |
| 2003/11 | 全台 | 全民健保保费制度变革公民论坛 | "行政院卫生署" |
| | | | "行政院二代健保规划小组" |
| 2004/05 | 全台 | 医疗质量信息公开愿景工作坊 | "行政院卫生署" |
| | | | "行政院二代健保规划小组" |
| 2004/06 | 社区 | "温泉博物馆"何去何从社造协议公民会议 | 北投社区大学 |
| 2004/09 | 全台 | "代理孕母"公民共识会议 | "行政院卫生署" |
| | | | 台湾大学社会学系 |
| 2004/09 | 全台 | "青年 COME 议,台湾加力"青年"国是会议" | "行政院青辅会" |
| 2004/10 | 社区 | "北投老街的明天"公民共识会议 | 北投社区大学 |
| 2004/10 | 社区 | "北投老街的明天"在线公民共识会议 | 北投社区大学 |
| 2004/11 | 县市 | 高雄跨港缆车公民会议 | 高雄市政府 |
| | | | 台湾大学社会学系 |
| 2004/11 | 社区 | "大汉溪亲水空间构思"公民共识会议 | 板桥社区大学 |
| 2004/12 | 社区 | "税制改革"公民共识会议（共四场） | 基隆社区大学 |
| | | | 北投社区大学 |
| | | | 芦荻社区大学 |
| | | | 屏东社区大学 |
| 2005/01 | 全台 | 全民健保公民会议 | 健康保险局 |
| | | | 台湾大学社会学系 |
| 2005/05 | 全台 | "台湾未来,民主审议"青年"国是会议" | "行政院青辅会" |
| 2005/05 | 全台 | 能源运用青年公民共识会议 | "教育部" |
| | | | 中山大学政经学系 |

| 举办日期 | 行政层级 | 讨论议题 | 主办单位 |
|---|---|---|---|
| | | | 执行单位 |
| 2005/05 | 全台 | 动物放生规范公民会议 | "行政院农委会" |
| | | | 南华大学非营利研究所 |
| 2005/05 | 全台 | 产前筛检与检测公民共识会议 | 台湾大学社会学系 |
| 2005/06 | 县市 | "新竹科学园区宜兰基地"公民会议 | 宜兰社区大学 |
| 2005/07 | 全台 | 税制改革公民共识会议 | "财政部"赋税署 |
| | | | 世新大学行政管理学系 |
| 2005/08 | 全台 | 青少年政策公民会议 | "行政院青辅会" |
| | | | 世新大学行政管理学系 |
| 2005/10 | 县市 | "台北市应否订定汽机车总量管制"公民共识会议 | 台北市政府 |
| | | | 世新大学行政管理学系 |
| 2005/10 | 全台 | 环保共识会议 | "行政院环保署" |
| | | | 财团法人环境资源研究发展基金会 |
| 2005/11 | 全台 | 护理伦理规范公民共识会议 | "行政院卫生署" |
| | | | 台湾护理师护士公会联合会 |
| | | | 台湾大学社会学系 |
| 2005/11 | 县市 | 2005台南县长选举审议式辩论会 | 台湾智库 |
| 2005/12 | 全台 | "如何订定合理水价"公民会议 | "经济部"水利署 |
| | | | 台湾自来水协会 |
| 2006/04 | 全台 | 水资源管理公民会议 | "经济部"水利署 |
| | | | 台湾大学社会学系 |
| 2006/08 | 全台 | "青年国是会议常设化"青年"国是会议" | "青辅会" |
| 2006/10 | 社区 | 市民发声－台北、高雄愿景十三谈之社区学习圈 | 公共电视、ours |
| 2006/10 | 社区 | 观光与在地生活共享的淡水小镇—捷运淡水站周边环境经营公民共识会议 | 淡水社区大学 |
| 2006/11 | 社区 | 台南县休耕政策公民会议 | 曾文社区大学 |
| 2006/11 | 社区 | 苗栗县造桥乡造桥火车站宿舍外围环境规划公民会议 | 苗栗社区大学 |
| 2006/11 | 社区 | 八斗子生活圈如何与海科馆共荣共存公民共识会议 | 基隆社区大学 |

| 举办日期 | 行政层级 | 讨论议题 | 主办单位 |
|---|---|---|---|
| | | | 执行单位 |
| 2006/11 | 县市 | 你当家 我作主 2006 台北市长选举审议式辩论会 | 公共电视 |
| 2006/11 | 县市 | 淡水河整治愿景工作坊 | 政治大学公共行政系 |
| 2006/12 | 社区 | 内湖庄役场会议室外围开发公民共识会议 | 内湖社区大学 |
| 2006/12 | 社区 | 世新在大文山地区的角色与定位愿景工作坊 | 世新大学 |
| 2007/03 | 县市 | 淡水河整治公民陪审团 | 政治大学公共行政系 |
| 2007/04 | 社区 | 淡水需要什么艺术文化开放空间 | 淡水社区大学 |
| 2007/05 | 社区 | 淡水需要怎样的交通环境社区学习圈 | 淡水社区大学 |
| 2007/07 | 社区 | 奇岩新社区开发计划公民陪审团 | 奇岩社区发展协会 |
| 2007/07 | 县市 | 澎湖观光博弈县民论坛 | 政治大学公共行政系 |
| 2007/08 | 全台 | 青年"国是会议" | "行政院青辅会" |
| 2007/10 | 社区 | 社区槟榔健康危害防制公民审议之社区学习圈 | "行政院卫生署"国民健康局 台南市健康协会 |
| 2007/11 | 全台 | 如何让我们的国会明天会更好——公民学习圈 | 公民监督国会联盟、台湾青年公民论坛 |
| 2007/11 | 全台 | 原住民族工作权保障法暨就业政策——公民学习圈 | 屏东原住民水当当关怀协会 |
| 2007/11 | 社区 | "农业发展条例与农地政策"立委选举公民论坛 | 曾文社大 |
| 2007/12 | 社区 | "十二年国教与教育总预算"立委选举公民论坛 | 北投社大 |
| 2007/12 | 社区 | "治水方案与预算"立委选举公民论坛 | 林口社大 |
| 2007/11 | 社区 | "地方特色产业发展政策"立委选举公民论坛 | 联合大学建筑系 |
| 2007/12 | 县市 | "嘉义市旧监的春天"公民对话圈 | 嘉义大学学生议会 青辅会审议民主主办人团队 |
| 2007/12 | 县市 | 让寿山园区成为欢聚欢笑新天堂——公民对话圈 | 高雄应用大学观光管理系 青辅会审议民主主办人团队 |
| 2007/12 | 社区 | 如何善用花莲光复乡孩童课后时间——公民对话圈 | 青辅会审议民主主办人团队 |

续　表

| 举办日期 | 行政层级 | 讨论议题 | 主办单位 |
| --- | --- | --- | --- |
| | | | 执行单位 |
| 2007/12 | 社区 | 屏东高教的蜕变——三校的未来公民对话圈 | 青辅会审议民主主办人团队 |
| 2008/05 | 全台 | 2008 媒体公民会议 | 媒体观察教育基金会、媒体改造学社、NCCWatch 媒体公民行动网 |
| 2008/5 | 社区 | 台西乡五港村产业与社区发展公民会议 | 五港村社区发展协会、云林县浅海养殖协会 |
| 2008/06 | 全台 | 基因改造食品公民共识会议 | 财团法人资策会科法中心 |
| | | | 台湾大学社会学系 |
| 2008/06 | 县市 | 中港大排规划与使用愿景工作坊 | 台北县政府 |
| | | | 台湾环境行动网 |
| 2008/06 | 县市 | 高雄审议民主会议—公民陪审团"高雄引进博奕产业是否可行?""高雄市政中心是否迁移?" | 高雄市政府 |
| | | | 台湾大学社会学系 |
| 2008/09 | 全台 | 2020 台湾电子治理愿景工作坊 | "行政院研考会" |
| | | | 台湾电子治理中心 |
| 2008/11 | 全台 | 性交易应不应该被处罚——公民会议 | "行政院研考会" |
| | | | 台湾大学社会学系 |
| 2008/12 | 全台 | 应否废除死刑——公民会议 | "行政院研考会" |
| | | | 台湾大学社会学系 |

资料来源:本研究整理

## 参考文献

丘昌泰、洪鸿智、陈金贵,2002,《建立市民导向的社区参与制度:北市经验之评析》,《行政暨政策学报》,第 35 期,页 1—44。

杜文苓,2007,《审议民主与社会运动:民间团体筹办新竹科学园区宜兰基地公民会议的启发》,《公共行政学报》,第 23 期,页 67—93。

林水波、邱靖棽,2006,《公民投票 vs. 公民会议》,台北:五南。

林子伦,2006,《公民会议在社区:开启台湾民主深化的工程》,台北:台湾民主基金会。

林子伦、杨志彬,2007,《社区型议题审议民主公民参与》。台北:"行政院研考会"。

林国明、陈东升，2003，《公民会议与审议民主：全民健保的公民参与经验》，《台湾社会学》第 6 期，页 61—118。

林国明、黄东益、林子伦，2007，《行政民主之实践计划总结报告》。台北："行政院研考会"。

林国明、黄东益，2004。公民参与模式及其运用。见行政院卫生署编，公民参与：审议民主的实践与全民健康保险政策，页 215—239。台北："卫生署"。

陈东升，2006，《审议民主的限制：台湾公民会议的经验》，《台湾民主季刊》，第三卷第一期，页 77—104。

陈俊宏，1998，《永续发展与民主：审议式民主理论初探》，《东吴政治学报》，第九期，页 85—122。

陈敦源、黄东益、李仲彬、萧乃沂、林子伦，2008，《信息通讯科技下的审议式民主：在线与实体公民会议比较分析》。《行政暨政策学报》，第四十六期，页 49—106。

黄东益，2004，《审议式民主的实践："全民健保公民论坛"的执行及结果分析》，收录于赖美淑编，《公民参与：审议式民主的实践与全民健康保险政策》，台北："行政院卫生署"。

黄东益、陈敦源，2004，《电子化政府与商议式民主之实践》，《台湾民主季刊》第 1 卷第 4 期，页 1—34。

黄东益、李翰林、施佳良，2007，《"搏感情"或"讲道理"？：公共审议中参与者自我转化机制之探讨》，《东吴政治学报》，第二十五卷，第一期，页 39—71。

邓宗业、吴嘉苓，2004，《法人论坛：新兴民主国家的公民参与模式》，《台湾民主季刊》，第四期，页 35—56。

赖美淑编，2004。《公民参与：审议民主的实践与全民健康保险政策》。台北："卫生署"。

杨志彬，2007，《公民会议的社区实践》，收录于廖锦桂、王兴中编，《口中之光：审议民主的理论与实践》，页 73—78，台北：台湾智库。

卢美秀、蒋欣欣、杨哲铭、锺春枝、林子伦、尹祚芊、林秋芬，2006，《研究方法大突破——以公民共识会议修订我国护理伦理规范》，《新台北护理期刊》，8(1)：1—6。

Benhabib, Seyla. 1996. Toward a Deliberative Model of Democratic Legitimacy. In

Seyla Benhabib ed. ,*Democracy and Difference*,Princeton NJ：Princeton University Press.

Bohman,James. 1996. Public Deliberation：*Pluralism*,*Complexity and Democracy*. Cambridge,MA：MIT Press.

Bohman,James. 2004. Republican Cosmopolitanism. *The Journal of Political Philosophy*,12(3)：336—352.

Box,Richard C. 1998. *Citizen Governance：Leading American Communities into the 21st Century*. Sage Publications.

Chambers,Simone. 200(3) Deliberative Democratic Theory. *Annual Review of Political Science*,6：302—326.

Dryzek,John. 2000. *Deliberative Democracy and Beyond：Liberals*,*Critics*,*Contestations*. Oxford and New York：Oxford University Press.

Elster,Jon. 1998. *Deliberative Democracy*. Cambridge：Cambridge University Press. Press.

Fishkin,James S. ,and Peter Laslett. 2003. *Debating Deliberative Democracy*. Malden,MA：Blackwell Publishing

Gastil,John,and Peter Levine eds. 2005. *The Deliberative Democracy Handbook ：Strategies for Effective Civic Engagement in the Twenty – first Century*. San Francisco：Jossey – Bass Press

Gutmann,Amy,and Dennis Thompson. 1996. *Democracy and Disagreement*. Cambridge,Mass：Belknap Press of Harvard University Press

Gutmann,Amy,and Dennis Thompson. 2004. *Why Deliberative Democracy*? Princeton,NJ：Princeton University Press.

Huang,Tong – Yi. 2005. Managing Political Cleavages through Deliberative Democracy in Taiwan. *Paper presented at the International Conference on Deliberative Democracy*. Taipei. August 29—30.

Kashefi,Elham,and Maggie Mort. 2004. Grounded Citizens' Juries：A Tool for Health Activism. *Health Expectations*. 7：290—302.

Lin,Tze – Luen. 2005. The Environmental Promise of Deliberative Democracy. *Paper presented at the International Conference on Deliberative Democracy*. Taipei. August 29—30.

Lin, Kuo - Ming. 2005. Deliberative Inequalities in Citizen Conferences. *Paper presented at the International Conference on Deliberative Democracy*. Taipei. August 29—30.

Shapiro, Ian. 2003. *The State of Democratic Theory*. Princeton, NJ: Princeton University Press.

Young, Iris Maion. 2002. *Inclusion and Democracy*. New York: Oxford University Press.

# 地方治理中的女性参与：
# 以浙江农村女性参与村民自治为例

郭夏娟①

【内容提要】 从女性主义政治学的视角出发，对浙江农村女性参与村民自治的现状进行性别分析。通过三次调查数据，在两性比较视角下，考察改革开放以来农村女性参政意识的变化，以及她们在基层权力结构中的地位。进而考察农村女性在地方治理中的权力参与状况，审视经济的发展与女性参与之间的真实关系。研究发现，两性政治参与的自觉与自主程度不存在根本差异，但在村民自治权力机构中，女性的实际权力参与程度与男性存在着很大的反差。这表明现实政治生活中的父权制价值体系仍然制约着女性的实际政治参与，而深入探讨其中的原因可以为改进对策提供某种参考与借鉴。

【关键词】 地方治理 村民自治 女性参与

## 一、引 言

中国农村的村民选举与自治已经实行二十多年。② 女性在这一过程中与男性共同努力，为乡村社会的治理作出了重要贡献。基层治理的实践引发了国内外对中国村民自治的大量研究，学者们大多进行的是"性别中立"（或混合性）研究，把两性的政治参与作为一个整体来研讨。

在这一研究热潮中，有西方学者涉及中国农村女性的政治参与，如加利福尼亚大学的 K. Jennings 在中国农村做的调研，正是着眼于女性与男性的比较。他在《中

---

① 郭夏娟，浙江大学政府管理系教授。gxiajuan@hotmail.com
② 自20世纪80年后期以来，中国农村的治理结构已经从传统的一级基层政府转变成当今的村民自治形式，村庄在组织结构上不再受制于上级政府管理的自治组织。这一自治权力结构由村民会议、村民代表大会、村民小组以及村民委员会组成。村民会议是最高权力机构，村民代表大会则是村民的代表机构，负责决定村民事务。村民委员会是执行机构，负责行使村民会议和村民代表大会的决定。根据《村民委员会组织选举法》规定，每三年对村民委员会这一基层自治组织进行一次选举。

国农村的性别与政治参与》一文中，①主要探讨了中国农村女性的政治参与和男性的差异，但他的比较是跨国度的，而就中国农村女性在具体参选过程中存在的性别特征未曾涉及。② R. Stanley 对中国女性参政的研究则侧重于女性在高层领导职位中与男性的差异，如女性在中央政治局中所占的份额比较，30 年前和当今的比较，女性在人民代表大会中占的数额比较。③ 但这不是在中国农村女性的层面上研究女性政治参与。J. Tong 分析了政治文化与参与中的性别差异，通过大量的调查数据进行比较分析。④ J. Howell 则对农村女性在村民委员会中的低比例进行分析，揭示其原因的复杂性，包括社会行为、经济结构、制度规范与程序，以及政治文化等。⑤ 近年也有诸多国内学者关注农村女性的政治参与，其中多数对村委会中的女性比例进行研究，⑥也有学者分析了女性参与地方治理中的障碍、途径与女性参与能力的提高等。⑦

　　上述研究为我们理解女性参与地方治理提供了丰富的资料。但是，对于民营经济发达地区基层女性的参与却少有论述，在民营经济发达的浙江农村，女性的参与是何种状况，有什么特征，依然是有待于探索的问题。本文的视角是基于这样的考虑：在基层民主政治实践中，农村女性不仅是重要和主要的群体，同时又是一个特殊的群体。其重要性体现在她们与男性一起参与村民自治，开创了中国农村基层民主政治制度。在这个意义上，她们作为"公共领域"的政治主体，与男性具有平等的权利与责任，扮演与男性相同的角色，并拥有与男性同样的政治身份。其特殊性体现在大多数农村女性同时还生活在另一个领域，即私人的家庭领域，她们的主要职责是照顾孩子老人，料理家务；这使女性的角色与身份又带有明显的私人性，并影响其政治参与行为。

---

① *THE JOURNAL OF POLITICS* ，Vol. 60，No. 4，November 1998，pp. 594—73。

② 主要把中国与以下国家进行比较研究：英国、美国、荷兰、芬兰、意大利、德国、奥地利、瑞士、南斯拉夫与印度。

③ Stanley Rosen，"Women and Political Participation in China"，*Pacific Affairs*，3（1995），pp. 315—341．

④ James Tong，"The Gender Gap in Political Culture and Participation in China," *Communist and Post - Communist Studies*，36（2003），pp. 131—150．

⑤ Jude Howell，"Women'sPolitical Participation in China：in whose interests elections？" *Journal of Contemporary China*，15（2006），p. 60（3）

⑥ 可参见林慧珍，"妇女参政：一个并不乐观的社会话题"，《理论学习》，2004 年第 12 期，第 35 页；左小川，"论村级治理中的女性身影：湖南省岳阳地区'女村官'现象调查分析"，《湖南科技学院学报》，2005 年第 10 期，第 163 - 164。

⑦ 可参见孙小迎，"论男权社会藩篱中的女性参政"，《广西大学学报》（哲学社会科学版），2000 年第 2 期，第 97 - 103 页；李卫宁、尹毅，"村民自治过程中的欠发达地区农村妇女的政治参与"，《云南民族大学学报》，2004 年第 6 期，第 39 - 42 页；王萍、史东云，"从两性比较的视角透视当代中国妇女参政"，《山西高等学校社会科学学报》，2005 年第 6 期，第 31 - 33 页。

这就决定了她们的参与现状具有明显的双重特征;一是在规范意义上,她们形成了很强的政治权利与义务感,同时发展出了与男性同样的政治身份感;二是在实践中,女性的政治地位一直低于男性。换言之,她们的政治意识(包括动机)与实际的政治地位极不相称。本文正是基于这一事实,试图通过调查数据对浙江农村女性参与地方治理过程中与男性的差异进行分析,在市场经济发达地区的农村女性参与村务治理的特征,以便探索经济的发展能否直接带来女性参政的水平的提高。为此,从两个层面考察农村女性参政地方治理:首先通过女性与男性的政治认知观察他们之间存在着怎样的共同点与怎样的差异;然后,考察女性在村委会与村党支部的地位与她们的政治认知之间的差异,进而观察农村女性是否随着经济的发展而提高了她们的政治地位,尤其是在私营经济发达的地区。

本文的案例选自浙江省的部分农村与城郊乡镇。相关地区的选择考虑到了代表性与可行性。引用的数据资料来自于三次调查,时间从 2000 年到 2006 年。第一次(2000 年前后)涉及地区有温州、丽水、绍兴、台州,发放 1300 份问卷,回收 1245 份有效问卷;第二次(2004 年)涉及地区有杭州、湖州、丽水和温州,发放问卷 1000 份,回收有效问卷 991 份;①第三次(2006 年)涉及地区是杭州市的转塘镇,发放问卷 164 份,回收有效问卷 145 份。选择这些地区既考虑到经济发展的差异,也考虑到当地配合调查的便利性。样本涉及的调查对象为年满 18 岁的当地居民。

## 二、两性参政意识的趋同

为便于考察两性的政治认知,我们选择了两个标准:一是女性在投票过程中的政治意识,二是她们的投票动机。前者可以表达女性对参与选举意义的理解,而后者则可以说明女性参与选举具有怎样的动机与目的,尤其是她们选举村委会主任的动机。两个标准在某种程度上可以反映女性的政治意识,包括权利与义务的意识和选举的自我决定能力。

### (一) 参选意识的相似性

首先,对参选重要性的认识。从两性对参与投票意义的认识切入,通过与男性

---

① 本次调查由浙江省妇女联合会进行,本文引用的数据由浙江省妇女联合会提供。数据收集时间为 2006 年 8 月。

的比较,可以了解女性参政的自觉与自主程度。

**表1　您认为您的投票**

| 重要性 | 性别 | | 总计 |
| --- | --- | --- | --- |
| | 男 | 女 | |
| 很重要 | 291(人),34.9% | 122(人),29.7% | 413(人),33.2% |
| 重要 | 336(人),40.3% | 171(人),41.6% | 507(人),35% |
| 不重要 | 77(人),9.2% | 37(人),9.0% | 114(人),9.0% |
| 无所谓 | 120(人),14.4% | 77(人),18.7% | 197(人),14.8% |
| 没有回答 | 10(人),1.2% | 4(人),1.0% | 14(人),11.0% |
| 合计 | 834(人),100% | 411(人),100% | 1245(人),100% |

从调查数据看,女性和男性对自己参与选举的重要性有比较清晰的自觉意识。但从总体看,女性认识的自觉程度比男性略微低一些。

其次,参选动机。参选动机是一个复杂的问题,从不同角度提问,可以得到不同的答案。我们认为,选什么样的人当村委会主任,以及为什么投现任村委会主任的票,是她们政治动机的关键所在。我们通过"推选村委会主任的标准"问题为主要参照,了解女性村民的选举动机。

**表2　您推选的村委会主任是因为他(她)①**

| 标准 | 性别 | | | |
| --- | --- | --- | --- | --- |
| | 男 | | 女 | |
| 能够代表您的利益 | 60(人) | 7.2% | 23(人) | 5.6% |
| 能够为百姓说话 | 467(人) | 56.0% | 211(人) | 51.3% |
| 能够为党多做工作 | 311(人) | 37.3% | 151(人) | 36.7% |
| 能够领导全村致富 | 476(人) | 57.1% | 235(人) | 57.2% |
| 能够代表本家族利益 | 32(人) | 3.8% | 15(人) | 3.6% |
| 能够为本行业的人谋利益 | 33(人) | 4.0% | 7(人) | 1.7% |
| 他(她)德高望重 | 80(人) | 9.6% | 39(人) | 9.5% |
| 其他 | 82(人) | 9.8% | 53(人) | 12.9% |

从调查结果看,女性的回答总体上与男性没有很大差别。女性和男性都认为她

---

① 可选多项。

或他"能够带领全村致富"。选择这一答案的两性比例几乎完全相同。这表明女性和男性参与选举的动机主要是出于经济利益的考虑,这一答案反映出村民自治的深层经济动因,也表明女性政治参与的主要动机。可见女性的政治自主程度与男性十分相似。在"能够为百姓说话"一项中,女性比男性低4.7%。在回答"能够为党做事"一项中,男性的比例是37.1%,两性几乎相同为了进一步证实问卷答案的真实性与可靠性,我们同时进行了各种访谈。

——在丽水市水阁镇的丽沙村,我们问到"你为什么要参与投票选举"的问题。多数女性的回答是"这是我的权利,我应该参加选举"、"因为这是选村委会,他们代表我们的利益,是为我们做事的"、"这是法律规定"。持这种回答的女性和男性的比例没有明显差别。也有的女性认为"这是上级领导要求我们的做的",男性中也有人作出类似的回答。这类回答占的比例并不高。

——在水阁镇的白岩村,就上述问题与村民访谈,男性与女性的回答和丽沙村村民的回答十分相似。多数认为"这是《组织法》①规定的"、"这是我们的权利"、"选村委会是我们自己的事情"。多数男性和女性都持同样或类似的回答。和丽沙村一样,白岩村也有村民认为"这是领导要求我们做的"、"上面叫我们选的"。从问卷与访谈情况来看,女性的参与意识并不明显差于男性,她们对自己的政治权利具有比较清醒的意识。从中可以得出这样一种认识:女性参与自治基本上是一种自觉的行为,这种自觉程度从深层去分析,或许仍不尽如人意,但是,不论是从问卷答案,还是面对面的交谈,都能让我们感受到她们的表达具有真实性。

### (二) 何以会有相似性?

在父权制传统根深蒂固的中国农村,是什么原因导致女性政治参与的自觉自主程度与男性趋同?从政治与经济改革的宏观背景出发,固然可以解释一般性的原因,但无法揭示女性政治身份转变的性别根源。女性长期生活在男权社会设定的"私人领域"中,即她们专属于私人的家庭领域。从这个角度看,村民自治中女性政治意识的觉醒,直接得益于改革开放以来的制度性变革对传统父权制的冲击。我们可以从以下几方面观察传统性别制度受到的冲击:

首先,女性传统身份的双重分离。农村经济改革的直接结果是以"家庭责任制"

---

① 指《村民委员会组织法》,下同。

取代"三级所有制",原先农村的基层组织"生产队"不复存在。这一变革从制度上把农民从"集体"中分离出来,突现出家庭在农村经济、社会生活中的重要地位和作用。在这一过程中,女性的传统身份经历了双重分离:一是从生产队集体组织中分离出来,成为自由自主的"个人",这与男性的经历相同;二是从对丈夫的绝对从属地位独立出来,逐步摆脱了对丈夫"主权"的依附。这对女性独立地位的形成具有至关重要的作用。在生产队时期,集体事务由生产队长和男人们商量决定,每一个家庭中的男人代表女性商议集体事务。女性很少、甚至从不过问队里的事,她们的声音长期消失在男性统治之下。每一个家庭的"代表人"都是男性,是家庭中的父亲或丈夫,即男性的"一家之主",①女性没有商讨与谈判的地位,更不可能有独立的政治地位。

农村"责任制"把家庭还原为基本生产单位,女性开始与丈夫商讨家庭生产与经济事务,尽管多数家庭在重大事情的最后决策中仍然以男性主导,但女性在家庭中获得"发言权",使她们有机会体验自己的独立性,使女性逐渐成为家庭的主要成员之一(指可以与丈夫一起商量作决定的"个人"),成为与丈夫商量家庭事务的独立主体。她们从对丈夫的完全依赖,转向与丈夫共同商讨,甚至一起作出决策,在家庭中有权利发表自己的意见,由此逐步分离出相对独立的"自我","男主女从"的两性关系开始"消解"。作为民主政治的重要前提条件,自由商讨的主体之间是一种平等的关系。女性在家庭中的"商讨权"即她们参与经济与政治的最初"发言权",这种权利是传统制度结构中难以实现的。从村民自治的实践来看,与男性共同关心与谋划家庭经济活动,为女性学习政治参与提供了极好的机会,为了保障自己的经济利益,她们需要关注村委会或村主任的能力,期待他们实现她们的利益,这是她们认识选举意义与选择村主任标准的直接依据。

其次,摆脱男性主导的分配制度。农村"责任制"之前,女性的劳动价值一直无法得到平等的承认,即使是形式上的平等,也很难做到。当时,尽管"全国各地,在农忙时,妇女的出勤率达到了当地劳动力的总数的80%左右,妇女的劳动日大体上达到全社会劳动日总数的30%左右"。特别是在"1958—1959年,90%以上的农村妇女被动员出来参加生产,妇女的平均劳动日250个左右,相当于男劳力的3/4"。② 从形式上看,农村女性从"主内"转向"主外",她们的活动从家庭领域转向社会领域。

---

① Susan Okin, *Justice, Gender, and the Family*, New York: Basic Books, 1989, p. 102.
② 上海社会科学院《上海经济》编辑部编:《上海经济》(1949—1982),上海人民出版社,1983年,第394页。

但实质上,这在制度层面上包含着更大的性别从属和不平等。众所周知,农村的分配制度从来没有真正实现过男女"同工同酬"。农村女性的劳动工分一直低于男性,即使与男性干同样的活,也得不到最高工分。更严重的是,人们已习惯于接受这样的差别对待,甚至女性也接受了这种歧视性的评价标准。正是通过这种不平等的分配,使女性低于男性的观念制度化。导致女性在从事有酬劳动的同时,依然对男性保持经济依赖,处于生产者与经济依赖者之间的"边缘"地带。① 不平等的分配制度,使女性处于绝对的从属性地位。艾莉斯·扬认为,女性除了在分配制度中处于不利地位以外,更严重的是在决策结构中处于从属性地位,"生产决策、佣工决策、利润决策和工资决策",都影响到成千上万人的生活,"尤其是女性的生存状态"。②

改革开放后,生产责任制要求农民不仅从组织上、而且从心理上摆脱对集体的依赖,女性在劳动价值观上也逐渐摆脱对男人或丈夫的从属心理,确立平等的劳动价值观。这种制度有助于女性与男性一样获得平等的权利(生产权和分配权)。这与公有制时期的"同工同酬"有本质的区别。它不仅改变了劳动价值的评价体系,由集体评议工分变成由市场决定劳动价值,在这一转换中,性别因素在评价中所占的比重明显低于从前。尤其重要的是决策体系的转变,当女性参与家庭经济商讨时,意味着女性开始进入家庭事务的决策过程。这对女性确认自身的经济与政治权利有直接的帮助。虽然很多女性仍然留在家里,但她们的劳动价值不再由生产队评定,更不存在歧视性的工分标准,其劳动成果一旦进入流通领域,产品的价格不会因出于女性之手而贬值。这对女性重新认识自己的生存价值是有直接帮助的。虽然这不会直接导致政治素质的提高,但她们对自身经济价值的认识,对政治参与意识的形成具有启蒙作用。

再次,超越"男主外,女主内"的传统性别分工模式。农村经济改革导致劳动力过剩,大量人口流入城市。在这种背景下,女性不仅与男性一样获得参与经济活动的自由,她们的经济参与不再具有计划经济时期的外在强迫性,可以自主地选择自

① Susan Okin, *Justice, Gender, and the Family*, New York: Basic Books, 1989, p. 102.
② 改革开放中,中国女性独立自主的路径与西方女权运动的路径正好相反。西方女权运动的著名口号是"个人的就是政治的",意在让女性从私人领域进入公共领域,从而打破父权制统治下的性别劳动分工模式。中国女性所处的制度背景与西方不同,当计划经济"一视同仁"把女性与男性投入社会领域后,女性在走出家庭承担公共领域义务的同时,并没有摆脱传统的性别分工的制度背景,她们没有自主选择自己生活的自由。政府"分配"给她们的工作,实际上使她们承受着双重压力,即作为职业女性的社会压力与作为家庭主妇的家务压力。形式上的"男女平等"并没有真正"解放"女性。改革后农村女性走出家庭或留守家园,只要是她们自己选择的,其意义就发生了变化。尽管在某些方面仍然受传统性别分工和角色期望的影响,但至少她们在制度上获得了选择的自由。从这个意义上说,"个人的"与"政治的"分离,也是农村女性独立自主的起点。

己的生活方式。不论是与男性一起进城打工,还是留在家里务农,选择过程不再是一种社会行为,而是家庭内的私人事务。在这一过程中,开始分离出西方政治学意义上的"私人领域"与"公共领域",中国传统社会中"个人的"与"政治的"重叠的制度结构开始解体。女性独立自主的选择能力在这种"分离"中萌发。有的女性走出家庭,进入城市,成为自由劳动者;有的女性仍然留在家里,务农或照顾家人。与以往不同的是,她们在去与留之间的选择是自主的、自愿的,具体有两种情况:

其一,选择走出家庭的女性。当她们作为自由劳动者,以独立的个人身份与雇主谈判,她们必须作为自身利益的代表和雇主订立"契约",其身份是完全独立、自主的。她们在获得劳动报酬的同时,也获得自身劳动价值的真实体验,这是真切的自我价值体验。逐渐地,当她们有意识地寻求用某种方式保护并增进自己的权利时,同时孕育出独立的政治要求。离家进城的女性还会把这种体验与感受带回家里,影响在家的母亲与姐妹。改革开放后农村女性自我意识的觉醒,在很大程度上得益于这种自由自主的"契约式"经济行为。

正是在农村经济的"去集体化"改革中,家庭变成了最基本的、独立的经济单位,男人和女人都从"生产队员"变成了独立的"个人"。与此同时,浙江的民营经济迅速发展,女性获得更多的机会参与经济活动,参与基层治理的机会也日益增多,随之,她们的参与意识与动机也发生明显变化。在市场经济发育最早的温州,大多数接受访谈的女性,在改革开放初期几乎都从事过个体工厂的劳动,或者从事过商业活动。在当今的温州,有 223242 个女性个体经营者,占温州个体经营者总数的44%;5326 个民营女企业家,占温州民营企业家总数的 10.17%。在个体企业与民营企业中从事经营活动的女性占总数的 54.17%。据最保守的估计,她们中至少有一半来自农村,这就是说,在改革开放以前,她们都是务农的农民。[①] 而我们最近在杭州市转塘镇的调查中发现,女性比男性更能理解村民选举的重要性,认为参与投票"很重要"的比例是:女性占 84.9%,而男性占 72.8%。[②]

---

① 资料来源:温州个体企业家协会,2007 年 12 月。
② 资料来源:2006 年对杭州市转塘镇的调查。2006 年 11 月。

表 3　你认为参选是否具有重要意义？

| 认知 | 性别 | | 总计 |
| --- | --- | --- | --- |
| | 男性 | 女性 | |
| 重要 | 67(人)72.9% | 45(人)84.9% | 112(人)77.3% |
| 不重要 | 4(人)4.3% | 2(人)3.8% | 6(人)4.1% |
| 说不清楚 | 21(人)22.8% | 6(人)11.3% | 27(人)18.6% |
| 合计 | 92(人)100% | 53(人)100% | 145(人)100% |

其二,选择留守家园的女性。据我们调查所知,大部分选择留在家里照顾家人与管理农活的女性,一般也是出于自愿的选择。从她们的动机看,几乎都出于家庭经济收入的考虑,以及对丈夫能力评估的结果。留在家里的女性认为,丈夫出去能挣更多的钱,妻子留在家里能更好地照顾孩子与老人。多数女性选择留守是"自由自主"地把某种权利与义务委托给了丈夫,是自己"同意"的。这与计划经济下女性"无选择"地被代理不同,那时女性没有选择的权利,甚至不知道自己有这种"权利"。而"同意"后的选择则具有明显的自主性,"同意"转让权利是判断女性政治自主性的重要标准。在相互平等的个人之间,可以通过协议的方式,让一方自愿同意接受另一方的"统治"。①女性决定留守务农,"同意"让丈夫代替行使主要的经济职责,自己选择了照顾家庭,这是一种"服从",但已不是传统意义上的绝对从属,"同意"的过程是平等的权利转让与委托,不管对农村女性来说,这种平等的程度有多高,至少她们在农村人口自由流动的背景下,在知道自己也可以和男性一样走出家庭,谋求经济上的独立地位时,仍然选择了"留守"。这就没有理由怀疑她们的选择不具有自主性,我们也有理由认为,这是两性平等意识觉醒的表征,它必然会延伸到政治参与中。女性正是由此意识到,村民委员会的职责主要是发展村经济,这与她们在家庭中对丈夫的期望是相同的,有过家庭内部同意与否的选择,她们自然会把自身的利益融入对村主任或村委会的要求之中,希望他们能够实现她们的利益。这也是为什么她们考察村主任的主要标准与男性基本相同的根源。正如水阁镇丽沙村一女性村民所说:"应该选那些能够为百姓说话,能领导全村致富的人;在被选人任期内,应该看其政绩而不是看有没有后台。"②女性能够意识到这一点,希望村委会和村主任能够代表自己的利益,实际是经济自主权向政治自主权的延伸。

---

① Carole Pateman, *The Sexual Contract*, Oxford: Policy Press, 1991, pp. 7—9.
② 丽沙村一女教师在问卷"留言栏"中的原话。

## 三、两性权力参与的差异

评判农村女性的政治参与程度,参与认识与动机固然是一个重要的参照系,但如果缺少了女性实际参政状况的调查,仍然看不出她们在村民自治中的实际作用与地位。因此,我们特别关注女性在实际权力结构中的地位。从调查资料看,她们在权力结构中一直没有达到与男性相似的平等地位,在村民自治组织结构中明显处于弱势。

### (一) 在权力结构中的"边缘"地位

首先,数量上的绝对少数。在我们的调查所及的村委会中,女性在村委会组织结构中占的比例之低,与她们类似于男性的参选意识形成极大的反差。这是农村女性参政过程中与男性最明显的区别之一。令人深思的是,这种弱势地位已经在《村民组织法》默认了下来,该规定表达是:在村委会中妇女应该有"适当的名额"。① 事实上,自从实施村民自治以来,女性在村领导机构中的比例从来没有超过最低规定的"至少一名"。所谓的"适当名额"实际上变成了"至多一名",并且成为农村女性参与决策的最高限额。最近的调查发现,2005 年浙江省有 44965 个村民委员会成员,其中只有 3960 名女性,占总数的 8.8%。② 这种状况和她们相对自主的政治参与意识形成强烈的反差,与其在民营经济发展中的高度参与率和贡献也极不相称。以下几组随机收集的数据也能反映出这种状况:

——1993 年 9—11 月,浙江省椒江市(现为台州市椒江区)共有 267 个村委会进行换届选举,共产生了 1000 名成员,其中女性为 115 名,占 11.5%。③

——浙江省缙云县五云镇 1997 年村委会换届,全镇共选出村委会委员 51 人,其中 49 人为男性,只有 2 名是妇女,比例是很低的。④

——1998 年 7—8 月,浙江省桐乡市桃园乡各村民委员会进行换届,共产生委员

---

① 见《村民组织法》第 9 条,"村民委员会成员中,妇女应当有适当的名额。"http://www.86148.com/chinafa/shownews.asp? id =869

② 资料来源:浙江省妇联。2007 年 12 月。

③ 椒江市民政局,《关于村民委员会选举工作的调查报告》,1994 年 5 月。

④ 五云镇政府办提供的资料。

50 人,其中妇女 8 人,占 16%。①

——希塘村是浙江省龙游县湖镇镇最大的一个行政村,1998 年这一届村委员成员计 7 人,其中一名是女性,以往各届妇女大体上在 1—2 名之间。②

——1998 年底,绍兴市越城区城东乡 19 个村委会共有 31 个村委会委员,其中女性 10 人,占 28.6%,算是较多的例子了。③

——浙江省余姚市 1999 年 4—7 月开始按照新的《村民委员会组织法》进行换届,已有 786 个村完成换届工作,共产生委员 923 人,村主任 783 人,副主任 9 人,村民小组组长 5329 人,村民代表 24125 人,这些职位中,其中女性 575 人,占 22.7%,——同样按新的《组织法》进行换届的浙江省嵊州市,妇女在村委会成员的比例很低,仅占 6.66%。④ 而 1998 年浙江省建德市寿昌镇陈家村换届选举中连候选人名单中没有一个是妇女,更不要说村委会成员了。⑤ 此外,在村民代表会议代表与村财务监督领导小组村民小组长等职位中妇女的比例同样很低。

——宁波市镇海区白峰镇的上王村让代表名额的个案就说明了这一点。1999 年换届时按新的《组织法》进行,按这一法律规定,妇女要有一定的比例,不过同时规定"候选人获得参加投票的村民的过半数的选票始得当选"(第十四条)。这次换届选举共选出 10 名村民小组长,20 名小组代表,全部为男性。原因在于妇女代表均未达到法定的过半数的要求。因此,该村选举工作委员会为此讨论过妇女的名额问题,提出是否让名额的提议,有个别当选的代表表态如有需要愿意退出,让妇女代表有一定的比例。⑥

——浙江省宁波市鄞县古林镇共有 33 个行政村,上届村委会共有干部 101 人,其中有女村主任 4 人,女村委会委员 28 人,有 32 个村委会有女性参与,占 97%。本届村委会选举结果是,女性村委会主任有 3 人,女村委会委员 28 人,30 个村委会有女性参与,占 90.9%。⑦

——绍兴县孙瑞镇所属 39 个村,有三个村委会主任是女性,不到 10%。⑧

① 张标,浙江大学政治学与行政学系 97 级,"关于桃园乡村民委员会选举的报告"(1998 年暑期调查报告)。
② 孙晓,浙江大学政治学系与行政学系 97 级,"浙江省龙游县湖镇镇希唐村村委会选举调查"(1998 年暑期调查报告)。
③ 绍兴市城东乡党委办公室提供的资料。
④ 裴增军,浙江大学政治学与行政学系 96 级,"'村官'直接选举,该喜还是忧——1999 的嵊州市村委会换届选举调查及思考"(1999 年暑期调查报告)。
⑤ 陈莹,浙江大学政治学与行政学系 99 级,"关于农村妇女参与村民自治的调查报告"(2000 年暑期调查报告)。
⑥ 罗孟军,浙江大学政治学与行政学系 97 级,"关于上王村选举工作的调查报告"(1999 年暑期调查报告)。
⑦ 周波,浙江大学 2002 级行政管理研究生班学生,在宁波市鄞县古林镇妇联工作。
⑧ 谭科,2001 届政治学与行政学系毕业,曾在孙瑞镇负责村民选举工作,现任职于绍兴县委宣传部。

其次,角色的从属性。在 2000 年,我们对 111 个村主任所作的问卷调查中,女性村委会主任只有一人,占 0.9%。这与男性村主任所占数量的差异十分悬殊。1998 年 11 月,我们在浙江省瑞安市莘塍镇作调查时,在该镇干部介绍情况时,他们曾介绍过汀田镇的一位村主任是妇女。1999 年余姚市老方桥镇村委会换届时,曾选上 1 名女性的副主任。在我们调查的其他村,女性在村委会中的职位都是委员,她们基本上都负责妇女工作,如计划生育。因为按传统理解,男性不便做这类工作。显然具有不得已而为之的意味。1999 年诸暨市直埠镇姚中村村委会换届选举中,4 个候选人全部为男性村民,10 个村干部候选人中只有一位是妇女(她因担任村妇女主任多年而成为候选人)。① 此外,妇女在村民代表会议、村民小组长、财务监督小组等组织中,不仅在数量比例上低,而且职位也低,很少有妇女成为村财务监督小组组长或副组长。

在我们调查的地区,流行三句话:"发扬民主"、"依法办事"、"坚持党的领导"。在"坚持党的领导"要求下,又有许多具体要求,比如吸收年轻干部,到了某个年龄就不能进村委班子,有一定的文化水平要求,还要保证一定的女性比例。在这一背景下,一般来说,对女性进入村委会,村民不会有什么异议,村民在选举投票过程中也是会考虑到女性名额。但村民普遍认同的是一个女性,主要负责计划生育之类的事。所以,每个村一般都有一个女性村委会委员,这个女性委员负责计划生育、卫生保健之类的事务。在很多村,女性委员还兼出纳一职。

再次,权力参与度持续下降。这是指农村女性在村委会与村党支部中所占比例的下降。在这一点上,很难看出经济发展与女性参与之间的必然关系。据浙江省妇联的调查数据显示,全省各地第五届村民委员会中共有女委员 16232 名,有女村委的村委会比例为 40%,换届后,下降到 34.80%,跌幅达 5.20 个百分点。从各市情况来看,温州、绍兴、金华、衢州、丽水、台州等市妇女进村两委人数都有明显下降。如温州市第五届村民委员会中有女委员 3428 名,换届后只有 2231 名,有女村委的村委会比例从 56% 下降到 37%,下降了 19 个百分点,台州市村委会中女委员从 1145 人减少到 924 人,下降了 19.3%。②

---

① 姚水琼,浙江大学政治学与行政学系 97 级,"关于女性参政的现状及其改变其政治地位的对策"(2000 年暑期调查报告)。
② 数据来源:浙江省妇女联合会。2007 年 1 月。

表4　2000—2002 年浙江省村委会女委员比例

| | 2000 年 | 2001 年 | 2002 年 |
|---|---|---|---|
| 行政村总数 | 42037 | 40579 | 39180 |
| 建村委会的行政村数 | 42037 | 40579 | 39180 |
| 村民委员成员总数 | 149458 | 151693 | 136339 |
| 女性村民委员成员数 | 19982 | 17624 | 14519 |
| 村民委员会成员中女性成员比例 | 13.37% | 11.62% | 10.65% |

　　从 2005 年开展的试点工作看,妇女进村"两委"情况也不容乐观。虽然在一些基础较好、工作得力的试点村女干部落实较好。如嘉兴的嘉善县试点村党支部和村委会都选有一名女干部,女性进村"两委"的比例达到了 100%。另外,宁波、湖州、金华等市的部分试点村换届后,女性进村党支部或村委会的比例有所上升。但从总体上看,村"两委"换届选举中,妇女进村"两委"形势严峻,比例进一步下降。如杭州 29 个试点村党支部换届后,只有 14 个村有女支委;丽水 17 个试点村党支部换届后,只有 7 个村有女支委;衢州 57 个试点村"两委"换届后,只有 21 名女性进村"两委"。

　　从金华、温州、台州三个试点已铺开的村"两委"换届选举结果看,女性进村"两委"的情况更令人担忧。金华市试点铺开后,全市 4918 个行政村中,4846 个村党支部换届,结果只有 1081 个村有女支委,占 22.3%;3615 个村委会换届,只有 619 个村有女委员,占 17.1%,明显低于 48.4% 的试点村"两委"中有女性的比例。温州市试点铺开后,943 个村党支部换届,只有 197 个村有女支委,仅占 20.9%;台州市试点铺开后,534 个村党支部换届,只有 147 个村有支委,占 27.5%,比上届平均数下降11.7个百分点;三门县 34 个村"两委"换届后,仅有 4 名女性进村"两委",占 12%。①

　　作为民营经济高度发展的地区,农村女性参与的状况并没有显示出相应的进步。据全国妇联 2002 年底的调查数据,全国有女性参与的村委会占 76%,浙江省只占 24%,低于全国平均数 42 个百分点。全国平均有女性的党支部占 42%,而浙江仅 25%,低于全国平均数的 17%。通过近年的各种措施,调查资料显示,下降的趋势依然存在。妇女进村"两委"班子比例最高的要算嘉兴市、湖州市和舟山市。其次是杭州市、宁波市、温州市、绍兴市,较低的是金华市、衢州市、台州市、丽水市(见表 5、6、7)。

---

① 资料来源:浙江省妇联。2006 年 10 月。

表5　2002年嘉兴、湖州、舟山市进村"两委"领导班子情况

| | 村委会(行政村)个数 | 村民委员会中妇女人数 | 村党支部中妇女人数 |
|---|---|---|---|
| 嘉兴市 | 1029 | 1080(21.00%) | 624(20.21%) |
| 湖州市 | 1064 | 957(18.00%) | 375(11.75%) |
| 舟山市 | 589 | 607(20.61%) | 430(24.34%) |

表6　2002年杭州、宁波、温州、绍兴进村"两委"领导班子情况

| | 村委会(行政村)个数 | 村民委员会中妇女人数 | 村党支部中妇女人数 |
|---|---|---|---|
| 杭州市 | 4538 | 2121(9.35%) | 1182(8.68%) |
| 宁波市 | 3789 | 1765(9.32) | 1128(9.92%) |
| 温州市 | 6028 | 2231(7.40) | 1591(8.80%) |
| 绍兴市 | 5100 | 1687(6.62%) | 1091(7.13) |

表7　2002年金华、衢州、台州、丽水进村"两委"领导班子情况

| | 村委会(行政村)个数 | 村民委员会中妇女人数 | 村党支部中妇女人数 |
|---|---|---|---|
| 金华市 | 5808 | 1169(4.03%) | 1535(8.81%) |
| 衢州市 | 2601 | 697 (5.36%) | 317(4.06%) |
| 台州市 | 5163 | 957 (3.71%) | 829(5.35) |
| 丽水市 | 3479 | 370 (2.13%) | 7897.56%) |

注:据课题组了解的情况,大多数行政村村民委员会和村党支部中的妇女数为1名,有部分为2—3名,因此表5—7的数据大致可以反映各地妇女进村"两委"领导班子情况。

从表5—表7的情况看,分布比例非常令人深思。作为省会城市杭州市,副省级城市宁波市,农村妇女参政的比例竟然大大低于嘉兴市和湖州市,而经济排位并不在前的舟山市,农村妇女参政的比例很高。而温州和台州,经济发展速度很快,经济模式也很开放,而农村妇女的政治参与行为并不高。温州进村委会和村支部的妇女人数比例不高,而台州更低,在11个市中排位第十,只高于丽水市。

此外,杭州转塘镇的调查数据表明,快速发展的经济使得女性参与意识有了明显提高,甚至超过了男性。见表8。①

---

① 资料来源:对杭州市转塘镇的调查。2006年11月。

表 8　你认为参选是否具有重要意义？

| 认知 | 性别 | | 合计 |
| --- | --- | --- | --- |
| | 男性 | 女性 | |
| 重要 | 67(人)(72.9%) | 45(人)84.9% | 112(人)77.3% |
| 不重要 | 4(人)4.3% | 2(人)3.8% | 6(人)4.1% |
| 说不清楚 | 21(人)22.8% | 6(人)11.3% | 27(人)18.6% |
| 合计 | 92(人)100% | 53(人)100% | 145(人)100% |

女性回答"重要"的占 84.9,比男性高 12.7% ,3.8% 的女性回答"不重要",而男性有 4.3% 。22.8% 的男性回答"说不清楚",而女性只占 11.5% 。这表明,随着经济开放与发展,女性的政治意识有了很快提高,甚至超过了男性。但是,并没有导致女性权力参与度的提高,相反呈下降趋势,且差距日益扩大。转塘镇共有 1317 个党员,其中女党员 190 人,占 14.4% ,20 个女村委会委员,占 13.4% 。① 在 26 名村委会主任中,1 名女村委会主任,占 0.6% ,2 名副主任,占 2% 。很显然,经济的发展与女性的参与意识之间具有密切的联系,但与她们在权力机构中的参与并不存在直接的联系。另一方面,女性在地方治理中的实际作用与她们在权力结构中的地位同样没有必然联系,虽然女性在村务治理中发挥着重要的作用。

## (二) 为什么出现如此差距?

很显然,女性在实际参政过程中的地位是不尽人意的,与女性的政治自主性很不相称。出现这种反差的原因很复杂,"性别中立"的村民自治研究通常把它归因于女性政治能力的低下,而没有看到,导致女性政治能力低下的性别制度根源。J. Howell 认为,导致中国农村女性在农村权力机构中地位低下的原因很多,如性别劳动分工、沉重的家务劳动、婚姻的束缚、教育机会的缺乏等等。② 我们则从政策制度与传统性别制度出发进行分析,站在性别的立场上"解构"这一现象,从而发现一般研究中发现不了的问题;正如苏珊·奥金所说的那样,关于"性别、女性和家庭的从属性问题",不仅要看研究者"已经说出来和没有说出来的观点,而且还要看其隐含

---

① 资料来源:对杭州市转塘镇的调查。2006 年 11 月。
② Jude Howell,"Women's Political Participation in China: in whose interests elections?",*Journal of Contemporary China*,15 (2006),p. p. 603—619.

着的思想".① 从这个视角看,传统男权社会一方面按照男性需要及其价值标准塑造女性,培养女性从事"私人领域"活动的能力,另一方面又按照适合于男性的标准要求女性,以反衬出女性的政治"无能",最终把女性排除出政治领域。村民自治中女性在实际权力结构中的"边缘化",正是源于男性统治的性别制度。

首先,父权制体系下立法的性别盲区。《村民委员会组织法》第九条中规定,"村民委员会成员,妇女应有适当的名额"。这一规定无疑具有重要的意义,是对长期以来剥夺女性政治权利的制度性"矫正",它对忽视女性参政的传统是一个巨大的冲击,体现了某种程度的制度公正性。但是,这种公正性的局限在于其明显的"性别盲区"。"适当的名额"规定并没有考虑到女性实际上已经处于不利的地位。"适当的名额"是含糊的表述,没有明确规定女性应该占多少名额,也没有提出如何确保这一"适当的名额"的途径。从执行结果来看,这一"适当的名额"并没有实质性地提高农村女性政治地位。从女性立场来看,这种笼统的规定与其说是为了提高女性的政治地位,不如说是站在男性立场上对女性的"关照",是为了追求形式上的性别"平衡",其实只是需要一名女性从事计划生育之类的工作。这也导致地方政府执行中实质上对女性比例的忽视。按照《组织法》规定,乡镇党委和政府有义务指导村民委员会的选举进程。在我们调查所及的乡镇中,乡镇党委都行使了这种指导性义务。但他们的工作主要集中在对村主任候选人的确认,对女性在村委员会中的比例以及具体角色,往往只是按惯例确保一名女性"负责计划生育工作"即可。女性代表人数的问题并没有成为基层政府和党委"指导"执行《组织法》的重点之一。这一执行层面的忽视,使女性在权力结构中的比例很难真正提高。

如果以传统父权主义的思维惯性看《组织法》的这一规定,人们更多地看到的是它的历史进步,即使他们看到实践中的缺陷,也不曾看到其中的父权主义特征。人们欣喜于对女性的名额作出了"规定",但无意于考察这种"规定"背后的性别根源。学者们也总是愿意看到,相对于封建社会的"男主女从"制度而言,这是一种巨大的进步。但从女性的实际政治抱负来看,这一性别规定与计划经济时期每一个生产大队都有一名妇女主任的"规定"没有什么差异。这说明,在长期受父权制统治的中国农村,原本就没有女性参政的传统,仅仅笼统地规定女性的"适当的名额",而不关心如何保证这个"适当的名额",也不明确"适当的"具体指标是多少,最终还是无法从

---

① Susan Okin, *Justice, Gender, and the Family*, New York: Basic Books, 1989, p. 89.

根本上改变女性的政治地位。从我们调查获得的材料看,这个"适当的名额"基本上就是一个。尽管人们可以找出许多理由说,这一结果本身就是得益于制度的保障,但从现实结果看,仅仅这一层面的制度保障远不能提高女性的政治参与水准。因此,年复一年的选举,村委会中的性别结构基本上维持在这个不变的比例。

其次,父权社会的性别分工与角色期望。在我国农村,"男尊女卑"的意识不仅已经深入男性的价值观,而且也融入女性的人格结构中。在村民自治制度的推动下,女性认识到自己和男性有同等的权利,首先源自她们的参政实践。按照学习心理学的观点,民主的知识可以在短期内获得,但深层的人格结构和价值观念是不能在短时间内改变的。知道自己的民主权利和实际履行民主权利之间存在着相当大的距离。在这方面,农村女性政治参与中的问题比男性更明显,她们不可能在近二十年的时间内从根本上摆脱从属的依附心理。这与父权社会对女性的角色期望有关。

传统社会期望女性成为"贤妻良母",农村女性比城市女性更容易接受这种角色规定。狭窄的生存环境和社交范围限制了她们的眼界,致使她们习惯于遵循前人的训诫行事,一旦接受某种观念和标准,就具有很大的稳定性。男性总是希望女性承袭传统的"贤妻良母"角色。改革后,女性在经济活动中和男性获得了平等的机会,但让男性认可女性的政治能力,并乐于接受女性的权力"统治",仍然十分困难。在农村男性中,占主导地位的仍然是男性至上的价值观,即使女性意识到自己的政治权利,这种意识首先只是作为一般"人"的自我意识启蒙,而不是作为"女人"的政治意识启蒙。相对于封建社会和计划经济时期来说,女性作为"人"的政治意识觉醒,的确是个体意识的启蒙,这是历史性进步,也是女性政治意识的前提。但还不是完全意义上的女性政治意识,而只是男性意识形态的折射。在访谈调查中,曾问她们这样的问题:"为什么历届村委会中没有女性村主任?"她们的回答大多是"女的没有能力"和"这是男人的事"。

两种回答中,前者或许体现了女性正确的参选意识,即她们更愿意把选票投给有能力的人。问题是,为什么有能力的是男人而不是女人?第二种回答似乎更能说明女性为什么没有发展自己的政治能力的内在原因。传统与现实社会对女性的角色期望是"家庭主妇"、"照顾丈夫与孩子的人"。这种社会期望要求女性按照男性的需要塑造自己。在成长过程中,她们发展了适合于家庭、生育和照顾的能力,以至于女性自己也认可了自己的政治能力低于男性,从而制约了政治才能的开发。她们的价值观中有根深蒂固的从属意识，一旦婚嫁，首先选择的是持家和辅助丈夫。相夫教子的责任意识，很容易使她们对家庭以外的事务失去兴趣，或者有兴趣也没有时间和精力去关注。久而久之，不仅心理上依赖于丈夫，而且实际上也失去了本来应有的政治参与能力。

即使拥有较强参政能力的女性，也会因违背传统角色期望而很难像男性那样集中精力投入工作。我们在绍兴县孙端镇调查时了解到，有一个叫西沈埭的村，一直是个乱村，集体经济薄弱，村支书一直由镇干部兼。在这次换届时，镇党委考虑再三，选中了村妇女主任来担任村党支部书记，做了许多的思想工作，满足了她的许多要求，同时也在村民中作了很多努力，把她"抬上"了村委会主任一职，结果一个月不到，她就不干了，跑到上海她丈夫的建筑工地。原因是公婆反对。这在农村是比较普遍的现象。不少担任村里重要职务的女性，都在不同程度上受到来自家庭的压力，她们很难得到丈夫和公婆的支持。这是长期以来性别劳动分工的结果。

再次，双重从众的参政心理。女性长期处于从属性地位，使她们不仅无法发展自己的政治才能，阻碍参政活动，而且直接导致女性不正常的参政心理，形成双重的从众与依附心态。她们在政治活动中没有足够的自信心，不像男性那样渴望自己被选进村委会，更缺乏敏锐的洞察力，"发现"女性中的优秀者，把选票投给有能力的女性村民。

从我们观察到的情况看，一方面，她们在投票过程中（如填写选票时），比男性更容易受公众和舆论的影响，即从属于公众的意见；另一方面，她们还根据家庭中男性的意见进行选择，这种影响非常直接，也很有效。尤其在"选谁"的问题上，她们特别重视家庭中男性的主张，甚至在我们组织村民填写问卷时，她们总是习惯性地问丈夫、父亲和兄弟，或索性由他们代填。我们在发放问卷时看到，她们拿到问卷后，一般不是自己直接填写（不是干活时间，如几个人在一起聊天），而是习惯于等家里的男人回来后才开始填写，她们觉得征求丈夫的意见后心里更踏实。

相比较而言，尽管男性也容易受从众心理的影响，如在组织集体填写表格或选票时，他们也会在各种答案之间相互打听，在"选谁"的问题上与别人讨论后定夺。但是，一旦他们把这种带有从众特性的意见带回家，他们的意见又成了家庭中的"主见"，直接影响家庭中其他成员的选择，尤其是女性的选择。这就使女性具有双重依附的特征，既从属于公众的意见，又依附于丈夫的"主见"。这种双重从属心理，直接影响到选票的性别选择，这意味着，当多数男性把选票投向男性村民时，女性也会习惯性地选择男性,甚至把女性原本有能力胜任村委会工作的人选忽略不选,使原本已经很少的女性人选,失去入选的机会。女性在这种双重依附的选择行为中,学会的是如何根据男性的标准,评价女性的政治能力,久而久之,形成女性不如男性的心理定势,反过来又制约女性政治参与的积极性与自信心,对改变女性的政治地位极为不利。

许多学者据此认为,女性在本质上是"本能的"、"直觉的"、"情结化",无法参与政治活动,她们天生缺乏参政素质,应该服从男性的统治。但是,如果从性别的立场看女性的依附心理,不能将此归咎于女性的性别缺陷,也不能简单地认为这是女性的"无知"和"无能",而是应该更多地看到,父权制的压迫导致了女性不健全的参政心理,父权制的土壤培育出女性对男性的依赖与从属性。历史上,传统的性别分工制度把女性局限在家庭领域中,她们习惯于依附和顺从男人的意志,由男性代表她们履行政治权利与义务;现实中,即使她们懂得了平等政治权利的道理,但现实制度的父权制导向,仍然把女性排除在实际的政治领域之外,致使她们很难在心理上摆脱对男人的服从与依附。

# 四、结　论

分析农村村民自治中两性参与现状与原因,可以看出,女性与男性在选举参与以及对选举的认知上,具有明显的相似性,这种状况得益于农村社会的转型。农村妇女家庭角色的转换导致女性自主意识的觉醒。这正是两性政治平等的基本前提;而女性与男性在实际权力结构中的地位反差,又折射出父权社会的制度遗产与价值观仍然影响着农村的政治实践。不公正的立法制度、歧视性的性别分工、男性对女性的角色期望、女性双重依附的参与心理等,阻碍了女性平等地进入政治领域,我们不能不说,这是女性平等参与必要条件的缺失,也是我们在追求政治平等目标过程中最艰巨的任务之一。

# 第三编
# 社会发展与社区治理

# 改革中的道德困境

## 冯　钢①

【内容提要】　利益多元化带来的利益冲突问题,是目前我国社会利益整合面临的主要挑战。这其中,不同利益群体在不同制度背景下形成的各种利益认知及其矛盾,更是一个十分复杂的现象。本文试图通过对一个具体案例的分析,展示一个源自计划经济时代并延续到市场经济环境中的利益冲突现象,并对市场经济条件下利益关系中的法律裁决与计划经济条件下"再分配—互惠关系"中的道德诉求两者之间的关系做出分析。

【关键词】　改革　法律有效性　互惠　利益正当性

## 一、法律有效性的基础

利益冲突的裁决或判定必须有一个统一的规则标准,一般而言,法律在法治社会中担当着此角色。然而,正如韦伯指出的那样,在现实生活中,法律只是社会行动诸规则之一;在法律之外存在着诸如习惯、惯例等其他规则系统。而且,在韦伯看来,作为现代社会标志的法律,与其他社会规则之间存在着颇为密切的关联,其中最基本的关联就是"正当性"。法律与其他社会规则的共同基础都在于它必须为支配对象所接受,从而成为"有效"的规则系统。伯尔曼在他的《法律与革命》的《序言》中曾竭力强调:"法律必须被信奉,否则就不会运作;这不仅涉及理性和意志,而且涉及感情、直觉和信仰,涉及整个社会的信奉。"(伯尔曼,P.3)韦伯的解释社会学立场强调对社会行动的在意义解释基础上的可能性因果说明,在他看来,意义解释是对社会行动做出可能性因果说明的前提。但是,我们也应该看到,现实中因果说明也完全可能根据另一套逻辑而与意义解释相互冲突。尤其是当因果说明遵循某种"放之四海而皆准"的逻辑时,相当多的日常社会行动则被这种逻辑判定为"非理性"或

---

①　冯钢:浙江大学国际文化系教授。fg00000@ mail.com

"非正常"。于是,问题出现了,即究竟是社会日常生活是依据某种普遍逻辑来进行的呢? 还是某种所谓"放之四海而皆准"的逻辑实际只是对现实社会生活的某种解释工具。显然,在韦伯看来,具有普遍意义的法律的合理化过程必然会对日常生活中的这种"非理性"形成威胁;但是他所遇到的困境正是:这种法律的合理化的正当性难道真的就能脱离日常生活的种种"怪异性"而成为理所当然?

近年来,在我国农村出现的许多利益冲突事件中,有不少都是基层政府与农民的利益冲突,在这些冲突中农民的利益受损是冲突的主要原因。然而,究竟什么是农民的利益? 农民的利益该如何来界定? 这个问题却少有人进行探究。的确,在绝大多数情况下,农民的利益是根据中央政府的有关文件精神来确定的,比如在"减轻农民负担"的精神中,"不合理的收费"侵犯了农民的利益;而究竟哪项收费是合理的,哪项收费是不合理的? 这又是依据文件而定。收费是否合理的衡量标准并非来自农民自身,也不是出自农民与政府的利益均衡,只是由政府单方面制定的。当然,我们丝毫不怀疑政府制定政策是考虑到农民的利益的;但这仅仅只是政策制定者单方面代替农民的考虑,而并非农民自己的考虑。如果撇开政策合理与否不论,仅就政策制定程序本身来讨论其有效性问题,我们也会发现:处于被动接受政策的农民一方在关于政策合理性问题上可能存在着与政府不完全相同的立场和价值基础,农民一方的这些考虑如果不经过与政府的协商、讨论是不可能被包含在政策之中的;但是,它却可能体现在农民与政府的利益冲突之中。政策的有效性在于政策制定方与接受方之间达成的共识,而不仅仅在于政策制定者单方面考虑的"合理"性,即使这种合理性看上去是"天经地义",它也可能会与另一些"天经地义"的合理性相冲突。圣西门当年在论述工业社会的政治权力时就指出,这种权力的实质就是,"只有经过纳税人的同意才能施行新税"。(参见冯钢 1992)

如果说,国家政策具有法律效力,那么这种效力并非仅仅来自"国家权威",而是需要来自社会的认同。换言之,如果国家政策在某些特殊情况下与政策接受者所认定的"正当性"相矛盾或冲突,因而不能得到社会的认同,那么法律的效力就不可能真正起作用(这可能正是许多法律判决"执行难"的一个重要原因)。相反,与法律相冲突的、却被社会所认同的习惯、惯例则可能具有更为广泛的社会基础,从而在支配社会行动上更为有效。更进一步说,如果在政府与农民之间存在着对对方利益诉求不甚理解的情况,比如说,政府对农民的某些利益诉求无法理解(或者反之),那么双方之间就会产生"无调节的互动",这种互动不但不能达成积极的共识,反而还会产生深刻的冲突。

摆在我们面前的问题,实际上是一个更为复杂的社会理论问题:在利益多元化的社会中,如何实现社会的整合? 说它复杂,是因为在多元利益的背后实际潜在着的是多元价值,而所谓的整合也不仅仅只是利益整合,更重要的是"社会整合"。更进一步说,如果我们把法律视为现代社会秩序的重要的"理性化的程序技术",那么问题就是:在社会分化过程中,这种"理性化程序技术"将如何获得业已形成的社会"惯例"的支持;或者说,我们应该如何处置伦理理性化(个人自由)与社会秩序理性化之间的某种紧张关系。社会秩序的理性化并不就是简单的程序技术本身,而是程序技术与个人技术(由伦理理性化引导的纪律等)之间的有效(能动)互动。

卡尔·博兰尼曾把共同体作为一种整合的"整体"来把握,提出了社会整合的三种经济模式,即"互酬"(reciprocity)、"再分配"(redistribution)和"市场交换"(marketexchange),并把它们作为某种"连带方式"(transactionalmodes)来认识。我想读者也许会理解我为什么在这里将transaction译为"连带"而不是译为"交易",因为它绝不仅仅意味着财富的交换关系。列维—斯特劳斯从莫斯那里继承下来的关于"首先是整体的存在,个别系统的总和既不能代替整体,也不能达到总体"的见解,这就是认为"整体",可以理解为相对恒定化的各种关系的复合体——它是"可视"的。

经济所具有的物质的、数量的属性,并不是经济的原因,而是它的结果。当然,任何一个共同体如果不能在物理意义上保证财物的供给便无法存续,因而存在若干为保证这种供给的制度。但是,这些制度,起初并不是以其"经济"上的功能为目的而存在,在它们的深层结构中潜藏着它们由以生成的无意识的原因;而反过来,作为这些制度非目的性结果,却又在物理意义上维持着共同体。我们需要探寻和找出那些潜藏在经济制度底下的深层动因以及决定这些动因的系统。

下面这个案例是一个非常具有代表性的案例。

在计划经济时代,农民与政府之间并不存在市场交易关系,案例中所涉及的电费问题和"协议"的产生,都是基于一种"再分配—互惠关系"的背景。这种背景在今天的市场经济条件下显然已经遭遇了瓦解,但是要改变已经在"再分配—互惠关系"基础上形成了的惯例,却可能会遇到相当的麻烦,至少单纯的法律裁决显然是不能解决问题的。因此,R村村民的利益诉求在许多局外人看来是不可思议的,而地方政府的立场却又"天经地义";法院判决不起任何作用,而冲突就这样在这双方之间产生了。

## 二、案例：关于电价制定依据的冲突

位于 R 村的飞水岩水电站始修于 1957 年。村民记得 1958 年大跃进吃食堂大锅饭时，已经有灯亮了。当时一般的村民家里都有一盏 15 瓦的电灯泡，白天不供电，晚上开到夜里十点半就停电，用电时间全部统一，电费也都一样，一个月 0.45 元。这就是当时的"包灯制"。这样的日子过了三四年。一些村民为了多亮一个房间，就在墙上凿一个洞，把灯挂在中间，就可以一盏灯同时照亮左右两间房子。还有胆子大一点的村民还用电线串联上另一个电灯泡，但被发现后电线也被剪了。

在 1958—1964 年间，用飞水岩电站发的电又修建了长潭水电站。飞水岩水电站与长潭水电站并网后，村民每家每户都安了电表，统一按 0.16 元/度的价格来征收电费。

文化大革命期间，村庄内部秩序混乱，组织瘫痪，队长也因赌博被抓进牢里，没人领导了，收电费的事也没人落实。从 1972—1980 年，这几年电几乎白用（免费使用），只有几个老实人还在老老实实地交电费。

1978 年十一届三中全会之后，各组织、单位开始整顿，恢复秩序。当时的供电所所长着手抓电费收缴工作：各村以往拖欠的电费，收缴上来的就收上来，收不上来的也就算了，但以后必须严格按时上缴电费。飞水岩水电站最初是头陀区公社所属的发电供电兼营的企业。20 世纪 70 年代，作为头陀区唯一的发电站，黄岩县的农业基础改造的拨款委托给飞水岩水电站经营，所以它的业务不断向外扩展。80 年代，工农业发展，用电量增加，原来的发电量不能适应新的形势，黄岩电力局决定在头陀区建一个变电所。1983 年 11 月，建造变电所的第一期工程开始，同时成立头陀供电所（后改名为北洋供电所），其人员基本上是从飞水岩水电站转过来的。头陀供电所建在北洋镇北洋街上的新建村，因占用了新建村四五间宅基地，为此，供电所给新建村村民的电费优惠 20%。R 村村民得知情况，也要求享受优惠电价。理由是 R 村为修水库、水电站曾做出很大牺牲，也应该得到补偿。供电所所长见 R 村翻老账，挺麻烦的，便想一次性地解决与 R 村的电价问题。于是在区公所、乡政府的主持下，飞水岩水电站（甲方）与 R 村（乙方）签订了一项协议。

协议中，甲方理解乙方在电站建设过程中所做的贡献和承担损失的事实，但不能以此作为用电不付电费的理由。双方决心在协议签订后共同协作，严格按照全国供电规则办事,不再纠缠任何历史问题。自1983年5月份起,甲方同意给乙方村民照明部分以优惠电价给予照顾。除农业加工厂外,一律以混合电价(包括工业、照明用电)每度九分计算。逾期不交电费,供电所有权停电。该协议是于1984年12月31日签的。前欠电费按总电度表的抄表数值以0.09元/度计算,定于1984年春节前结算支付清楚。飞水岩到R村高压线由头陀供电所征收,旧线归还乙方,其余设备折价甲方在乙方以前欠电费中结算。于是,R村也按0.09元/度的电价来收,暂时几年相安无事。

1985年3月,黄岩县人民政府决定于同年4月份起对全县工农业用电均实行加价收费,每度加价一毛钱。(详见《黄岩县人民政府文件》黄政<1985>97号和<1985>311号)但因为供电所与R村有协议在先,R村村民不按新价上缴电费,所以他们的电费一直是0.09元/度。一直到1990年,由于工业发展,R村办起了几家私营企业(现为8家,因为R村的电费便宜,吸引了不少人来村里办企业),工业用电增加;同时,村民生活家用电器增多,用电量也迅速上升。如果供电所依旧按0.09元/度的电价来收费,那每年将倒亏给R村好几十万元。这着实让供电所有点吃不消。于是,供电所先向飞水岩水电站反映情况,并一起与R村村民协调。但村民认为1984年的协议还继续有效,电价应该永远不变,甚至经黄岩市人民政府调解还是不行。1990年6月23日,供电所就一纸诉状,把R村村委会告到了市人民法院,后又移交到台州地区中级人民法院。

台州中院认为,北洋供电所违反了国家电热价格管理权限的规定,擅自与R村村委会签订了混合电价每度九分计算的协议,该协议应该确认无效。R村村委会无视当地政府有关收取加价电费的规定,长期(1985.4—1990.4)拒交加价电费,拖欠224923.44元。最终台州中院判决要求R村在一个月内付清拖欠的电费,而因为R村对建造水电站有贡献,要求一定的补偿照顾,应向政府部门申请解决。

宣判后,R村村民不服,以台州中院认为协议无效不当为由,请了上海的律师向浙江省高级人民法院提出上诉。高院认为飞水岩水电站与R村签订的协议所约定的电价,符合当时国家电价政策,该协议应该确认为有效。而县人民政府按照国家有关规定决定于1985年4月在全县范围内均实行加价电费,属于计划性电价调整。协议与此规定有抵触,故不应继续履行,以后应按县政府的规定统一上缴电费。1992年10月16日最终判决R村还是要在一个月内付清所欠电费,只是减免了部分诉讼费。

R村村民还是不服，省高院二审维持原判。但村民还是按0.09元/度缴纳电费，北洋供电所也没有拒收，因为他们觉得反正搞不过R村人，拿他们没办法，如果连这0.09元/度的电费也不收，亏损就更大了。这样，又过了10年，直到2002年9月。

2002年9月情况又发生了变化。北洋供电所并入黄岩供电局，业务隶属省公司，行政上隶属地方政府。如果供电所从大电网以原价0.46元/度买进，以0.09元/度卖给R村，R村每年用电量高达600万度（其中民用38万度，其余主要的是企业用电），这样供电所肯定是亏不起的。所以供电所拒收0.09元/度的电费。R村村民继续按0.09元/度缴纳电费，村委会把这笔钱存入信用社，现共有三万多元钱。

于是，供电局把事情汇报给省公司，省公司知会省政府，省政府又压市政府，市政府又压区政府，要求区政府一定要把这件事解决掉。所以，2003年6月2日，区委书记亲自主持召开了四套班子的协调会议，并把会议纪要都报到了市长办公室。

这次协调会议提出了三条优惠意见：（1）一次性给R村补偿30万元。（2）免费给每户安新电表，也就是每户优惠80元。（3）自2002年9月起村委会存在信用社里的三万元钱不用上缴，留给R村搞建设。但从2003年5月始，必须严格按照全国统一价0.53元/度缴纳电费。由于有国务院的"同网同价"这张黄牌压，区领导的口气很硬，"不怕你上访，不怕你上诉"，下大决心要把这个历史遗留问题彻底解决。

R村村民对黄岩区的这位"老大"（区委书记）提出的这些试图一次性解决问题的建议不满意，不能接受张书记提出的要求。6月8日下午4:30在北洋镇政府再次召开协调会议。政府方面态度很强硬，要求R村拖欠的400多万电费必须下午付清否则就停电。R村方面的代表一点也不示弱。整个会议双方争得面红耳赤，会议当然在没有结果的争论中结束，双方不欢而散。就这样，在这场电价纠纷中当事双方由R村与供电所变成了R村与区政府。

6月9日夜，也即6月10日凌晨三点，政府方面出乎意料地剪断了三条一万伏的高压线，村民对政府的这种粗暴做法很气愤，用他们的话说是"感情受到了很大的伤害"，并认为供电所剪掉电压线的行为肯定是违法的。为"保护现场"，村民们日夜守在村口不让供电所来重新把高压线接上。全村18个生产队（每个生产队20多户人家），每天6个生产队轮流值守，每户人家出一个人，即使在40°的高温天气下也不例外。

村民"保护现场"是为了留着给上面来的"官"看，让他们知道村民遭受了如此粗暴的对待。

## 三、村民的逻辑

显然,引起纠纷的原因是电价。区政府根据国家规定的"同网同价"政策,要求 R 村以 0.53 元/度支付电价;村民则以他们在建设电站时的贡献为由要求继续按照 80 年代"协议"中 0.09 元/度的优惠价支付。90 年代,法院根据政府颁布的电价管理规定所做的判决,并没有得到村民的认同。判决在 10 年中几乎没起任何作用。值得注意的是:市中院的判决认为,1984 年北洋供电所与 R 村签订的协议,由于供电所违反了国家关于电热价格权限的规定,因而协议无效。而省高院的判决认为,1984 年北洋供电所与 R 村签订的协议有效,但此协议与 1985 年黄岩县政府根据国家规定制定的调整电价决定相抵触,所以不应继续履行。也就是说,市中院否定了北洋供电所依据 R 村特殊情况与村民商议电价的合法性;而省高院则认为电站与 R 村商议电价符合当时国家的电价政策,协议有效。在这里,我们的确看到存在着依据不同原则确定的电价制定规则,并且各自有着正当性声称来源。然而在这里,各种不同规则都处于同等的备选地位,中院、高院依据不同规则做出明显不同的判决;而 R 村村民的利益诉求也明显与法院的两种判决都相抵触。这一现象同样提醒我们必须注意:所谓包含确定性原则和限定性合法性声称的法律规则,如果不能在社会接受的意义上被确认,那么其效果甚至也只是一纸空文;法律规则的有效性在于它获得了社会的认同并被社会成员所履行。村民的利益诉求是否合理? 这需要有一个评判标准。但这个标准应该如何产生? 除非利益双方达成共识(无论以什么方式),否则这个标准是不可能具有正当性的。

村民的逻辑是:我们为电站建设做出了贡献,因此应该得到"优惠",以优惠作为补偿才是合理的,而不只是简单的货币补偿。80 年代的"协议"在村民眼里就是"惯例",即作为他们为电站建设做出贡献所得的报酬——优惠电价。

其实,R 村的村民并不是没有钱,他们虽然谈不上富裕,但也绝对不贫困。而且,村民也知道电费改革的实际意义及必要性,采访中他们甚至也认为以往低电价确实存在着不合理的因素:

村民一再坚持争取自己更大的利益不放手,为电价问题纠纷这么多年,并不是因为 R 村村民穷,负担不起加价电费,虽然 R 村并没有什么集体经济,但村民的经济水平还不错,这可以从家家户户住进新房,用起了冰箱等耐用家电上看出 0.53 元/度的电价也并不是说用不起,其实就是每年多付几百块或千把块钱,况且全国人民,哪怕是西部山区,都是这个价。如果电价贵了,人们反而会省着用电。说实话,以前 9 分 1 度时,村民们都是乱用、滥用电的,很浪费。比如,用热得快烧猪食,用电炉烧红薯,连过道上、阳台上也都用 100 瓦的电灯。

镇上的管片干部也说:以前 0.09 元/度时,村民真的是有点滥用,在锅底都安上电热丝,这样烧饭更快些。一个两口之家,一个月居然能用掉五六十度。

但是,在村民看来,优惠电价是他们应得的回报。这一点,不仅反映在他们坚持"优惠协议"有效性上,而且,2002 年区政府在协调会上提出"三条优惠意见"也是在不违反政策的前提下以变通方式给予村民一定的优惠。虽然这似乎有悖于 90 年代法院判决,但这不仅说明了"惯例"的效力是不容轻视的,而且也表明政府同样认可了村民的优惠要求,并在不直接违反政策的前提下同意以变通方式给予村民适当优惠。从这里可以看出,法院判决之所以没能达到预期效果,恰恰在于现行法律无法处置这一类利益协调关系,而这种关系协调的必要性在政府和村民双方看来都是解决问题的关键所在。

既然区政府领导在协调时已经考虑到 R 村在电站建设中所做的贡献,提出了一系列优惠方案让村民选择,为什么村民却还是死死咬住"协议"中的优惠价,对政府的优惠方案不予考虑,难道真是村民"得寸进尺"、"无理取闹"? 否则,这又是为什么呢?

我们注意到在这场冲突中村民坚持的主要立场,就是他们在电站建设中的投入或用政府方面的概念即"贡献";正是这些投入或贡献使他们觉得自己"应该"永久性地享受优惠电价,而不管他们是如何使用这些供电的。正是由于这个立场,所以他们坚持 1984 年与北洋供电所签订的协议有效性,并以此作为法律依据。(注意:其实在这种"优惠电价"中真实地包含着农民与政府之间的一种他们理解的"共产主义"的关系)然而,根据村民自己的估算,他们在建设电站时的人力、物力投入大致是 28.8 万元左右;但仅 1985—1990 年间他们欠供电所的电费款就达 24.5 多元。同样,根据村民单方面估算,到 1990 年,R 村的损失达到 145 万元;但到事发当时(2003年)他们所欠电费已经高达 400 多万元。更何况根据物价指数,今天的"9 分钱"与

80 年代的"9 分钱"哪有可比性? 即使在这种情况下,区政府建议的调解方案中还是包含了对 R 村的补偿 30 万元的建议,但村民对此的反应却是:"30 万? 300 万、3000万都不够"。从这一点来看,任何局外人都会觉得 R 村的村民们是"无理取闹"。那么村民是如何计算这笔账的呢? 他们又是根据什么来认定自己的利益所在的呢?

## 四、"再分配—互惠"关系与利益正当性

其实,村民的计算非常简单:基于"再分配"和"互惠"原则,他们所要求的正是他们所应得的。这里的关键是"互惠"原则。

在"理想的"市场机制中,利益相关者之间是通过"市场交换"来实现双方利益的。在这种情况下"公正"、"公平"是通过交换双方之间的讨价还价来体现的。交换双方都会竭尽全力追求利益最大化,无论卖家如何声称他的价格是"跳楼价",也不管买家如何一再要求"便宜"点,双方在达成一致同意的市场价格前,"要价"和"还价"无疑都是"一厢情愿"。在通过讨价还价最终达成交换规则之前,双方的"利益诉求"都不具有所谓的"正当性"。显然,在市场条件下,利益诉求背后的"正当性"必须通过市场交换双方的相互同意才能得以体现。

但是在非市场条件下,交换双方中的某一方由于某种原因而无法进行直接的利益诉求时,"交换"价格就不再体现为"公正"了;根据交换双方中某一方单独的利益诉求所制定的价格也不再具有"正当性"了。通常所说的"强买强卖",是没有公平可言的。但是,这也不是说在非市场条件下就不存在"公正"了,而是说,这时的"公正"将以另外的形式体现出来。"互惠"就是另一种寻求"公正"的方式。互惠不同于市场交换,利益交换在互惠关系中并不是当下实现的,而是通过"预期"来实现的。尽管在许多情况下,利益交换的某一方没有可能当面提出他们的利益诉求来进行"讨价还价",但这种要求却保留在他们对回报的"期待"中。因此,"公正"在这里似乎只能以"社会合同"或"心理契约"来体现。也就是说,"它意味着被接受下来的礼品或服务为接受者带来了相应的义务——有朝一日要以相当的价值给以回报。"(斯科特,2001,216)问题在于,当"期待回报"成为互惠关系一方的权利时,利益诉诸的"正当性"便直接包含于其中了。换言之,在这种情况下利益诉诸的"正当性"是不需要通过"讨价还价"来体现的。

再分配体制可以被视为一种不同主体之间的互惠经济,或者说互惠经济是再分

配经济的一种补充。互惠经济是非市场经济中一般都确认的一种超乎支配与被支配关系之上、以社会的本原习尚为基础的经济行为。它意味着无论国王还是贵族，都不能靠命令去剥夺人们的财产。

在不同主体之间的互惠关系中最典型的是所谓"保护人与被保护人"或"保护者与追随者"之间的互惠关系。在这种关系中，首先是相互之间所交换的物品或服务是不相同的，因为它是以双方不同的需要为基础的；其次是被保护人一般都只是以其劳动和忠心作为回报以换取人生安全和物质需要；第三，这种交换关系总是被视为一种关于权利与义务的道德关系并依赖于相应的道德观念作为维持这种关系的基础纽带；最后，被保护的追随者有着强烈的意识，知道他们从这种关系中可以正当地期待得到什么，知道这种关系可能要求他们做什么。从某种意义上说，社会分层是否能够获得道德上的认可，正是取决于这些期待是否可能得到满足。"这就是说，地位的差异本身并非不合理；保护者的道德地位取决于其行为同整个社区共同体的道德期待相符合的程度。"（斯科特，2001，218）

R村在20世纪50年代"大公社"背景下为建电站做出的"贡献"在当时并没有获得相应的回报，这是由众所周知的原因导致的。因此，村民的利益就不可能根据"市场原则"来确定，而只能根据"互惠原则"来界定。从村民一再提起有关当时参加电站建设的回忆中，我们感觉到，至少村民们自己认为他们付出了巨大的代价。其中，除了可以估算的经济损失外，村民们更关注的似乎是一种精神上的付出：

> 村民每回忆起修水电站的事，几乎第一个反应都回答，"那个苦呀，我是受着了的。"当时人们主要穿草鞋，但害怕稻草碎末会掉到水泥里，使水泥的粘性不好，质量降低了，所以就光着脚干活，炎热的夏天，冰冻的冬天，都一样。还有那些背着婴儿去干活的妇女，喂奶后小孩睡了，就放在树丛里。

> 当时的劳动条件很差，没有现在的推土机、升降机、压土机等设备，只有锄头、畚箕、扁担等，还有把大岩石块做成滚石，用来压平地面。再加上那时吃也吃不饱，每个人都干得很苦、很吃力。说是"动员"群众，在当时公社化的情况下，其实就是社员不得不参加劳动，上面规定每个人必须完成几个"工"，虽然也记工分，但政府实际拨下来的钱却很少，生产队也出不起这钱，所以修建水电站的几乎都是义务工。当时的学生也被发动去十里之外的地方挑沙、担泥，磨破

了肩膀。10 岁的小孩子也跑到工地上帮忙。由于人手缺乏,赶工程,有些劳工生病了的,也得坚持。总之,那时都得听大队的话。在修建的过程中,不仅"征用"了 R 村的山林、土地,还就地取材,砍了很多树,用于做水管。当时物资紧张,铜材、钢材奇缺,把村民家中带铜或铁的东西都撬下来了,甚至还有村民连祖坟的青砖都挖了。

显然,在村民的"集体记忆"中"牺牲"(也是眼下这个"水电站")是一个"苦难时代"的象征。这里的问题是村民估计他们提供的"服务成本"或贡献"价值",要比可计算的经济成本大得多。我们注意到,村民在回忆这段历史时完全抹掉了当时可能存在的"热火朝天"、"鼓足干劲"、"力争上游"等场面,对于当时的"政治动员"采取了基本回避的态度。村民认为,在当时条件下他们是"不得不参加"电站建设劳动,再苦再累也得干,一切"都得听大队的话";在"劳动条件很差",还"吃不饱饭"的情况下干的"几乎都是义务工"。然而,我们宁愿想象在当时背景下存在着历史文献记载中的那种"群众热情",只是在热情早已冷却下来了的今天,村民们体会到的"代价"却不仅仅只是艰苦条件下的辛勤劳动,而且还包括了"付出热情"本身。这种心理上、精神上的付出虽然不可能拿到桌面上来,但它包含在"总体付出"之中,并在"回报期待"中占据着主要成分。在作为互惠关系的礼物交换中,"在被接受和被交换的礼物中,导致回礼义务的,是接受者所收到的某种灵活而不凝滞的东西。即使礼物已被送出,这东西却仍然属于送礼者。由于有它,受礼者就要承担责任,也正是通过它,物主便能凌控盗窃者。"(莫斯,2002,20)

同时,我们还应该注意到的是,0.09 元/度的"优惠协议"是在怎样的情况下签订的:

> 北洋供电所(北洋供电所的人都是从飞水岩水电站出去的)建在北洋镇北洋街上的新建村。新建村的村民就因为此而要求电费优惠 20%。这下,R 村的村民不干了,跳出来说:"新建村仅(为电站)建了几间房子这样就要电费优惠,那我们也要优惠。"言外之意是,我们修水库、水电站作了很大牺牲,也应该得到补偿。

R 村的村民原先按 0.16 元/度缴电费,但看到邻村因新建供电所有"贡献"而获得了优惠,便也提出优惠要求。这在普通常理看来,似乎只是一种"攀比",而且,政府在协调纠纷时也经常以此作为依据。虽然"优惠"是与现有法律规则相冲突的规则,然而,"优惠"不仅是不同电价现象产生的原因,甚至在政府出面协调利益冲突时,也常常援用"优惠"作为可能的手段:

> 事情在协调过程中,原头陀区区委书记,现人大副主任、黄岩西部扶贫开发委主任做中间人,他提出初步协调意见:给 R 村民在今后用电方面以一定优惠。具体条件是:飞水岩每年发电量的 20% 送给 R 村。这种协调的优惠模式其实是受黄岩区对其他水库、水电站的解决方案的启发而来。如宁溪镇的英山水电站,每年能发百把万度电,在并入大电网后,给当地村民(700 多人)每人每月优惠 10 度电,超出部分的电价则按同网同价的 0.53 元/度来收。另一富山水电站也采取了类似的补偿方案。(但按照此方案,R 村每人每月最多也只能优惠 2—3 度电)

尽管政府方面已经根据不同村落在电站建设时的"贡献"大小差异,制定了不同的优惠建议,但是,R 村的村民并不认为这样的"优惠补偿"可以替代以往的"惯例"(尽管"优惠"是 R 村村民坚持的电价制定规则,它的依据就是 R 村在电站建设中的贡献或付出)。那么,村民们究竟是如何看待他们的付出的呢? 他们预期的"补偿"是多少呢? 接受我们采访的一位乡干部说:

> 实际上,村民对于电价一下子从 0.09 元/度升到 0.53 元/度,主要是在心理上接受不了。村里的老人,大多数当年都亲身参加了修建水库、水电站。对那时受的苦记忆犹新。"那个苦呀,你们现在的人是想也想不到了。"他们觉得自己辛辛苦苦建了水电站,现在用电要付和没有修过水电站、没有出过劳力的人一样高的价钱,心里怎么想也想不通,总觉得不平衡。而且他们还觉得祖宗受的苦,应该子子孙孙后代都得到照顾补偿。村里的中年人,当时都是小孩,也受了些苦,现在村里的领导班子都是这批人,他们基本上也站在村民的立场上据理力争。村民们始终觉得无法接受一刀切、一次性了结,他们要的是长期的、世世代代的补偿照顾。

在许多非市场经济社会,财富的最普遍形式是与作为个人在社会上稳定象征的权力结合在一起的。"财富,是维持生命必要的、在共同体的保管下被安全贮藏起来的物,从而是象征着共同体生存的物。"而在再分配体制下"货币"并不是财富,它充其量只是一种支付手段。非市场经济的"货币"并不是市场经济的那种"全目的货币"(all purpose money),而必定是被限定了目的的"有限目的货币"(limited purpose money),其个别的功能又总是有着种种不同的社会性起源。作为支付手段的货币,是以社会性"债务"(obligation)的发生为基础而产生于社会的互惠行为和再分配行动中的。实际上,任何社会都存在以互惠行为为基础的负债的支付(清偿)。也就是说,货币抵偿的并不是经济性的债务,而是社会性的债务。这里的关键并不是"等价",而是博兰尼意义上的"对价",即如果对方接受,那么一块钱就可以抵偿一部电视剧的版权(如金庸向中央电视台索取的《射雕》版权费);但如果对方不认可,那么就会出现我们这个案例中的情况:"300万、3000万也不够"。货币的有限性在这里恰恰表现为并非所有的社会债务清偿例都可以用它来完成,相反,更多的债务清偿是非货币所能实现的。如达苛美王国中家族间的相互扶助,日本以"义理"形式发生的负债的清偿等。当一种再分配—互惠制度迅速向市场经济转变的过程中,货币的前一种功能和后一种功能之间的矛盾就会显现出来。共同体内的再分配性质已经发生了变化,这种变化已经反映在货币的属性上了。

互惠是社会交往关系中的一个重要因素。然而关于它的内涵却并非十分明确。争议的焦点之一在于,互惠是否包含事后一定时期大体相等价值的交换,是否很少精确计算等值或只是强调受益和义务。通常情况下,政治学和经济学的互惠博弈理论倾向于强调等值,而社会学和人类学则倾向于强调其中的非等值关系。(鲍威尔,1994)显然,由于互惠双方的需要是不同的,交换的内容不可能完全相同;所以,互惠关系中的利益交换并不存在作为中介的"一般等价物",交换一方"付出"的与他所"期待"的二者之间并没有通常所说的"换算表"。与市场交换不同,互惠原则中,由于接受方接受某种服务时并没有当下的"讨价还价",因此,对这种服务的价值并没有一个确定的标准。这时,接受者的需求满足程度(即服务的效用)可能是他认为自己应该承担相应义务的估计标准;但这并不构成服务提供者估计他"回报预期"的标准。一般来说,服务提供者的"预期"是以未来他可能得到相应的需求满足(效用预期)作为标准的,因此在这种情况下,"预期"的利益诉求倒真有可能出现所谓的"最大化"。从这个意义上来理解村民之间关于的优惠"攀比"问题,我们也就清楚了:

或许在电站建设中,各村实际做出的物质方面的贡献是有大小差异的;但是他们在精神上、心理上的付出却都是一样的。因此,只要是为电站建设付出过的,都应该享有类似的优惠。R村的村民之所以坚持80年代的"协议"有效,并不仅仅因为它提供了"合理价格"("合理价格"会随物价指数而上涨),而是因为它包含了对他们曾经付出的"回报预期"。在他们看来,这根本不是一个经济问题,至少不仅仅只是一个经济问题,更重要的是一个"道德问题",或者说,是一个"道义经济学"的问题。

## 五、不是结论的结论

从表面上看,这个案例涉及的只是国家的政策(电费价格)与村民对自身利益理解上的矛盾和冲突;但深入分析则让我们意识到问题似乎并不仅仅是像表面反映的那么单纯。我们看到,国家的电费价格政策背后存在着一个矛盾,即一方面想通过"同网同价"来解决电力生产和消费的市场化运作问题,另一方面却又通过"并网",把在总体化时代建设的各种小水电的投入主体"一刀切"地划归为消费主体。在现实政治中,从任何一种绝对的伦理价值出发的政策,都会是一种无视"后果伦理"(ethics of consequentialism)的泛道德主义。在非市场社会中,以市场为舞台发生的财物移动,最终只是通过其他两种模式(互酬、再分配)及其组合实现的。以价格变动为前提的商业活动侵入共同体的内部,在一定意义上将意味着原有共同体的"内部均质性"的崩溃。

实际上我们完全可以理解R村村民的意思:电站早已经不是电站了,电站的实际性质是R村村民与国家关系的象征;电费问题也不只是电费本身的问题,而是在R村村民眼里国家如何对待或处置与他们的历史关系及其性质和程度的表示。很显然,这是在前改革时期国家与农民建立在"父爱主义"基础上的某种特殊的道德联系,这种道德关系的特殊性在改革中遭遇了市场经济"普遍主义"的挑战。

**参考文献:**

哈罗德·J. 伯尔曼:《法律与革命》,北京:中国大百科全书出版社,1993年

冯钢:《非西方社会发展理论与马克思》,杭州:浙江人民出版社,1992年

詹姆斯·C. 斯科特:《农民的道义经济学:东南亚的反叛与生存》,上海:译林出

版社,2001 年。

马塞尔·莫斯:《礼物》,上海:上海人民出版社,2002 年。

沃尔特·W. 鲍威尔:组织的网络形式:既非市场亦非层级,《国外社会学》,1994 年第 4 期。

卡尔·博兰尼:《巨变》,台湾。Polanyi, Karl, *The Great Transformation*(New York: Farrar, 1944).

# 在参与中成长的中国公民社会

## ——中国公民社会发展路径的反思与批判①

郁建兴②　周俊③

**【内容提要】**　受"现代化范式"的影响,中国公民社会研究大多暗含第一阶段获得相对于国家的独立性、第二阶段参与公共领域的预设。这种预设导致中国公民社会研究一直围绕着"自主性"与"依附性"等概念展开。但浙江温州商会和宁波海曙区星光敬老协会的案例表明,中国民间组织并未获得独立性,但已广泛参与公共治理并在其中发挥重要作用。在当前中国的政治框架内,民间组织的独立性获得有其限度,而参与治理的空间却非常广阔。民间组织可以借助于参与公共治理,增强与政府博弈的能力,以获得更大的生存空间。这是中国公民社会发展更为现实的路径。

**【关键词】**　中国公民社会研究　民间组织　公共治理　独立性　参与

改革开放以来中国民间组织的"爆发式"增长广受关注。这不仅因为"公民社会的发育程度在很大程度上可以由民间组织的发展程度来衡量"[1],而且因为民间组织的发展为理解中国国家与社会关系的转型提供了大量例证。自 20 世纪 90 年代初公民社会理论被引介入中国,中国公民社会研究更多地反映为"一种理念性的宏观研究"[2],较为缺乏对国家与社会良性互动实现机制的学理论证[3]。民间组织的勃兴,似乎为弥补这一缺陷提供了经验基础。但受"现代化范式"的影响,中国公民社会研究仍然表现出忽视自身发展经验对于形成中国公民社会品格的可能性研究,而且仍然假设了遵行西方路线的、从市场经济到公民社会到政治民主的演进路径,这"强烈地暗含了对西方实现政治现代化的道路具有普遍有效性的预设"[4]。因此,如何基于民间组织的经验发展获得关于中国公民社会的自我理解,仍是当前中国公民社会研究中的一项重要工作。通过对浙江温州商会和宁波海曙区星光敬老协会的

①　本项研究受国家自然科学基金(编号,70673089)和浙江省社会科学基金(编号,07CCKF06ZD)资助。
②　郁建兴:浙江大学政府管理系教授。yujianxing@ zju. edu. cn
③　周俊:浙江大学政府管理系讲师。zhoujun@ zju. edu. cn

考察,我们试图揭示出一种有别于西方公民社会观的中国公民社会发展路径。

## 一、中国公民社会研究中的"互动论"及其影响

就在西方公民社会理论被引介入中国的同时,对这一理论的本土化研究也随即展开。早期的市民社会①论者"经由对自己所置身于其间的中国现代化发展现实的体认而形成的一种强烈的本土关怀及对西方种种市民社会理论的分析和批判"[5],试图超越自由主义与国家主义的对立,寻找中国市民社会的"第三条道路"。他们在黑格尔式"国家高于市民社会"和洛克式市民社会"外在于国家"的观点之间寻找平衡,发展出了一种既强调市民社会与国家二元分立,更强调两者良性互动的分析框架。

早在 1991 年,甘阳就指出,市民社会与国家的关系所要建立的是社会与国家之间的一种良性互动关系[6]。1992 年,邓正来和景跃进在那篇开启我国公民社会理论研究的重要论文《建构中国的市民社会》中,明确提出市民社会与国家关系的"良性互动说",认为市民社会内部存在的矛盾和冲突可以引出国家干预的必要性,同时,也需要强调国家干预调节的合理限度[7]。其后,俞可平等人提出要建构"社会主义市民社会",认为"市场经济新体制对我国社会结构的最大影响将导致一个新型的社会主义市民社会的崛起。"[8]"强国家—强社会"模式也为一些学者所主张,这一模式认为,社会具有相对独立性,国家也需要积极介入社会生活以弥补社会的不自足,国家与社会协同合作、互相监督。[9]而"法团主义"、"国家在社会中"以及"国家与社会协同"理论的引入更加推进了良性互动论。"法团主义"揭示了国家与公民社会之间可能的互动结构:一个强有力但并不具有全能性的国家,一定限度的结社自由以及不完全独立于国家但也不是国家内在组成部分的社团。[10]"国家法团主义"和"社会法团主义"[11]的分野进一步指明了国家卷入与社团自主两者之间的具体关系。"国家在社会中"以及"国家与社会协同"理论揭示了国家与社会二元分立的限度以及国家与社会合作互动的可能性。前者认为,国家和社会并不是两个完全独立的实

---

① 20 世纪 90 年代中后期,"civilsociety"一词在中国学术界经历了一个重大转向。它原被译作市民社会,以与东欧"公民社会"及中国台湾"民间社会"相区别,强调国家与社会的互动而非对抗。但随着市民社会这一概念日益与资产阶级社会、城市市民等词语相联系,而公民社会更能准确地阐述政治系统与经济系统以外的所有关系的总和,"公民社会"一词逐渐被更为广泛地运用。本文采用"公民社会"一词,但在引用原文以及在原文语境中时,仍使用"市民社会"一词。

体,它们在交换中相互赋权和变更行动边界,后者强调社会力量的赋权并不必然削弱国家治理社会的权力,国家与社会之间是一种共赢而非零和博弈关系,良性合作是可欲可求的。

"互动论"是反思西方公民社会概念中国适用性的结果,尽管它们无一不接近于一种理想模式,[12]对现实的解释力有所欠缺,但为能否达致与如何达致这种状态的进一步研究铺垫了道路。对公民社会发展进程的各种讨论就明显受到"互动论"这一分析框架的影响。

邓正来和景跃进在"互动论"的基础上提出了中国市民社会建构的"两阶段论"。他们认为,中国市民社会建构的第一阶段所的主要目标是初步建构起市民社会,形成国家与市民社会的二元结构;第二阶段的主要目标是进一步完善市民社会,通过各种各样的渠道实现对国家决策进行正面意义上的影响,即从"私域"向"公域"①扩张,在相对于国家的独立身份以外争得参与身份。[13]

"两阶段论"的核心在于,它以"良性互动"为前提,认为公民社会不应在对抗国家的零和博弈中达致。同时,它假设了国家与公民社会之间的二元分化是公民社会形成和发展的前提,而参与则应以相对独立为前提;它还认为公民社会发展有两个方向,一是国家建构,二是社会努力,虽然国家与社会间的"讨价还价"或竞争本身对市民社会建构具有重大意义,但鉴于中国的特殊国情,公民社会发展的主要动力来自于国家而非社会。

此后关于中国公民社会发展的路径讨论大多受到上述"两阶段论"的影响,在不同程度上体现出类似的特征。比如,"三阶段驱动理论"认为,中国公民社会发展应由"政策驱动"、"体制驱动"和"市场驱动"三个阶段构成。[14]这一理论虽然将视角投向外部因素之于市民社会的作用,在某种程度上忽视了国家与社会互动的意义,但仍然突出了国家是公民社会发展的第一推动力;"四阶段发展论"既关注国家建构和社会努力的作用,同时也将公民社会发展划分为自主性获得与参与"公域"两个过

---

① 根据对这一理论的考察,这里的"公域"并不是严格的哈贝马斯意义上的概念,即它并不特指一个批评性的公共舆论领域,而接近于当前经常被谈论的"第三域"概念,既包括公共舆论,同时也包括其他的影响国家或政治的参与形式。邓正来和景跃进的理解是:"中国所需要建构的市民社会不仅应当具有经济自由的能力,而且还应当具有影响国家决策的积极参与权利。从另一个面相观之,中国现代化的终极目标之一乃是要实现政治民主化……就政治学意义上讲,公众参与所凭借的乃是法律所确认的获知权利、言论自由权利、自由结社权利、出版自由权利等等……因此,中国市民社会在第二阶段实现积极参与功能的同时必须把培育和确立这种制度性程序和规范作为根本任务之一"。(邓正来:《市民社会理论的研究》,第22页)因此,下文所讨论的民间组织参与公共治理,应为这里所理解的参与"公域"的一种重要形式。

程；[15]"能促型国家"理论突出强调国家在公民社会发展中应该发挥积极主动作用，既要促进民间组织的能力建设，也要通过强大的财力帮助民间组织的发展，在从"国家法团主义"走向"社会法团主义"的过程中，国家的能促作用是第一位的。[16]

上述"互动论"以及具有较多相似性的发展进程论，对中国公民社会研究产生了很大影响，具体表现在：大量关于中国民间组织的研究倾向于集中讨论民间组织相对于政府的独立性与自主性，以及与此相关的民间组织生存和发展的制度环境问题，以此为中国公民社会的第一个阶段已经展开或没有展开寻找例证，或为国家在后全能主义时期仍需扮演"能促型国家"角色寻找例证。

比如，沃克曼（Walkman JR）以中国民间组织仍不具有自治权为依据，否认了西方式公民社会在中国的存在。[17]昂格尔（Unger）则以中国社团仍受控于国家为理由，认为甚至连法团主义的概念也不适用于中国。[18]更多的讨论倾向于承认中国民间组织的相对独立性与极大的政治依附性，并由此得出中国公民社会已经萌芽，但发展仍然受制的结论。比如孙立平对"希望工程"个案的研究，[19]赵秀梅关于中国NGO对政府的策略的研究，[20]中共四川省委党校课题组对四川农村民间经济组织的调研，[21]顾昕对专业团体的研究等。[22]而俞可平和何增科关于中国公民社会制度环境的研究则表明，现有制度环境在激励机制、机会结构和约束结构等方面影响着民间组织的发展。[23]马秋莎（Qiusha Ma）则看到了中国民间组织具有的独立性与自治性。她指出，当前许多NGO尽管仍然处于国家控制之中，但大量独立的、自治的NGO已经出现，尤其是在地方层面上。[24]

这些对中国民间组织自主性与依附性的讨论，最终都可以被汇集到"自主和镶嵌"的分析框架之下。无论是自主多一点，还是依附多一点，民间组织一方面必须镶嵌入各种制度之中，另一方面必须维持自主性。[25]而关于一些民间组织自主多一点，另一些民间组织依附多一点的原因，"分类控制"理论作出了解释。根据分类控制理论，国家依据社会组织的挑战能力和提供的公共物品，对不同的社会组织采取不同的控制策略，不同社会组织与政府保持着不同程度的联系。[26]

上述理论尽管揭示了中国国家与公民社会关系的某种变化，具有一定的解释力，但它们无法恰当地表明"自主"与"镶嵌"的比例应该保持在什么范围内才能证明一个公民社会已经存在。更为重要的是，围绕着中国公民社会发展所展开的这些讨论，都执着于对公民社会相对于国家的独立性追问，而忽视了现实中国家与社会关系变革中的诸多其他要素。因而，这些理论对于中国是否存在一个公民社会以及如何实质性地推进公民社会发展的回答常常显得贫乏和苍白。已有研究的这种不足,显现了重新思考中国公民社会发展路径的必要性和重要性。

马秋莎曾经提出,与其衡量在多大程度上中国 NGO 还没有实现自主,不如以一种更积极的态度去考察到目前为止它们在成为一种外在于国家系统的、发展中的力量已经取得了多大进步。[27]事实上,公民社会的概念,正如怀特(White G)所言,当它被卷入意识形态争论之中,作为一个理想化的反国家形象出现时,它降低了自身在经验主义的、社会科学分析上的价值。[28]这提示我们,对公民社会的功能性分析或许比对它的关系分析更适合于当代中国。

王绍光和何建宇曾经提出社团的"外在效应"和"内在效应"概念。[29]外在效应可以理解为社团对政治、经济和社会系统的作用,它不必然要求社团独立于国家和不具备政治性。中国民间组织的外在效应无疑是更应被关注的内容。根据苏姗·怀特宁(Susan H. Whiting)的研究,中国 NGO 的(外在)效应最好从它对政治发展与经济、社会发展两个方面的影响来理解。她认为,相对于难以在民主政治建设中发挥作用,中国 NGO 在提供公共物品和公共服务方面发挥着重要作用,这带来了经济、社会领域的巨大变化。[30]

苏姗·怀特宁之论给我们的启示是,如果说中国公民社会已经产生,那么它必定首先体现在民间组织发挥提供公共物品和服务的作用之中。浙江温州商会和宁波市海曙区星光敬老协会为我们重新理解中国公民社会的发展提供了很好的例证。

## 二、中国民间组织参与公共治理:浙江温州商会和宁波市海曙区星光敬老协会的案例

如果按照通常对 NGO 民间性、独立性和自治性的理解,那么,温州商会和星光敬老协会都难被称为严格意义上的 NGO。温州商会的发展在很大程度上依赖于政府释放政治空间,中央政府、浙江省和温州市政府不断发文以促进商会作用的发挥,就体现了商会的自主性不足。而星光敬老协会因政府为了推行政策而倡导成立,其主要领导人均为退休的政府官员。但这些在相当大的程度上仍然依附于政府的商会、协会,在地方公共治理中发挥着重要作用。以下我们将基于实地调研所获资料,围绕它们的职能及其履行情况,对此作出描述和分析。

案例一 温州商会的职能及其履行

　　本文所指的"温州商会",包括行业商会与狭义的行业协会,它们的管理登记部门都是民政局,但它们分属不同业务主管部门:工商业领域的行业协会归市经贸委主管,其他行业协会归市政府下面的其他部门(如工商局、建设局、科技局、农业局等)或授权的组织(如社科联)管理;工商业领域的行业商会归市委统战部下属的温州工商联进行业务管理,市委的另外一些部门也管理着一些行业协会。由于行业协会这一概念不能包容温州工商联(总商会)等机构和组织,也由于地方习惯等,本文统一使用"温州商会"概念。

　　温州是我国改革开放以后民间商会率先得到发展的地区,1997年国家经贸委将温州市确定为发展行业协会的首批试点城市之一。近三十年来,温州商会组织得到了长足的发展。截至2007年底,温州市共成立行业协会近500家,其中市本级行业协会134家,另有异地温州商会156家。温州商会被一些研究者称为"真正的民间商会",被认为"发育良好,而且起到了很好的自治作用"。[31]

　　为了解温州商会的职能及其履行情况,我们于2007年1月底和3月中旬,对温州市经贸委下辖行业协会48家中的32家,温州工商联(总商会)主管的行业商会29家中的27家,以及上述商会的部分会员企业进行了问卷调查,调查主要涉及温州商会对职能履行情况的自评、会员企业对商会职能履行情况的评价。关于温州商会的具体职能,我们按照温州市政府的各项文件整理为建立行业自律性机制,参与制定、修订、实施本行业的行业标准,开展行检、行评工作等18项①。根据经济学对公共物品所作的定义,这些职能都应被列入提供公共物品或俱乐部产品的行列②,因此,对温州商会职能的考察可以揭示出它在公共治理中的作用。

---

① 这18页职能分别为:(1) 行业基础资料的调查,收集和整理。参与行业发展规划的制定;(2) 新办企业申报、新产品开发和企业技术改造进行前期咨询调研、提出论证意见;(3) 建立行业自律性机制;(4) 参与制定、修订、实施本行业的行业标准,开展行检、行评工作;(5) 维护会员合法权益,协调会员关系;(6) 推荐行业内的高新技术产品、名牌产品,组织行业技术成果的鉴定和推广应用;(7) 行业内部价格的管理、协调、监督、指导,组织同行议价;(8) 进行行业统计调查、收集、发布行业信息;(9) 开展咨询服务,提供国内外经济技术信息和市场信息;(10) 组织本行业的展销会、展览会、报告会、招商会等活动;(11) 开展国内、国际间的行业经济技术写作和经济技术交流;(12) 开展职业教育和培训;(13) 发展行业公益事业;(14) 指导、帮助企业改善经营管理;(15) 承办政府及有关部门委托事项;(16) 行业品牌建设;(17) 企业安全生产监督管理;(18) 参与反倾销的损害预警、前期磋商、应诉和案件跟踪等。

② 一个物品是否具有排他性和竞争性是区分该物品是私人物品还是公共物品的重要标志。具有排他性且具有竞争性的物品为私人物品,无排他性且无竞争性的物品即为公共物品。在现实生活中,完全具有排他性且完全具有竞争性的私人物品和完全不具有排他性且完全不具有竞争性的公共物品并不多,大多数公共物品介于两者之间,要么具有排他性而不具有竞争性,要么具有竞争性而不具有排他性,前者被为俱乐部物品,如电影院、游泳池等;后者被称为公共资源,如草地、地下资源等。这两类物品都属于准公共物品。通过对温州商会职能的性质考察,我们认为,它的18项职能都可以被划归为提供公共物品或俱乐部产品的职能。

从温州商会的自我评估来看,针对温州商会职能履行总体效果的定性分析中,认为"非常好"的占7.1%,"较好"的占75.0%,"一般"的占16.1%,"较差"的仅占1.8%,"很差"的为零。在另一项纵向比较协(商)会职能实施效果的评价中,68.5%的协会认为"发展越来越好",认为"没有变化"的占24.1%,"不太清楚"的占5.5%,仅有1家商会认为职能实施效果"越来越差",占1.9%。可见,温州商会的职能履行总体效果很好,绝大部分温州商会的自我评价都较高。

从会员企业对商会职能的评估来看,18项职能评价中"较好"与"很好"两项之和最高的达66.7%,最低的41.0%,有11项职能的评价超过50%。而选择商会的职能履行"很差"和"较差"的都较低,两项之和最高者只有15.1%,最低则为5.2%。会员企业对商会职能履行总体情况的评价同样较好。

我们的调查还涉及温州商会职能的归属问题。根据会员企业的选择,18项职能中选择应由行业协(商)会来执行的比例都超过50%,最高达到72.6%,其中超过70%以上的有3项,低于60%的只有4项。相比较而言,选择由政府部门来履行的比例都较低,比值分布在20%—30%之间,其中相对较高的(超过30%)的只有3项。这表明,行业管理等职能已经不再被认为是政府所专有,大多数会员企业认为这些职能应由商会来履行。

温州商会职能的良好履行改善了商会与企业、政府的关系。作为企业自愿组成的社会团体法人,温州商会努力满足企业发展的需求,维护企业合法权益。据调查,企业在生产环节遇到困难较多的方面依次是技术革新、土地厂房、人力资源、融资、合作伙伴、设备和原料等;而商会最能帮助解决的方面依次是合作伙伴、人力资源、融资、技术革新、原料、设备和土地厂房等。企业在流通环节碰到困难最多的方面依次是市场信息、价格、交通运输和仓储等;而商会最有能力帮助解决的方面依次是市场信息、交通运输、价格和仓储等。由此可见,商会的能力与会员企业的期望比较吻合。另外,商会还通过向本行业提出建议的方式影响企业和行业的发展。调查显示,2004—2006年,89.8%的行业组织向企业提出过建议,所提建议和被采纳的建议数量比较一致,只有少数组织提出的建议没有被采纳。可见,商会组织对企业的影响度较高。

在为政府服务方面,温州商会发挥了参政议政、建言献策、调查研究、政策宣传、协助统计行业数据、参与行业规划、扶贫帮困、招商引资等多项职能。调查显示,温州商会通过代理政府的某些市场与行业的管理和维护职能、参加公益事业以及参与政治过程等途径,与政府保持着密切联系。商会之于政府的重要性通过商会本身的优势在加强,而政府也通过资源优势与权威优势保持着对商会的重要影响力,政府通过直接行政干预而影响商会的情况越来越少。

从上可见,温州商会职能的履行已经进入了正常化和成熟稳定的阶段,商会通过提供公共物品实质性地参与到公共治理中来了,政府与商会之间"授权与合作"的互动机制已经初步形成。

案例二　宁波市海曙区星光敬老协会承接政府购买居家养老服务

宁波市海曙区政府于2004年3月出台政策,试行为高龄、独居的困难老人购买居家养老服务。2004年9月开始,这一政策在全区全面推行。该政策的主要内容是,由海曙区政府出资,向非营利组织——星光敬老协会购买居家养老服务,社区落实居家养老服务员,每天上门为辖区内600余名老人服务。服务员的主要来源是社区中的就业困难人员,服务内容包括生活照料、医疗康复、精神慰藉等。

海曙区星光敬老协会是区政府为推行该项政策而于2003年6月倡导成立的,属非营利性社会组织。在"政府扶持、非营利组织运作、社会参与"的运作机制中,星光敬老协会起到了非常重要的作用,以它为中介,政府、民间组织、社区之间形成了合作治理的格局。

在政府购买居家养老服务中,星光敬老协会在决策和执行两方面发挥了重要作用。协会会长出任作为政府领导机构的海曙区居家养老工作领导小组副组长,协同组长(分管养老工作的副区长)和另一位副组长(区民政局长)对居家养老工作进行策划和部署,直接参与政策决策。在决策执行中,协会扮演了更为关键的角色。海曙区将"社会化居家养老服务中心"交给敬老协会(总会)运作,服务中心分部交给街道的敬老协会分会运作,社区则以敬老协会名义在服务站开展具体服务。星光敬老协会承担的工作主要有:审定需要提供居家养老服务的对象;确定居家养老的服务内容;培训居家养老服务员和结对上门服务的志愿者;对居家养老的服务质量进行检查和监督等。

随着海曙区社会化居家养老工作的不断推进,敬老协会也得到了长足发展,由原来的"居家养老服务社"扩展为三家分支机构,分别为"居家养老服务社"、"居家养老照护院"和"义工招募服务中心"。目前,居家养老服务社承担着海曙区居家养老工作。服务社有经过培训在册的居家养老服务员176人,承担着为600余位高龄独居困难老年人的服务,以及从2005年8月开始为全区生活难于自理且困难的残疾人的服务。宁波市居家养老照护院是区域性服务实体,院内设有部分床位,供需临时全天候托管的老年人所用。它还为海曙区及宁波市培训全天候居家养老照护员提供实习训练,协同其他服务网络机构为有需求的居家老人提供全天候照护服务等。海曙区居家养老义工招募服务中心于 2007 年初创办,它搭建了区、街道、社区三级联动网络招募服务和现代传媒载体信息网络招募服务两个平台,并设计了系列激励机制以提升义工所付出劳动的社会认可度。这三家分支机构的设置与运作,表明星光敬老协会已日益走上专业化服务道路,其职能空间及其履行能力获得了扩展和提高。

星光敬老协会与海曙区政府合作提供公共服务产生了良好效应。服务员、照护员、义工对老人进行生活照料、精神慰藉,受到老人们的热烈欢迎。居家养老照护院创办仅一年时间就收到了受照护老人家属 10 余面感谢锦旗。同时,就近、便捷、专业化、低成本的服务也协助政府化解了养老服务的难题,有效地缓解了社会养老的压力。海曙区政府每年只需支出二百万元左右,就能履行传统机构养老需要支出三四千万元才能履行的职能。2004 年和 2006 年星光敬老协会被市民政局评为"先进民间组织",其中 2006 年位于全市先进民间组织之首。海曙区政府也因实施这项政策而获得了第四届中国地方政府创新奖(2008)。

温州商会和星光敬老协会的职能发挥及其效应,既表明它们已经实际地参与了地方的公共事务管理之中,在其中它们的公共治理能力得到了提高,也表明传统科层式的公共事务管理模式正渐趋消解,政府与民间组织之间已经出现了一种互惠的依赖关系。这种变化之于中国公民社会发展的意义,如果仍然囿于自主或依附的概念框架,显然无法获得充分的理解。那么,我们又该如何对它作出解释?

## 三、中国公民社会发展路径的再思考

如前所述,关于中国公民社会发展的已有理论都暗含了它必先获得独立性而后获得参与性的假设,即使"并不断然主张市民社会的积极参与功能只能在第二个阶段加以发挥,实际上它在第一个阶段就可能出现",但仍坚执"这取决于市民社会是否业已取得了独立于国家的身份"。[32]在此影响下,论者们多专注于讨论当前中国公民社会的独立与自主问题,似乎没有事先形成一个相对成熟的公民社会,参与"公域"就不可能或没有显著意义。然而,温州商会和星光敬老协会都称不上独立的

NGO,它们的职能获得和履行在某种程度上仍然依附于政府,但它们却实际地参与地方公共事务的管理,在其中发挥着重要作用,其"独立性"与"参与性"的获得显然不是两个过程,更不是遵循先后次序的两个过程。这意味着,中国公民社会的发展没有遵循各种发展进程理论所预设的路径。

中国自古家国同构,社会服从于国家。1949 年后,又经历了全能主义国家下国家与社会不正常胶合的阶段。今天,国家正在进行"政退市进"、"政退社进"、"政退民进"、"权退法进"的大变革,但与此同时,"政退党进"也是一个重要的变革内容。而即使是在"政退党进"之外的领域,行政权力也仍然主导着社会发展。[33]温州商会和星光敬老协会就是典型的例证,尽管它们是政府改革、权力下放的产物,在公共治理中作用显著,甚至有时能独当一面,但它们仍然生存在国家的"双重管理"体制之中,难以突破现有政治框架而获得独立性。在这种情况下,以国家与社会的分立作为公民社会发展第一阶段的内容,显然不切实际。更为重要的,国家与公民社会二元分化事实上只是西方背景中产生的特殊历史现象。即使是所谓的二元分化,实际上也是相对意义上的。在现代社会,国家的作用已经深入到社会生活的各个方面。在这种情况下孤立地谈论独立于国家之外的"市民社会"已没有意义。传统意义上的"市民社会"在西方不仅仅只是历史上的特例,而且也只能是一种理论的抽象。[34]这当然不是要否认中国民间组织在独立性的获得上仍然有着很大的空间,而只是表明,对公民社会独立于国家的追求应该是有限度的。

温州商会和星光敬老协会的经验事实还表明,独立性并不是民间组织参与"公域"的必要条件,民间组织有可能在未实现独立的前提下先获得参与性。商会对政府有依附性,但它却能够实质性地影响政府行为,这在上述 18 项职能的具体实施中均有较多体现。比如,2002 年温州市烟具行业协会向国家三部委提出《关于放宽对出口打火机法定检验的要求》,通过反复协调将烟具产品的试验周期由 3 个月延长到 12 个月,复检费由全额改为按项收费;温州市烟具、五金、眼镜、剃须刀等协会(商会)制定行业维权公约,保护创新惩罚侵权,这种做法被国家专利总局誉为"对《专利法》的有益补充",等等。同样,星光敬老协会在组建、人事和运行中都不离政府,但它能够以独立的非营利组织身份提供居家养老服务,协同政府破解养老难题,并且得到政府的肯定。

温州商会和星光敬老协会的经验事实还进一步表明,民间组织有可能在参与过程中获得更大的独立性。温州商会的职能经历了一个不断发展的过程,而随着商会职能的完善及其治理绩效的提高，政府对商会的干预越来越少。星光敬老协会的良好运作也带来了政府更大的放权，自主活动的空间越来越大。

德国著名中国问题研究专家托马斯·海贝勒曾经探究西方公民社会观是否适合于中国的问题，他的回答是，公民社会已经成为一个涵盖不同定义和观点的总称，对所有社会都有意义的只是公民社会的基础、标准和原则，即它们有助于社会和政治的稳定。西方的公民社会大多等同于自治和独立于国家，然而，独立于国家远远不可能是公民社会的唯一标准。非政府组织的政治参与可被视为典型的公民社会因素。[35]通过分析温州商会和星光敬老协会的案例，我们似可调整中国公民社会发展路径中"独立"与"参与"两个核心要素的关系，将"参与"视作获取"独立"的一个特别重要的途径，而非将"独立"视作"参与"的先决条件。基于这种认识转变，我们不但能够对中国是否存在一个公民社会的问题作出肯定的回答，而且能够摆脱一直以来以"国家"定义"社会"的框架束缚，在重视国家建构公民社会的"能促"作用之外，尤其重视公民社会自身的能力发展。

自1949年新中国建立以来，国家并没有全盘否定民间组织，在不威胁政权的前提下，政府积极地将一些有助于提高治理绩效的民间组织纳入到公共治理体系之中。但在此过程中，政府没有放松对民间组织的监控，正如分类控制理论所揭示的，像工会等一些可能危及政权的组织还远没有独立与自主。在国家体制转型的这种路径之下，公民社会发展显然不可能在短期内突破后全能主义的政治控制框架。这意味着，中国公民社会的发展目前只能在这个政治控制框架所允许的限度内发展，即在政府开放的有限公共事务管理的空间中，积极参与治理，以争得与政府对话的权利，从而推动政府转型并进而推进国家与公民社会边界的重构。

在这个过程中，国家充当公民社会"发动机"的作用仍然是必要的，但如果不改变把"国家"看作政治、经济、社会、文化研究的唯一"分析单元"，把它视作一种孤立的存在，而非置于结构性的支配与反支配关系中加以认识的思维方式，[36]不改变用"国家"来诠释"社会"的思维方式，就不可能得出国家之于公民社会发展的真实意义。制度环境的改善并不是国家政治制度安排和意识形态的附属物，只有在公民社会与国家的博弈过程中，这种改善才可能实现。温州商会职能的扩展和星光敬老协会走上公共治理的前台，都证明了这一点。因此，我们所强调的国家作用，应该是基于社会自治要求之上的灵活变革，而非国家支配社会的变革。这意味着，中国公民社会发展的最终动力仍然应该来自于社会，而非国家。在重视国家变革的同时，我们更要重视民间组织自我治理以及参与公共治理能力的提高。

综上所述,长期以来,中国公民社会研究受"现代化范式"所支配,它不但假设了国家与公民社会的二元分化,而且预设了公民社会发展的第一阶段以获得独立性为主,后一阶段以实现参与为主的发展路径。但正如温州商会和星光敬老协会案例所表明,中国民间组织已经广泛参与公共治理,它们不仅弥补了政府治理的不足,提高了公共物品和公共服务的质量,成为治理网络中的有效主体,而且影响着政府行为;它们不仅推进了政府职能转变,而且影响着政府公共管理方式的变革,使政府开放更大的社会空间和不断改善民间组织的制度环境成为可能。这昭示了中国公民社会发展的另一种可能路径:先参与公共治理,在参与中成长壮大,而后形成成熟的公民社会。这同样意味着,在国家自上而下建构公民社会与公民社会自下而上的努力中,后者是更为根本的。

### 参考文献

1. 何增科:《中国公民社会发展的制度环境影响评估》,《江苏行政学院学报》,2006 年第 4 期,页 80。

2. 马长山:《当代中国的"市民社会"话语转换及其对法治进程的影响》,《求是学刊》,2007 年第 3 期,页 77。

3. 刘振江:《中国市民社会理论研究综述》,《当代世界与社会主义》,2007 年第 4 期,页 159。

4. 36 邓正来:《关于国家与市民社会框架的反思与批判》,《吉林大学社会科学学报》,2006 年第 3 期,页 7—8;8。

5. 邓正来:《中国市民社会研究的研究》,杰弗里·亚历山大、邓正来编《国家与市民社会》,上海:世纪出版集团、上海人民出版社,2006,页 486。

6. 甘阳:《"民间社会"概念批判》,张静编《国家与社会》,杭州:浙江人民出版社,1998,页 28。

7. 13、32 邓正来、景跃进:《建构中国的市民社会》,《市民社会理论的研究》,北京:中国政法大学出版社,2002,页 14—16;20—23;23。

8. 参见俞可平:《社会主义市民社会:一个新的研究课题》,《天津社会科学》,1993 年第 4 期,页 194—197。

9. 参见唐士其:《"市民社会"、现代国家及中国的国家与社会的关系》,《北京大学学报》,1996 年第 6 期,页 66—72。

10. 16、22  参见顾昕:《公民社会发展的法团主义之道:能促型国家与国家和社会的相互增权》,《浙江学刊》,2004 年第 6 期;页 69;顾昕等:《从国家主义到法团主义:中国市场转型过程中国家与专业团体的关系演变》,《社会学研究》,2005 年第 2 期,页 155—175;《能促型国家的角色:事业单位的改革与非营利部门的转型》,《河北学刊》,2005 年第 1 期,页 11—18。

11. See Joel S. Migdal, Atul Kohliand Viviemme Shue( eds. ), *State Power and Social Forces*: *Domination and Transformation in the Third World* ( Cambridge University Press,1994 ); Joel S. Migdal, State in Society ( Cambridge University Press,2001 ).

12. 参见河度亨:《中国市民社会理论模式的建构及其局限》,《国家行政学院学报》,2003 年第 3 期,页 73—76。

14. 参见高晓红:《政治文明与公民政治参与、公民社会》,《东南大学学报》,2004 年第 6 期,页 38—40。

15. 参见杨临宏、翟秀红:《试述中国公民社会存在的必要性及构建的路径》,《云南大学学报》,2003 年第 1 期,页 22—24。

17. See Walkman, JR , *The Civil Society and Public Sphere Debate*, in Modern China, Vol,19, No. 2 April 1993. pp. 108—138.

18. See Unger, J. , *Bridges*: *Private business*, the Chinese government and the rise of new associations, in China Quarterly,147,1996 . pp. 795—819.

19. 孙立平:《民间公益组织与治理:"希望工程"个案》,载俞可平主编《中国公民社会的兴起与治理的变迁》,北京:社会科学文献出版社,2002,页 67—94。

20. 参见赵秀梅:《中国 NGO 对政府的策略:一个初步考察》,《开放时代》,2004 年第 6 期。

21. 参见中共四川省委党校课题组:《公民社会培育视野下的四川农村民间经济组织》,《社会科学研究》,2007 年第 4 期,页 91—97。

23. 参见俞可平等:《中国公民社会的制度环境》,北京:北京大学出版社,2006,页 6、11。

24. 27 Qiusha Ma, *Defining Chinese Nongovernmental Organizations*, in International Journal of Voluntary and Nonprofit Organizations, Vol. 13, No. 2, June 2002. pp. 121—122; p.128.

25. See Peter Evans, *Embedded Autonomy*: *State and Industrial Transformation*, Princeton University Press, 1995); 王信贤: 《争辩中的中国社会组织研究: "国家—社会"关系的视角》, 台北: 台湾韦伯文化国际出版有限公司, 2006 年, 页 34—38。

26. 参见康晓光: 《分类控制: 当前中国大陆国家与社会关系研究》, 《社会学研究》, 2005 年第 6 期, 页 73—89。

28. White G. et al., *In Search of civil society*: *Market Reform and Social Change in Contemporary China* (Clarendon Press, 1996), PP. 3—4.

29. 参见王绍光、何建宇: 《中国的社团革命: 中国的结社版图》, 《浙江学刊》, 2004 年第 6 期, 页 71—77。

30. Susan H. Whiting, *The Politics of NGO Development in China*, in Voluntas: *International Journal of Voluntary and Nonprofit Organizations*, Vol. 2, No. 2 , 1991. pp. 19—22.

31. 吴敬琏: 《建设民间商会》, http://wujinglian. net/Articles/articles020529/htm; 吴敬琏、江平: 《市场经济与法治的对话》, http://www. chinalawyer. org. cn/forum/showthread. asp/thread = 5121&goto = prev.

33. 李景鹏: 《后全能主义时代的公民社会》, 《中国改革》, 2005 年第 11 期, 页 36。

34. 唐士其: 《"市民社会"、现代国家以及中国的国家与社会的关系》, 《北京大学学报》, 1996 年第 6 期, 页 68—69。

35. 吴志成: 《中国公民社会: 现在与未来——与德国著名中国问题研究专家托马斯·海贝勒教授学术对谈》, 《马克思主义与现实》, 2006 年第 3 期, 页 22。

# 非营利组织参与社区营造之角色与策略：
# 以"桃米生态村"为例

江大树①　张力亚②

**【内容提要】**　面对 21 世纪新公共服务与网络治理时代的来临，非营利组织与社区营造，乃是当前台湾建构公民社会，迈向永续发展的重要运作基石。非营利组织对台湾社区营造的实务推动，相对各级政府机关而言，不论是在理念推广或方案设计方面，一直扮演着重要的政策领航与划桨功能。这些从事社区营造工程的非营利组织，一方面致力于社造的辅导与培力，以拓展、深化草根民主的参与能量；另一方面，则又扮演政府与社区之间的沟通桥梁，引领、协助各项社造方案的推动与落实。然而，毋须讳言的是，这些非营利组织在参与社区营造的辅导过程中，经常存在若干的问题与缺失，甚至可能引起与社区组织之间的互动纷争。

　　因此，非营利组织是否及如何采取适当的参与角色与辅导策略，对社区营造工程的推动与成效，将具有相当重要的影响。本文系以笔者亲身涉入、参与观察的桃米生态村为实务案例，剖析新故乡文教基金会从"9·21"大地震之后，长期持续协助桃米社区的震灾重建及社区营造经验。从传统抗争、灾后学习、营运转型，到组织整合，新故乡基金会因应不同阶段社区营造的特殊需求，分别采取接触、培力、陪伴、合作等不同辅导模式，也因而呈现支配、合作、互补、竞争、对立等多元的组织互动型态。

**【关键词】**　非营利组织　社区营造　新故乡文教基金会　桃米生态村

## 一、前　言

　　面对 21 世纪新公共服务与网络治理时代的来临，非营利组织（Nonprofit Organizations）与社区营造（Community Empowerment），乃是当前台湾建构公民社会（Civil

---

①　江大树：台湾暨南国际大学公共行政与政策学系教授。jos@ ncnu. edu. tw
②　张力亚：台湾暨南国际大学公共行政与政策学系博士生。s3106518@ ncnu. edu. tw

Society），迈向永续发展（Sustainable Development）的重要运作基石（萧新煌，2000；江明修，2002；江大树，2006；李永展，2006；曾旭正，2007）。自从1987年政府解除戒严以来，台湾民间社会力不断呈现多元且蓬勃的发展，诸多的政治、经济、文教、环境、妇女、劳工、农民、无住屋者等社会改革组织，陆续发起各种抗争运动（王振寰、章英华，2005：16—17）；民间社团由1989年的6,719个，增至2007年的14,655个，非营利组织的快速成长显示，台湾民间部门透过结社权，集合志同道合之士，藉以满足集体志趣，并促成多元化的社会面貌与丰沛活力（官有垣等，2006：22）。然而，这样多元化活力面貌的背后，却也隐含或引发多元化的社会挑战，例如：工商业快速发展，造成都市环境恶化，生活质量下降，人际（邻里）关系趋淡；至于，农林渔牧等传统乡村地区则面临人口外流、居民结构老化、产业衰退、社区建设残破等困境；再者，整体社会的过度强调一致性及快餐文化，导致原有的地方特色逐渐丧失，无法累积社区共同历史记忆，公民意识因而严重欠缺（陈其南、陈瑞桦，1998：32—34；陈亮全，2000：71；黄世辉，2006）。

这些民间社会的基层困境要如何有效解决？有些学者强调必须从个人、社区开始作转变，透过社区营造模式，运用更多民主参与机制，发展社群治理模式，进行观念与行动的变革（孟森祥，2000；Box，1998；O'Toole & Burdes，2004；Pavey，2007：91）。回顾台湾从1994年开始推动社区总体营造（简称社区营造或社造）政策，主要原因无疑是为响应当代所面临的治理转型问题，政府企盼透过社区营造政策的推动与实践，唤起民众参与公共事务的热情，并凝聚生命共同体的社群意识，累积形塑公民社会所需能量；而且，社造政策逐步走向地方，进行民主行政的组织改造与转型工程。"行政院文建会"为积极推动社造工程，提出六项执行策略：培养社区自主、建立组织系统、结合专家学者、强化行政协调、示范点的扩散、结合非营利组织（林振春，1996）。综观十多年来台湾社区营造的政策推展过程，特别是在1999年"9·21"大地震的灾区重建，许多非营利组织与学者专家积极参与且殚精竭虑，不少社造成果令人印象深刻，包括：宜兰县的环保与文化社造经验、嘉义新港的老镇新生、阿里山山美社区、花莲马太鞍湿地及南投桃米生态村等，都是相当成功的实务案例（曾旭正，2007：58—169）。

非营利组织对台湾社区营造的实务推动，相对各级政府机关而言，不论是在理念推广或方案设计，一直扮演着重要的政策领航与划桨功能，包括：1987年成立的新港文教基金会、1989年成立的专业者都市改革组织（OURs）、1990年成立的仰山文教基金会,都是颇富盛名、长期投入社造的非营利组织,后续又有"中华民国"社区营造学会、蓝色东港溪保育协会、崔妈妈基金会、北投文化基金会、新故乡文教基金会等著名非营利组织,持续主导或配合参与各项社造政策的推行(陈其南、陈瑞桦,1998:25;曾旭正,2007:170—181)。这些以从事社造工程为主要使命的非营利组织,一方面致力于社区营造的辅导与培力,以拓展、深化草根民主的参与能量;另一方面,则又扮演政府与社区之间的沟通桥梁,引领、协助各项社造方案的推动与落实。然而,毋须讳言的是,这些非营利组织在参与社区营造的辅导过程中,也经常存在若干问题与缺失,甚至可能引起与社区之间的互动纷争,例如:专业能力及资源垄断、社会信任资本不足、本位主义作祟、缺乏解决冲突的能力等(曾梓峰,1998:131;林振丰,2002;林经甫,2003;张力亚、江大树,2006;江大树、张力亚,2008)。

非营利组织是否及如何能采取适当的参与角色与辅导策略,对社区营造方案的推动与成效,具有相当重要的影响。本文将以笔者亲身参与观察的桃米生态村为实务案例,剖析新故乡文教基金会从"9·21"大地震之后,长期持续参与桃米社区的震灾重建及社区营造经验①。笔者于第二节拟先针对非营利组织与社区营造的定义、非营利组织参与社区营造的概况,及其彼此互动类型等课题,进行扼要的探讨;第三节则分阶段叙述桃米生态村的社区营造历程,从地震前的破旧农村,到震灾后的社区重建,其脱胎换骨的成功经验值得参考;第四节对应剖析新故乡基金会参与桃米生态村,在社区营造过程中的角色扮演,从早期接触、积极培力,到柔性陪伴、转型合作,组织彼此互动颇多奥妙之处;第五节归纳桃米生态村的案例启示,特别是非营利组织参与社区营造的适当策略,作为本文结论。

## 二、非营利组织与社区营造的概述

在台湾社区总体营造的政策推动过程中,常有许多不同类型的非营利组织②积极参与社区营造实践工作。然而,非营利组织与社区居民二者之间,基于不同组织特性,因而在互动上可能产生各种微妙的化学变化。社区营造运作主体固然是社区

---

① 笔者任教的暨南大学即位于桃米生态村。新故乡文教基金会成立于1999年,董事长为廖嘉展,荣誉董事长为前"中央研究院"李远哲院长,笔者长期担任基金会的执行长与董事,有关基金会参与桃米生态村的震灾重建与社区营造情形,参见新故乡基金会网站,http://www.homeland.org.tw/。

② 参与社区营造工作的非营利组织可粗略分为:个人文史工作室、学者研究团队、专业辅导团队等不同型态,本文系以专业辅导团队作为主要探讨对象。

居民本身,但非营利组织在社区营造中却扮演着关键的角色,其最重要的功能在于促使社区进行多元化、由点到面的整体社区营造理念的扩散,甚至感染全体社区居民进行参与,并且透过新旧经验重组,孕育出共同的社区环境与记忆(Southern,1995)。本节以下将先说明非营利组织与社区营造的定义及其功能,接着叙述非营利组织参与社区营造的概况,然后分析非营利组织参与社区营造的互动类型。

### (一) 非营利组织的定义与功能

非营利组织之名称与定义一直众说纷纭(Wolf,1990:6;江明修,1999:147),大致可归纳为:"组织设立之目的非在获取财物上的利润,且其净盈余不得分配予组织成员或其他私人,而具有独立、公共、民间性质之组织或团体"(许世雨,1999:156—157)。台湾的民法将非营利组织分为社团法人与财团法人两种类型,社团法人是指以人为主的社会团体,并经法院核可,具有法人地位的组织,包括各种协会、学会、促进会;财团法人则是以一笔财产为主,具有法人地位的组织,包括各种基金会及其附设非营利机构(冯燕,2000:14)。

观察大多数非营利组织的特质、目标与运作成效,应可归纳下列五项功能:开拓与创新、改革与倡导、价值维护、服务提供、扩大社会参与(许世雨,1999:159;冯燕,2000:17)。要之,非营利组织是一种强调社会公共利益、以自我组织使命为导向,而非以赚取利润、分配盈余为目标的组织型态,且其具备弥补政府失灵与市场失灵所需之各种功能。

### (二) 社区营造的定义与功能

就英文字义而言,社区(community)其实就是所谓的社群或生命共同体。社区一词在不同学科领域上,各有其特殊意义及偏重取向,一般对于社区的定义多半来自于社会学,其主要在探讨社区的社会性质及社会学上的意义。徐震认为社区可以归纳出三种特质:(1)同住于一个地区并视为一体的人群;(2)由同一宗教、同一种族、同一职业或其他共同利益所构成的人群;(3)共享、共有及共同参与的一群人(徐震,2002:25—27)。同时,社区也意味着高度的人与人之间的亲密性、社会凝聚性、道德上的承诺与能量以及时间上的连续性(陈文德,2002:2;Delanty,2003:36;Morse,2004:2)。至于,如果从社区共同体概念切入,社区的定义正如同 P. Mattessich 所言:"居住在地理上可以清楚界定的同一区的一群人,他们彼此之间,及他们与其生活所在地之间,形成社会和心理的联系。"(曾旭正,2007:12)综上,社区在概念上应该包含:人际关系、共同利益及活动空间等三项基本运作元素。

其次,所谓营造(empowerment),同样也有许多不同的定义与译名,包括:赋权、授权、授能、培力等。事实上,因应新公共服务与网络治理时代的来临,单纯的授权似乎不足以解释其真义,反而是"使能"(to enable)或培力,比较贴近应然内涵:使没有能力的人有能力,使能力低的人能力变高,使能力高的人愿意尽其所能(黄秀梅,2006)。所以,营造可谓是一种永无止境的学习过程,藉以唤起意识、增进知识,协助原本无能力的人或组织,使其有能力或提升能力,藉以进行自主性的行动。

再者,社区营造(community empowerment)强调营造社区感,凝聚社区内的共识,并进行一连串生活问题的解决(社区营造学会,2005:9—15;曾旭正,2007:14)。申言之,社区营造乃具备社区基本地理范围,及群体生活中的共同体意识,并推演出社群的概念,最终将这些理念化为持续行动的活力,进行社区内部意识、价值与结构的转化。具体来说,社区营造的基本理念应是:在社区场域中透过教育与学习,转化与提升社区居民的意识与行为观念,使其能自主关心社区内的公共事务与自主营造,藉以促使社区进行本质上的改变;经由这样的转化与实践,逐步释放民间社会力量,形塑草根民主,由下而上堆积生命共同体的价值,进而建构一个自主、参与且永续发展的公民社会。值得一提的是,社区营造最终目标在于:进行"造人"工作,转化民众对居住地及公共事务参与的观念与价值,期能建构"营造新的人、新的社会与新的生活价值"的理想愿景(陈其南、陈瑞桦,1998)。

### (三) 非营利组织参与社区营造的正反功能

如前所述,台湾自从1994年推行社区总体营造政策以来,陆续有各种类型的非营利组织投入社区营造辅导工作。根据实证研究指出,对于这些"社造员"[①]的角色期望,与提升居民参与公共事务的态度,两者之间有正向相关;但两者互动上,却也存在若干冲突状况(林振丰,2002;褚丽娟等,2006:64)。显然,非营利组织在参与社区营造的过程中,同时存有正向功能与负向问题。在正功能方面,非营利组织主要是对内进行共识讨论、强化居民信心,并且透过人才培训,教育社区居民,传播反省文化,弥补社区以往因结社限制及轻忽人文素养,导致民众对公共事务的态度冷漠

---

① 社造员是一种专职工作,按月领取政府经费补助,负责推动社区营造方案。通常,社造员是由非营利组织的成员担任,或由非营利组织选训社区人才出任。

或信息不了解,也可避开地方派系纠葛,以较公正、客观的立场,协助社区发展;对外,则可进行社造资源连结,及相关信息、知识提供及技术协助等(陈其南、陈瑞桦,1998:29;倪葆真,2004:32;江大树,2006:302;黄秀梅,2006:40)。要之,非营利组织参与社区营造最重要的任务就是进行培力工作,至于赢得居民的信任与认同,则是能否成功的主要关键。

反观非营利组织介入社区营造可能产生的负向问题,包括:专业能力不足、社造观念偏执、专业割裂、专业垄断、辅导者间的资源竞夺、互动接触技巧不佳、专业人员角色定位不明、制造冲突与对立等批评(曾梓峰,1998:131;林振丰,2002;林经甫,2003)。究其原因在于,大部分非营利组织是以"接政府委托案"的型态进入社区,一方面因委托案皆订有执行年限,当案子结束后,非营利组织大多会撤离,但撤离时,社区自主性力量仍未成熟,导致社区可能回归先前状态,因而引发社区居民的不满与质疑(杨凯程,2002:41)。另一方面,则是专业与公民两者之间,对于社造问题的认知差异与策略争论,一般而言,专家认为透过理性思维能掌控自然与社会的所有事务,但往往却忽略当地文化差异性的影响,导致专家与公民之间互动上的冲突(Fischer,2005)。因此,非营利组织参与辅导社区营造的过程中,如何将涉入(involvement)与超然(detachment)两种态度运用得宜,其实需要不断自我省思与调整(曾梓峰,1998)。毕竟,非营利组织具专业知识、服务取向及独立自主精神,对社区居民负有思想启发的教育责任,对政府则有成效检讨及政策建议的改革功能(黄肇新,2003:14)。

## (四) 非营利组织参与社区营造的互动类型

探讨非营利组织与社区之间的互动关系,一般又可区分内在与外在的关系。内部关系强调的是社区内部的社团、教会、地方派系,及福利机构的运作关系;外部关系则是社区与其他外部组织之间的互动与合作关系(徐震,2002:58—59)。本文主要聚焦于非营利组织与社区的外部互动关系,为求深入了解互动关系过程中的各类现象与问题,笔者拟采组织理论中"合作、支配、互补、竞争、对立"等五种不同互动行为类型,参见图1(Gidron,1992;徐仁辉等,2004:326—328),藉以观察社区营造过程中的各种运作现象,同时配合对照讨论。

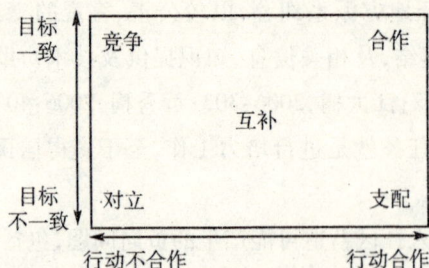

图1 非营利组织与社区互动的各种类型图

资料来源:本文绘制。

其实,在台湾社区营造实务上,非营利组织与社区间之互动现象,也常见这五种不同型态的类似案例,仅扼要整理如表1所示。依据上述五种互动类型,笔者认为或可先依行动合作与否,再视目标是否一致,重新归纳成"共同合作"与"对立冲突"两大类型,共同合作类型又包括:强调追求共同目标与行动的"合作"模式、彼此尊重且相互支持的"互补"模式、由专业团队或社区组织单方主导的"支配"模式;至于,对立冲突类型又可区分:目标一致但行动不合作的"竞争"模式,及彼此间目标与行动皆冲突的"对立"模式。

表1 非营利组织与社区互动的五种类型

| 互动类型 | 目标与行动内涵 | 类似案例说明 |
|---|---|---|
| 合作 | 为达彼此共同期望的目标,采取共同行动,彼此融合为一体。 | 北投文教基金会系由社区热心居民所成立,并针对当地各项社区营造议题进行相关的参与及协助。 |
| 互补 | 双方目标与合作关系较为松散,手段上也有所差异,不过却能适时透过如:支持、契约、补充、互利等行为,补足彼此不足之处。 | 花莲牛犁社区交流协会在丰田地区社区营造过程中,着重资源转换者的角色,透过人才培力、资源下放与信息传递等方式,协助邻近丰山、丰里、丰坪三个社区协会从事社造工作,弥补这三个社区的组织功能不足之处。然而,这四个社区彼此的发展目标,并非紧密一致。 |
| 支配 | 经常是由互补关系中的支持或补充行为演变而来。互动过程中,一方促使另一方将其利益置于他方利益之下,进而追随之。 | 专业者都市改革组织(OURs)是强调行动性的社团,期望联合小市民一起来关心、参与营造,并进行各种可能的改革行动,例如:OURs积极串连台北市社区规划师集体提出建言,致使政策有所调整。相对个别社区而言,OURs此一专业非营利组织,无疑具有相当程度的支配性。 |

续　表

| 互动类型 | 目标与行动内涵 | 类似案例说明 |
|---|---|---|
| 竞争 | 双方虽然拥有共同的资源与策略，但却各自拥有不同运作目标的互动关系。彼此间可能是良性竞争，也可能有对立冲突。 | 新故乡基金会参与桃米生态村社造过程，一度曾有彼此目标不一致情形。社区组织相对着重民宿旅游，有时忽略生态保育。因此，新故乡基金会积极建构桃米社造见学中心，透过良性竞争，转化社造价值。然而，过程中却也潜藏冲突、对立问题，甚至引发利益竞逐的质疑。 |
| 对立 | 双方认定彼此间有着不同价值目标，及不同手段方法。在互动上，产生冲突与对立状态。 | 新竹市"内湖老街景观改造案"的社区规划师及专业者，因对社区组织并未深入了解，导致社造过程中与社区居民产生许多的冲突、对立，因而无法适切地为社区解决相关营造问题。 |

资料来源：本文整理。

　　组织彼此间因为追求目标及合作行为的不一致，产生互动上的疑虑与冲突，将会导致社区营造无法适切、有效落实的运作窘境。实证研究指出，非营利组织与社区之间的互动类型，一般认为主要仍以"合作"模式为主，当然偶尔也会有"互补"或"对立"的情形存在（张贤源，2006：83—84）。至于在合作类型上，经常会因专业者主导问题，致使实质上偏向支配模式，造成这种问题缺失的主要原因在于：社区民众对于社造计划缺乏充分了解、社区组织参与态度较为被动、社区公民素养不足、社区民众安于现状或抱持怀疑心态等（林振丰，2002：307—313）。因此，对于一个尚未凝聚自我意识，自主营造能力薄弱的社区而言，非营利组织在参与社区营造辅导时，在行为互动上，往往会偏重专业主导，而非对等合作，难免引发专家支配及资源垄断等批评。当然，为避免这类质疑，甚至产生竞争或对立等互动冲突，非营利组织参与社造应本着"社区为主，专业为辅"的尊重态度，在创意与多元管道下，依据不同互动阶段，进行各种培力策略选择，进而诱导社区居民参与公共事务，务实引领社区关怀，形塑永续社造愿景。要之，这种为强化社区自主营造意识所进行的培力工作，要比硬件建设更具实质影响，非营利组织参与社造理应审慎为之（陈金玉，2004）。

## 三、桃米生态村的社区营造历程

　　位于南投县埔里镇往日月潭台21线（中潭公路）旁的桃米社区，原本是一个典型的乡村社区，具有：人口结构老化、产业经济衰退、社会关系疏离、公共空间简陋、地方自治不彰等政经社文的环境特质。即使是在十多年前，暨南大学选址于此，创校之初,社区与学校间的关系乃呈现消极的互动状态,甚至,偶有紧张、对立的冲突情事发生。然而,令人惊讶却又值得欣慰的是,1999年发生的"9·21"大地震,意外开启桃米社区震灾重建的崭新契机。透过一个专业性非营利组织(财团法人新故乡文教基金会)积极辅导与协助,桃米社区在地震后致力展开各项参与学习,配合原有丰富的自然生态资源,及暨大师生陆续加入,桃米社区在短短不到十年间,已逐步以"生态村"的社区营造理念,成功转型为"9·21"震灾社区重建的著名案例(江大树,2006:287—309;曾旭正,2007:112—125)。截至2008年6月为止,共有15篇有关桃米生态村的硕士论文、21篇期刊论文及许多专题报导①,这些论述大多显示:桃米生态村的社区营造经验,的确值得其他社区参考借镜②。

### (一) 地震前的"挑米坑仔"

桃米社区总面积约17.9平方公里,人口1,200余人。在一百多年以前,这里陆续有洪雅族、闽南、客家等移民进入开垦。在地形上,海拔高度介于400至800公尺之间,兼有高山、丘陵、溪谷、湿地,各种动植物自然生态资源丰富多元。而其地名起源,系因早年邻近的鱼池乡山区缺乏粮食,居民必须翻山越岭至埔里购买稻米,而昔日交通不便,皆以人工肩挑送,这里成为中间休息站,遂有"挑米坑"之称。在日治时代即设有挑米坑庄,台湾光复后改为桃米里,行政区域则涵盖原有数个分散聚落所构成的桃米社区。相对于埔里盆地的其他社区,桃米虽然面积辽阔,但是土地较为贫瘠,目前主要作物以麻竹笋、茭白笋、各种菇类为主。然而,随着台湾整体农村产业没落,社区内许多土地陆续休耕,经济活动日益衰退,导致轻壮年就业人口大量外流。

在社区组织运作方面,如同台湾多数传统乡村社区一般,主要是宗教性的寺庙祭祀活动(林振春,2000:4—9),其中又以"福同宫"香火最为鼎盛,乃是桃米社区的信仰中心,诸多社区事务皆由福同宫管理委员会负责推动。此外,1982年埔里镇公所选定桃米社区设置垃圾掩埋场,当时因未有完善环保措施,造成空气及水质严重污染,引发社区居民激烈抗争。嗣后,公所允诺改善,并每年编列"桃米社区发展回馈金",地方居民也组织"埔里镇环保卫生改善监督促进会",进行长期监督。镇公

---

① 参见硕博士论文网 http://etds.ncl.edu.tw/theabs/index.jsp,及中文期刊篇目索引影像系统 http://readopac3.ncl.edu.tw/ncl3/search_result.jsp,采用"桃米"作为关键词进行查询(检索日期:2008/6/25)。

② 本节内容转引自江大树、张力亚(2008:101—115)。

所虽一再调高每年编列的环保回馈金,却因未在期限届满即关闭使用,乃引发社区居民多次发起环保抗争,直至马文君镇长任内才关闭垃圾场。然而,环促会的出现,似乎正埋下日后社区民众普遍重视并积极参与生态环境保育的种籽。环促会主导人物后来以此作为竞选诉求,当选里长并顺利连任一届,同时于1997年间筹组桃米社区发展协会,并陆续促成社区守望相助队、长寿俱乐部、妈妈教室、金狮阵、国乐团等多个次级组织成立与运作。这些社区组织固有若干联谊及互助活动,而且暨大社工系师生亦曾就近关怀社区老人,然而,在此阶段,各社区组织间缺乏横向连结,对社区未来发展欠缺共同愿景,因此,"9·21"大地震之前,桃米社区尚未具体形塑社区总体营造的生命共同体意识。

### (二) 震灾触动社造梦想

1999年的"9·21"大地震,造成桃米社区内369户人家房舍毁损惨重,全倒168户、半倒60户,受灾比例高达2/3,所幸并无人员伤亡。震灾发生之初,里邻系统的基层行政组织运作,及守望相助队等社区组织,大致发挥积极主动与稳定人心之功能。但面对残破家园重建,社区居民无不心情茫然且压力沉重。不过,危机却也正是转机,社区居民救灾安置告一段落后,开始积极寻求家园重建之道。当时里长因偶然机缘,透过暨南大学事务组长引介,积极邀请震灾后在埔里成立"家园重建工作站"的新故乡文教基金会,进入桃米社区协助规划灾后重建课题,因而开始启动桃米生态村的震灾重建与社区营造之路。

最初,基金会指派两位兼具空间规划与社区营造专长的工作人员,几近全职蹲点式地引导社区居民,认真思考、密切讨论,尝试逐步凝聚家园重建理想愿景①。"9·21"震灾发生后,"行政院"曾将社区重建列为灾后重建计划四大工作纲领之一,鼓励灾区居民"由下而上"积极参与重建工作。因此,为求争取各项重建经费,桃米社区乃迅速成立"社区重建委员会",由当时里长(身兼社区发展协会理事长)担任主任委员,下设空间、产业、护溪、研发等四组,社区重组组织架构已初步形成。嗣后,桃米重建委员会向埔里镇公所提报包括:桃米溪保育及亲水计划、社区河堤便道及人行步道设置、中潭公路艺术大道社区入口意象指标设置及门户环境绿美化、社

---

① 最初系由"专业者都市改革组织"(OURs)接受南投县政府委托,进行"南投县'9·21'灾后重建——社区总体营造:埔里镇桃米里示范村重建调查规划",该组织(当时负责人为曾旭正教授)在埔里曾与新故乡文教基金会共同协力推动多项震灾重建工作。

区森林小学教育园区、暨南大学社区大学城、社区聚落环境特色发展、社区交通系统整体改善、桃米里第二公墓环境改善、福同宫庙前广场公共空间整建、社区产业发展、社区后山辟为山中农产生活体验区、健全社区防灾及安全体系等,共 12 项主计划、38 个重建纲要规划方案;这些琳琅满目的重建计划,概估总经费需求为规划费2,470 万,工程费 4 亿 6,500 万,合计高达新台币五亿之多(南投县埔里镇公所,2000:附录丙,10 - 1—10 - 3)。

理想与现实之间,往往存在极大的落差。一方面,这样大量提案,似乎并未考虑社区执行能力是否充足,以及是否太过偏重工程建设取向等问题。另一方面,桃米社区重建委员会所提报的这些重建纲要方案,如同灾后许多规划报告一样,在呈交镇公所汇整后,就被束诸高阁。虽然如此,桃米社区居民(尤其热心干部)仍持续将近半年,透过许多次会议讨论各项重建课题,并不在意政府是否立即重视并补助其提案。因之,基于这种积极参与精神,遂能打破乡村基层民众原有对公共事务的陌生与冷漠,并逐渐凝聚出为家园重建共同打拼的情感与动力。

### (三) 社区参与学习的重建过程

震灾重建初期,因政府各部会政策执行机制相当分散,基金会为能持续激发社区居民的参与热情,乃持续协助并多方寻求各种重建经费来源。灾后翌年,桃米社区除硬件工程如道路桥梁修复、河川坡坎整治、社区活动中心翻建之外,另又申请两项项目经费补助:一是"行政院劳委会"的以工代赈计划(此计划后又改名为就业重建大军、永续就业工程、多元就业开发方案),二是南投县社会局灾民职训计划。而基金会为能落实执行这些计划,除指派更多组织成员(包括:社工、文史、行政作业等专长)陆续加入协助,同时更积极引介许多专家学者,进到桃米社区参与重建辅导工作。其中有关灾民职训部分,主要由世新大学观光系陈墀吉教授带领专业团队协助居民,朝向农村休闲观光与民宿餐饮经营,实施密集培训课程;而以工代赈所提之苗圃计划,则得到"行政院农委会"集集特有生物研究保育中心的大力协助,该中心当时的彭国栋研究员(兼秘书)筹组一群专业研究人员,长期带领社区居民进行生态资源调查,积极推动生态伦理教育与生态工法学习,并获得"行政院农委会"生态观光示范推动计划的项目经费支持。

嗣后,在基金会积极整合之下,桃米社区重建委员会与这两个外来专业团队展开更加密切而频繁的互动,不断共同激荡永续家园的重建理念,陆续提出相关社区总体营造计划方案。而且,基于每位社造参与者都有震灾巨变的深刻感受,社区重建共识迅速凝聚,亦即应朝兼顾生态保育与观光休闲的农村区域产业活化的方向发展。为达此一理想目标,在短短一两年内,桃米社区积极争取各级政府与民间团体相关经费协助,并陆续完成社区生态资源调查、社区环境绿美化、成立自主营造工班、建造原生苗圃湿地、生态导览解说人才培训、民宿经营专业认证、社区文史记录、社区民意调查,及召开社区会议等,诸多社区生态观光产业营运的前置工作,皆如火如荼地进行①。期间,基金会向南投县文化局申请"从家园的山与水重新出发"之社区环境修复与自然景观保育的重建计划,及"行政院文建会"通过补助筹建全台湾第一个社区型""9·21"震灾纪念馆",皆对社区生命共同体之意识凝聚,发挥相当重要的促进效果。

2001年9月,"9·21"地震两周年前夕,在基金会的协助下,桃米社区生态观光产业大胆开始尝试营运。基金会希望藉由对外营运,一方面给核心干部鼓励打气,强化其持续投入社造的决心与动力;另一方面,可藉此机会验收两年来的社区营造成果,进而评估后续努力与改进的方向。试营期间,经由大众媒体宣传,桃米社区很快就获得各界关注与许多肯定,尤其是,因能将生态保育、环境伦理等永续发展理念,具体落实在社区总体营造过程当中。正因如此,台湾飞利浦公司决定赞助基金会在桃米的社造工作,且陆续捐献两座创意休闲凉亭与诸多公共照明设施,同时挹注后续教育训练经费,促成第二波社区生态导览解说员的培训及社区美食班的课程。

虽然如此,试营过程中也曾引发社区内外若干纷争与批评,例如:外部游客抱怨社区环境凌乱,民宿欠缺专业;社区居民则批评自主营造设施工程质量不佳,营运收入仅是图利特定干部。另外,试营期间来自突然骤增的工作压力,三个专业协力团队彼此间也一度出现沟通不良现象:由基金会和特生中心主导之营运机制,并未充分取得世新观光系的共识支持,导致后者公开宣布退出辅导团队;遽然遭遇此一冲突过程,导致社区干部彼此之间对营运模式亦形成保守与激进的两种不同看法,进而造成社区内部,及社区与基金会、专业团队之间,各种信任关系改变,组织互动陷

① 2001年6月,桃米社区干部曾一度酝酿成立"南投县埔里镇桃米生态产业观光促进会",惟因受限法令规定:观光促进会之组织设置,须以乡镇层级为单位,而且埔里镇已有类似组织成立,最后只得作罢,改于桃米社区发展协会之架构下继续运作。

入紧张状态①。

所幸瑕不掩瑜，若干误会经冷静思考、诚意沟通与妥协，旋即逐渐化解。世新观光系教授虽仍决定淡出辅导行列，但组织冲突未持续恶化。基金会、特生中心与社区干部三者之间，经过短暂几个月的沈潜反省，桃米社区又再重新出发，并且正式迈入自主营运阶段。2002年2月，在社区发展协会的架构下，桃米社区游客营运管理中心正式成立，设置正、副执行长各一人，并分为行政、会计、研发、产业、生态、空间、解说、民宿、交通、活动、文化、美食、护溪、工艺、环保等十五个工作小组，期待透过细密的分工，扩大社区参与层面。而随着营运中心的成立，原由基金会负责对外单一窗口与行政游程安排，开始逐步移交社区干部自行处理，"游客营运中心"成为桃米生态村对外服务与对内整合的单一窗口，设有专人负责安排订房、餐饮、旅游、解说及文化产品订购等各项服务。

在此期间，基金会与专业团队长期所倡导的"社区公积金"概念，也被正式纳入制度化的运作规范，亦即：所有因社区生态旅游而获得的每一笔收入，不论是导览、解说、民宿、餐饮等，皆须提拨百分之五至十，作为社区公共事务运作与弱势团体照顾的经费来源，俾能有效落实社区总体营造理念所强调的利益共享。然而，这种制度运作精神，将对组织信任产生何种影响？乃值得关注与观察。特别是，当社区中有些人士不按规定缴交，而组织却又无法对其有效惩罚，在此情境与恶性循环下，如何维系彼此间的信任关系？的确是一个重要的社区营造课题。

### （四）社造成果的持续与扩散

2002年9月，新故乡基金会对桃米社区居民进行问卷调查，结果显示：有高达九成四知道社区正在推行生态旅游，七成四认为可继续发展，七成二表示愿意加入推动行列；虽然大多数社区居民对生态旅游持正面认同态度，但亦有人觉得经济效益乃由少数干部获得，一般民众若未加入导览、解说、民宿、餐饮等行业，则无实质帮助。因此，如何积极扩大社区参与的层面，带动地方相关产业发展，创造更多就业机会，促使社区居民间的信任累积，乃是桃米生态村在成功转型之后，所需严肃面对的社造课题。

---

① 此一紧张互动状态，可能与当时社区正面临里长改选的政治压力有关。嗣后，原里长连任失利，改由妈妈教室班长当选新任里长，而原任里长仍为社区发展协会理事长。所幸，新旧里长彼此间大致尚能维持平和互动关系，未对进行中的社区总体营造工作造成太多负面影响。

为此,基金会与社区干部不断思考如何突破这些社造工作的瓶颈,乃于 2002 及 2003 年以扩大社区参与及凝聚社区共识作为目标,向"行政院文建会"申请"9·21"震灾重建区社区总体营造方案经费补助。其中,2002 年所提的"让桃米动起来"计划,透过邻里公共空间改造竞赛、竹编童玩技艺传承、老照片搜集与展览、社区居民做大饼、桃米平安灯节等多项活动方案,扩大社区参与、深化居民认同。而 2003 年的提案计划内容则强调"深耕桃米",期望激荡更多在地能量,带动社区居民一起深耕家园,主要社造构想包括:打造教育与公共活动新地标(树蛙亭)、中心区公共空间绿美化、老少顽童技艺大会串,及桃米做大饼等活动持续办理。另外,2003 年 6 月基金会曾主办"桃米美食大展"活动,吸引许多社区妇女参与兴趣,并开设桃米美食烹饪班,透过外聘师资,鼓励居民了解并多多利用在地食材,研发创新食谱,加入社区生态旅游产业行列,以达到提升服务质量的良好效果。

另一方面,配合"文建会"推动文化创意产业开发,同时将地方产业结合于社区生态旅游之中,桃米社区陆续研发拼布艺术与生态雕塑两类产品,而其创造图案皆以代表社区丰富生物多样性的青蛙与蜻蜓模型为主,且强调社区特色、在地研发,同时导入社区生态体验游程,以提升文化创意产品的附加价值。再者,社区自主营造工班的生态工法与创意设施等相关技术及作品,亦曾多次获得外界赏识,有不少政府机关与民间团体经常邀其参与各项社区空间绿美化工程之施作。此外,作为基金会参与震灾重建的重要伙伴社区,桃米生态村早已发展成为基金会扩大推动社造理念的最佳实务交流平台与学习场域,经常在此举办各项社造的经验研讨分享与生态参访活动。

然而,在此看似相当顺利的社区总体营造过程中,却仍隐含些许问题:(1) 因为公部门资源陆续投入,造成社区人士过分仰赖各级政府经费补助,而且社区居民有时会因资源补助或利益分配而起争执,进而影响社造过程中的组织信任关系。(2) 兴建"亲水公园"所引发的水泥化批评,及星期假日游客络绎不绝所造成的交通阻塞与环境承受力的质疑(赖鹏智,2005)。(3) 社区内部营运经验传承问题,毕竟,社造工程乃是一种学习过程,而非终点,主要参与者经常会出现疲倦期,因此,积极作好人才培育及经验传承,乃是桃米生态村能否永续发展的重要课题。其中,如何强化组织信任关系,应属成员互动的核心关键所在。

## (五) 社区的组织重整与永续发展

最近这几年,桃米生态村虽然持续进行导览解说、生态教育、美食厨艺等各项训练课程,但社区发展协会一度曾因组织内部纷争,导致运作停摆,一方面引发社区居民间的相互不信任,也让辅导团队找不到适当沟通平台,甚至许多公共设施因疏于修缮而暗藏危机。如此负向的发展困境,似乎有违社区营造初衷。面对这些组织信任问题,部分社区居民再次主动与辅导团队联系,积极讨论并研议应如何采取适当行动,重新建构社区组织运作正轨。随后,这些热心居民在辅导团队从旁协助下,为求桃米生态村继续提升社区营造能量,有效整合社区内外资源,朝向永续发展愿景努力,终于达成另外成立新组织来运作的共识,冀望重新凝聚社区的核心价值。经过数月筹组,"桃米自然保育及生态旅游协会"于2006年6月11日,假树蛙亭举行成立大会,并于同年获得"信义房屋社区一家"之"用生态池深耕桃米"计划的经费补助,陆续推行"知识教育"与"生态池建造"方案,藉以活络社区营造动能。

值得注意的是,连任成功的里长亦大力支持新协会的成立,而社区发展协会随后顺利改组,社区内部三个组织之间大致呈现和谐的气氛。新协会每月皆定期举办社造餐会,分由理监事轮流作东,邀请所有会员参与,在每次餐会过程中,协会成员都能感受到彼此的情感信任及社造理想,再度重温过去美好学习时光。这样的体验与认同,对组织后续运作是正面的,所谓"好的开始,是成功的一半",在如此和谐的社群氛围中,新组织接下来所需要努力的是:确立明确组织愿景,巩固社造核心价值,健全组织运作架构,共同迈向桃米生态村的永续发展。

随着辅导团队逐步退居二线,桃米生态村社区组织无疑必须扮演更积极主动的角色。从2006年下半年开始,除里办公处依然负责争取政府建设经费补助外,新成立的自然保育及生态旅游协会相对较为积极,并连续两年获得"信义房屋社区一家"之"用生态池深耕桃米"、"让茅埔坑的鱼虾唱歌吧!"的计划经费补助,而且开始发行《桃米生态报》,推动生态理念倡导与对话,藉以活络社区营造动能。另一方面,社区发展协会在2006年改选过后,亦积极重新整顿相关会务,并参与2008年南投县社区评鉴,另获得2008年林务局社区林业补助计划,整体组织会务运作逐步迈向正常化。除此之外,在"行政院农委会"的经费补助下,部分居民(由老里长领衔)又于2007年申请成立休闲农业区推动管理委员会,推动桃米休闲农业村的计划。因此,社区组织运作呈现更加多元化的发展态势。

未来,社区各组织间能否明确分工、凝聚共识,避免多头马车、竞夺资源的情事再度出现,甚至导致社群信任危机,社造工程受挫,值得持续观察。同时,新故乡基金会将于2008年9月正式成立"桃米社造见学园区",这无疑又会对于桃米生态村的发展走向产生冲击,社区组织及既存生态旅游产业将会如何因应? 新故乡基金会参与桃米社区营造,正面临另一个阶段的崭新挑战。

综上所述,桃米生态村的震灾重建经验,可谓兼具"天时、地利、人和"。除肇因于"9·21"大地震的天灾巨变,而且幸运获得新故乡基金会的长期协力辅导,加上居民积极努力参与学习,善用社区丰富自然生态资源,终能开创永续社造的成功典范。截至2008年6月为止,桃米生态村的社区营造历程,详如表2所示。

表2　桃米生态村的社区营造历程

| 阶段名称 | 时程 | 主要项目 | 重要事项 |
| --- | --- | --- | --- |
| 桃米社区传统抗争时期 | 1982～1999.9 | 环保抗争消极运作 | 埔里镇垃圾场兴建与运作,造成严重社区环境卫生问题。 |
| 桃米生态村初期营造历程 | 1999.9～2002.9 | 灾后重建参与学习 | "9·21"大地震展开社区重建,外部资源引入并持续学习。 |
| 桃米生态村中期营造历程 | 2002.9～2006.5 | 自主营造社区产业 | 社区自我承载产业营运,但社区组织互动偶有扞格。 |
| 桃米生态村现在与未来 | 2006.6～ | 活化组织健全网络 | 新组织的陆续成立,社区整合并迈向永续发展。 |

资料来源:本文整理。

## 四、新故乡文教基金会的角色与策略

"罗马,不是一日造成的。"社区营造既然是"造人"的工程,过程中必然充满许多的努力、学习、成长、挫折、转型与挑战。桃米社区能够从地震前一个破旧农村,持续进行各面向的社区总体营造工程,短短不到十年之间,逐步成为远近驰名的桃米生态村,笔者认为:新故乡基金会的培力与陪伴,应最具关键性影响。正如 Robert-Theobald 在"社群时代"一书,所举例"石头汤"①故事中的陌生人,他对饥荒村子最

---

① "石头汤"隐喻,出自 RobertTheobald 所著"社群时代"一书(孟祥森译,2000:15—19),故事内容如下:"饥荒的村子来了一个陌生人,说要煮石头汤。找了柴,架上自己的锅,生火烧水。水一边烧,他一边找、挑、捡、清洗石头。他小小心心,把石头放在锅里,念念有词,背诵煮汤诀窍。村民好奇,围聚观看,这是饥荒以来,最最好玩的事了。他们但听那人说:汤好是好,若加点盐,更有味。听呆了(或生起关怀心)的一个女人,拿出囤积的一撮盐。陌生人更为妄胆:若加些胡萝卜、马铃薯、甘蓝菜、蕃茄干、香料,那就更好——竟一一都有人拿来加了。其他的人,也想起自己储存的食物,都投在这锅里,共煮一锅汤。我们人人都有本事,可以无中生有——只要记得那古老的箴言:争着抢着不够吃,省着让着吃不完,出钱出力为世界,这个世界变天堂。已是重建社会的时候了,分享我们的所有,一同体验奇迹。已是领受生活,盼望恩典的时候了——不止盼望,而且,在我们无头苍蝇的生活中,找到它,天天,时时,刻刻"。

大贡献在于:诱发居民们的参与兴趣,并激励大家想起自己所储存的食物,愿意将它贡献出来,共煮一锅美味的石头汤。对一个受灾的传统农村社区而言,颇具社区总体营造理念与技巧的新故乡基金会(尤其是最先投入的两位社区空间规划师),无疑发挥相当大的鼓舞作用。特别值得肯定的是,基金会深知社区营造工作必须回归居民本身,因而积极强化社区组织并培训专业人才,且适时地将各项社造方案转移给社区干部接手推动,本身逐步退居幕后,并持续扮演咨询、协助的陪伴者角色。这种组织彼此之间良性的互动合作模式,无疑正是所谓"社造培力伙伴关系"的具体实践,也是非营利组织参与社区营造的成功典范。本节参照上述四个社造阶段,略述新故乡基金会参与桃米生态村的角色扮演与辅导策略①。

### (一) 震灾重建之初——接触

"9·21"大地震之后,新故乡基金会即指派两位兼具空间规划与社区营造专长的全职工作人员,采取"蹲点"模式辅导桃米社区,引领居民认真思考、密集讨论,积极凝聚家园重建的理想愿景。当初,"行政院"曾将社区重建列为灾后重建计划四大工作纲领之一,鼓励灾区民众由下而上参与重建工作,因此,新故乡基金会乃辅导桃米居民成立"社区重建委员会",并协助建构以自然环境、生活安顿为家园重建优先考虑,强调"生态、生活、生产、生命"四生一体的永续发展理念,而且决定以溪流保育做为思考与行动的共识始点。随后,新故乡基金会全力协助桃米社区重建委员会,陆续办理包括"大家相招来清溪"、"从家园的山与水出发——桃米社区震后的思考与行动"、"桃米故乡情,望你来牵成"、"抢救台湾生态绿色总动员:铲除蔓泽兰,体验原生桃米"等社区营造活动,藉以唤起社区居民的参与热情与共同体意识。桃米生态村社区营造的永续发展愿景,参见图2所示。

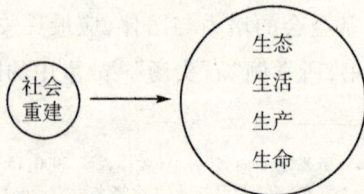

图2 桃米生态村社区营造的永续发展愿景

资料来源:本文绘制

---

① 本节内容修改自张力亚、江大树(2006:70—88)。

在震灾重建的初始阶段,新故乡基金会透过社造理念辅导与社群沟通协调,协助桃米社区凝聚生命共同体意识。在组织互动型态上,基金会相对较偏向支配角色,尤其是社造理念灌输与重建资源的引入;另一方面,基金会决定长期投入桃米社区总体营造工作,并以此作为震灾重建的示范模式,所以需要社区居民的认同、信任与支持,两个组织互动可谓高度密切合作。

### (二) 社造学习阶段——培力

桃米社区在震灾救难告一段落后,接续面对生活与生产的重建课题,及居民社会关系网络的重新建构与适当调节(钟俊宏,2006:4—21)。新故乡基金会为持续激发社区居民的社造参与意愿,积极协助进行外部资源连结,多方寻求各种重建经费协助。同时,基金会也陆续引介相关专业辅导组织,进行社区资源调查,其中又以世新大学观光系陈墀吉教授组成区域活化运筹团队,从事农村人文基础调查;以及南投集集特有生物保育中心彭国栋秘书率领专家学者,进行生态资源调查最为重要,这两个专业团队在新故乡基金会协助下,长期持续推行各项社造教育学习与实务训练课程,更为桃米生态村的社区人力资源奠定坚实基础。

经过一连串的教育学习之后,基金会于2001年9月"9·21"震灾两周年前夕,尝试辅导桃米社区居民朝向生态观光产业开始营运。基金会希望藉由对外营运,一方面能给核心干部鼓励、打气,强化其持续投入社造的决心与动力;另一方面,亦可藉此机会验收两年来的社区营造成果,俾评估作为后续努力与改进的方向。试营期间,基金会主要扮演两个重要的专业辅导角色,一是社区生态观光产业的营运窗口;另一则为社区与传播媒体接洽的讯息平台(何贞青、颜新珠,2002;颜新珠,2004)。前者乃协助生态旅游的行程设计、解说员排班及民宿餐饮服务;后者则希望藉助大众传播媒体,迅速扩散桃米生态村的社造理念。

综观此一阶段,新故乡基金会依然扮演重要辅导角色,除持续强化原有合作与支配的组织互动策略(包括:建立社造团队、专业知识教育)外,并透过生态旅游的营运计划,快速连结各种社区内外资源。如此运作模式,不仅迅速让桃米社区重建经验获得外界肯定,新故乡基金会参与桃米社造的辅导成果也因而得到社区居民的高度认同,并获得各级政府、民间企业及其他非营利组织的经费支持与经验交流。因此,两个组织互动可谓相辅相成,大致属于一种互补型态。

### （三）营运转型阶段——陪伴

可惜，好景不长。社区产业一旦开始营运之后，市场竞争压力随即激烈冲击桃米生态村的组织运作平衡，社区居民追求产业利益之际，原有社造理想却逐渐出现淡化与分歧的问题。这种社造与产业两者间的结构性冲突，不仅经常发生于社区组织干部及居民身上，也曾出现在辅导团队之间的互动行为。新故乡基金会面临的是：组织内部人事更迭，辅导策略偶有扞格；基金会与协力团队（主要是世新观光系）对桃米社造愿景彼此看法不同，陈墀吉教授因而公开宣布退出辅导行列。至于，桃米社区的组织挫折似乎更为严重，一方面是源自辅导团队分裂所导致的社造认同危机；另一方面，推动生态旅游带来产业利益，却经常引发分配冲突，两个面向同时交互影响人际信任关系，社区组织运作陷入严重停滞困境。

意外遭逢组织互动的问题与冲突，新故乡基金会开始反省参与桃米社区营造的应有角色扮演，并调整适当的辅导策略（詹欣华，2003）。首先，基金会积极倡导社区组织内外互动和谐的重要性，避免社造理念与产业利益冲突不断扩散，包括：寻求化解与陈墀吉教授间之言行误会、劝导社区发展协会持续运作并进行组织调整；其次，基金会也决定将社区对外单一窗口与行政游程安排，加速移交社区干部自行处理，甚至把社造活动的主导权回归社区干部，转而退居第二线，仅针对民宿、餐饮、导览、解说等生态旅游之服务质量，提供必要的咨询与协助。

再者，基金会担忧桃米生态村的永续社造愿景，可能因社区组织大多数干部皆将心力投入于民宿餐饮等产业经营，导致相关社造方案未能积极推动，因此，转而陆续倡导多项社区营造创新议题，特别是此一时期社区干部相对无心也比较无力参与营造的区块，如：生态能源、有机农业、老人与妇女关怀等，希望唤醒社区居民应有的生命共同体意识。仅以有机农业为例，基金会 2004 年 9 月承租桃米田份仔一块废耕多年的农地，经过放水、翻土、曝晒后，犁出一畦畦菜圃，配合先前的"桃米生态村推动厨余、有机农业及社区整体发展"问卷调查所获得 73% 社区居民对厨余有机堆肥的支持（抽样 82 户，60 户愿意提供），开始从事"有机堆肥、有机种植"理念的推广，并且获得 20 位社区居民认养①；嗣后，更于 2006 年在生态田中，种植"台农 71 号益全香米"，为桃米生态村注入进步的有机农业概念。

---

① 《生态愿景的提升与深化——桃米生态村的沈潜、反省与再出发》，参见新故乡基金会网站 http://www.homeland.org.tw/homeland/06—3—6.htm（检索日期：2007/5/8）。

这个阶段当中,新故乡基金会参与桃米生态村所遭遇的最大挑战,即是在推动社区生态旅游产业过程中,如何减少利益冲突?如何避免组织分裂?如何强化社造理念?如何提升服务质量?如何落实永续发展?笔者归纳这阶段基金会与社区组织的互动类型,可说是从社区资源分配的对立,到社造议题倡导的竞争,再到专业咨询协助的互补。要之,从强势培力到柔性陪伴,一方面弭平社区组织内外的潜在冲突,另一方面提升永续营造的理念与动能,新故乡基金会的确展现了高度的智慧与耐心。

### (四)组织整合阶段——合作

"皇天不负苦心人。"基于震灾重建初期,共同打拼社造的深刻情感,社区居民与新故乡基金会对于桃米生态村的永续发展,始终怀抱着坚定的信念与不离不弃的友谊。许多社区核心干部在艰辛度过营运转型期的竞争与冲突之后,经由新故乡基金会的咨询与协助,决定跳过原有社区发展协会的组织运作架构,另外筹组一个新的组织——桃米自然保育及生态旅游协会,藉以积极推动相关的社造工程。相当值得肯定的是,在新组织成立过程中,不仅并未引发质疑与批评,绝大多数社区干部都愿投入参与;而且,新组织成立后不久,原先陷入运作停滞的社区发展协会,似乎受到良性刺激,反而顺利改组并陆续推动各项社造方案;再者,若干社区干部另又申请成立桃米休闲农业区推动管理委员会,争取"行政院农委会"的建设经费补助。社区组织发展至此,由一变三,且分别扮演不同的角色,发挥特定社造功能,彼此互动又都大致维持理性和谐,实在难能可贵。

另一方面,不断倡导各项社造创新议题的新故乡基金会,2006 年 11 月决定引进在日本阪神大地震中,颇具重建象征代表性意义的"爱与互助—鹰取纸教堂(Paper Dome)",透过"纸教堂的台湾再生计划",作为推动桃米社造见学园区的主要基地,并于 2008 年 9 月 21 日"9·21"大地震九周年纪念日正式开幕。未来,基金会将致力建构一座专为体验社区营造的学习场域,以推广、深化社区营造的教育理念,期待藉此运作模式,能与社区现行的生态旅游产业,产生良性竞争与资源互补的组织合作型态。

回顾桃米生态村的社造历程,新故乡基金会与其说是专业辅导团队,不如说彼此乃为伙伴关系来得更加贴切。在后续互动上,基金会与社区之间将更倾向于互补式的合作型态,一方面扮演专业咨询与沟通协调的角色,藉以协助社区组织运作及经费申请,并观察、督促桃米生态村的社区营造与永续发展。另一方面,新故乡基金会也将透过桃米社造见学园区,更积极拓展各项多社区营造创新事务,例如:协助既有产业的再发展、自然资源的产业化、社区人力资源的活化利用,及社区空间美学的理念推广与具体落实等。

综观新故乡基金会参与桃米生态村的社造历程,其在各阶段所面临社区环境不同,致使角色扮演经常迥然不同,相关社造策略选择也会对应调整,因而呈现多元化的组织互动型态,详见表3所述。

表3 新故乡基金会参与桃米生态村的组织互动历程

| 阶段名称 | 时程 | 组织互动理念 | 基金会的角色 | 互动型态 |
|---|---|---|---|---|
| 接触期 | 1999.9~2000.5 | "9·21"地震后推动社区重建,先凝聚社区共同体意识 | 社造理念辅导<br>社群沟通协调 | 支配<br>合作 |
| 培力期 | 2000.5~2002.9 | 基础资源调查,并形塑愿景、多元学习,开始尝试营运 | 社造团队建立<br>专业知识教育<br>资源转介平台 | 合作<br>支配<br>互补 |
| 陪伴期 | 2002.9~2006.5 | 辅导团队退居二线,社区自我承载营运,组织多元化与互动冲突化解 | 社区资源分配<br>社造议题倡导<br>专业咨询协助 | 对立<br>竞争<br>互补 |
| 合作期 | 2006.6~ | 社区组织活化与社造理念竞合,建构永续社造场域 | 社造议题倡导<br>社造见学园区 | 互补<br>合作 |

资料来源:本文整理

# 五、结 论

管理学大师 Peter F. Drucker 指出:非营利组织是一种点化人类的媒介,其共通性在于提供社会变迁、造就脱胎换骨的人类;人群关系管理学者 Myron E. Weiner 则进一步揭橥:非营利组织提供各式服务或从事各种活动的原动力,这可追溯到一种基本的意识型态,亦即促成社会上每一个人生活质量的最高水平;因此,非营利组织的使命,是一种社会承诺,是一种向善的变迁,也是一种公平正义社会的实现,更是一种个人与个人、个人与社群、个人与环境的和平共存,达到天人合一境界的理想愿景(冯燕,2000:3)。台湾社区营造的启蒙与推动者陈其南强调:社区总体营造不是只在营造一些实质环境,最重要的还是在于建立社区共同体成员对社区事务的参与意识,提升社区居民在生活情境的美学层次;所有这些社造理念指向最后都将导致一个结果——社区总体营造不只是在营造一个社区,实际上它已经在营造一个新社会、营造一个新文化,营造一个新的"人"(曾旭正,2007:23)。台湾自1994年推动社区总体营造政策迄今,业已逐渐从政府规划、专家辅导的"由上而下"政策运作模式,逐步转向期待透过社区培力,"由下而上"深化社区自主营造的内涵与能量。在这种转化过程中,非营利组织参与社区营造的角色与策略,不仅显得益加重要,也应该自我省思与适当调整,特别是在"专业辅导"与"在地行动"两种价值之间,如何进行社造策略选择? 将是不容忽视也无可回避的核心运作课题。

笔者长期参与观察桃米生态村的社区营造历程,并曾归纳其成功关键在于:震灾导致价值观的转变、专业团队的启发与陪伴、政府与民间的资源协助、社区居民的梦想与学习(江大树,2006:301—303)。本文更进一步论述新故乡基金会参与桃米生态村的角色与策略,从传统抗争、灾后学习、营运转型,到组织整合,基金会应不同阶段社区营造的特殊需求,分别采取接触、培力、陪伴、合作等不同辅导模式,因而交错呈现支配、合作、互补、竞争、对立等组织互动型态,的确是一个值得省思与借镜的社造案例。综合本文各节所述,吾人有如下领悟:在社区培力与社造过程中,非营利组织与社区居民,两者都应不断进行批判性的自我反思与持续学习(Nelson,2000:5),如此才能真正地彼此了解与相互合作,并建构出深具信任基础的培力与陪伴策略,迈向永续社造的理想愿景。

### 参考文献

社区营造学会,2005,《社造番仔火》,台北市:唐山。

王振寰、章英华,2005,《凝聚台湾生命力》,台北市:巨流。

江大树,2006,《迈向地方治理——议题、理论与实务》,台北市:元照。

江大树、张力亚,2008,《社区营造中组织信任的机制建构:以桃米生态村为例》,《东吴政治学报》,26:1,页87—141。

江明修主编,1999,《第三部门经营策略与社会参与》,第5章,台北市:智胜。

江明修主编,2002,《非营利管理》,台北市:智胜。

何贞青、颜新珠,2002,《从社造出发的桃米生态村》,"农村聚落推动社区总体营造"研习会。南投县中兴新村:"行政院九二一重建会"。

李永展,2006,《永续城乡及生态社区理论与实务》,台北市:文笙。

孟祥森译,2000,Robert,Theobald,《社群时代》,台北市:方智。

官有垣等,2006,《社区型基金会的治理研究:以嘉义新港及宜兰仰山两家文教基金会为案例》,《公共行政学报》,18,21—50。

林振春,1996,《社区总体营造与文化发展》,《中等教育》,47(1),66—77。

林振春,2000,《营造新家园》,台北市:财团法人光宝文教基金会。

林振丰,2002,《苗栗社区总体营造在社区主义形成过程中的瓶颈与对策》,《空大行政学报》,12,293—336。

林经甫,2003,《社区营造与市民参与——社区总体营造的现况与理想》,《新世纪智库论坛》,19,30—38。

南投县埔里镇公所,2000,《南投县埔里镇灾后重建纲要计划(草案)》,南投县:埔里镇。

倪葆真,2004,《活化乡村社区组织之推动》,《农政与农情》,148(385),29—32。

徐仁辉等,2004,《公共组织行为》,台北市:智胜。

徐震,2002,《社区与社区发展》,台北市:正中书局。

张力亚、江大树,2006,《社造辅导团队"社区培力策略"之辩证分析:以新故乡文教基金会参与桃米生态村为例》,《第三部门学刊》,6,页67~105。

张贤源,2006,《老街再造中参与者互动关系之探讨——以大溪老城区为例》,华梵大学建筑学系硕士论文,未出版,台北县。

许世雨,1999,《非营利组织与公共行政》,收录于江明修主编《第三部门经营策略与社会参与》,第6章,台北市:智胜。

陈文德,2005,《"社群"研究的回顾:理论与实践》,收录于陈文德、黄贵应(主编),《社群"研究的省思》,页1—41,台北市:"中央研究院"民族学研究所。

陈其南、陈瑞桦,1997,《台湾社区营造运动之回顾》,《研考报导》,41,21—37。

陈金玉,2004,《社区环境改造下之民众参与、冲突与沟通——新竹市"内湖老街景观改造"之三个冲突经验》,玄奘人文社会学院公共事务管理学系硕士论文,未出版,新竹市。

陈亮全,2000,《近年台湾社区总体营造之展开》,《住宅学报》,9(1),61—77。

曾旭正,2007,《台湾的社区营造》,台北县:远足文化。

曾梓峰,1998,《专业组织在"社区总体营造"中角色之探讨——"大溪经验"为例》,《社区营造与社区学习》,页131—146,台北市:师大学苑。

冯燕,2000,《导论:非营利组织之定义、功能与发展》,收录于萧新煌主编《非营利部门组织与运作》,第1章,台北市:巨流。

黄世辉,2006,《社区自主营造的理念与机制》,台北市:建筑情报。

黄秀梅,2006,《陪伴与培力——新故乡文教基金会社区行动历程分析》,云林科技大学文化资产维护系硕士论文,未出版,云林县。

黄肇新,2003,《营造公民社会之困境——"9·21"灾后重建两种民间团体的理想与实践》,台湾大学建筑与城乡研究所博士论文,未出版,台北市。

杨凯程,2002,《黄金时代先知对话录:针砭社区营造的组织运作与社区实践-以"都市改革组织"与"社区资源交流协会"为例》,台湾大学建筑与城乡研究所硕士论文,未出版,台北市。

詹欣华,2003,《社区永续发展——以南投县桃米社区为例,中正大学政治学研究所硕士论文》,未出版,嘉义县。

褚丽娟等,2006,《居民对社区营造员于社区总体营造之角色期望》,《环境与管理研究》,7(1),48—67。

萧新煌主编,2000,《非营利部门组织与运作》,台北市:巨流。

赖鹏智,2005,《桃米村还能叫"生态村"吗?》,http://www. ecotour. org. tw/discuss. asp? OP = SHOWCONTENT&RECID = 546

钟俊宏,2006,《社区网络与社会资本形成之探讨——以桃米坑生态村为例》,台湾大学建筑与城乡研究所硕士论文,未出版,台北市。

颜新珠,2004,《桃米生态村的创建与展望》,收录于新故乡文教基金会主办《缤纷桃米推动桃米生态村学术研讨会论文集》,页169—186,南投县:新故乡文教基金会。

Box, R. C. 1998. *Citizen governance: Leading American communities into the 21st Century.* Thousand Oaks, California: SAGE Publications, Inc.

Delanty, G. . 2003. *Community.* Routledge: London.

Fischer, F. 2005. *Citizens, experts, and the environment: The politics of local knowledge.* Durham and London: Duke University Press.

Gidron, B. (ed. ). 1992. *Government and the third sector: Emerging relationships in welfare states.* San Francisco: Jossey—Bass Inc Pub.

Morse, W. Suzanne. 2004. *Smart communities: how citizens and local leaders can use strategic thinking to build a brighter future.* San Francisco: Jossey—Bass.

Nelson, G. M. 2000. *Self – Governance in Communities and Families*. San Francisco: Berrett – Koehler Pub.

O' Toole, K. & Burdess, Neil. 2004. New community governance In small rural towns: The Australian experience. *Journal of Rural Studies*, 20(4), 433—443.

Pavey, L. J. et al. 2007. *Building capacity for local governance: An application of interactional theory to developing a community of interest*. Rural Sociology, 72(1), 90—110.

Southern, V. E. 1995. *Participatory learning in community development: A case study in adult education*. Northern Illinois University. Degree: Phd.

Wolf, T. 1990. *Managing A Nonprofit Organization*. New York: Simon & Shuster.

# 社区治理与网络社会之研究：
# 理论、方法与策略

李宗勋①

**【内容提要】** 21 世纪上级政府相对于地方政府所掌握的优势将消逝,取而代之的是社区治理模式,强调地方参与式治理的价值追求,是一种小型与响应型方式的价值追求,以及专家是咨询者而非控制者的价值追求。然而社区治理需要民众共识的支持,公共管理者在这样的环境中推动公共政策需要创造政策共识的能力;尤其是需要引导政策网络内相关标的团体与民意的一种积极参与"创造共识"的专业能力与风险分担。为何安全网络治理需要奠基于社区环境,乃着眼于社区介入之特点是把焦点从"个人"责任转移到"多面向"社区需要,强调社区内每个人都能参与,并透过社区发展与社区组织推展,容许社区发展地方特色及个别殊异性需求。

本论文将检视挑战以组织为中心及均衡观,主张不确定性需依靠外在力量加以组织化或系统化;从政策社群及政策网络之多元且彼此交战的跨域组织进行对话及沟通。而这种组织化的重要呈现便是"网络化",在国家与社会新发展的治理网络体系中,与人民关系非常密切的基层社会或下层社会之安全网络与盟约关系的建构,至关重要。而在全球化与在地化时代(Glocalization)中,如何建构一个完整的安全共和与治理体系,结合国际、国家与地方资源及人力,建构及连地方政府与上级政府间、以及与非政府的消极安全求助网络,与积极安全协助网络,将会是一个很关键的问题。

本论文将就"社区治理与网络社会"之理论基础、研究架构、研究方法与台湾实践策略作一总体性介绍,期许能对"为人类理念而坚持奋斗的意志与行动网络建构一个人类的信念市场"做出些微探讨及着力。诚然在移植西方理论过程中,需要对移植的系统与文化因素有所察觉、对制度结构与安排有所考酌、对适用于援引地的情境与需求有所应用,以避免存有结构间隙、中断援引路径的互赖与误解制度设计之原意;作者透过参与观察与心智图(Freemind)之质性分析,期能在西方量化研究

---

① 李宗勋:台湾警察大学行政管理研究所教授。Una231@ mail. cpu. edu. tw

方法外,兼顾社区治理与网络政策之前瞻、后顾与内省,期许增强实现愿景的可能性。

【关键词】 社区治理 网络社会 研究方法

## 一、前言 回顾相关研究

有关"社区治理"中安全治理、安全社区的相关研究,在台湾过往多注重在以"层级为中心"(hierarchy—centered),从警察的角度探讨警政部门可以如何有效运用社区资源推动"社区警政"(陈明传,1992;叶毓兰,1999;许春金,2003;章光明,1999)。其中有从信任角度探讨如何让民众信任警察,或如何架构民间社区成为犯罪预防的眼线,关注的是警政部门的任务需求与犯防或破案效率;较为欠缺一种愿意与社区民众更多接触、更多互动、更多对话的耐心与视野。而 2005 年推出的六星计划则相当程度打破过往各部会间"本位主义"、"各自为政"却又"重迭浪费"的桎梏,改从六个面向相互支应与协力治理,其中更以"社区治安"优先推动,而能获得其他部门包括社政、教育、文化、环境景观与环保的挹注及支持("内政部"警政署,2006;陈连祯,2005;黄国敏、范织坤,2006;郑晃二,2005)。是以本研究改以"社会中心"(society – centered)及"以人为中心"(people – centered)之研究途径,抱持"跨域网络协力"及互动治理的研究价值及实践精神,凸显社区制度如何透过互动进行学习与协力治理等理论观点。本文更揭露"安全治理"的后现代性,从中强调当安全需要人们往内心探求时,一种透过"社会网络分析"发觉相对交往对象彼此的互动关系与连结资源,似乎更能创见 种存在于人、环境与制度间互惠性互动平台。本文是台湾公共行政学界较早运用"社会网络分析"研究方法量化调查"动态网络互动关系",并以"社会中心"、"以人为中心"途径进行建构理论基础与笔者亲自参与观察反刍之实践策略的文献。①

## （一）再探安全治理的后现代性

Fischer 在 2008 年 5 月下旬"台湾公共行政与公共事务系所联合会"举办的"伙伴关系与永续发展国际学术研讨会"中，以"环境政策中之公民与专家——将技术知识镶嵌在实务商议"（Citizens and Experts in Environment Policy：Situating Technical Knowledge in Practical Deliberation）为题发表专题演讲，他首先援引在 Beck 的"风险社会"与 Giddens 的"现代性效应"两本重要著作启蒙下，吾等需要关注"后实证"或"后现代"观点下有意义的公民参与为何？政府与专家如何透过对话与互动让技术知识有效镶嵌在实务改造中，经由跨部门协力精致政策商议与网络共识，探求一种"可接受风险"（acceptable risk）与"安全风险"（safe risk）②。

当代公共行政理论的中心思想，乃吸取自两派极具支配性的文化思潮，其一是 19 世纪浪漫主义（romanticist）的论述，其二则是 20 世纪现代主义（modernist）对人类的理解与关怀。浪漫主义人文关怀最主要的贡献就是它重视人的"深层内在"（the deep interior），也就是个人主义所强调之个人的独特性，每个人的深层意义中存在着某些能力与特质，这些特质不是理性可以马上理解的。深层内在最主要的成分就是人类的灵性，在深层的内在里存在着非常强大而神秘的活力，再将人当人看待，以及在友爱及友谊的投注下，不但充实而且赋予了生命的意涵。除了深层内在的特质之外，浪漫主义还特别强调启灵（inspiration）、创造力、天分及意志力以及道德的能力（彭文贤，2007：2）。

---

① 笔者大学就读科系为"公共安全系"，毕业后在政府安全部门担任研究分析工作十余年，历经各重要国际交流职务，1998 年取得博士学位后申请返回警察大学行政管理系专任助理教授，教职研究初期曾一度迷茫于如何在"政府业务委外经营"学术专业（笔者的博硕士论文主题均专注于此一议题）与"国家及社会安全"实务经验间取择，此一两难困境曾相随数年；惟自笔者于 1999 年接受台北市政府委托研究"台北市安全联防体系之建构——公共经理人观点"、2000 年"国科会"研究案访视各县市灾害防救体系整合机制、2001 年连结"彭婉如文教基金会"协力推动"社区、学区与校区安全联防"公义联盟、2002 年以"扎根理论"方法及"社会资本"理论比较台北市与新竹市"社区守望相助队安全防护网组织信任及互动关系"、2003 年迄今担任"内湖安全社区暨健康城市促进会"总企划及发言人（多次前往挪威、捷克、奥地利等中北欧国家参与国际会议及安全促进研习）、2006 年迄今同步担任警察大学"安全管理研究中心"筹划、推广招集并担任"行政院研考会"社区治安咨询委员、"内政部"警政署社区治安实地访视暨评鉴委员等实务推动角色与途径，自己对于"公私协力"、"政府业务委外经营"及"风险与安全治理"等理论框架及实务连结有了"新认识"及"新领悟"，发现彼此间是流通且相互支应，"社区"参与"风险与安全治理"就如同是接受政府委托般，只是彼此是基于"盟约"协同而非"契约"委任。笔者相继于 2005 年出版《警察与社区风险治理》、2007 年出版《政府业务委外经营的理论、策略与经验》、2008 年出版《网络社会与安全治理》等三本互有关联且理念流动支应的专书。相当程度代表笔者过往 26 年余与"安全"结缘的阶段心得分享，笔者期许此一良缘能永续且拓展。

② 笔者应邀担任该英文场次的与谈人。

浪漫主义迄今仍深深地影响着艺术、文学、宗教和大众传播领域，浪漫主义者促使人们去发现"生命的意义"；去"付出爱"以达成道德的圆满；去了解自我并展现最深层的欲望。行政管理科学本质上不是真理的追求，而是合理性的探索。因此，以浪漫主义的话来说，行政理论已达成共识，其理论与主要的文化语言已融入组织的生活之中，使人们在组织系统中觉得更加适切，而且更能充分展现深层的内在与需求。现代主义深刻影响了20世纪迄今的行政理论，不仅给学者一个明确方向，而且也给学者们一个保证：经由历史的观察与归纳，以及经由实证研究的根本改造与全盘设计，确能促使人们更加充分地了解组织；现代主义是官僚制度在面对后现代主义的激流时，渐渐地消失于昏暗的迷雾中。Weber之组织分析也是从官僚制度的理性结构一致比较文化的分析层面，然而却容易导致这个社会成为"没有灵魂的专家和没有感性之享受者"之景象（Clegg，1994：151—152）。就技术上而言，官僚制度虽然没有优于其他管理模式，但终究是人为产物，也许仍然具有人性特质的存在，但此"人性"却是屈就于技术功能之下（彭文贤，2007：3—4）。

浪漫主义与现代主义的论述当然并未完全沉寂，许多组织研究和设计也都如同它们所预见的一样得到证实；但不可否证的，两者的许多观点则已逐渐失去意义。这两派观点不是流于形式就是太过理性，这种不自在的感觉大致可追溯到"后现代主义"在思想及文化上的转变。

**1. 不确定性需要透过加在力量加以组织化**

后现代主义就是一种诠释的诠释之知识本质观。诠释的诠释强调建构主义的新思维以及允许无组织、组织解体及组织零度之非均衡视野。后现代的公共行政归向沉默式隐喻"言语无用论"、"没有对白一样可以沟通"，而迈向后现代的公共行政也呈现"无组织""组织解体"或"组织零度"的型态，此种"不可决定性"与不确定性需要透过加在力量加以组织化以及研究者、观察者"诠释的诠释"才能启迪"内在的深层本质及意义"，而这是"互动管理"、"扎根理论"与"社会网络分析"等细致质性分析的贡献所在（李宗勋，2008a：1—3）。

**2. 使人、制度与环境相互配合**

行政的目的，原本就是要使人、制度（机具）及环境能够相互配合，进而达成工作的目标。不论决策的自动化朝往哪一个方向发展，也不论科技的发展速度如何，更不论后现代的思潮又将涌向何方，基本层级节制地组之形式，仍将持续存在，决策程序仍将需要划分责任归属，人们只能透过层级结构运作，才能发挥科技文明的功能。

在社会反对层级部具人性的同时,更促使我们肯定这种结构中所强调的公正及平等之价值,以及展现出来的效能及效率。

组织型态应随着任务、技术、环境、组成分子而改变,没有任何一个结构型态可以适用于所有组织现象,有些组织适用非层级结构,但更多数组织却仍然适用传统层级节制。

行政学术的发展赖于不断努力创新与思想交流,不但要研究西方行政管理思想的形成和内涵,也要分析西方理论借用到非西方社会的条件和影响,是以引介包括"扎根理论"、"互动治理"、"社会网络分析"与"心智图"均是要帮助吾等在方法上扎根于概念建构及内在因果与脉络等理论发展过程,此一训练过程有助于调适内生与外发力量的互动与均衡,并达成理性与感性的结合、稳定性与弹性地相济、兼顾环境变迁与科技发展的兼容,是当前公共行政学术与实务的重要课题。本文以为改善个人的生活固然很重要,但是改善整个社会型态更重要;虽然我们无法创造一个平等、互惠的世界,但是若能让彼此有差异的人,有共同面对彼此差异的平台就有可能形成相互帮助。这种透过蜘蛛织网方式建立人、体制与环境之互惠性联防机制是推动安全管理网络化的核心价值。

## (二) 研究架构

本文之研究架构如图1。该研究架构的内涵与建构说明如下(李宗勋,2008a:37—38):

### 1. 架构要项:从"自助"到"共助"进而扩展为"公助"互惠联防网络

社区居民与政府部门、协力机制与规范、环境等三项建构出"自助"(自家安分守己)、"共助"(社区守望相助巡守)、"公助"(公部门发起跨域联防)三大互动关联,而相互关联中连结出"安全、安心之互惠性网络与互动关系"。

### 2. 框架意涵:公权力是公民主张及实践的权利

政府在地方上不要当"大家长",而是要让"大家成长",让"公权力"成为"公民主张的权力",不是只有政府在主张而已。公民主张权利是一种授权及培能的过程,政府可以致力陪同民众合理适切地从主张自家门前诸如停车位或排除路障的"直接权益"开始,进而拓展到连结同一巷弄的邻里规范巷道的停车秩序,继而扩张至同一社区环境维护及绿化营造等更为广大且抽象间接的公共权益。这种由寻求"自助"之壮大而连结到"共助",进而为了拓展网络资本而结盟为"公助",彰显了由"国家社会"转型为"公民社会"创造了诸多人、体制与环境互惠性安全网络治理的协力共好空间。

### 3. 协同发想——网络使资源的流通及互惠成为可能

在个案的检证中将从"人、体制与环境互惠性安全网络建构与落实之研究"探讨台湾之实务脉络与互动关系。个案将凸显公私协力是一项相互授权的持续性互动,而不是单一活动的结果而已,双方的互动观感、蓄积的关系资本与信任基础,均将影响后续协力的意愿与能力。而协力联防网络促使安全治理之资源的流通及互惠成为可能。

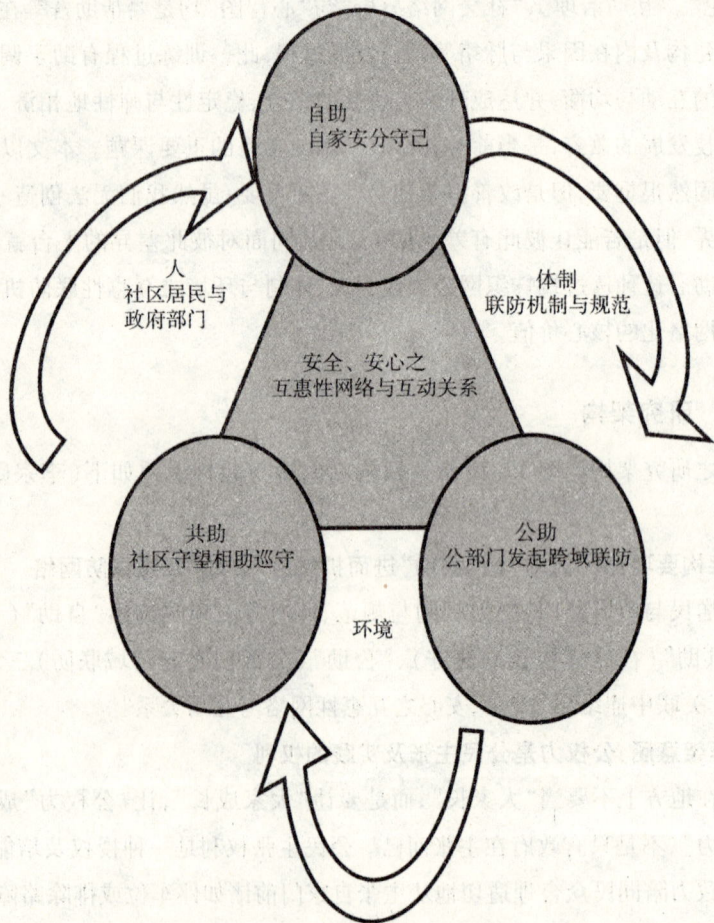

图 1　透过蜘蛛织网互动提升社区安全治理研究架构

资料来源:作者观察参与及与社区安全网络互动中汇制

## 二、"以人为中心"的安全网络理论

本文的理论基础延伸自安全治理后现代之"社会中心"(society – centered)、"以人为中心"(people – centered)的价值关照下,探讨如何透过创意设计架构人、环境与制度的互惠平台。这需要来自政府的、社会社群的、企业的共同参与及联结,是以包括互动关系、公民参与、安全网络、心智认知与如何"共同治理"(co—governance)均是本文理论的梳耙重点。

### (一) 从行政、市场转向社会中心治理途径

南加大"Civic Engagement Center"(2006)将跨部门治理议题发展趋力区分为三种治理途径(转引自陈秋政,2008:46—48):

1. "政府中心"(governmental – centered):行政辖区间治理探讨跨部门治理议题,以层级节制为分析单元,重视科层体制与精英控制,是一种向上移转,以政治性诠释为模式。

2. "市场中心"(business – centered):以市场企业竞争性、契约或补助下第三部门机制探讨治理议题,以市场为分析单元,重视自由竞争与专业主义,是一种向下移转,以经济途径分析为模式。

3. "社会中心"(social – centered):公共非政府治理,以网络为分析单元,重视共同信念与公民治理,是一种向外移转,以公共商议为模式,实践"社会建构物"。

其中社会中心倾向的治理意涵(Kettle,2002:160—162):

1. 视为一个持续互动、相互依赖的过程。

2. 强调公共价值、课责与公共参与等原则。

3. 强调利害关系人"参与政策规划与政策制定过程",而非仅止于"政策执行"。

4. 突破政府组织界线,让各部门动者有平等而开放的参与机会。

5. 透过参与机制的安排,进行实质咨询、协商、合作与共识建立。

6. 寻求集体治理结果的正当性,以及赢得各方利害关系人的承诺。

本文以为社会中心途径的治理意涵符合跨部门网络的治理原则与精神,值得纳入参照。"参与"概念关切公民主动涉入国家领域的治理、地方领域的生活、组织领

域的工作场合;参与可提升个人对其所处环境的承诺,认可公共行政的正当性(Vigo-da – Gadot,2003:90—92)。Waugh(2002:382)在评论 Louise Comfort 撰写之《共享风险》(*Shared Risk*)一书时分析公共参与之所以重要之理由:(1) 民众期望参与决策。(2) 公民参与之于过程合法化有其不容忽视的地位。(3) 民众能开拓更宽阔的辩论视野。(4) 公民参与能增进个人与群体对当前及未来潜在问题的表达。Green&Hunton – Clark(2003:294)曾以"涉入程度"(level of involment)为标准对"参与类型"分析观察发现多数文献归类具有较高度涉入程度的参与类型,皆朝向本论文关注之合作参与与追求自我管理的趋势。

### (二) 以人为中心的安全治理理论

T. Friedman(2005)在其近著 *The World Is Flat* 这一本专书中强调全球化在信息时代已消除了国家地位与所在处所(location)在经济成长力上的竞争性。然而 R. Florida 在 2002 年发表之 *The Rise of the Creative Class – How It's Transforming Work, Leisure, Community, and Everyday Life* 及 2005 年出版之 *The Flight of the Creative Class – The New Global Competition for Talent* 两本名著中,则强调"这个世界没有更'Flat',反而更'Spiky'(纠杂不清)"。Florida 列举许多地方并未因为全球化而提升经济竞争力,仍饱受各种地区事务的多元、多层、复杂且歧异的因素所牵绊,所以 Friedman 所谓的世界是"平的"对于许多"多元、多层、复杂且歧异的"区域治理,特别是城市治理并不那么说得通! 笔者以为应该重新思考经济发展之全球化治理的真谛:

1. 城市治理与经济发展牵涉包括基础建设、技术、特定节期活动、投资文化、人力资本及生活质量等多元且相互效应因素。

2. 对城市治理而言,如何营造一个更友善的"人民气候"(people climate)可能比"企业气候"(business climate)更为迫切。

事实上 Friedman 与 Florida 在理论论述主轴上似乎有所不同,然而在实践上均面对共同问题,包括如何让"科技"透过教育普及化、科技设施(因特网)如何经由基础建设让全民受惠以消弭"数字落差",如何让先进的科技与信息成为缩短或改善贫富不均以及政府失灵的"良剂"而非加速甚至恶化这些问题的"恶剂"等是关键,也是核心价值。具防灾概念的安全管理胜过应变与善后,避免政府筑了一道河堤,结果造成更多人开发,带来反向危机与风险。

综上显见"以人为中心"(people – centered)的网络化治理策略要比"以市场为

基础"(market - centered)或"以科技为基础"(technology - centered)的思维更为迫切,但是这样的陈述并未忽略如何透过"科技化"架构我们安全治理"网络化"的实质功能,也当然肯定透过企业精神及市场竞争机制将有助于提升安全治理"网络化"的效率与效益。

在"以人为中心"的网络化治理下我们努力于互动是着眼于"互动带有回报(return)期望的,对嵌入社会网络的资源之投资;在此一有目的之行动中可以获得或调用之一种资源,是根植于个体与人际关系之间的接合点,并且被包含于中观或中环境结构或社会网络中。网络研究强调了信息桥与影响流之重要性,是已经由分析了解后,可以据以调整结构型态、互动模式或资源连结方式。让期望与回报在网络中可以经由互惠性防护机制提升安全治理的效益。

### (三) 由被管理的人民到参与管理的公民

Bergrud & Yang 刚在今年(2008)出版"网络社会的公民投入"(*Civic Engagement in a Network Society*)专书,强调从信任角度诠释所谓"市民投入"(Civic Engagement)系指"关乎个别及集体行动对于公共关心之议题及认同过程之设计;市民投入有很多种形式,指涉社区间协力同工在代议民主制度下互动以解决共同问题,包括友谊餐叙、邻里守望相助组织及投书给民选代表或参与投票"。

事实上,在探讨从过去的公民、现在的公民及未来的公民时须兼顾现象、本质与条件,特别是如何形塑"公民环境论",从上位的政府心态调整开始,"心态上期待公民"与"环境上让出空间给公民",政府扮演带领角色,惟重要的是民众的推动,也就是说要同时兼顾动力及动能。其次,便是如何来"形塑公民",包括:

1. 从被管理的人民到一起参与管理的公民,让民众了解需要透过缴费参与公共事务,付出时间与金钱来共同承担责任;

2. 环境中公民眼光形成一种"自律"氛围、一种分际及应有的分寸;

3. 从感性激情的群众运动到理性思辨的公民参与。

而由一个公民到公民社会需要厚植社会资本——从消极中立到积极行政中立、建立公共信任关系与开放公共议题空间以及鼓励自省文化。继而逐渐累积公民社会,如何提升"人民的素质"及族群性格的成熟,透过长程造人提升改变,而不是只追求短程之工程等硬件营造。包括:

1. 不仅认知上自由及开放,内在心境——能适应融入,而非在行为中表现出极度不安全。

2. 屏东县奖励戴安全帽骑士——动力。

3. 台北县环境整洁抽检——他律到自律。

### （四）制度、网络与社会资本的建立

笔者拟从社会性转变角度诠释网络如何作为制度转变的载具如下：

1. 制度被视为"互动的组织性原则"，是一个社会中的游戏规则。制度提供了互动的可预期性与回收之稳定性，让彼此趋向均衡性。

2. 组织被视为"社会的制度化"，及组织满足制度任务的能力与社会中的阶层位置间存在正相关。有限的组织与网络促使社会的互动朝向制度化规范与互惠。

3. 是以个人可以藉由改变所处组织及网络位置与互动模式而提升社会资本。

一般将社会资本区分为三种主要形式：（1）内聚式（bonding）社会资本；（2）跨接式（bridging）社会资本；（3）贯联式（linking）社会资本。此处之三种社会资本的形式分类即以"社会网络"为基础，概社会资本本身难以直接作为内聚或跨接属性之区分源头，而是网络的属性才比较容易且明确地区分出"bonding"或"bridiging"，其中由"bonding"发展出来的多属内聚的情感型行动（expressive action），而"bridiging"则发展出工具型行动（instrumental action）。综上，显示结合"社会网络"分析更能彰显安全治理的政策变迁及网络互动下衍生的风险暨动态关系。"研考会"《研考季刊》（2008.05）在"政策管理"专刊中，探讨社区治安网络"政策风险"管理的重要议题及实务创意联防机制，并文将透过安全治理个案说明公私部门如何协力管理"政策风险"（李宗勋，2008b）。

### （五）综析

PAR（公共行政评论）2008 月 3/4 月（V. 68，N. 2：350—365），Moynihan 发 "Learning under Uncertainty：Networks in Crisis Management"，检视在高度不确定情境下网络成员如何进行学习，包括个人如何调适行动、如何应付非预期问题等，发现网罗学习方法多元包括虚拟学习、从研讨会学习、从过去经验学习、信息系统辅助、从其他网络成员学习等，结果发现网络比较采用透过标准作业流程、网络记忆模式、规范结构等检除网络隐藏之制度与策略不确定性。

归纳前述文献有五个值得思考的问题：

1. 为什么特定的个体有较佳或较差的认知地图。

2. 为什么既有习以为常的观念，某些行动者更愿意或更不愿意动员最理想的连带与资源。

3. 为什么特定居间的行动者特别愿意或不愿意在行为上采取适当的努力。

4. 为什么特定的组织更会无法接受社会资本所影响。

这些问题需要更多互动的频率与密度呈现决定稳定与动态的关键,既存之社会结构有其延续性,有赖于实际发生在成员间情感性与工具性行动的相对数量与产生之影响,来说明网络结构与互动间因果关联。

"随着21世纪的到来,我们渐渐不再依赖政府解决我们的问题……不过,我们并未发展出适当的结构与过程,来进行社区治理或集体解决问题。"(Folley ,1998)。当前的研究方法及实践工具与创意还待努力……显见我们需要时时省思为何安全网络治理奠基于社区或中环境,乃着眼于社区介入之特点是把焦点从"个人"责任转移到"多面向"社区需要,强调社区内每个人都能参与,并透过社区发展与社区组织推展,容许社区发展地方特色及个别殊异性需求。目前已逐渐从安全性社区转型为以社区文化未内涵之安心性社区的盟约网络。笔者针对如何在网络中建构治理能力与心智设定需要致力于下列共同基础:

1. 与政府一起允诺于治理。

2. 以创意思维允诺于规范内的治理。

3. 允诺于社会中具备互惠伙伴的网络。

4. 接受一种不具备政府形式的协力能力建构。

5. 了解扰乱问题中的绩效与课责是内在关联而难以区别。

6. 持续允诺于协力过程。

对于协力所投注的热情与允诺,是一种协力能力建构的心智设定,在网络设定中将面临的问题情境如下包括:(1) 非结构,(2) 跨结构,(3) 没有关联。际此,探讨网络的概念可以朝向传送(Sending)、接收(Receiving)与整合(Integrating)。

## 三、研究方法——社会网络分析

本节将介绍本文使用之研究方法"社会网络分析"并说明如何进行研究设计(含分析单元、方法论之角色)与施测。

### （一）社会网络分析基础

近年来,社会网络(social networks)理论与分析的运用已是经济、社会与政治理论重要的研究方向之一,其目的在探讨人际互动关系的社会结构对特定个体所产生的影响。事实上,社会网络分析肇始于 20 世纪初期,四五十年代建立基本分析方法,而藉由 80 年代新经济社会学的兴起,掀起当代社会网络分析的高潮。根据新经济社会学的论述,其强调经济分析应该加入一般社会交换过程,也就是社会互动的各种面向,特别是制度规范与文化因素因素的延伸的形式,此即为“社会网络”研究的重心(Tonkiss,2000:82;Swedberg and Granovetter,2001: 7)。因此,这种以“网络”概念为核心的当代社会分析途径,其所建构的经济模式为:“经济制度是指透过社会网络之资源的流通所建构”(GranovetterandSweberg,1992:18)。

早期社会网络的研究主要为人类学者在探讨人类互动关系时,发现传统角色地位的结构功能理论并无法呈现出真实生活中的人际互动,例如英国人类学家 Barnes 在 1954 年运用社会网络的概念,分析挪威一个渔村的亲缘与阶级的关系,他发现从正式的社会关系(如社会阶级、职业、地位等)角度无法真正了解整个渔村的社会结构,反而在以友谊、亲属与邻居为关系基础所形成教会、工作、区位之非正式、私人性社会网络,才能真正反映出整个渔村社会的实际运作状态;在此研究中也证实社会网络的概念不但使其精确地描述这个渔村的人际结构,而且在解释求职和政治行为等方面比传统规范性研究更为有效(Barnes,1954;张其仔,2001:34)。

一般“社会网络”被定义为“一群组的点(个人或组织),透过一套特殊型形式的社会关系(如友谊、买卖、相同的会员身份等)而连结起来”(Laumann,Galaskiewica,& Marden,1978;Knoke & Kuklinski,1982;周丽芳,2002)。因此,社会网络有三个基本要素(周丽芳,2002):(1)行动者(actors):基本上其为“点”(nodes)的概念,这些行动者对其知觉的目标利益具有自主行为的能力,但这些能力亦同样会受其所镶嵌的网络脉络所限制;(2)关系(relationship):其表现的形式为“线”(lines)的图示,也就是行动者会因某种关系(如情感、交易、咨询等)的存在而产生互动,并进而产生相互的影响;(3)连带(ties):指行动者间关系的方向、直接性或间接性、强与弱等。

70 年代中期,社会网研究成为一个新的社会学领域,其中实证社会学强调在正式理性的体系中非正式互动的重要性。而 Granovetter1973 年在 *The Strength of Weak Ties* 一文中,提出“弱连带”(weak ties)的概念,也影响日后社会网络与社会资本概念的发展。所谓的连带(tie)是指人与人之间、组织与组织之间因接触而存在的一种联结,此种联结具有四个面向:互动的频率、情感紧密程度、亲密性(相互倾诉的内容),以及互惠交换等;根据这四个面向的实质内容可以界定彼此关系的强弱(为一种连续的变量)。

Burt 即在"连带"概念的基础下,于 1992 年提出"结构孔道"(Structural holes)的理论。他指出两个接触点间的断裂或失联(disconnected)关系,通常意味着没有直接联系或是有着排他性的联系,和"弱连带"的假设不同的是,其并非关注于网络的强弱,而是网络是否有所联结。网络联结与否的判断主要有两种标准:其一是"凝聚"(cohesion),也就是通过经常接触和情感密切的关系所建立的连结;另一则是"结构对等"(structural equivalence),即指当两个人的接触相同时,其表示两人在结构上是对等的(Burt,1992)。

具体而言,结构孔道带来的是两种利益,一是信息利益,一是控制利益。在信息利益方面,结构孔道可使行动者利用其信息优势成为共同指向的第三者,利用这个第三者的身份而获益;而在控制利益方面,拥有结构孔道的一方等于取得信息的控制权,藉由信息控制权也掌握了竞争优势。一般来说,经济行动中出现的"结构孔道"越多,则显示该经济的活动性越大;而在社会网络中,占有"结构孔道"较多的人通常也有较高的地位与声望。

## (二) 社会网络理论的中层分析

传统经济分析始终假定"个人如何在有限资源底下做选择",Granovetter(1973)批判这类研究为"低度社会化"观点,只考虑到个人动机却忽略了社会情境与社会制约。重点:

(1) 非社会性忽略了个人做任何决定都会受到外在的社会结构影响,包括所存在的位置及整个社会价值。

(2) 非动态性忽略了个人做决定不是在一个片刻,需要度衡各种形势,考虑自己的需要并不断与别人互动,不断修正自己对形势的观察。

这些批判凸显了社会关系、关系内涵及强度、社会网络结构及个人结构位置对信任、情感支持、资源取得、信息传播、人际影响等诸多中介变项的影响,而这些中介变项又会影响经济行动,此一探讨开启了社会网络与经济分析的对话,简称"新经济社会学派",此一解释架构承诺了两个愿景(Krachbardt&Hanson,1993;Lin,et al,

1981)：

### 1. 在个人理性选择与社会制约之间建立一座桥

20 世纪 70 年代以后出现两个方面的发展,一个是经济学纳入了更多社会学理论,譬如有限理性、信息不完整、人际互动及社会需求等;而社会学的性格也发生了很大变化,开始不谈大型理论,而往下发展中层理论及因果模型,两者之间在方法及理论上相互接近暨彼此对话。社会网络扮演对话的重要角色,以网络中间的个人及其关系为分析基础,强调个人能动性,又避免低度社会化的预设,关注社会网络所形成的社会结构及社会制度对个人的制约,个人能动性也有可能改变这各制约的社会结构;是以个人的理性选择与集体的约至之间可以有一个相互作用而相互改变的过程。

### 2. 在微观行为与宏观现象之间建立一座桥

宏观社会化观点过度强调社会制度及文化对个人的制约,忽略了个人行动的自主意识;而微观的观点如形象互动理论及团体动力学都是研究个体行为。不论是宏观或微观均有所不足,社会网络则执两用中以不同观点看待社会结构,视社会结构为一张人际社会网络,其中"节点"(node)代表一个人或一群人组成的小团体,"线段"(line)代表人与人之间的关系;嵌入性观点的重点在于一个网络之中的个人如何透过关系,从动态互动过程相互影响,不但影响个体行动,也改变相互的关系,一方面避免"社会性孤立"的假设,一方面保留了个人的自由意志,把个人的行为置于人际关系互动网络中观察,强调个人的自由空间,为其理性及偏好却是在一个动态互动过程做出行为。所以行动者的行为暨是自主也嵌入互动网络中。

## (三) 社会网络分析在方法论上的角色

社会网络分析以中心性作为分析的核心。基本上,中心性指标可衡量一个人的控制或影响力范围的大小,计算与其相邻连结的数目,其代表一个社区成员个人结构位置的重要象征,包括评价一个成员的重要与否、衡量其职务的地位之优越性与独特性,以及社会声望等经常使用此一指标(罗家德,2005:150)。中心性分为三种形式:程度中心性(degree centrality)、亲近中心性(closeness centrality)和中介性(betweenness centrality)。

### 1. 程度中心性:
程度中心性与中介性是计算一个人在一个团体的网络中最主要的两个体结构指针。程度中心性是我们最常用来衡量谁在这个团体中成为最主要的中心人物。这样的人,在社会意义上即为最有社会地位的人,而在组织行为学中则是最有权力的人。拥有高中心性的人,在这个团体中也具有一个主要的位置。"程度中心指数"则代表整体社区或组织的中心程度趋势,其为 0 至 1 的数值。一般"海星形"的社会网络,即一人独为所有成员互动的交会点,其他成员彼此没有互动的情形下,程度中心指数为 1;反之,整个互动网络中,并不存在程度中心数值突出的行动者,甚至所有的行动者的程度中心数值相同,也就是整个网络看不出"中心点",该社区或组织的程度中心指数即为 0。

2. 亲近中心性:是以距离为概念来计算一个节点的中心程度,与别人愈近者则中心性愈高,与别人相距愈远者则中心性愈低。但此一指标在分析上所需基本条件要求很高,基本上必须是完全相连图形(fully connected graph)才能计算亲近中心性;否则,一些人可能到不了别人,没有距离可言,愈是孤立,其距离加总值反而愈小。此外,具方向性图形则要求更为严格,一定要整个图形内所有节点两两相互连结才能计算,因为这些要求十分严格。同时,此一指针又与程度中心性高度相关,也就是程度中心性高的人往往亲近中心性也高,所以此一指针通常很少用,通常以程度中心性作为替代性的诠释。

3. 中介性:其衡量了一个人作为中介者的能力,也就是占据在其他两人连结快捷方式上重要位置的人;换言之,如果中介者拒绝作为两人沟通的媒介,基本上这两人就无法沟通。故此,占据这样的位置愈多,就愈代表他具有很高的中介性,也就是愈多的人相互联络时就必须要透过他。而"中介性指标"则是代表整体社区互动网络的中介性趋势,乃为 0 到 1 的数值。例如"海星形"的社会网络,即一个行动者是所有其他成员的桥接点,中介性指数为 1;反之,环状的网络型态,彼此间没有共同交集点,其整体中介性指数则为 0。

## 四、台湾推动治安社区化的历程与研究设计

本节将介绍笔者运用"社会网络分析"在"社区安全网络互动调查"研究案之个案,该个案由"行政院研考会"经费补助并由"内政部警政署"执行委托研究(研究期程 2006.12—2008.07)。

### (一) 台湾推动治安社区化的历程与问题

本段落的主要内容在陈述台湾地区推动治安社区化的背景、历程及所产生的相

关问题,继而将探讨如何针对社区治安的安全网络之互动模式及关系进行调查及访视观察。

### 1. 推动历程

1996 年 12 月,"行政院"邀集各界召开"改善治安之会议",决议将"社区守望相助"列为犯罪预防对策之一,并做出"积极推行社区守望相助"、"普遍推广家户联防警报联机系统"之结论;"内政部"于 1998 年函颁推行方案,力求建立从北到南之整体性治安维护体系,强调"守望相助再出发",大力鼓励推动社区守望相助巡守队的成立,各社区守望相助巡守队在各地倍数成长;2005 年"行政院"推动"台湾健康社区六星计划",以产业发展、社福医疗、社区治安、人文教育、环境景观、环保生态等六大面向出发,作为整体社区营造的发展目标,"内政部"即提出"社区治安工作实施计划",函颁"内政部补助社区治安守望相助队作业要点"与"内政部推动社区治安补助作业要点",作为推动社区治安面向之主要策略;1995 年"行政院"择定以"社区治安"为政府施政主轴,落实"全民拼治安"之理念,以"治安社区化"为理论核心,强化民间力量之投入,提升社区对社区事务之参与意识,警察则居于辅助、服务的立场,尊重社区公民的自主经营的空间,让社区自发提升与营造,自我构筑初级犯罪预防的第一道防线。

2005 年以前,整体治安策略乃以警察人员为中心,而犯罪预防则以警察机关执行各项项目行动及倡导为主;2005 年至 2006 年间,因应全民拼治安之思维,犯罪预防工作朝向"情境犯罪预防"、"建立安全社区"等方向改进,结合义警、民防、志工、守望相助对等协勤民力,共同提出强化治安作为。政府的责任,包括警察机关在内,在于发挥策略性思考能力,采取民主行动,激发人民的自豪感与责任感,进而发展成强烈的共同意识及公共参与行动,"全民治安网络"必须经过这个过程才能成形与落实(高政升,2006)。

### 2. 推动问题

为评估台湾健康社区六星计划,提升六大面向推动绩效,同时检验社区政策执行情形,了解资源投入成效,研考会于 2005 年 10 月 28 日订定"台湾健康社区六星计划绩效评估作业要点",办理台湾健康社区六星计划施政评量及地方行政评核作业。台湾健康社区六星计划 2006 年度绩效评估报告指出社区治安面向之综合检讨分析约略可归纳出以下问题:

(1) 补助之社区数量未达成目标

计划原规划每半年补助 369 个参与治安营造之社区,以挹注社区组织在运作上经费之不足。惟在 95 年度下半年,因受限于行政区配额(每一个行政区仅分配一名额)及每年补助一次为限,以致提报参与治安营造社区数不足,而仅补助 356 个社区,尚有 13 个差额,未能达到预定目标。

(2) 仅重视现已有优良表现之社区,忽略成效较差之社区

该计划目前所补助之治安社区,多为对治安维护及社区营造已具积极态度之社区,然如何协助及鼓励目前治安状况较差或尚无治安社区营造概念之社区主动参与此计划,以提升该社区居民对治安工作之投入,则仍待加强。

(3) 警察机关主动预防之作为仍嫌缺乏

目前警政机关对推动社区治安工作,仍多属事后被动受理报案模式,而较缺乏事前主动预防犯罪之作为。

(4) 推动社区治安会议机制亟待持续创意变革

目前社区治安会议经常流于官僚惰性重形式却忽略实质互动,社区居民未能自主提案讨论、发掘治安议题,故尚无法克臻社区治安自我诊断并落实"治安社区化"之目标。

(5) 推展安全社区国际认证

建议各县市项目辅导团队协助辖内各治安社区逐步达成世界卫生组织(WHO)安全推广中心所订之六项安全社区指标(设立安全社区推动委员会、建立意外事故监测机制、推出四大优先安全领域的活动、提出长期安全活动、改善高危险群的危险因子,以及与其他社区分享及互相学习),并以取得 WHO"世界安全社区"认证为长期目标。

## (二) 研究设计

近年来,诸多空间安全、治安面向的操作皆在进行中。空间的营造或许有降低犯罪、提升安全感的可能,但是光凭空间的营造并无法让我们的社区更安全、更友善;因为空间与社会的关系总是交互影响,这是必然与偶然夹杂的结果。是以,要进行社区安全治理暨建构更安全社区的过程也需要对网络社会的社区安全治理与协力伙伴间如何互动有一些了解与基本认识。鉴于此,"警政署"委托我们研究社区治安协力伙伴间的互动模式有哪些,透过实际到社区进行网络互动调查与访视座谈等,了解协力伙伴对象、社区意识形成之机制与方式、重要议题之建构及推动模式、

执行成效及影响、成败的关键要素等。分析:(1)个案显示哪一种互动模式经常出现?(2)哪一种互动模式较具有成效?(3)哪一种互动模式较容易促动社区人士热情参与?(4)哪一种互动模式比较适合作为推动台湾社区治安的标竿或参考平台?我们从县市中选择都会型(如台北市忠顺社区与台中市锦平社区)、城乡型(桃园市大智里社区及台中市永和社区)、乡村型(花莲县牛犁社区及彰化县南势社区)之示范治安社区各择一作为被实验观察与蹲点研究对象;并以一般社会资本的三种形式作为社区治安网络成员之间的互动模式分类,为互动治理之实践及观察提供了一项研究观察平台。

### 1. 问卷的设计与操作

本研究是以 Borgatti, Everett and Freeman(1991)所设计的社会网络分析软件(UCINET)进行资料分析,分别计算研究社区的相关网络结构指针与意涵。研究对象为本研究社区的核心成员,透过研究团队在研究社区的参访过程中,针对社区核心成员发放问卷①。

本问卷设计分为两个部分:一为"一般生活互动网络问卷"(如图2);另一为"社区互动网络问卷"(如图3)。前者在于了解社区成员一般的社交活动的状况,包括联络对象、彼此关系、互动内容、频率以及互动方式;后者着重在社区成员之间的互动情况,包括一般生活与社区事务互动、次级团体、意见领袖与强弱连带等。

---

① 本调查藉助共同主持人陈钦春助理教授诸多协力及创见。

一、一般生活互动网络问卷：

题目:最近半年,你最常跟哪些人联络互动(包括朋友、同学、亲戚、家人,以及刚认识的人等)分享或讨论社区相关事务？请依序列出几位,并说明彼此关系、互动内容、频率,以及透过何种方式互动？

| 题序 | 姓名代称 | 关系(如朋友、同学、亲戚、家人等) | 互动内容(可复选) | 互动频率 | 其他曾经互动的媒介(可复选) | 备注 |
|---|---|---|---|---|---|---|
| 1 | | | □(1)对社区工作事务的讨论<br>□(2)交换时事或生活讯息<br>□(3)分享情感与心情<br>□(4)解决生活中问题(如借钱、交换物品)<br>□(5)一起参加活动 | □(1)一月一次<br>□(2)半年一次<br>□(3)一周一次<br>□(4)一周1-3次<br>□(5)一周4-7次 | □(1)面对面对谈<br>□(2)电话<br>□(3)书信<br>□(4)电子邮件 | |
| 2 | | | □(1)对社区工作事务的讨论<br>□(2)交换时事或生活讯息<br>□(3)分享情感与心情<br>□(4)解决生活中问题(如借钱、交换物品)<br>□(5)一起参加活动 | □(1)一月一次<br>□(2)半年一次<br>□(3)一周一次<br>□(4)一周1-3次<br>□(5)一周4-7次 | □(1)面对面对谈<br>□(2)电话<br>□(3)书信<br>□(4)电子邮件 | |
| 3 | | | □(1)对社区工作事务的讨论<br>□(2)交换时事或生活讯息<br>□(3)分享情感与心情<br>□(4)解决生活中问题(如借钱、交换物品)<br>□(5)一起参加活动 | □(1)一月一次<br>□(2)半年一次<br>□(3)一周一次<br>□(4)一周1-3次<br>□(5)一周4-7次 | □(1)面对面对谈<br>□(2)电话<br>□(3)书信<br>□(4)电子邮件 | |
| 4 | | | □(1)对社区工作事务的讨论<br>□(2)交换时事或生活讯息<br>□(3)分享情感与心情<br>□(4)解决生活中问题(如借钱、交换物品)<br>□(5)一起参加活动 | □(1)一月一次<br>□(2)半年一次<br>□(3)一周一次<br>□(4)一周1-3次<br>□(5)一周4-7次 | □(1)面对面对谈<br>□(2)电话<br>□(3)书信<br>□(4)电子邮件 | |

图2 一般生活互动网络问卷

二、社区互动网络问卷：

题目：以下编号成员为我们社区的好伙伴，请根据左边编列出的题目，色选您在与他们互动过程的实际情况。（烦请应事实回答，每行问题回答勾选人数 1—5 人为宜）

| | 1 | 2 | 3 | 4 | 5 | 6 | 7 | 8 | 9 | 10 | 11 | 12 | 13 | 14 | 15 | 16 | 17 | 18 | 19 | 20 |
|---|---|---|---|---|---|---|---|---|---|---|---|---|---|---|---|---|---|---|---|---|
| 1. 请问您最常和社区哪些伙伴一起吃饭或聚餐 | | | | | | | | | | | | | | | | | | | | |
| 2. 您平常最常跟哪些人喝茶，聊天，串门子？ | | | | | | | | | | | | | | | | | | | | |
| 3. 您会跟哪些人经常透过电话联络？ | | | | | | | | | | | | | | | | | | | | |
| 4. 您会跟右边哪些人借钱应急或寻求协助？ | | | | | | | | | | | | | | | | | | | | |
| 5. 如果想知道社区发生的事，您会问谁？ | | | | | | | | | | | | | | | | | | | | |
| 6. 您参加社区活动通常会希望与谁同组或在一起参加？ | | | | | | | | | | | | | | | | | | | | |
| 7. 如有社区伙伴需要向您借钱或调头寸，您会借给哪些人？ | | | | | | | | | | | | | | | | | | | | |
| 8. 社区哪些人出来号召或领导大家，您会跟随出来参与？ | | | | | | | | | | | | | | | | | | | | |
| 9. 哪些人在社区外面人面较广，认识的人也比较多？ | | | | | | | | | | | | | | | | | | | | |
| 10. 哪些人较有办法从社区外面取得资源，协助社区发展？ | | | | | | | | | | | | | | | | | | | | |
| 11. 哪些人跟分局或派出所之警察较为熟悉或互动较好？ | | | | | | | | | | | | | | | | | | | | |

图 3　社区互动网络问卷

### 2. 分析的指标与应用

本研究参考社会网络理论在测量网络关系的概念，以下先说明衡量网络特性的指标。首先，个人特质的形成深受他人与社会中其他成员之间相互关系的影响，进而形成一个角色期待。这些关系的内容可能是友谊（friendship）、支配（dominance）、信息或是沟通；双方的关系可能是"单向"的，也可能是"双向"的；而相同内容及方向的关系，又可能因为关系的"强度"或"涉入程度"（level of intensity of involvement）的不同而有差异。因此，各种不同的关系型态构成不同的网络（罗家德，2005：77—79，84）。

本研究使用 UCINET6.150 版分析软件的网络统计方法，将研究社区的人际互动网络数据进行矩阵分析，计算出不同网络型态其互动网络在现实世界的关系中心性、中介性等数值，以形成社区网络分析型态。亦即透过前述网络矩阵的问卷调查方式,以问卷中回答问题的数据来量度网络的基本数据与结构。本研究在分析问卷结果时,将着重前述两个网络分析的指标所做的讨论,包括:(1) 网络连结的中心性,系指受访者根据问题内容圈选最多次数的单位;(2) 中介性计算行动者位于其他成对行动者间最短的途径,并连接他们双方,代表一种对他人潜在的控制力。

### 3. 互动调查对象及时程

本研究团队采实地方式访视观察与双向互动等研究视野与实地观察方式,考虑研究资源及交通因素(研究限制),从县市中选择都会型(台北市忠顺社区)、城乡型(台中市永和社区)、乡村型(花莲县牛犁社区)之示范治安社区各择一作为被实验观察与蹲点研究对象,选择这几个对象理由如前述。研究团队透过先期规划协调并正式发函行文,将"社区访视计划"包括背景说明、访视目的、访视时程及访视纲要寄送各社区参考预备及安排。自2007年1月19日至2月1日分别到3个社区进行访视及网络互动问卷调查。并于2007年7月16日至30日实施社区复式访视暨针对安全网络互动情形实施诊断座谈,透过分享对话提供社区据以作为自我调适的参考,落实及强化建构"安全网络"的宗旨。本文仅以花莲县牛犁社区做为分析案例。

## 五、调查结果及分析

基于篇幅,本节仅呈现及说明接受调查的花莲县寿丰乡牛犁社区(乡村区"贯联型")之网络互动调查结果。

本文针对检视社区,采取"宏观(macro-)"和"微观(micro-)"实证观察的途径,双重解构社区的网络型态。一方面采取宏观的角度,针对社区的基本属性、互动模式及社区创意等层面,剖析社区发展的整体架构;另一方面采取微观的角度,以社会网络分析方法,剖析社区成员的基本互动模式。透过"宏观—微观"所具备"质化—量化"的交互运用,激荡出多重辩证的论述,阐释社区营造的发展方向与实质内涵。特别是微观面的社会网络分析,以 UCINET 的分析软件,以"程度中心性"(degree centrality)和"中介性"(betweenness centrality)的网络分析概念,透过量化的数据,呈现不同社区的互动网络面貌。

首先,在"程度中心性"方面。一般而言,如果社区其中一个行动者与其他成员有很多直接的关连,则该行动者就居于中心地位,某种程度也拥有较大的影响力。分析表中的"degree"即代表这项行动者与其他成员的直接关连,也就是该行动者个人的"程度中心",数值愈高代表关连程度愈高,0 则代表与其他成员毫无关连。

至于"程度中心指数"则代表整体社区或组织的中心程度趋势,其为 0 至 1 的数值。一般"海星形"的社会网络,即一人独为所有成员互动的交会点,其他成员彼此没有互动的情形下,程度中心指数为 1;反之,整个互动网络中,并不存在程度中心数值突出的行动者,甚至所有的行动者的程度中心数值相同,也就是整个网络看不出"中心点",该社区或组织的程度中心指数即为 0。

其次,在"中介性"方面。在一般的社区或组织的互动网络中,如果一个行动者许多互动网络的交会点上,可以代表此人居于该社区的重要媒介地位,也显示该行动者具有控制其他社区成员之间的沟通能力;换言之,衡量一个人作为桥梁的程度,即为中介性。中介性的定义为"经过某点 Y,且连接 X 和 Z 这两点的最短路径,占 X 和 Z 两点之间所有最短路径总数之比值"(刘军,2004:123)。换言之,中介性测量的是该行动者有多大程度控制其他成员之间的互动,如果一个行动者的中介性为 0,意味着该行动者不能控制任何行动者;数值愈大,代表该行动者控制其他行动者的能力愈大。

而"中介性指标"则是代表整体社区互动网络的中介性趋势,乃为 0 到 1 的数值。例如"海星形"的社会网络,即一个行动者是所有其他成员的桥接点,中介性指数为 1;反之,环状的网络型态,彼此间没有共同交集点,其整体中介性指数则为 0。

## (一) 宏观面——社区建构分析

牛犁社区位于花莲县寿丰乡之丰田地区,位于花东纵谷的起点,隔花莲溪与海岸山脉相望,整体山水景色十分秀丽。光复后,日本人离开台湾,附近长期为日佃的客家人成为丰田的主人,客家人逐渐聚集使此处成为一个客家村,也撞击出丰田特有的客家文化特色。因此,丰富的生态与人文资源,加上一群具有创意与参与的社区居民,成为牛犁社区发展的重要资源与起始点。

基本上,社区营造的开端是从几个家庭开始,特别是女性的角色。他们首先组成"牛犁工作群",以项目写作的方式探索社区的历史与人文深度,透过导览解说让更多的人分享这片土地的内涵。之后,他们从关切自身的客家认同,拓展思考社区的当下与未来,于是将关怀触角伸及村中的老人、青少年、儿童、妇女等。透过"行政院文建会"核定牛犁为六星计划示范社区,社区订定"扩大社区就业机会"、"青少年关怀教育"和"老人居住安全"等三大工作目标,奠定社区整体发展的蓝图。

牛犁社区深知政府资源支持的重要性,利用过去扎根社区文史的精神与能量,以"贯联型"的互动模式,直接透过项目计划模式,向"文建会"、"劳委会"、"客委会"、"农委会"和"卫生署"等单位取得资源,并利用此项资源积极营造社区。藉由政府资源的挹注,社区的人力资源也从志工的广泛参与,转向至专业、知识的创意与经营;为了长期与永续的发展,近年来社区也以"跨接型"的互动方式,向非营利组织与附近商业团体产生连结,尝试展现更多元的社会互动,透过"社会企业"的途径,建设一个自给自足的永续社区而努力。

社区串连过去与未来的历史深度,成就一个社区丰沛的人文宝库,以"贯联型"和"跨接型"的互动,扩展互动网络的广度,援引外界源源不断的资源,并以此项资源形塑"内聚型"社区内部互动,累积日益深厚的社区意识,此为牛犁社区堪称典范的社区成功经验。

### (二) 微观面——社会网络分析

#### 1. 社区社交网络分析

#### (1) 程度中心性的衡量

在社区伙伴吃饭或聚餐的社交互动分析中,图4显示,在全体社区16位参与调查的成员,仅有1位(社区发展协会理事长)程度中心性超过10,和忠顺社区有8位相较之下日常互动较为少些;但是也有11位成员程度中心性超过5,显示这些成员平常与其他社区伙伴至少有5个相互联络的关系,和前述永和社区仅有4位成员中心性超过5相较,社区社交网络更为活络与严密。据此而言,牛犁社区在社交网络虽不及于忠顺社区的活络性,但却比永和社区的有限性社交活动,在日常生活上社区成员仍有较为高度与丰富的互动型态。

而整体的群体程度中心指数为0.4381(表1),介于永和社区的0.6410(较为集中)与忠顺社区的0.3238(较为分散)两者之间,显示牛犁社区核心人士的网络型态介于前述两个社区之中,彼此图形相较下也显示社区社交网络还是较为集中在少数几个成员身上,特别是代号1、4和6等三人,次之为其他中心程度性为5的成员。这和牛犁社区以向政府单位提案获取资源为主轴的社区模式相当吻合,第一波程度中心性最高的前几位,乃是企画设计的核心成员,因此互动较为密集;而其他超过5的成员,则在专业的操作执行互动频繁,形成第二波的社区支援骨干。

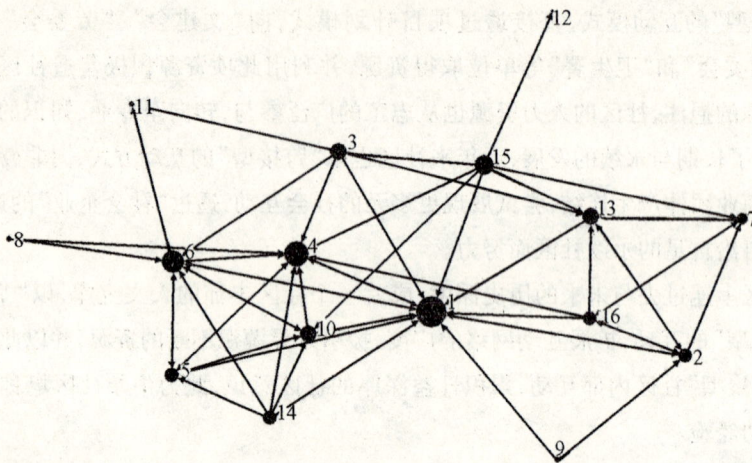

图 4　牛犁社区社交网络程度中心性分析图

表 1　牛犁社区社交网络程度中心性分析数据

| Degree | | 1 NrmDegree | 2 Share | 3 |
|---|---|---|---|---|
| 1 | 1 | 11.000 | 73.333 | 0.131 |
| 4 | 4 | 9.000 | 60.000 | 0.107 |
| 6 | 6 | 8.000 | 53.333 | 0.095 |
| 15 | 15 | 7.000 | 46.667 | 0.083 |
| 13 | 13 | 6.000 | 40.000 | 0.071 |
| 10 | 10 | 6.000 | 40.000 | 0.071 |
| 3 | 3 | 6.000 | 40.000 | 0.071 |
| 16 | 16 | 5.000 | 33.333 | 0.060 |
| 5 | 5 | 5.000 | 33.333 | 0.060 |
| 2 | 2 | 5.000 | 33.333 | 0.060 |
| 14 | 14 | 5.000 | 33.333 | 0.060 |
| 7 | 7 | 4.000 | 26.667 | 0.048 |
| 9 | 9 | 2.000 | 13.333 | 0.024 |
| 8 | 8 | 2.000 | 13.333 | 0.024 |
| 11 | 11 | 2.000 | 13.333 | 0.024 |
| 12 | 12 | 1.000 | 6.667 | 0.012 |

NetworkCentralization = 43.81%

（1）中介性的衡量

在社区社交网络的中介度分析中,图 5 中显示代号 1(发展协会理事长)在中介性数据极为突出(29.154),次之为代号 15(19.718)、4(15.110)、6(10.817)和 3(8.572)等四人,显示此四者在社区社交网络中,有着中介与桥梁的作用。换言之,中介性数值较高的成员,不论是社区核心干部或重要成员,都在社交网络中掌握重要的关键互动位置,如能善加发挥作用,将会是关键的意见领袖。

再从整体社交网络的群体中介性分析,数据显示为 0.2359(表 2),比起忠顺社区在此项目数字之 0.0564 高出许多,但比永和社区之 0.6410 降低不少,显示社交网络在三个社区中呈现中度的集中度,数据出现虽有在社交互动上有集中少数成员的情形,却不似永和社区那般地出现网络的垄断与集中。

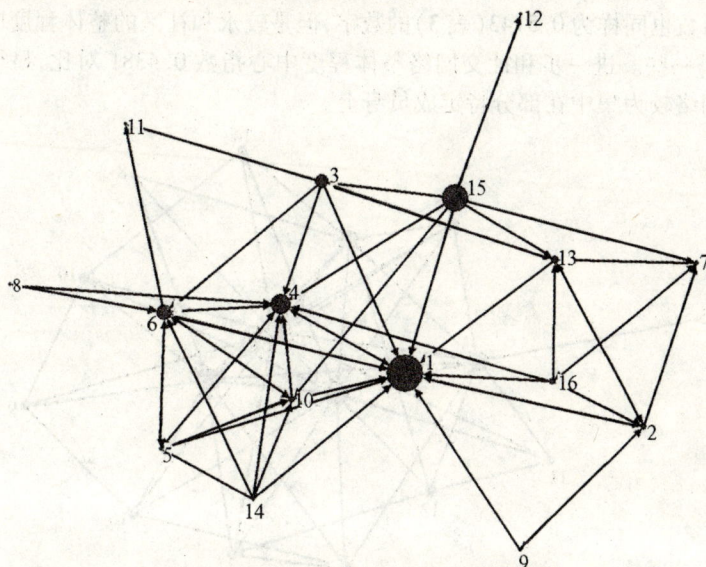

图 5　牛犁社区社交网络中介性分析图

**表 2　牛犁社区社交网络中介性分析数据**

| 代号 | 程度性 | 中介性 | 封闭性 |
|---|---|---|---|
| 1 | 11 | 29.154 | 35.000 |
| 2 | 5 | 2.647 | 44.000 |
| 3 | 6 | 8.572 | 40.000 |
| 4 | 9 | 15.110 | 37.000 |
| 5 | 5 | 0.000 | 43.000 |
| 6 | 8 | 10.817 | 40.000 |
| 7 | 4 | 1.167 | 47.000 |
| 8 | 2 | 0.000 | 49.000 |
| 9 | 2 | 0.000 | 47.000 |
| 10 | 6 | 2.230 | 40.000 |
| 11 | 2 | 0.000 | 49.000 |
| 12 | 1 | 0.000 | 53.000 |
| 13 | 6 | 4.291 | 41.000 |
| 14 | 5 | 0.000 | 43.000 |
| 15 | 7 | 19.718 | 39.000 |
| 16 | 5 | 3.294 | 43.000 |

Network Centralization Index ＝ 23.59%

## 2. 社区信息网络分析

（1）程度中心性的衡量

再自社区信息网络的分析来看,在问及 16 位核心成员有关此项社区事务的请教对象时,图 6 数据显示高达 11 位成员在程度中心性的数值高于 5,高于数值 10 者也有三位(其中二人为社区理事长与总干事夫妇),显示在社区信息的传递上,多数成员都扮演了应有的扩散角色,这一点与忠顺社区的图像相当接近,甚至在整体的程度中心指数也同样为 0.5143(表 3)的数字,但是较永和社区的整体程度中心指数 0.7308 低了一些。进一步和社交网络整体程度中心指数 0.4381 对比,显得牛犁社区的信息网络较为集中在部分特定成员身上。

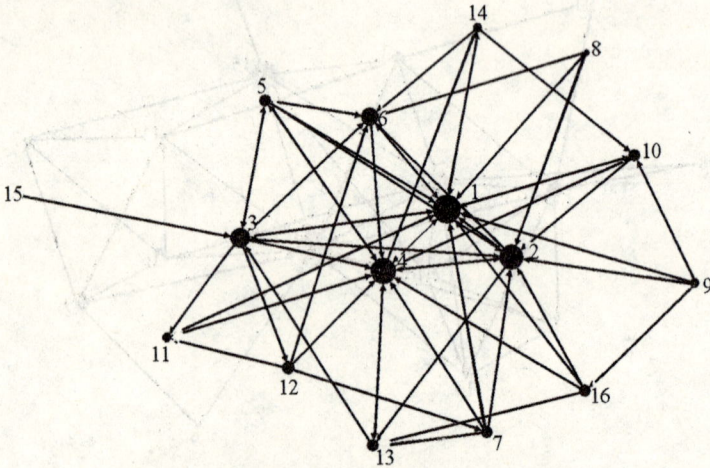

图 6　牛犁社区信息网络程度中心性分析图

表 3　牛犁社区信息网络程度中心性分析数据

| | | 1 | 2 | 3 |
| --- | --- | --- | --- | --- |
| | | Degree | NrmDegree | Share |
| 1 | 1 | 13.000 | 86.667 | 0.130 |
| 4 | 4 | 12.000 | 80.000 | 0.120 |
| 2 | 2 | 11.000 | 73.333 | 0.110 |
| 3 | 3 | 9.000 | 60.000 | 0.090 |
| 6 | 6 | 8.000 | 53.333 | 0.080 |
| 12 | 12 | 6.000 | 40.000 | 0.060 |
| 5 | 5 | 5.000 | 33.333 | 0.050 |
| 7 | 7 | 5.000 | 33.333 | 0.050 |
| 13 | 13 | 5.000 | 33.333 | 0.050 |
| 10 | 10 | 5.000 | 33.333 | 0.050 |
| 16 | 16 | 5.000 | 33.333 | 0.050 |
| 11 | 11 | 4.000 | 26.667 | 0.040 |
| 9 | 9 | 4.000 | 26.667 | 0.040 |
| 14 | 14 | 4.000 | 26.667 | 0.040 |
| 8 | 8 | 3.000 | 20.000 | 0.030 |
| 15 | 15 | 1.000 | 6.667 | 0.010 |

Network Centralization = 51.43%

(2) 中介性的衡量

进一步观察社区信息网络的中介度分析,图 7 中显示代号 1、3、4 和 2 四人,中介性数值最高,介于 14 到 22 之间,其他成员则陡降至数值 4 以下,相较忠顺社区中介性数值最高的里长(37.245)和永和社区数值最高的里长(53.667),牛犁社区则显得并未由一二人垄断与掌控社区信息管道。当然,此四人中介性数值最高者为社区核心干部,也成为社区其他成员取得社区信息的主要管道,也提供信息扩散重要节点的多元性。

而整体社区信息网络的群体中介性数据为 0.2061(表 4),数值与忠顺社区(0.1514)与永和社区(0.1780)相当接近,显示信息管道仍有相似的集中情形,仅是在于信息网络集中的人数的多少而有所差异。相较之下,忠顺与永和社区的里长一人掌握社区信息扩散的管道,而牛犁社区分散为四位社区核心干部。

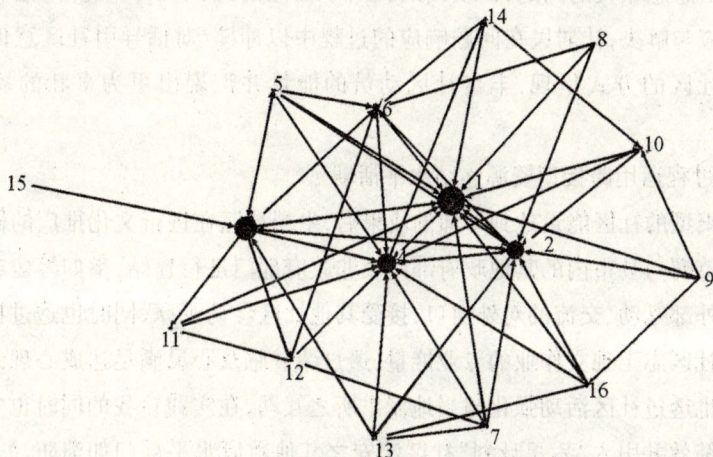

图 7　牛犁社区信息网络中介性分析图

表 4　牛犁社区信息网络中介性分析数据

| 代号<br>Degree | 程度性<br>NrmDegree | 中介性<br>Share | 封闭性 |
|---|---|---|---|
| 1 | 13 | 21.600 | 33.000 |
| 2 | 11 | 13.183 | 35.000 |
| 3 | 9 | 17.067 | 37.000 |
| 4 | 12 | 14.217 | 34.000 |
| 5 | 5 | 0.000 | 41.000 |
| 6 | 8 | 4.367 | 38.000 |
| 7 | 5 | 0.733 | 42.000 |
| 8 | 3 | 0.000 | 44.000 |
| 9 | 4 | 0.250 | 43.000 |
| 10 | 5 | 1.000 | 42.000 |
| 11 | 4 | 0.000 | 42.000 |
| 12 | 6 | 1.233 | 40.000 |
| 13 | 5 | 1.150 | 41.000 |
| 14 | 4 | 0.250 | 43.000 |
| 15 | 1 | 0.000 | 51.000 |
| 16 | 5 | 0.950 | 42.000 |

Network Centralization Index = 20.61%

### 3. 动态观察心智图

笔者综合近三年来五次前往访视及观察相关活动之心得并参考静态评鉴数据,显见牛犁社区的资源连结层次绵密且多元,显示其资源连结属于"贯联型",说明:

（1）初期透过内聚型资源连结社区意识

牛犁社区初期凝聚社区意识的做法系透过社区居民共同感受不安全,透过问题找出社区居民的归属感,举如砂石车的问题、儿童戏水问题、老人关怀及山林巡守等与社区生活息息相关的问题,诱发出居民对于社区的意识关怀。此外,他们也透过问题的响应与解决,让居民在问题响应的过程中以冲撞、对话导引社区意识以更为系统有益社区的方式呈现,丰富社区动员的能量并汇聚出更为卓壮的社区意识凝聚。

（2）过程运用跨接型资源连结水平活动

当内聚型的社区能量达到丰沛的成果后,牛犁社区在进行文化推广的做法系扩大结网的范畴与县市内的其他政府部门及非政府部门进行连结,举如筹建丰田咖啡馆作为与外部互动、交流的对外窗口;接受其他社区参访观摩,同时也透过社区引介导览提升社区志工独立作业的专业能量,透过荣誉感及心灵满足达成心理的自我实践;此外,也透过社区活动强化与当地派出所之互动,在实践自我的同时也争取社区治安优等绩效并引入"六星计划"社区治安之其他政府水平部门如消防、妇幼、社福医疗等资源。

（3）进程创新贯联型资源引进"行政院"关注

牛犁社区是以踏实的脚步建构属于他们理想的社区,因此在做法上也显得实事求是。牛犁社区在推动社区活动上发现人力的需求是社区经营上的一大负担,如何以更有效的营运方式维系社区生存一直以来都是他们经营上的一大考验。因此,在社区的经营上他们采用团队式的经营策略,透过申请项目的方式向"行政院"、地方政府申请项目,以项目来建设社区并以项目经费维系志工的生活需要,更重要的是透过项目的实践训练出一批更有专业执行能力的志工团队,扩大社区的人力资源,也满足了社区的发展所需。

### 4. 小结与评析

牛犁社区交流协会总干事杨钧弼指出,1996 年起,由寿丰乡丰田社区儿童读经班与妈妈读书会为起点,开启了几个家庭的连结,分属丰山、丰里、丰坪等 3 村居民,搭上政府推动社区总体营造列车,组成"牛犁工作群"。进而藉由"青少年服务队"

的组成,引入社区年轻一代的参与。杨均弼、游雅帆以及其他几对夫妇的共同投入,呈现出牛犁社区初期社区营造特有的"家庭式参与"互动模式,其后经由专业化的分工取向,逐渐由专业人员认养各项业务,取代志工分工的方式,强调长期稳定的分工合作型态,制度化运作,以"社区血缘"作为号召,将家庭化的社区营造概念推广到整个社区。由22位伙伴组成的社区工作团队,分布在社区各角落,各司其职,每周定期召开会议,报告工作进度,社区营造的工作以支薪人员为主轴,以社区交流协会为统筹之联外窗口,发展在地的观光产业,以强化就业机会。

社区的日常社交网络整体程度中心性指数介于其他两个社区之间,显示牛犁社区成员间的社区互动应由社区事务的工作参与,逐渐扩散至日常家居与个人的互动;而非核心或干部的社区成员,也可以增加彼此的生活交际与互动。而在社区信息网络分析显示,牛犁社区虽未出现一人垄断的现象,但是以少数核心或干部作为意见领袖或是信息扩散中介的现象,仍有改善与努力发展的空间。

# 六、结 论

谨就理论架构、研究方法、个案检视及未来研究方向等四方面归纳如下:

## (一)理论架构方面

现行的社区治安政策未获得充分发展,而行政部门也在化繁为简的"任务"与"共同的了解"来掌握社区安全;私营企业、非政府组织、健康医疗体系、环境社福体系等涉入安全或健康体系的努力,也出现如何定位、整合及谋合的问题及挑战。为了避免流于从"表象"上之意涵来看待并处理"看得见"的问题,吾等允宜兼顾"软性"之民主制度面的文化等整个社会运作必须纳入之基础工程,从"本质"上之发展性意涵来看待社会实际具已存在之实质部分,这些实质部分虽不意在表象上具体掌握,却是社区治安的动态关联,也与民间是否能成为安全管理的核心及复原政策的主体紧密相关。际此,社会网络理论提供了一种制高且全观性的参考架构,相对而言,比较能延伸社区治安的"发展性"意涵及"动态"关联。

## (二)研究方法方面

解决公共问题的知识与方法从来就不是摆在那儿(outthere),可能是在初期松散无序的互动机制中逐步建构出彼此得以接受、相互可以妥协的"解决"方式,为彼此合作协力提供一种共同磋商与倡议的沟通语言,并在互惠性与规范信赖基础上型塑广阔的伙伴关系视野,在攸关效能与永续发展的方向,得以提出合理适切并有效的策略方案。本研究是以 Borgatti,Everett and Freeman(1991)所设计的社会网络分析软件(UCINET)进行资料分析,分别计算研究社区的相关网络结构指针与意涵,对于了解社区成员一般的社交活动的状况及社区成员之间的互动情况有相当创新及帮助。未来可以先以"社会交换"与"互动管理"方法先检查接受"社会网络分析"的调查对象是否具有互动与交换(交往)的信度与效度。

### (三) 个案检视方面

本部分针对研究目的及研究问题汇整表(详如表5)逐一呈现及讨论本研究对花莲县牛犁社区安全网络互动之重要发现,比较基准包括协力伙伴对象、社区意识形成之机制与方式、重要议题之建构及推动模式、执行成效及影响、成败的关键要素等,要点如下:

1. **研究问题与研究发现对照表**

(1) 协力伙伴对象(以个人为单元):社区志工、警政单位

(2) 社区意识形成之机制与方式:在杨里长的积极推动,并且志工虽然早上仍要上班工作,但是晚上或是假日闲暇之余都仍愿意帮忙推广社区工作,使得社区志工人数已经是今非昔比了。

(3) 重要议题之建构及推动模式:虽然牛犁社区民风淳朴,但是仍然在杨里长推动之下,让社区内更加安全,并且举办游泳及篮球等活动,让社区年轻人有精力发泄,减少社区青少年偏差问题的产生。

(4) 执行成效及影响:执行成效在于社区志工人数,现今社区志工人数由于已经渐渐变多,使得在推广的过程也能够较为顺利与迅速。

(5) 成败的关键要素:成败关键在于与警政配合方面仍然有待加强,社区无法有效利用警政资源以及配合,使得社区事务推广单靠里民配合较为吃力。

表5 研究问题与研究发现对照表

| 社区名称 | 协力伙伴对象（以个人为单元） | 社区意识形成之机制与方式 | 重要议题之建构及推动模式 | 执行成效及影响 | 成败的关键要素 |
|---|---|---|---|---|---|
| 花莲县牛犁社区 | 乡村区贯联型 | 1. 安全问题的建构<br>2. 志工推广 | 1. 社区安全<br>2. 青少年问题 | 1. 执行成效佳,进而鼓励更多志工来参与（不缺动口,只缺动手之里民） | 1. 里长与志工达成共识程度<br>2. 志工参与之人数 |

资料来源:本研究汇整

### 2. 社区意识形成互动分析

针对研究问题中有关社区意识如何形成暨如何互动,依据包括社区意识内容、如何形成、关键核心人士的互动关系等要项进行汇整表6,说明如下:

（1）内容简述

牛犁社区虽然居于乡间,但是由于里长对于社区具有世界观,加上里民配合意愿高,所以社区推动非常成功。

（2）如何形成

牛犁社区透过里长以及许多志工共同推动社区事务,并且执行成效优良,导致更多的里民愿意为社区出力。

（3）关键核心人士的互动关系

牛犁社区:杨里长以及其夫人、社区志工与黑熊在推动事务上不遗余力,在彼此互动过程当中连结强。

表6 社区意识形成互动分析

| 社区名称 | 内容简述 | 如何形成 | 关键核心人士的互动关系 |
|---|---|---|---|
| 花莲县牛犁社区 | 牛犁社区虽然居于乡间,但是由于里长对于社区具有世界观,加上里民配合意愿高,所以社区推动非常成功。 | 牛犁社区透过里长以及许多志工共同推动社区事务,并且执行成效优良,导致更多的里民愿意为社区出力。 | 杨里长以及其夫人,社区志工与黑熊在推动事务不遗余力,在彼此互动过程当中连结强。 |

资料来源:本研究团队汇整

### 3. 社区治安网络推动模式互动分析

针对研究问题中有关社区治安网络之实际互动情形及相关模式,依据包括网络对象、谁担任催化及促成者角色、谁担任桥梁及结构孔道角色、连结模式、警民互动关系及社区自主性等项目汇整表格7,并说明如下:

（1）谁及如何担任催化及促成者角色？

观察结果相当程度反映出社区的发展呈现出由少数核心分子展开推动而后逐步扩散的成果，其中值得注意的是社区都是在当地里长的努力下推动社区改革的发展，透过理事长为核心推展社区改造计划，观察其共同性皆系以社区领导人格特质吸引社区内有共同信念之成员愿意投入，并透过共同的行动、努力转化为彼此合作信任的共同基础，进而在共同意识信念下凝聚更多社区居民参与。除了在理事长带领下，也结合了花莲县牛犁社区交流协会杨钧弼等人的努力一同促成社区的发展。

（2）谁担任桥梁及结构孔道角色

就社区的发展情形可观察到，尽管名称容或有别，但在社区改造的过程中由社区居民自发组成的推动协会在社区发展过程都扮演相当重要的角色，在社区发展的过程中除了肩负起一线结合网络内部成员的功能外，同时也扮演着跨接结合外部资源的角色，换言之此一社区自发团体除了具备巩固发展内部团体的任务外，亦兼具吸纳资源协助拓展社区的功能。

（3）连结模式

在连结模式上，花莲县牛犁社区属于贯接型态的社区，其可连结的资源遍及上级政府、地方政府的补助，亦可招标参与相关研究案补助支持，同时亦结合民间企业与非营组织的协助，因而明显呈现多元属性。

（4）警民互动关系及社区自主性

就社区与警政部门合作型态进行观察，可依其警民互动关系及社区自主性两项指标进一步区分为传统社区警政或治安社区化创新作为两种型态。花莲县牛犁社区则已经开始主动找寻社区的问题，而非仅仰赖警政部的治安维护能量，透过社区居民的团队合作找出可能影响社区安全的明显危险因子以及潜在的问题可能，以主动的态度找出问题、响应问题，达成治安社区化创新作为的型态。

表7　社区治安网络推动模式互动分析

| 社区名称 | 网络对象（以团体为单元） | 谁担任催化及促成者角色 | 谁担任桥梁及结构孔道角色（呈现谁透过何种管道与谁互动且产生何种影响） | 连结模式（呈现同质或多元、异质） | 警民互动关系及社区自主性（呈现传统社区警政或治安社区化创新作为） |
|---|---|---|---|---|---|
| 花莲县牛犁社区 | 上级政府、地方政府、在地企业、NGO | 里长、花莲县牛犁社区交流协会会长 | 花莲县牛犁社区交流协会 | 多元 | 治安社区化 |

资料来源：本研究团队汇整

## （四）未来研究方向

本文运用"社会网络分析"探讨社区安全网络间互动情形，针对协力伙伴对象、社区意识形成之机制与方式、重要议题之建构及推动模式、执行成效及影响、成败的关键要素等进行分析。未来研究将朝下列方向强化：

1. 对不同社区所呈现的不同指数除了说明是不同区域属性造成外，未来将近一步探讨差异的原因为何？每一社区之特色有哪一些？以及这些数据所呈现的意义在社区安全或治安策略规划上的意涵为何？

2. 个案中程度中心性与亲近中心性较数据较显明者之角色特质为何？该角色之人际关系脉络、资源互赖、社会交网以及互动模式为何？

3. 综上研究发现后之政策建议的意涵如何在提升指涉层次？

Bellah（1990）在《新世界启示录》（*The Good Society*）这本广获好评并深深影响近一二十年来的民主制度发展的书中，鼓励我们需要找出彼此的"共同基础"并接纳"互依共存"的事实，并针对各种"设置平台激励公共关怀及付出"以及"孕育及储存公共责任制度"（nurturing & restoring public responsibility system）的协力机制及行动方案加以探讨，并在不同社区属性进行标竿施作。吾等相信"改善个人的生活固然很重要，但是改善整个社会型态更重要"；虽然我们无法创造一个平等、互惠的世界，但是若能让彼此有差异的人，有共同面对彼此差异的平台就有可能形成相互帮助。本文期许能凸显这种透过蜘蛛织网方式建立人、体制与环境之互惠性联防机制是推动安全管理网络化的核心价值与重要性。

## 参考书目

一、中文部分

王列、赖海荣译(2001),Robert D. Putnam 原著,使民主运转起来,江西:江西人民出版社。

史美强(2005),制度、网络与府际治理,台北:元照出版。

丘昌泰主编(2007),非营利部门研究——治理、部门互动与社会创新,台北:智胜出版。

"行政院研考会"(2006),六星计划执行成效报告(包括各县市与上级政府)。

"内政部"

1995,推动"台湾健康社区六星计划——社区治安"工作实施计划。

1995,创造安全的社区:犯罪防治、社区防救灾、家暴防范,台湾健康社区六星计划——社区治安行动手册。

李宗勋

2005,《警察与社区风险治理》,桃园:中央警察大学出版社。

2007,《政府业务委外经营的理论、策略与经验》,台北:智胜出版公司。

2008a,《网络社会与安全治理》,台北:元照。

2008b,社区治安网络政策风险管理与"安全治理"个案分析,《研考双月刊》第32 卷第二期:16—29。

李宗勋与林水波(2007),以互动治理探讨安全管理的协力空间,"警察行政管理学报"第2 期:页1—26。

李惠斌与杨雪冬主编(2000),社会资本与社会发展,社会科学文献出版社。

林佑圣、叶欣怡译(2005),《社会资本》,林南(Lin Nan)原著,台北:弘智出版。

章光明(1999),美国各大城市实施社区警政现况之研究。《理论与政策》,页193—223。

孟汶静译(1994),Robert N. Bellah,et al. (1990)原著,《新世界启示录》,台北:正中。

郑晃二(2005),创造安全的社区——六星计划社区治安行动手册,"内政部"委托"社区营造学会"编制。

彭文贤(2007),后现代与公共行政,"台湾公共行政与公共事务系所联合会"第四届年会暨"公共治理第理论与实践"研讨会主题演讲,6 月 2 日假世新大学管理学院国际会议厅举行。

陈钦春

2004，民主治理与社会资本：台湾地区公民信任实证研究，台北大学公共行政暨政策学系博士论文。

2005，公共行政与社会资本，圆桌论坛（四），台北大学公共行政暨政策学系，1月8日假该校教学大楼九楼多媒体会议室举办。

陈秋政（2008），社会中心途径之跨部门治理研究：以"洛杉矶河整治计划"为例，政治大学公行所博士论文。

陈连祯（2003），《社区警政之理论与实务》，台北大学公共行政暨政策学系硕士论文。

叶毓兰（1998），警民共治的新警政：《社区改善治安的策略联盟模式》，社区发展季刊》：八十二。

张荣丰（2007），《危机管理的标准作业程序》，台北市政府公训中心"危机管理研习营"主题演讲讲义。

谢宗学等译，（2003），Pierre & Peters（2000）原著，《治理、政治与国家》，台北：智胜出版。

谢立功、李宗勋、史美强、陈钦春（2007），建构全民反贪网络促进廉能政治之研究，"法务部"委托研究。

罗家德（2005），《社会网分析讲义》，北京：社会科学文献出版社。

二、西文部分

Burt, R. S.

2000 "The Network Structure of Social Capital". *Administrative Science Quarterly*, Vol. 42, pp. 339—365.

2000 Structural Holes versus Network Closure as Social Capital. Chicago: University of Chicago and INSEAD.

Bergrud E. & K. Yang(2008), Civic Engagement in a Network Society, Information Age Publishing.

Borgatti, S. P., Everett, M. G., & Freeman, L. C. (1991), UCINET IV version 1.00 reference manual. Columbia: Analytic Technologies.

Feldman, M. S., Khademain, A. M., Ingram, H. & A. S. Schneilder(2006), Ways of

Knowing and Inclusive Management Practices, Public Administration Review, Dec. Special Issue: 89—99.

Florida, R.

2002    *The Rise of the Creative Class and How It's Transforming Work, Leisyre, Community, and Everyday Life.* New York: Basic Books.

2005    *The Flight of the Creative Class: The New Global Competition for Talent.* New York: Harper Business.

Friedman, T. L. (2005), The World is Flat: A Brief Histry of the Twenty—First Centry. New York: Harper Business.

Fischer F. (2008), Citizen and Experts in Environment Policy: Situating Technological Knowledge in Practical Deliberation, TASPAA "Collaborative Partnership and Sustatinable Development" International Conference, May 24—25 in Tunghai Uni.

Granovetter, M. S. (1973), The Strength of Weak Ties. *American Journal of Sociology*, 78: 1360—1380.

Granovetter, Mark S. (1985), "Economic Action and Social Structure: The Problem of Embeddedness," *American Journal of Sociology*, 91: 481—510.

Granovetter, M. & Sweberg, R. (1992), *The Sociology of Economic Life.* Westview Press.

Green, A. & L. Hunton – Clarke(2003), A Typology of Stakeholder Participation for Company Environment Decision – Making, *Business Strategy and the Environment*, 12(5): 126—146.

Kettl, D. F. (2002), *The Transformation of Governance: Public Administration for Twenty—First Centry America. Baltimore*: The John Hopkins Uni. Press.

Kooiman, J. (2003), *Governing as Governance*, New Delhi: Sage.

Krackhardt, D., & J. R. Hanson (1993), Informal networks: The company behind the chart. *Harvard Business. Review*, 71(4), 104—111.

Lank, E. (2006), *Collaborative Advantage: How Organization Win by Working Together*, Palgrave Macmillan.

Lin, Nan.

2004 "Social Capital," *Encyclopedia of Economic Sociology*, edited by Jens Beckert and Milan Zagiroski, Rutlege Ltd.

2006 "A Network Theory of Social Capital," *Handbook on Social Capital*, edited by Dario Castiglione, Jan van Deth and Guglielmo Wolleb, Oxford University Press.

Moon, M. J., & Park, H. J. (2008), Is the World" Flat" or "Spiky"? Rethinking the Governance Implications of Globalization for Economic Development, Public Administration Review, Vol. 68 No. 1:24—35.

Moynihan, D. P. (2008), Learning under Uncertainty: Networks in Crisis Management, *Public Administration Review*, Vol. 68 No. 2:350—365.

Paxton, P. (1999), "Is Social Capital Declining in the United States? A Multiple Indicator Assessment." *American Journal of Sociol ogy*, Vol. 105, No. 1:99—127.

PIU(2002), *Social Capital: A Discussion Paper. Performance and Innovation Unit*(UK), April Press.

Polanyi, K. et al (1957), *Trade and Market in the Early Empire*. Glencoe, III: the Free Press.

Putnam, R. D.

1993 *Making Democracy Work*. Princeton, NJ: Princeton University Press.

2000 *Blowing Alone: The Collapse and Revival of American Community*, N. Y. : Simon & Schuster, Ins.

Sztompka, P. (1999), *Trust: A Sociological Theory*. Cambridge, MA: Cambridge University Press.

Vigoda – Gadot, E. (2003), *Managing Collaboration in Public Administration: the Promise of Alliance among Governance, Citizens, and Business*. London: Praeger.

Waugh, Jr., William L. (2002), Valuing Public Participation in Policy Making. *Public Administration Review*, 62(3):379—383.

Wildavsky, A. B. (1988), *Searching for Safety, Social Philosophy & Policy Cebter*: Transaction Publishers.

Wilkinson, D., & E. Appelbee (2001), *Implementing Holistic Government*. Bristol: The Policy Press.

# 第四编
# 地方经济发展与政策过程

# 地方政府竞争:多层次
# 核心——外围区域框架下的考察

## ——以长三角地区为例

赵 伟[①]

【内容提要】 本文从中国大陆区域构架的多层次特征切入,以长三角区域经济为样本,分析了中国地方政府竞争问题。研究揭示:中国大陆区域经济在结构上具有多层次特征,从国民经济到县域经济至少可划分为五个层次;市场化制度转型与区域经济二重开放,促成了一个多层次核心—外围结构模式,可以按照新经济地理学之核心—外围范式,建立一个多层次的核心—外围模型,作为分析多层次区域经济互动的基本框架,同时作为分析中国大陆地方政府竞争的切入点。这个框架下,地方政府竞争除了区域经济竞争的延伸,竞争主要发生在同一区域科层的邻近区域之间,各地方政府关于本地区社会经济发展的战略,形成了事实上的战略博弈。与多层次的区域经济核心—外围构架一致,地方政府存在多科层的权力结构,地方政府竞争能力不仅与区域经济实力直接联系在一起,而且与其行政级别密不可分。

【关键词】 多层次区域 核心—外围模型 地方政府竞争 长三角经济

## 一、问题的提出

地方政府竞争是近年中国大陆学术研究的热点论题之一,也是各种学术与非学术会议谈论的一个热门话题。检索一下包容了此类文献的大型数据库(万方数据)[②],最新结果是,迄今涉及这个论题的各类学术及非学术文章,多达15406篇!粗略浏览估计一下,除去同一文章被重复采用(一文多发)及多处转载而外,少说也有6000多篇,涉及多个学科。其中最多的要属经济学,约有3000多篇,其次为政治学,约有2000多篇,再次为法学,约有数百篇。当然最多的是那些学术性较弱或没有学术性科研的文章。此类文章,有从政府政策与行政管理等议题切入的,有从中央政

① 赵 伟,浙江大学国际经济研究所所长、经济学院教授;浙大 CRPE(民营经济研究中心)首席教授。曾任英国牛津大学、瑞士联邦理工学院及苏黎世大学、德国明斯特大学及日本立命馆大学客座教授。E-mail:wadezhao@zjip.com.
② 即万方库数字科技期刊数据库(www.ilib.cn)。

府提出的一些社会经济战略目标角度——比如"和谐社会"等论题切入的,也有从区域经济合作论题切入的。此类文献,九成以上发表在地方高校(学院、师专)、党校(行政学院)学报、政府研究与咨询机构主办的刊物以及别的非学术杂志上。发表在影响较大的全国学术杂志上的文章较少。即便如此也足以表明,"地方政府竞争"这个论题,的确属于一个热门论题,受到多个学科的社会科学研究者的关注。

经济学视野下围绕中国大陆地方政府竞争的研究文献,大体上可归入五个子论题,分别从多个经济学分支切入:(1) 理论介绍与适用性探讨,即在介绍国外这方面理论研究的基础上,就其应用于中国现实分析的适用进行探讨。这方面蔡玉胜(2007)的研究具有一定代表性。该文在对地方政府竞争理论进行了历史追溯(从古典经济学到新制度经济学)的基础上,认为利用该理论分析中国经济问题"亟待深化"。(2) 制度经济学视野切入的研究,试图从地方政府竞争角度解释区域制度变迁的。周霖(2004)、周作翰(与李风华,2006)以及刘泰洪(2007)等的研究有一定代表性。这些研究,将地方政府竞争论题纳入新制度经济学之制度变迁分析范式。(3) 地方政府关于经济发展的战略与政策竞争视野的研究。此类研究从招商引资政策到"经营城市"等,涉及政策较多,但多数论证浅显,要么属于逻辑推论性的,要么就事论事的,较少应用经济学理论,较少分析范式。(4) 区域经济差异与协调发展视野。即围绕区域经济差距扩大或欠发达地区经济发展问题,探讨政府竞争。(5) 比较分析视野。即从中外比较角度切入,探讨中国地方政府竞争行为。这个论题的始作俑者当为德国学者何梦笔(Carsten Herrmann - Pillath,2001)。他所提出的政府竞争框架,主要基于对中国和俄罗斯转型的比较研究。

总揽经济学视野下聚焦于中国大陆地方政府竞争论题研究的代表性文献,至少可以发现两个明显的偏向或曰缺失:一个是,缺乏对中国大陆区域构架特点的分析,因而未能在考虑这种区域构架特征的基础上分析政府竞争。我们早先的研究(赵伟,2006)认为,中国大陆区域经济在构架上与一般市场经济国家明显不同。另一个是,鲜有从主流空间经济学视野切入的研究。我们知道,当代主流空间经济学即Paul Krugman 等人创立的新经济地理学(New Economic Geography,NEG)。这个理论最大亮点,就在于建立了一个与新古典经济学范式一脉相承的空间均衡模型,借助这个模型,将区域与空间经济分析纳入主流经济学体系中。本文作者的主旨,就在于校正这些偏向,即在综合考虑中国大陆区域空间构架特点与主流空间经济学范式的前提下,从一个较新的视野切入探讨地方政府竞争问题。主要工作有三:其一,考察与揭示中国大陆区域经济分层构架特点;其二,按照新经济地理学建立一个反映大陆区域构架的简单模型;其三,应用上述知识探讨地方政府竞争。

考虑到中国大陆空间构架以及市场化改革与发展进程的区域差异这个现实,本文选择长三角(长江三角洲)区域经济,既作为分析的典型样本区域,也作为一种空间视野。

## 二、中国区域经济:一个多层次架构

"区域"尤其是"区域经济"在中国是个极其宽泛的概念,宽泛的主要表现是区域界定的多层次性。随着层次变化,"区域经济"规模大小差异极大。这一点毋庸置疑。同样毋庸置疑的是,经济转型前的中国大陆区域及区域经济分层,与转型以来的区域及区域经济分层界定不同。计划经济时期,出于中央计划编制与实施的便利起见,区域经济大体上与行政区划一致,全国首先被人为地分成若干个"大区",大区之下是省或直辖市,省及直辖市之下依次为地、县,①与这种行政区划相一致,区域经济至少可在四个层次予以界定:第一个层次是划分为大区的全国层次。全国被人为地分为七大地区,分称东北、华北、华东、华中、华南、西北与西南地区,这些大区一度曾设中央派出机构管理。第二至第四层次与省、地、县行政区划一致。由此形成四个层次的区域。由于计划扼杀了市场,政府计划之外的交易活动很少,行政区域与经济区域基本重合。只是在一些中央部门或大型国有企业活动的地区域,主要是矿山、油田等区域,才存在跨越行政区划的经济集聚现象。

经过 20 多年的市场化改革,随着市场力量在资源配置方面发挥作用的迅速增大,原有区域经济格局逐步被破坏,新的格局开始形成。新格局虽然没有也不可能打破中国作为一个大国所具有的多层次性区域划分,但却改变了区域层次格局及其内涵。客观地来看,撇开日益整合进来的港澳与台湾经济不算②,目前中国大陆的"区域经济",至少可在五个层次上划分与界定:

**第一个层次是国民经济层次。**这个层次上的区域经济划分依据,虽然综合考虑

---

① 县之下的乡或公社虽然也构成一级行政单位,但因其计划权限极其有限,在计划经济时期并不能形成相对独立的经济区。
② 这个层面的经济整合被称为"大中华"(Greater China)经济区。

了地理位置、行政区划与经济发展层次,但强调经济发展层次因素明显大于地理因素①。这一层次分为东部、中部与西部三大地区。其中东部 12 个省(市)、中部 9 个省,西部 10 个省(市)。

**第二个层次是大区域层次**。即在一个大的区域下所形成的若干个突破省域行政区划疆域的经济区。比如在沿海地区就有珠江三角洲、长江三角洲和环渤海三个大的区。考虑到这三大沿海地区工业化进程的超前性,可以叫做"三大工业化地带"(industrial zone)。而在中部与西部地区,各自也有或者正在形成一些跨越省域边界的大的经济区。

**第三个层次是省-市际层次**。即在第二个层次区域之下形成的经济区域。这个层次区域划分的基本依据,既有地理因素、行政区划因素,也有经济发展层次因素,但最多的要属经济联系因素。比如在长江三角洲工业化地带之下,就有江(苏)、浙(江)、沪(上海)两省一市之分,而在环渤海工业化地带不仅有京—津—辽—冀—鲁之分,且有京—津—唐三角地域。②

**第四个层次是县、市际经济层次**。即大的省域经济内部的跨县(市)经济区块。以浙江经济为例,无论按经济联系来看还是按照发展模式来看,都可将整个浙江经济分为三个"线状区块":一个是甬(宁波)—台(州)—温(州),为浙江的"沿海"。另两个分别以杭州为依托,分称杭(州)—嘉(兴)—湖(州)和杭(州)—金(华)—衢(州)—丽(水)。前者为杭州东北翼,链接江苏、上海经济,发展模式既有些"苏南模式"的影子,又带有上海辐射的影子;后者为杭州西南翼,链接皖、赣,发展特征也与这几个欠发达地区相近。

**第五个层次是县域经济**。部分地由于国家法律规制赋予县域政府较大的独立运作能力,部分地由于中国县域空间的相对巨大,这个层面的区域具有很大的独立组织经济的能力,是上述所有层次区域的基础。按照有些学者的看法,中国经济增长与资源配置的真正主宰者,盖在于县域政府,区域间的最为激烈的竞争,尤其是政策性投资环境比拼,也发生在县域经济层面。

若仍以浙江经济为例,对于上述五个层次的区域经济及其联系,或自下而上或自上而下,可用一张简略的图予以描述(见图 1)。

---

① 此种划分明确提出于 1980 年代后期,既是对我国区域不平衡的改革开放进程的一种认可,也是对增长战略的一个突破。
② 京津唐地区包括京、津两大都市及河北省之唐山、秦皇岛、廊坊,面积约 5.5 万平方公里,人口 3 千多万。

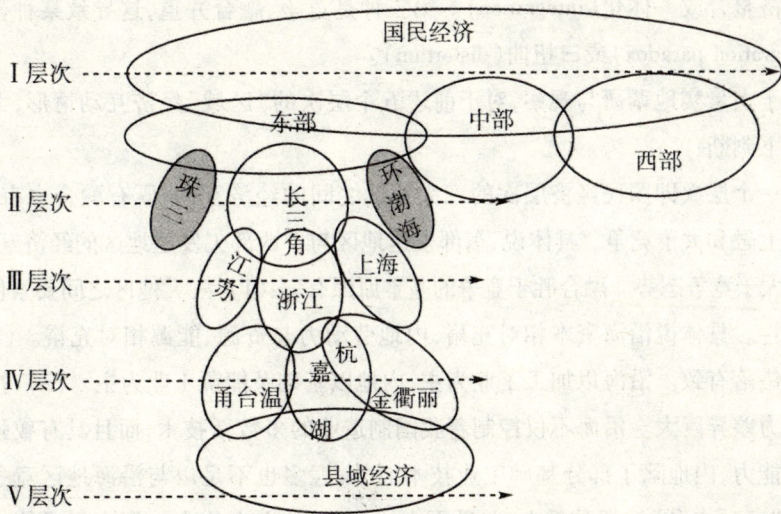

图1　五个层次的区域经济——以浙江为例

若将上述区域经济"新五层"与原有"旧四层"略加比较,便不难看出,在新区域层次格局中,最大的特征是跨越行政区划的经济区域。仍以全国—东部—长三角—浙江—县域经济分层为例,在上述五个层次中,三个层次突破了行政区划界线。分别为三大地区划分、三大工业化地带划分以及浙江内部之三个线形经济区块划分。在这些层次的区际经济开放与整合中,行政干预的影子越来越弱,市场力量发挥作用的趋向越来越强。

这样一种新的区域分层格局,既可视为制度转型的产物,也可视为下一步制度转型的动力来源。无疑应作为研究中国地方政府竞争问题的重要视野。

## 三、区域经济互动关系:"新五层"视野

经过30年改革开放,上述"新五层"区域经济的每一个层次,都形成了较为充分的开放格局,每一个层次的区域都涉及到区际关系。本质上来看,区域之间或区际关系是互动的。互动的核心内容或关键机制不外乎二,分别为竞争(competition)与融合(integration)。就目前中国区际经济互动关系具体考察,可以看到三种普遍的情形,每一种情形导致的结果也明显有别:第一种情形是竞争大于融合,这导致市场分割或所谓"地方保护主义"(local protectionism)。第二种是融合大于竞争,这导致

区际经济整合或一体化(integration)。第三种是竞争、融合并重,这导致某种整合悖论(integration paradox)或曰扭曲(distortion)。

基于大量实地调研与观察,对于前述五个层次的"区域"经济互动情形,大体上可做如下判断:

第一个层次即国民经济层次的三大地区之间的经济互动,既有融合也有竞争,但总体上融和大于竞争。具体说,东部发达地区与中西部欠发达地区的经济互动,融合态势大于竞争态势。融合胜于竞争的基本原因有三:(1)三大地区之间要素供给具有互补性。具体说沿海资本相对充裕,内地劳动力与资源、能源相对充裕。(2)产业结构错落有致。沿海以加工工业为主,内地以基础及能源工业为主。(3)技术及创新能力差异巨大。沿海不仅控制着我国制造业的多数新技术,而且具有较强的技术创新能力,内地除了部分基础工业技术而外,大多也不足以与沿海地区竞争。而反映在"三项专利"注册数量上,差异更大。这些,加上在收入 – 资本形成能力方面的差异,都置两类地区于不同的发展层次,中西部地区不足以与沿海区竞争。

第二个层次即在大区域层次的"区域"经济之间,多数情形是竞争大于融合。这在沿海三大工业化地带的表现尤其明显。竞争的基础主要源于如下现实:(1)从珠三角到长三角再到环渤海地区,三大工业化地带间产业结构雷同,产业升级时间与升级趋向大体一致;(2)三大工业化地带的工业化进程与经济、制造业技术水平等相近;(3)地方政府关于区域经济发展战略、开放重心转换(比如由引进来到"走出去"等重心转换)以及多数政策相似。诸如此类的因素,导致了这三大工业化地带之间的激烈竞争。竞争在三个领域尤其激烈:第一个是市场。三大地区的同类企业同时在国内外市场"拼杀",彼此抢生意,竞相杀价,致使"中国制造"等同于"价廉物美",陷中国企业于鹬蚌相争地步,外国买家则成得利"渔翁"。第二个是投资。三大地区不仅在争取更多的外商投资,而且在大力引进内资。第三个是产业。三大地区都在筹划乃至上马大体相同的"高科技"产业,为此竞相争取中央政府的特殊政策。

第三个层次即省市际层次的区域经济之间,既有竞争大于融合的也有融合大于竞争的情形,各区域情况不尽相同。就笔者所熟悉的长三角之江 – 浙 – 沪两省一市之间的互动来分析,最近多年来竞争与融合两大态势同样明显,但竞争主要存在于区域宏观层面,通过政府行为予以表达乃至放大;融合主要发生于微观层面,主要体现在企业与投资者的行为。具体来说,区域宏观层面上,两省一市在市场、投资与产业三个领域同时进行着激烈的竞争,其中尤以投资竞争最为激烈。竞争格局为地方政府行为表现得淋漓尽致:为了获得外商投资或临近地区企业投资,地方政府竞相出台优惠政策,在寸土寸金的长三角区,有些地方政府竟然以事实上的"零地价"乃至"负地价"(即"7 通一平"等政府基础投资超过卖给企业的地价)为诱饵拼抢投资!但微观上,企业的空间扩展正在推进区域经济融合。一方面,江、浙两省的企业纷纷进军大上布点,或将研发、投资等企业"头脑"拓至上海,或将营销总部迁至上海,以期以上海为基地实现"走出去"国际化拓展。另一方面,上海许多公司纷纷将制造基地扩展至江、浙,或者干脆"摔"出去,以"外包"形式经营。这两方面的微观互动,有力推动着长三角区域经济微观层面的整合。但由于宏观上的行政区竞争背景,更由于政府宏观层面的不当干预,造成了许多扭曲与资源的浪费。目前较为突出的表现,至少有二:一个是在重大基础设施——机场、港口、跨海大桥等——方面的重复建设与浪费严重;另一个是对于企业投资空间扩展,地方政府设置了多种障碍,从经济上的税收减免到政治上的劳模评选乃至人大代表、政协委员的遴选!

第四个层次的区域经济之间,正常情况下当以融合为主。这个层次的政府行政力量影响较弱,市场力量发挥作用较大。跨越多个县域的经济区块的形成与扩展,则属于三种因素综合作用的结果,三种因素分别为,(1) 市场力量,(2) 产业集聚内在规律,以及(3) 以往经济联系。

第五个层次的区域经济之间,即县域经济之间,有些类似长三角之江、浙、沪间的情形。竞争与融合并举,融合也主要发生在微观层面,竞争则主要发生在宏观层面。但与长三角之江、浙、沪之间经济互动不同的是,这个层次的区域之间,由于"地市"的存在及其插手,导致的扭曲及规模不经济现象可能更多。在珠三角有"大顺德"与"小佛山"现象,在长三角则有"大义乌"与"小金华"现象。顺德为中国家电制造主要集聚中心之一,义乌为中国乃至东亚最大的日用品批发市场,两县业已作为产业集聚核心在发挥作用,但由于地级市的运作,要么反被外围区域吞并,要么反受"外围"限制:"大顺德"终为"小佛山"并掉,而"大义乌"受制于"小金华"的限制,要"并购"周边经济联系密切的县市(比如东阳)则要难上加难!

客观地来说,上述五个层次的区域经济的彼此融合,是中国经济内部统一大市场形成的基础。而这些层次区域经济的彼此竞争,给制度转型、产业发展以及区域经济开放提供了持续的推力,是多个层次区域之地方政府必须顺应的大势,也是研究地方政府竞争必须考虑的因素。

## 四、多层次区域经济架构:长三角视野

在前述多层区域经济构架中,长三角恰恰处在上下分层区域交汇的中位,若试图从空间经济学视野切入分析中国区域经济问题,长三角无疑是个最好的样本区域。

客观地来看,在"新五层"区域科层构架下,长三角须同时面对来自外部与内部两个不同层次、非对称的区域经济互动力量的作用。就区域外部来看,作为一个整体的长三角经济,处在两个层次区域经济关系的交汇点上:一个是全国层次的东部与中西部经济互动关系。长三角属于东部地区最发达的经济区和中国经济最活跃的一部区域发动机,与中西部地区的经济——尤其是"长江经济带"之间,存在着密不可分的联系。说夸张一点,离开广大的中西部地区尤其是由长江"黄金水道"和跨区域铁路、干线公路连接的中西部地区的资源与市场支持,长三角经济就难以发展。与此同时,众多的中西部省域经济发展,都将长三角作为可以依附的重要"龙头"①。另一个是大区域层次之沿海三大工业化地带的经济互动。无论就空间位置还是经济发展层次而言,长三角均须直面其他沿海发达区域的竞争。空间位置上,长三角扼珠三角与环渤海湾两大工业化地带南北交汇之轴域,与这两大工业化地带的对外开放区位大体一致。经济实力与发展水平上,长三角略高于其他两大工业化地带。这些都决定了这个地区实际上成了其他两大工业化地区"赶超"与竞争的共同目标,所要承受的外在竞争压力,当远高于其他两大工业化地带。

长三角总体的区域经济,构筑在内部三个层次的区域经济互动关系之上:第一个是两省一市之省域经济的互动关系。经过 20 多年持续的制度改革和对外开放,目前这个层次之三个省(市)域经济,不仅实力相当,且各具特点。具体来说,上海经济总量虽小于江、浙两省,但作为中国最大的工商业都市,其经济辐射能力却远在江、浙两省之上,经济带有强烈的都市经济特点;江苏主要是苏南,以庞大而较先进的外资经济为支撑;浙江则以富有活力的民营经济为支点。

第二个是县—市际层次。作为都市经济的上海不论,无论在江苏还是浙江,都已形成了一些各具特点的跨县、市产业区。其中江苏经济由南到北可分为三个区

---

① 有研究(丁瑶、余贵玲等,2005)认为,此种联系不独长江中下游,即使上游也存在"产业承接"与"联动"的关系。

块:(1) 以苏州为龙头的苏南地区;(2) 以南京为龙头的苏中地区;(3) 多少有些"群龙无首"状态的苏北地区。前已论及,浙江经济无论按照经济联系还是按照发展模式,都可分为三个自然的"线状区块"。

第三个层次是县域经济。这个层次的区域虽然行政级别一致,但经济多样性很大。部分地由于国家法律规制赋予县域政府较大的独立运作权限,部分地由于县域空间的相对巨大,这个层面的区域有很大的独立组织经济的能力。过去 20 多年以来,无论在江苏还是浙江,富有活力的县域经济,构成了省域经济快速发展的基础。在国家统计局最新公布的全国经济综合实力"百强县"(2006 年)中,长三角就占了54 个席位。其中浙江以 29 个县(市)名列第一,江苏以 24 个县名列第三。这些县域经济的产出占浙江全省经济总量的三分之二,江苏经济的一半以上。

按照国际区域划分典型规模,尤其是工业先行国家的行政区划规模,长三角无论在总体上还是其内部分层,每一个层次的"区域"规模都不可谓小,都具有较大的自主组织经济活动的能力,这是长三角乃至整个中国大陆经济区域结构的一个重要特点。就长三角地区总体来看,两省一市加总的领土面积逾 21 万平方公里,常住人口约 1.5 亿(其中户籍人口 1.23 亿,非户籍常住人口约 2700 万人[①])。区域面积相当于法国国土(55 万平方公里)的 40% 或日本国土(37.8 万平方公里)的 56% ,人口则相当于法国(5800 万)的近 3 倍或者日本(1.28 亿)的 1.2 倍。加之拥有数千公里海岸线,数千个岛屿和辽阔的海域,区域空间与人口规模均是先行工业化大国同类区域无法比拟的[②]。就长三角内部三个层次的区域分别来分析,每一个层次的区域规模,也远大于一般工业化国家的类似区域。[③]

上述内外分层的区域构架,是长三角区域经济的客观现实,研究这个区域经济及其内外互动,无疑须置于内外多级分层的构架下进行,研究这个区域地方政府竞争,也须置于内外多级分层的结构下进行。

---

① 2005 年估计数,居住半年以上的非户籍常住人口,上海 430 万,江苏约 1100 万,浙江约 1200 万。
② 比如美国最大经济区"大纽约经济圈",面积也不过 3 万多平方公里,人口约 2000 万;日本的东京－横滨都市圈,面积仅 3000 多平方公里,人口 3000 多万。
③ 比如区的法国,就分了 22 个大区和 98 个省及行政区(2 个),每个大区平均面积仅 2.5 万平方公里,平均人口 263 万;大区之下的省平均 5600 平方公里面积和 59 万人口。日本划分为 47 个省级行政区(1 都＋1 道＋2 府＋43 县),东京都之外的省级行政区下设 1835 个县级行政区(市、町、村或支厅)。省级行政区面积从 1 千多平方公里到数千平方公里不等,人口从 10 万到数百万不等,其下的县级行政区平均面积不足 2 百平方公里,人口从几千到数万不等。相比较之下,长三角较大的县的面积,接近日本一个规模的省,人口亦不亚于日本一个省级区域。

# 五、多层次区域经济互动:长三角视野

作为制度转型经济的区域经济,长三角区域经济的运行,同时在诉诸两种机制:一种是市场竞争机制,另一种是政府干预机制。表面上看来,这两种机制与一般市场经济国家的所谓"两只手"("看不见的手"与"看得见的手")搭配相仿,但实际情形则不然。与成熟市场经济相比,无论是市场竞争机制还是政府干预机制,都带有转型经济的鲜明特征。其中市场竞争机制最明显的特征莫过于发育的不完整,主要市场尤其是重要生产要素市场的不完善性;政府干预机制的最大特征莫过于计划体制的遗留因子。虽然转型已历时近30年且获得突破性进展,但不少政府部门干预经济的方式,总难以摆脱计划经济的惯性,有意无意地将规划当计划,将指导性数据当硬性指标。如此等等。两种并行机制在长三角经济各个区域层面的搭配比例不同。具体有三种情形:第一种情形是政府干预主导,市场机制微弱。这在土地等重要生产要素配置方面最为突出,两省一市最重要的生产要素土地资源的生产性配置,主要借助政府干预。第二种情形是市场机制主导,政府作用微弱乃至缺位,这在区域间轻型加工业配置、服务业发展方面的表现较为突出。第三种情形介于二者之间。在非行政区划之"区域"层面,市场竞争机制作用较强,在行政区划层面之"区域",政府干预机制作用较强。

上述两种不完善机制作用下的长三角区域经济,处在内外互动的状态,互动的主要态势有二,即融合与竞争,但这两个态势在各主要区域经济层次的搭配不一。

就长三角经济与其外部两个层次的区域经济互动关系来看,主基调截然不同:一个以融合为主,另一个以竞争为主。具体来说,作为沿海发达区一极的长三角与中西部两大地区之间的经济互动,虽然也有竞争,但总体上以融合为主。融合的基础源自两个互补性与一个差异。两个互补性分别为区域要素供给的互补性和产业结构的互补性。长三角资本充裕但非资本要素短缺,中西部多数地区资本形成能力弱而非资本要素供给相对充裕,要素供给互补性明显;长三角以加工工业、金融商贸及研究开发为主业,而缺乏能源、资源等基础产业支撑,中西部地区以原材料等基础、能源产业为主,而缺乏加工业龙头,产业也具有互补性。一个差异即技术及创新能力与差异巨大。长三角不仅控制着中国制造业的众多新技术,而且具有较强的技术创新能力,中西部地区除了部分基础产业技术而外,大多也不足以与沿海地区竞争。而反映在"三项专利"注册数量上,差异更大。国家统计局最新数据显示,2005年长三角地区申请注册的国内三项专利总数达 69297 项,超过中西部地区 21 个省市的总和(64411 项)。如果考虑到 1985 年中国大陆实施专利注册制度以来长三角在三项专利注册数量上的持续领先地位,则其累积总数当超出中西部地区更多!上述三方面的因素构成了长三角与中西部地区经济融合或合作的坚实基础。

相对于中西部地区的关系,在长三角与沿海其他两大工业化地带的经济互动关系中,竞争势头大于融合,竞争是主基调。竞争的主要背景在于如下现实:(1) 长三角与其他两大工业化地带之间,尤其是与珠三角之间产业结构雷同,产业升级时间与升级趋向大体一致;(2) 长三角的工业化进程、经济发展及制造业技术水平等与其他两大工业化地带相近;(3) 地方政府关于区域经济发展战略、开放重心转换(比如由引进来到"走出去"等重心转换)的多数政策相似。诸如此类的因素,构成了这三大工业化地带之间激烈竞争的基础。事实上,最近 5—6 年以来,长三角与其他两大工业化地带的竞争愈演愈烈。竞争同时在三个领域展开:第一个是市场。长三角企业与其他两大工业化地带的同类企业同时在国内外市场"拼杀",彼此拆台,竞相杀价,致使"中国制造"等同于"价廉物美",陷中国企业于鹬蚌相争地步,外国买家纷成得利"渔翁"。第二个是投资。长三角无论在引进外资方面还是内资方面,所取战略与其他两大工业化地带的战略基本一致。第三个是产业。长三角所筹划及上马"高新技术"产业,与其他两大工业化地带大体一致,为此竞相争取中央政府的特殊政策。

就长三角内部三个层次的区域经济互动来看,各个层次的主基调也不尽相同。具体来说,第一个层次的互动,即两省一市之间的经济互动,竞争与融合两大态势同样明显,但竞争主要发生在区域宏观层面,通过政府行为予以表达乃至放大。融合主要发生在微观层面,通过企业与投资者行为发挥。其中区域宏观层面上,两省一市在市场、投资与产业三个领域同时进行着激烈的竞争,但尤以投资竞争最为激烈。竞争格局为地方政府行为表现得淋漓尽致:为了获得外商投资或临近地区企业投资,地方政府竞相出台优惠政策,在寸土寸金的长三角地区,有些地方政府竟然以事实上的"零地价"乃至"负地价"(即"7 通一平"等政府基础投资超过卖给企业的地价)为诱饵拼抢投资!但微观上,企业的空间扩展正在推进区域经济融合。一方面,江、浙两省的企业纷纷进军大上海布点,或将研发、投资等企业"头脑"拓至上海,或将营销总部迁至上海,以期以上海为基地实现"走出去"国际化拓展。另一方面,上海许多公司纷纷将制造基地扩展至江、浙,或者干脆以"外包"形式"摔"出去经营。

这两方面的微观互动,有力推动着长三角区域经济的产业整合。

长三角内部第二层次的区域经济之间,正常情况下当以融合为主。这个层次的政府行政力量影响较弱,市场力量作用较强。跨越多个县域经济或制造业带的形成与扩展,一般主要由市场力量、产业集聚内在规律以及以往经济联系等因素共同促成。内部第三个层次的区域经济之间即县域经济之间,与省际关系相似,竞争与融合并举,融合也主要发生在微观层面,竞争则主要发生在宏观层面。但这个层次由于"地级市"的存在及其插手,导致的扭曲及规模不经济现象更多。

因此,长三角的地方政府竞争,在很大程度上是区域经济融合与竞争尤其是宏观层面竞争的延伸。

## 六、区域经济构架:一个 NEG 分析框架

从最简略的意义上,可将中国"新五层"经济,尤其是以长三角区域经济为核心的区域经济,置于一个简单的综合分析框架之下,这个综合框架可按照新经济地理学的范式建立与诠释,具体可分三个步骤。

**第一步:基本框架的构建。**关于长三角区域经济的内外多级分层特征与多重区域互动关系,可以构建一个多层次的核心—外围空间经济框架。我们知道,藤田—克鲁格曼—维纳布尔(Fujita, Krugman, Venable, 1999)经典的两地区 2 部门核心—外围模型的简化形式如图 2 所示。

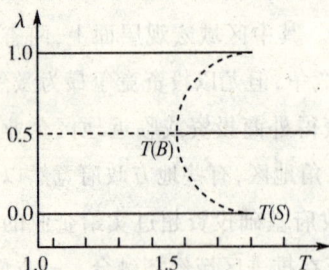

图 2　两地区 2 产业区域—外围模式　　图 3　多层区域核心—外围模式

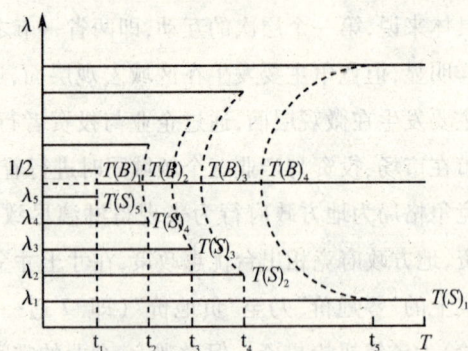

这个框架中的虚线,代表产业集聚的非稳定均衡,实线代表稳定均衡。在一个两地区 2 产业的经济,产业区域分布比率($\lambda$)随运输成本或贸易成本($T$)大小而发生三

种可能的变化:要么集聚于区域 I(由贴近横坐标的实线所代表);要么集聚于区域 II(由远离横坐标的实线所代表),要么两地区均分(由点 $T(B)$ 右方的实线给定)。①

沿着这个范式,可将以长三角为切入视点的多层"区域"及其内外区际经济互动关系,视为一个多层的两地区 2 产业模式,由此建立一个囊括五个层次的多层次核心—外围框架,即图 3 所描述的框架。

这个框架的相关坐标及其变量,须作如下新的界定:首先是横坐标值的界定。令 $\lambda_5 T(S)_5, \cdots \lambda_1 T(S)_1$ 分别对应于横坐标之 $t_1, t_2, \cdots, t_5$,令 $t_n$ 值在每一标注之间均介于 1.5 与 3 之间。就是说,由左向右,$t$ 值在每一标注均复归为零。其次是纵坐标值,令每一个新原点的值均为 1,即 $\lambda n = 1, (n = 5)$,则纵坐标轴上每个层次变量均具有对称性。最后是假定条件的确认。事实上,新框架赖以成立的关键假定,也与我们前面分析的条件一致或相近:(1)运输成本或贸易成本随着区域层次下降因而区域范围缩小而缩小(距离缩短);(2)产业区域间核心—外围之分野对于运输成本的反应性,随着区域距离缩小因而要素流动性强化而加强。如此等等。

这个框架中由外及内,分为五个层级,每一个层次都形成一个相对独立的核心—外围模式:第一个层级等同于全国层次的长三角与中西部区的互动关系;第二个层级代表大区域层次的长三角与其他两大工业化地带的互动关系;第三个层级代表长三角某个省域(比如浙江)与其他两省、市任一省(市)的互动关系;第四个层级代表长三角任意一个跨县(市)产业区(比如苏南)与临近其他产业区(苏中或者苏北)的互动关系;第五个是任意一个县域经济与临近其他县域经济的互动关系。

我们知道,藤田、克鲁格曼等人的经典分析,也提出了一个多地区的核心—外围模型,但他们的模型所依懒的区域假定条件,与前述中国的区域构架明显不同:首先,在藤田—克鲁格曼—维纳布尔模型假定的多区域中,每个区域的规模一样,且没有行政级别因而决策权限大小区分,实际上舍去了政府。区域之间的唯一差异,在于区域间的距离因而运输成本;其次,他们的多区域被置于一个"连续空间"集合之中,一个区域的经济活动借助相邻区域传导至其他区地域②。我们的模型既考虑了中国区域多层分割及多重互动现实,也考虑了非临近区域互动的现实。

这个框架的相关变量,也与我们前面分析的条件一致或相近:(1) 运输成本或贸易成本随着区域层次下降因而区域范围缩小而缩小(距离缩短);(2) 产业区域

---

① 这个模型由三个推论引出,具体见 Fujita, Krugman, Venables (1999), PP. 66—67.
② 按照解释:"$R$ 个地区均匀地围绕一个圆圈排列,因此 $r+1$ 毗邻 $r\cdots$"。见 Fujita, Krugman, Venables (1999),

间核心—外围之分野对于运输成本的反应性,随着区域距离缩小因而要素流动性强化而加强。如此等等。

第二步:**多变量的引入与模型选择。**新经济地理学的开拓者之一藤田昌久等(Fujita & Mori,2005)将 NEG 归纳为四个关键词:(1) 一般均衡;(2) 个人或企业层面的递增收益;(3) 广义界定的运输成本;(4) 生产要素与消费者的可流动性。按照这些"关键词"确定的范式,区域产业互动中存在四个关键变量:一为 $\mu$,表示制造业就业人数;二为 $\lambda$,表示区域制造业劳动比重(或制造业比重);三为 $w$ 或 $\omega$,表示两地区名义工资或实际工资;四为 $T$,表示广义的运输成本。如果将前述五个层次的区域互动格局彼此分立考察,则每一个层次都可构成一个相对独立的两区域经济互动系统。若对产业做必要的简化处理,则完全可以沿用藤田—克鲁格曼—维纳布尔之两区域核心—外围模型。

一般意义上,可以将藤田—克鲁格曼—维纳布尔(Fujita, Krugman, Venables)之核心—外围模型概括为以下四组非线性方程:

第一组描述两地区 2 部门的收入(Y)决定,

$$Y_1 = \mu\lambda w_1 + \frac{1-\mu}{2} \tag{1.1}$$

$$Y_2 = \mu\lambda w_2 + \frac{1-\mu}{2} \tag{1.2}$$

第二组描述该格局的价格($G$)决定,

$$G_1 = [\lambda w_1^{1-\sigma} + (1-\lambda)(w_2 T)^{1-c}]^{1/1-\sigma} \tag{2.1}$$

$$G_2 = [\lambda(w_1 T)^{1-\sigma} + (1-\lambda)(w_2 T)^{1-c}]^{1/1-\sigma} \tag{2.2}$$

第三组描述该格局劳动者名义工资($w$)的决定,

$$w_1 = [Y_1 G_1^{1-\sigma} + Y_2 G_2^{\sigma-1} T^{1-c}]^{1/1-\sigma} \tag{3.1}$$

$$w_2 = [Y_1 G_1^{1-\sigma} + Y_2 G_2^{\sigma-1}]^{1/1-\sigma} \tag{3.2}$$

第四组描述实际工资的决定,

$$\omega_1 = w_1 G_1^{-\mu} \tag{4.1}$$

$$\omega_2 = w_2 G_2^{-\mu} \tag{4.2}$$

在我们所推定的长三角多层级核心外围架构中,四组方程涉及的所有主要变量均可以找到对应数据,因此对于每个层次上的核心–外围态势是不难进行实证测算与判断的。

第三步:**相关变量的引申性解释。**在长三角区域经济情形,两类行为主体的行为对模型的关键变量至关重要：一类是各级政府，它们的行为会改变某些变量。具体来说，在我们建立的长三角之多层区域核心—外围模式下，各级行政当局干预或参与区域经济的行为，主要会对两个变量产生影响：一个是特定业区域比重（$\lambda$）因而非农就业规模（$\mu$），这通过审批机制与政府投资机制发生；另一个是广义的运输成本或贸易成本（$T$），这通过修建与改善区际运输网络、消除阻碍货物区际流动的地方保护主义壁垒，以及提高政府办事效率等行为产生。据此可以将政府干预纳入上述一般均衡模型之中。

另一类是企业。在我们划分的三类企业中，国有垄断行业的企业本身具有规模经济效率，对规模收益敏感性最差。但另两类企业，即外资企业和民营及非垄断行业国有企业，是规模收益敏感性企业，带有追逐规模收益的天性。这类企业的跨区域投资活动乃至迁移，是推动区域核心－外围分野的持续动因。

# 七、区域经济互动：NEG 框架下的推论

藤田—克鲁格曼—维纳布尔模型的经典推论揭示，决定两区域核心—外围分野的关键变量，可简化为区域产业比重 $\lambda$ 和区际实际工资 $\omega_1$ 与 $\omega_2$ 的差异两个变量。其中初始的 $\lambda$ 值有三种情形：第一种是 $\lambda = 1/2$，表示两地区在某个制造业上平分秋色；第二种是 $\lambda = 1$，表示核心—外围分野明确；第三种是 $\lambda < 1$，表示核心—外围正在形成或强化。如果假定 $\lambda = 1$，则核心—外围模式的稳定与否取决于两地区相对工资：如果 $\omega_1 \geq \omega_2$，核心—外围格局就是稳定的，如果 $\omega_1 < \omega_2$，该格局就是非稳定的，因为工人会倾向于从核心地区移出。

按照这个范式，参照前述多层区域经济互动格局分析，对于以长三角为视点的五个层次的核心—外围模式，可以提出如下推论或假想（hypothesis）：

第一个层次之长三角与中西部地区经济的互动，核心—外围分野明显且可能趋于加强。原因有二：重要非农产业在前者的集聚已经远高于后者，而区域收入差异明显偏向长三角。

第二个层次之长三角与沿海其他两大工业化地带的区域经济互动中，核心—外围接近平分秋色状态。原因不仅在于三地区已经集聚的产业规模相近，而且实际收入水平也较接近。

第三个层次之江、浙、沪两省一市区域互动中，上海相对于江浙两省的核心地位

突出,但江浙两省的核心—外围则难分伯仲。关于前一种分野,上海无论就产业集聚度还是实际收入,都略胜江、浙一筹。关于后者,主要的原因也在这两个关键变量在两省之间差异不大。

第四个层次之跨县市之产业区之间的互动中,核心—外围分野既有些类似沿三大地区之间的情形,又有些依附特征。具体来说,在一些实力较强,距离较远的集聚区之间,比如苏南与甬台温之间,核心—外围难分伯仲。但在那些实力悬殊、距离较近区域之间,比如甬—台—温与杭—金—衢之间,核心—外围开始显现。

第五个层次之县域经济之间,核心外围分野明显。一个重要倾向是:越是靠近大都市,县域经济越带有核心特征。若以全国"百强县"在长三角的地域分布为线索,可以看到一个明显的趋向:越是靠近上海或杭宁等大都市,百强县越多。越是靠近这些大都市,百强县排名越靠前。其中百强中前十强中,长三角独占 8 个,全部位于沪、宁、杭三大都市周边地区。

若将地方政府竞争置于上述多层次核心—外围空间构架下来考察,则作为区域经济竞争延伸的地方政府竞争,无疑存在于多个区域层次上;多层次核心外围区域经济构架赋予同一层次不同区域的地方政府以不同的竞争背景,由此引出普遍的非对等竞争格局。

# 八、区域经济互动与政府竞争:长三角视野

在上述多层次核心—外围区域经济发展与互动中,政府的作用非常突出。事实上,在中国现行政治制度与行政权力结构下,各级政府本身就负有组织与推动本地经济发展的直接责任,这方面长三角也最为典型,因此也可作为研究的样本区域。

客观来看,长三角区域经济是在政府直接或间接干预及参与下发展与整合的,政府始终是最重要的行为主体之一。与行政区域分层一致,这个行为主体也是分科层的。撇开中央主管部门不论,仅长三角区域内县域以上的区域政府,就多达 252 个,其中省级及"副省级"区域政府六个,地级政府 125 个,县级政府 121 个。在长三角经济发展与内外互动中,从中央政府(通过主管部委)到省(市)、地、县乃至乡镇,各级政府、各个"条条块块"的行政当局,都在按照自己的意愿或所代表的价值取向进行干预乃至直接参与。

但总起来看,三个科层的政府发挥着关键的作用:第一个科层是中央政府,主要

是掌管资源区域分配权力的经济主管部门。中央政府对长三角区域经济的干预,主要借助三种机制进行:一为审批机制。虽然体制改革已经进行了整整30年,但中国经济迄今仍未摆脱审批经济的影子。几乎所有区域大规模基础设施以及大的生产性投资项目,都须报请中央有关部委审批。客观地来说,即使再公正的审批,以近乎完全信息为依据的审批,也存在区域差别对待问题。实际上,中央审查与审批的主旨之一,就在于通过差别对待,防止区域间"重复建设"或过度投资,避免行业及区域间的过度竞争。审批方面差别对待的最典型例子,大概要属长三角城市建设中地铁与轻轨系统的"时间差"及厚此薄彼安排了。时间序列上,上海最先获批建设地铁、轻轨等重要城市公共交通系统,南京稍晚,杭州直到近期才获批修建地铁项目,至于苏州、宁波这些规模与杭、宁(南京)几乎不相上下的都市,尚在翘首以待。二为投资机制。许多中央主管部门本身就握有分配中央财政及国有银行信贷的权限,此种权力在大型工程规划与投资、跨区域交通与通信系统建设、制造业研究与开发等项目的投资方面,实施着区域有别的差别对待。三为规划与调节、仲裁机制。规划主要是重要产业尤其是基础设施投资建设规划①,调节或仲裁主要针对省际乃至县际经济纠纷,尤其是在资源环境方面的纠纷。这方面最典型的例子,可能要属国家环保局在太湖污染治理方面迄今未见效果的协调与仲裁了。

第二个科层是省(直辖市)域政府。长三角地区有三个并列的省级政府,分别为上海(直辖市)江苏和浙江。省(市)级政府对于本区域经济的干预机制,与中央政府相仿,也借助审批、投资与调节等三个机制进行,但这些机制往往同时被纳入一个大的框架之下,即省域经济规划及其所贯彻的发展战略中。

第三个科层是县地级政府。这个科层的政府尤其是县级政府,负有组织与推动本地区产业发展的直接责任,官员"政绩"往往与经济发展指标挂钩。长三角共有128个地级市或市辖区,121个县或县级市。有关区域经济发展的最实际决策权力与责任,大多落在县级政府肩上,政府创新的最大突破,也大多发生在县域层面。

上述多科层的政府权力架构与政府干预机制,是地方政府竞争的行政背景。若从浙江一个县域经济视野来看,在前述五个层次的核心—外围框架下,它有五重身份,各个层次可取竞争策略不同。具体而言,在国民经济之三大地区经济互动中,它

---

① 这方面最具权威的规划,可能要属有关部(委)职能司局牵头的规划了。比如国家发改委交通运输司制订的长江三角洲、珠江三角洲、渤海湾三区域沿海港口建设规划(2004年~2010年)》,就有很大的权威性。(该规划"内容简介"载《交通运输系统工程与信息》,2005年第4期。)

属于沿海或东部地区;在沿海三大经济带的经济互动中,它属于长三角区域;在长三角区域经济互动中,它属于浙江经济;在浙江内部,这个县则与别的县并存,彼此处在竞争与融合状态。作为地方政府,在上述五个层次区域经济中所能采取的策略当有所不同。在第一个直到第四个层次的区域层面,县域政府所能采取的最好策略,莫过于"搭便车"(free rider)。借助各个层次的区域"集团"力量,争取上一级政府给予较好的政策。但在县域层面,则必须面对实实在在的竞争。

但客观点来说,地方政府竞争主要发生于两个区域科层:一个是省域经济,另一个是县域经济。两个科层的政府竞争都是区域经济竞争的延伸,由此决定了政府竞争的焦点落在区域经济发展战略及其成效上。说得更明确一些,由于各级政府关于本地区经济社会发展的战略,在很大程度上决定着该区域在更大区域范围内所能争取到的资源配置地位,由此引伸出政府竞争,而政府竞争则在很大程度上体现在规划战略导向上,由此形成事实上的政府间"战略博弈"。

战略博弈首先反映在五年规划("十一五"(2006—2010年)之前为五年计划)的制定上,且通过五年规划的实施和调整得以延续。因此五年规划是研究省际政府竞争的一个重要线索。就长三角两省一市最近时段("十一五")的规划与战略比较,便不难看出一个明显的趋向:无论是江苏还是浙江,都在有意避开上海锋芒,实施与其"错位"的发展战略。以最近的"十一五"规划为例,至少可以找到三个例证:

其一表现在区域经济发展战略目标定位上。上海定位于构建四大国际中心,战略目标是将上海建成国际经济中心、金融中心、贸易中心和航运中心,江苏与浙江则不约而同地强调"实现小康社会"。

其二表现在重点产业选择上。上海按照3-2-1的产业顺序构划"重点产业",将金融摆在重中之重的位置。江、浙两省则按照2-1-3产业顺序规划重点产业,将"先进制造业"和"高效农业"置于并重地位。

其三表现在制造业支柱产业选择上。上海确定八大重点产业为其制造业主攻目标。八大产业分别为:(1) 超大型装备;(2) 大型船舶;(3) 航空航天;(4) 汽车研发;(5) 集成电路与数字显示;(6) 生物技术与医药;(7) 钢铁;(8) 石化。江苏选择六大制造业作为重点发展产业,分别为:装备制造、电子信息、生物与新医药、基础材料与新材料产业、现代轻纺产业。浙江则确定了十个制造业行业①作为重点产

---

① "十一五"期间浙江10大重点产业包括:高档纺织、品牌服装及皮革、电子信息及机械、轻工、化工、医药等产业。(参见:《浙江省国民经济和社会发展第十一个五年(2006—2010年)规划纲要》,浙江省发改委网页。

业。略作比较便不难发现,江浙与上海战略明显不同,但彼此则趋于雷同。两省一市的主要差异,表现在战略手段选择上,上海选择的战略手段,显然主要诉诸"国际大都市"牌,江苏主打增强产业自主创新能力牌,浙江则主打"体制优势"加"对外开放新优势"合力之牌。[①]

县域政府竞争,历来聚焦于产业发展上,而产业发展则几乎完全仰仗招商引资。即使像江苏昆山、浙江绍兴这些名列全国县域经济综合实力"百强"前十位的县,也仍然在加大引资力度,只是在引资策略上有所调整。其中昆山提出,"十一五"期间将"实现由区位优势、政策优势招商向环境优势、服务优势、配套优势、人才优势招商转变"[②];浙江绍兴县则提出"坚持内外资并重,突出选商选资,提高引资质量和规模"。[③] 至于经济实力远在这两个县域经济"强中强"之下的县、市,招商引资更是重中之重的任务。由此决定了长三角县域经济竞争依然聚焦于资本与投资项目的争夺上。

# 九、结论及有待进一步研究的提示

研究中国地方政府竞争须考虑中国区域经济构架现实存在。所有现实存在中,三个最为突出:一个是多科层的区域结构;另一个是区域之间由计划时期彼此分割而转型以来的融合与竞争;第三个是深入而广泛的政府参与经济活动。第一个现实主要是由政治体制与政权组织构架决定的,第二个现实则完全是市场化制度转型的产物;第三个现实是转型尚未完成的重要标志。将前两个现实综合考虑,可以按照NEG范式建立一个多层次的核心—外围模型,借助这个模型,可以较为明晰判断多层次核心—外围构架下一个具体区域(比如长三角或浙江或绍兴等等)所处的竞争地位,由此来判断该区域政府在同一区域层次政府竞争中的"先发"或者"后发"优势地位。这种优势地位的判断,当是研究具体区域之地方政府竞争的基础工作。

作为市场化制度转型的产物,中国各区域经济的"二重开放"(即区际化与国际化并行的开放)促成了事实上的区域互动格局,区域互动的内涵无非融合与竞争。按照多层次核心—外围框架,不同科层区域之间经济互动的主基调明显不同。一般的特征是:同一科层下分处核心—外围两种境地的区域之间,经济互动的主基调是

---

① 关于各省市规划,请参阅《上海市国民经济和社会发展第十一个五年规划纲要》、《江苏省国民经济和社会发展第十一个五年规划纲要》及《浙江省国民经济和社会发展第十一个五年规划纲要》。见有关省市政府网站。
② 《昆山市国民经济和社会发展第十一个五年规划纲要》,载昆山市发展和改革委员会网页。
③ 冯建荣:《关于绍兴县国民经济和社会发展第十一个五年规划的报告》,载绍兴县政府网。

融合;但处在同一或相似境地的区域之间,经济互动的主基调则以竞争为主。作为经济互动的延伸,由此决定着政府行为的可比性程度。一般的情形是:在同一区域科层之核心区域之间(或外围区域经济之间),政府行为具有很大的可比性,但在不同区域科层(比如省、地、县之间)或同一科层之核心与外围之间(比如浙江与安徽),政府行为则缺乏可比性。因此研究地方政府竞争,显然须分出地方政府治理的区域所属区域科层,并进行核心—外围分野界定,以保证考察对象之间的可比性。

各级政府深度参与经济活动的现实,决定了经济绩效成了地方政府之间比拼的最重要目标,政府干预经济活动较为持续的行为体现在"五年规划"中,因此区域政府关于本区域社会经济发展的五年规划,引出地方政府间的"战略博弈"。对长三角地区的研究显示,作为本区域"核心"的上海,其战略与同处"外围"的江浙明显不同。后两个区域的政府战略则有些雷同。

然而值得一提的是,在上述三个"中国现实"之外,还有一些因素需要考虑,所有因素中最值得予以考虑的,要数同一区域科层地方政府地位与决策权限的非对等性。这种非对等性在很大程度上与地方行政长官或行政区级别的多阶梯性联系在一起。同一科层的区域,或其主要负责人,或整个行政区享有的级别不一。比如说,在江、浙、沪两省一市之间,虽然上海与江、浙两省的行政级别一致,但上海区域负责人在中央享有的较高地位以及与此联系在一起的决策优势,则是江、浙两省无法比拟的。在一个省内,又有副省级、地级的非对等;在县域,又有"常委县"与非"常委县"之分①。如此等等。在中国大陆这样一个中央集权与普遍的"上级服从下级,全党服从中央"治理结构下,行政区之间负责人地位的不对等,无疑会引申出区域政府决策权限的不对等。在区域经济竞争与整合中,则意味着博弈参与者的不对称性,而博弈的不对称性终将对资源空间配置发生影响。

诸如此类的因素,研究地方政府竞争均须予以考虑。

**参考文献**

Fujita, Krugman, Venables (1999), *the Spatial Economy, Cities, Regions, and International Trade*, the MIT Press.

Fujita and Mori (2005), Frontiers of the New Economic Geography, *Papers in Region-*

---

① 或越级职位,比如县委书记兼任市委副书记,县委书记任省委委员,如此等等。

*al Science*, Vol. 84（3）: 377—405. The Competition of Local Government: Theory Origin, Evolvement and the Conditions Localized in China

蔡玉胜:《地方政府竞争:理论的源起、演化及其中国化境况》,《天津行政学院学报》,2007 年第 2 期。

丁瑶、余贵玲等:《长江上游经济带与"长三角"经济圈产业承接的联动》,《改革》,2005 年第 6 期。

刘泰洪:"我国地方政府竞争机制:一个制度经济学的分析范式",《人文杂志》2007 年第 4 期。

周霖:《区域先发效应与地方政府创新行为的制度分析》,《经济社会体制比较》2004 年第 3 期。

周作翰、李凤华:《中国地方政府竞争与制度变迁》,《湖南师范大学社会科学学报》,2006 年第 5 期。

何梦笔:《政府竞争:大国体制转型理论的分析范式》,《天则内部文稿系列》2001 年第 1 期。

陈建军:《长江三角洲地区的产业同构及产业定位》,载《中国工业经济》,2004 年第 2 期。

樊纲、张泓骏:《长江三角洲与珠江三角洲经济发展与体制改革的比较研究》,《学术研究》,2005 年第 4 期。

刘传江、吕力:《长江三角洲地区产业结构趋同制造业空间扩散与区域经济发展》,《管理世界》,2005 年第 4 期。

刘兆德、陈素青、王慧:《长三角经济社会一体化研究》,《中国软科学》,2004 年第 5 期。

杨京英、王强等:《长江三角洲与珠江三角洲经济发展比较》,《中国统计》,2004 年第 3 期。

姚先国、谢晓波:《长三角经济一体化中的地方政府竞争行为分析》,载《中共浙江省委党校学报》2004 年第 3 期。

赵伟:《中国区域经济开放:模式与趋势》,经济科学出版社 2005 年版。

赵伟:《中国区域经济互动:多层次多视野的一种考察》,《社会科学战线》,2006 年第 6 期。

# 由成长机器观点论证台北市
# 北投空中缆车建置之政策网络

蔡妮纯①　　江瑞祥②

**【内容提要】**　本文经由成长机器观点,解构台北市都市土地使用政治与缆车政策发展历程中,所展现的网络行动者的互动过程,藉以从中论证北投缆车政策所展现之政治结构关系,并呈现出不同于西方研究中所探讨的成长机器运作机制。主要的研究发现有三:(一)北投缆车政策网络,行动者间呈现网络互动僵持的状况,而原因在于成长机器的核心价值与运作机制所主导产生。(二)个案的成长结盟可以分为两阶段;在政策执行方案评选之前,是由地方上温泉业者与政客为主;而在政策执行方案评选阶段之后,则是由外来财团与政府部门的结盟产生。无论是何种型态的结盟方式,地方上的土地利益并非主要形塑成长联盟的核心;不可忽略的,是来自其他地区的土地利益与工程利益的影响性。(三)台湾虽渐从威权转向民主,在个案中成长机器仍是由行政部门占有绝对的主导优势,与西方理论相比,成长机器运作机制着重在府际、跨域,并以计划项目的短期操作为主。

**【关键词】**　政策网络　都市政治　成长机器　土地使用　北投缆车

## 一、研究导论

全球化的经济力量席卷各地,城市营销与城市竞争成为当前都市发展重要的议题;而都市也往往认为必须转向繁荣地方经济发展、解决财政危机、创造就业、增加税收并吸引资金投资,以提高都市的知名度与竞争力。长期以来,观光被视为"无烟囱的工业",不需耗用太多能源即可促进地方的经济发展;其中,空中缆车因为兼具交通与经济的价值,对观光的帮助有相辅相成的效果,台湾的大型都市纷纷筹划以其作为重要的观光建设,例如台北市的猫空缆车、北投缆车、高雄的爱河缆车计划等

---

①　蔡妮纯:台湾大学政治学硕士,台北市政府秘书组成员。Joyce9435@ yahoo. com. tw
②　江瑞祥:美国麻省理工学院土木暨环境工程学博士,台湾大学政治学系副教授。rchiang@ntu. edu. tw

等。然而,当各个都市兴起发展缆车建设的同时,却因为缆车带来了噪音、环境破坏等问题,引起当地居民的反对与抗议,其中就以北投缆车受到当地居民的强烈反弹最受瞩目。

北投缆车,全名为"北投—阳明山空中缆车计划",最初兴建的目的是作为解决阳明山花季与例假日交通拥挤的配套措施之一。由于北投邻近阳明山公园,且地方发展长期与观光产业密不可分,因此计划中并拟将缆车路线延长至新北投,以藉由新建缆车达到疏通交通及充分开发北投与阳明山的观光景点,来打造另一波的台北观光风气。但是,由于政府并未事先跟北投的居民在政策发展与执行上达成共识,因此这一方案,受到当地居民的强烈反弹,并组成反对联盟进行抗争活动。

政府所提出的多次缆车评估数据,是否真是反映了北投居民多数的意见,还是所谓的公民参与机制,在运作上究竟出了什么问题?其背后有无政治力量的操纵及其与经济力量结盟分合的运作机制为何?此为本文的动机之一。此外,北投缆车在执行方案评选过程中,决定以 Build – Operate – Transfer(BOT)的方式兴建,但由于庞大的兴建成本与维护费用,光凭缆车票价收入无法支撑(周家如,2006),因此招商以来,因为无利可图,乏人问津。然而,政府为了吸引承缆业者加入竞标,研拟推出许多利多策略来吸引承缆业者的投资。这其中是否牵涉到利益交换而结合的问题?其为本文动机之二。

针对上述的动机,本文以 Logan & Molotch(1987)所提出的"成长机器"观点来探讨互动过程中的权力运作机制。成长机器的观点认为都市发展政治是追求都市经济不断成长的政治,涵括都市资本家、专业者与其他菁英分子所形成的成长联盟,都会积极影响都市政客之行动与都市政策之议决,同时排除一般民众参与都市决策,以避免小区居民以资源公平分配的理由来阻挡都市的成长政策,以达到维持都市发展、攫取经济地租的目的。亦即,都市发展政治是由少数菁英所垄断和把持的(Logan & Molotch,1987)。然而,西方的成长机器观点应用在台湾,可能会因为政治文化的差异而有不同的结果呈现;因此,考虑到台湾都市政治与西方都市政治的差异,本文将透过理论与经验的结合,来检视成长机器应用在都市空中缆车政策网络的研究。经由北投缆车个案研究,本文针对下列几个面向进行成长机器的分析:

1. 北投缆车规划期间,地方曾出现的动员(包括反成长联盟的抗争活动、以及成长联盟对本政策的因应策略),以了解个案的政策网络,是哪些人、以哪种方式、又为什么会组织起来反对或赞成;以及这些活动是由哪些不同团体所主导的,其成因及目的又为何？

2. 了解网络互动状况。行政部门和地方民众在互动过程中，如何利用自身的策略运作，来取得政策的主导权或其所想要的资源，进而影响政策产出的结果？此外，了解北投缆车兴建过程中，市政府与上级政府彼此的立场为何？是合作还是冲突？

3. 掌握网络行动者如何形成成长机器？此成长机器与西方所讨论到的观点有何不同？在利益、资源交换的结盟上，如何形塑出对个案的政策影响力。

## 二、理论回顾

### （一）政策网络基本概念

在公共政策领域当中，最早提出"政策网络"一词的是 Katzenstein（1977）；其认为资本主义国家在经济政策的制定过程中，国家对于非国家行动者会寻求一种相互依赖与协助的关系。依其观点，政策网络就是将国家与社会行动者予以连结的机制。而在多位学者的研究当中，较有系统运用以及建构网络研究途径是 Rhodes 博士。Rhodes（1981）运用交易理论（Transaction Theory）来解释国家与社会团体之间协助及互惠的关系，进而发展出各种形式的策略方式，网络关系于焉形成。Rhodes 认为"政策网络"系指一群因资源依赖而相互连结的一种群聚或复合体，又因资源依赖结构的断裂，彼此又有所区别（Rhodes & Marsh，1992）。他将研究焦点集中于部门层次（Sectoral Level），发现组织间的结构性关系才是政策网络的关键要素，政策网络内部的决策过程即是参与者彼此交换资源（权威、资金、正当性、信息、组织要素）的过程（Rhodes，1988）。

不同于 Rhodes 对政策网络看法，欧美学者对政策网络的看法大多是基于次级政府（Sub - government）的概念，强调利益团体、官僚机构与政府的定位。Benson（1982）认为行政与利益团体因为资源的相互依赖性而形成一体，以确保共同的政策偏好而获得满足，排除其他异议团体。McFarland（1987）认为在政策领域中，政策利害关系人或团体持续沟通而形成议题网络，参与者包括行政官僚、国会议员、游说团体、学者专家与大众传播业者。他认为议题网络是开放的，而且有多元参与者。欧陆学者将政策网络提升到宏观的层次，将焦点放置在国家与社会间制度性的关系上,视政策网络为除却国家与市场之外的第三种治理模式,认为政府不再是政策活动的核心,透过社会团体参与治理,网络模式将有效解决政府失灵与市场失灵的两难(Mayntz,1993)。

## (二) 成长机器观点的基本论述

都市土地因其不动产特性无法做空间上的转移投资,故必须透过都市计划的规划手段从地租累积成长,来达成都市发展的目的。因此一些从中获利的人,例如:地主、不动产商、地方政府、金融投资者、地方政客与零售业……等都会支持都市发展;这些人都属于 Molotch(1976)所谓的"成长机器"(growth machine)成员。都市在这些人的眼中变成一部成长机器,并且集结起来组成所谓的成长联盟(growth coalition),共同推动并促使政府在都市的土地使用上,采取交换价值的土地使用政策。

Logan 和 Molotch 将土地使用的争议视为使用价值与交换价值的对立,并以此来观察地方争议的问题。首先 Logan 和 Molotch(1987:17)认为土地市场指引着都市现象且决定了都市生活的样貌;简短地说,都市现象的本质是在市场中运作,而使用价值和交换价值的追求,决定了财产价格、响应价格,且因此决定了土地使用和财产的分配。Logan 和 Molotch(1987)认为,有两种方式决定某土地的价值或用途:第一个方式是"作为交换之物"(as an object of exchange);第二个方式为"当被使用时才具有价值"(valuable when it is used)。简言之,一个是交换价值,另一个为使用价值;在第二种决定方式底下,人与地方的关系在于其联系起邻里网络、就业教育以及故乡(home - town)或社群(community)的心理或象征性价值。

在第一种决定方式中,Molotch(1976)首先提出"成长机器"(Growth Machine)的概念,认为都市如同成长机器,成长政策是地方政治中最重要的面向。根据 Molotch(1976)的观察,城市的发展动力来自于土地使用,而利用土地收取地租者(rentiers)必然介入都市的土地使用政策与计划制定,以寻求有利于己的都市成长方式。这些寻租者可能涵括房地产拥有者、地方金融投资者、律师、地方报纸、地方政治家、大学研究机构、地方水电瓦斯公司、甚至地方职业球队等,将产生所谓的"成长联盟"(pro - growth coalition)。他们将积极介入地方都市发展政策的土地使用规划,希望能够提升土地使用的附加价值与高地租、良好的商业环境、密集的工作机会、美好的艺术环境等,并将此种"成长"的意识形态逐渐成为地方的共识。

相对的,因为地方政府的土地使用政策而造成己身或小区利益受损者,将组织起来反对该都市的成长联盟所揭橥的都市成长政策,这些成员的组成称为"反成长联盟"(anti - growth coalition)。反成长联盟一般以邻里组织、环境主义者与部分政治人物所组成,他们不会否定成长机器过去所做的努力,他们只是质疑持续的成长是否仍是获利的;他们相信土地的"承载容受力"(carrying capacity)已经达到饱和,同时担心额外的人口成长将只会持续地恶化生活质量。反成长联盟的成员不相信市场能为所有的人提供经济的利益,同时又能保护环境与稳定邻里;他们认为他们是从整体小区的长期利益上考虑,希望保护与强化生活质量,包括自然环境、就业与余暇时间的活动。他们也努力增进开发的质量,刺激都市购置土地供开发空间使用,迫使能源保护的思考与环境价值的关注。同时,反成长联盟较易出现分歧的关注议题,例如有些成员关注自然环境保护,有些则较关注成长对邻里的冲击(Vogel & Swanson,1989)。在此两都市权力的抗衡之下,都市发展政策成为两股地方政经势力的竞逐焦点,而都市政治与其权力结构乃由这些都市发展政策的宣称方向所构成,而有不同的成长类型与发展策略。

成长机器主张成长能够强化地方的税基、创造就业、提供解决社会问题的资源、满足自然人口成长所创造的住宅需求,并允许市场去服务大众在住宅、邻里与商业发展的偏好,这些属于"发展"的目标,是不容易引起争论的,因为他们与"集体的善"(collective good)有关,有着整体小区的利益,例如在市中心发展商业的利益,即是劳工希望获得较高的薪资,家户持有人希望使用价值提升,失业的人找到新工作与政客达到再胜选的目标(Logan & Molotch,1987)。而在地方政治的架构,不可避免的,是由成长机器所支配,今日的"市政府"常是朝向"成长的",且与其他地方进行竞争的发展取向,因此围绕在成长机器周遭的成长联盟将致力于推动市政府在地方上创造"好的商业气候条件"(good business climate),以吸引人口及资金流入(Molotch,1976)。

从上述的政策网络概念,本文认同其对公共政策的制定上赋予了重大的意义,从而由成长机器的观点构建政策网络,以进行个案分析的理论论证。本文之分析架构乃先从政策网络的建构,来区分北投缆车的政策系统与参与的行动者。接续,本文从网络行动者间的互动着手,而政策网络所强调的互动,重视行动者间彼此资源互赖的过程;也因为没有任何一位行动者能够拥有本身所需的所有资源,致使各个行动者间必须藉由资源互赖与互换的方式,来影响其他行动者或是响应其他行动者的需求,进而制定政策。不过资源互赖的过程,可能只是行动者间影响决策过程中的一种方式;若考虑到权力结构的面向,行动者彼此的资源互赖最重要的目的是取得政策的主导权。因此,藉由行动者间的结盟来取得主导权,进而排斥异议的声音,在决策的过程中显得十分的重要。

## 三、政策网络行动者互动策略分析

北投缆车政策经历了十余年的政策运作,无论是从各种环境系统因素,以及参与行动者立场做一分析,亟需从行动者之间的互动关系去做一了解,以体现行动者间彼此的认知立场及此一政策所浮现的政策问题。为清楚辨识北投缆车政策运作过程,本文首先依据政策运作过程进行划分,而将政策互动分为两个阶段:政策议决与程序审议阶段及执行方案评选阶段。从每一个阶段的互动过程,去了解行动者间互动关系,并从互动过程中,理解网络机制出现的问题,以逐渐挖掘背后的政治运作,并以成长机器理论切入观察。

### (一) 北投缆车兴建政策背景介绍

北投兴建缆车之议,可溯及 1979 年北投废娼。当时因废娼地方商业逐渐没落、萧条,地方人士倡议在北投兴建缆车,以吸引观光人潮、带动北投地方繁荣,并获当时市长首肯。不过直到 1979 年,阳管处才委由美国 RHAA 公司进行阳明山域的缆车规划,建议以空中缆车做为阳明山公园的游客交通工具,以使大量游客从四周的人口稠密中心区,可藉由空中缆车来往公园输送;这些地区都有都会捷运(MRT)车站设置,而空中缆车起站则预定设置在四个都会捷运车站:淡水、北投、天母、牛浦子。同时,由于由新北投进入阳明山公园缆车系统为阳管处优先办理研究之路线,因此在 1991 年阳管处委托"中央营建顾问研究社"的规划中,即提出北投三条缆车路线,其最早的路线起点都在北投公共浴场。

北投缆车政策议决的争议,起始于北投温泉公共浴场是否拆迁的讨论,当时虽然北投温泉公共浴场与北投缆车看似两条不同直线,但因为缆车场站的设置,使得两者交会在一起,并且激起当地小区居民对于北投发展方向的反省。其中现在之温泉博物馆馆址前身在日治时期系为"北投温泉公共浴场",乃当时台北厅长井村大吉于 1910 年所建置,并同周边北投公园,对日后北投发展影响最为深远(许阳明,2000)。战后因为使用者陆续迁出,空间的转化,使得北投温泉公共浴场陷入半荒废的状态;迟至 1994 年,文史研究者以及当地北投小学教师们开始查询到北投温泉公共浴场的史料,发现此栋建筑的历史意义,即开始争取保留公共浴场做为公共古迹;因而,文史工作团体对于设置立缆车之意见相当保留。

同一时间,缆车的规划因为当地议员积极的争取,沿用过去缆车可以带来经济发展的想象,成为地方上兴建的共识。1995 年,阳管处与市政府进行规划以及初步的环境影响评估,研拟出四条缆车路线的方案。方案一是由复兴公园北侧停车场,行至阳明山公园交通转运中心,其余三条路线均由北投公共浴场经不同路线,分别抵达阳明山公园的第二停车场;也就是说,有三条缆车路线都是计划拆除北投温泉公共浴场作为缆车站(许阳明,2000)。公共浴场即将被拆除,当时的文史研究者以及北投小学师生们知道这个消息后开始进行抢救行动,找上当时任职"国大"的代表许阳明先生进行游说及策划工作,以许阳明的地方发展背景与党政关系向当时市长说明,并且成立八头里仁协会,发行北投社杂志,宣扬相关理念,目的就是希望让公共浴场得以保存并且重生成为再造北投的休闲场所。

这样的小区参与的过程,一开始并未与缆车兴建有所抵触;因为对于当地的小区参与者而言,他们的目标是希望能保留公共浴场并且将其复育成温泉博物馆、北投亲水公园。不过,随着小区参与的过程,小区参与工作者内部开始出现新的想法,那就是北投需不需要缆车来做为北投的发展模式? 尤其如果可以藉由温泉博物馆以及周边古迹的指定结合生态环境的想象,是否可以取代过去北投以温泉观光、商业利益主导发展型态? 从北投社杂志第一期所刊出的文章,可以看出北投当地在 1996 年已经开始浮现不同的发展声音,但这样的论述却冲击到长期在当地商业主导的强势力量。北投缆车的是否兴建不再只是一种交通工具或是运输系统的争执,而是地方上不同价值体系的对立(陈慧慈,2006)。

## (二) 政策议决阶段行动者之立场分析

在北投缆车兴建政策网络中,主要的行动者大致有"行政院"相关部会、台北市政府、北投区里长与小区居民、民意代表、小区与环保团体、温泉业者、缆车承包业者等。各参与者立场的不同,影响了政策网络内的互动模式与结果;而从北投缆车兴建之政策网络及成长机器的运作机制中,主要政策行动者的立场分析,可以了解其意识型态及信念,并进而归纳其涉入决策的理由及政策价值之论证,以供后续检视互动分析的基础。

### 1. "行政院"相关部会

"行政院"相关部会在本个案的兴建过程中牵涉到几个机关,包括"内政部"所属单位——营建署及阳明山公园管理处(简称阳管处),以及"经济建设发展委员会"(简称"经建会")与"环境保护署"(简称"环保署")。这些单位因业务主管范围有所不同,对缆车规划的立场也不尽相同,以下即分别就其立场分述如后。

(1)"内政部"及其所属单位营建署与阳管处

阳管处于1989年为了纾解交通问题和游憩压力,开始委托美国RHAA公司进行"阳明山公园整体交通改善计划"之研究;依其研究成果决定以空中缆车作为阳明山公园游客之交通工具。之后在1990年委托财团法人营建研究顾问社进行"阳明山公园:北投线空中缆车规划设计"之研究,并在来年将北投线空中缆车规划初步设计完成。虽然阳管处在1998年将北投缆车交由市政府接管,但由于北投缆车的场站有三个站是在阳明山公园,因此无论是环境影响评估以及与业者就山上兴建的场站核照以及相关措施的研议,都与阳管处有密切关系。而阳管处之所以积极规划兴建缆车,最重要的目的就是为了解决阳明山在花季例假日时,各街道拥塞的情形;而此种规划案在完成之后,即送至"内政部"与"营建署"作审核。

无论是"内政部"或是"营建署"虽然非直接审议的机关,但仍是与阳管处共同支持缆车,只是支持的程度有别,而主要的考虑则在于缆车在阳明山上所涉及的开发强度问题。因此,"内政部国家公园计划委员会"与"营建署"在考虑缆车对环境及视觉景观冲击最低的情况下,以有条件允许缆车计划之提出。然而,当政策进入BOT规划阶段,"内政部"与阳管处在2006年7月爆发与业者官商勾结的弊案,并且与台北市政府就有无规避环评的责任归属发生冲突,而让他们在个案的网络地位中,显得十分吊诡且占有一定之重要性。

(2)"经济发展建设委员会"

"经建会"在本个案的网络中,是属于较次要的网络行动者。此乃因北投缆车的管辖单位主要还是以阳管处与台北市政府为主要责任单位;但"经建会"之所以会在本个案中出现,主要在于"经建会"副主委张景森的立场。张景森一直是陈水扁重要幕僚之一,在1994年陈水扁担任市长期间,他出任"都市发展局"局长,对于台北市的都市发展政策有了新的作为与取向。在他任内都市计划工具不再仅是扮演消极管制的角色,而转化为对都市发展有引导性与策略性的功能,并积极透过开发过程中,行政资源的配置与动员来获取与私部门谈判的筹码;其中最突出的就是信义计划区,也就是称为台北曼哈顿的计划(黄丽玲,2002)。

2001 年接下"经建会"副主委,张景森为了配合推动"2008 观光客倍增计划",在 2004 年 2 月宣示推动观光缆车来促进观光发展,并要在玉山、合欢山、雪山等地建设高山缆车,其中更锁定雪山线作为最先推动的高山缆车。虽然如此,张景森对于兴建北投缆车的立场并不表支持;其在 2004 年 5 月 25 日于"经建会"会谈中,曾对环保团体究其对缆车的看法时表示过其并不支持北投缆车。其不支持的理由在于北投缆车的原规划的 33 根支柱过多,会破坏景观及生态;但若从其赞成其他县市兴建高山缆车的态度,破坏景观与生态并不构成其不支持北投缆车的真正理由,政治因素才是主要的原因之一;而政治因素之衍生则主要在于政党立场不同,导致其不愿北投缆车这么快地兴建完成,因为这对其在其他县市所规划的高山缆车的政绩必会受到影响。因此在他的主导下,"经建会"的立场是倾向拖延北投缆车的规划与执行。

(3)"环境保护署"

"环保署"在本个案中并非直接参与网络互动的行动者;然而,在环评的争议上,却由"环保署"的一纸解释函所引起。"环保署"的立场主要以环境保育作考虑,但"环保署"对缆车的处理方式,却是消极与被动,也就是由其他机关进行申请,才会对其有所参与。然而,环评与否对缆车的兴建影响甚大;因此,缆车兴建的主办机关都不愿多去碰触环评问题,深怕缆车兴建会因环评限制无法通过。而这也让"环保署"成为较次级的网络行动者,惟其所带来的影响力却牵动着行政机关间的互动关系。

**2. 市政府**

市政府可以分成两个部分来谈;其中之一是台北市长的政治思维,另一个则是市府技术官僚的作为。

(1)市长的政治思维

台北市长由于是民选方式产生,因此能否获取多数选民支持,是影响其对北投缆车兴建的立场。由于过去民进党在党外时期与台湾环保界关系密切,因此陈水扁在取得台北市执政后对于北投缆车所面对的环境保护议题,一直是小心翼翼地在处理。此外,由于北投小区由下而上的反弹力量太大,导致陈水扁担任市长时期对于北投缆车态度是趋于保留的;但在市长任内后期,为了拉拢商业团体的支持,在态度上转而持续推动缆车计划,并在其任期最后一年完成规划。而马英九上任之后,大致亦延续陈水扁最后任期所进行的缆车规划,但在态度上则比陈水扁较积极地推动缆车政策，以强化城市竞争力与观光发展为诉求，并拟采以 BOT 的方式兴办缆车，但却也加深了与北投反对团体之间的裂痕。

反对缆车的妥协策略，虽然在陈水扁执政初期延缓了缆车场站的设置，然而这样的策略并没有挡住缆车的持续运作，缆车路线方案一直在持续规划及选择中；但是地方的小区声音却在这段过程中不断地传递到市长耳中，且模糊了过去缆车一面倒赞成的声音。1996 年 2 月 5 日，陈水扁在前往北投，亲赴规划路线，听取简报之后，开放给与会当地民众发表意见。反对的小区民众首先提出十二点质疑，认为空中缆车会侵犯人民的隐私权，阳明山特殊的地质、硫磺对缆车都会造成伤害；奇岩小区发展协会的一位代表也认为，缆车兴建有牟利地方团体的行为，不能代表大多数人的意见。在听取完反对意见之后，陈水扁对于兴建缆车一案，态度转为保守，指示北投区公所进行民意调查，以影响最小、获民间支持最多方案为宜（中央日报，1996 - 02 - 06）。

北投缆车规划路线虽因而搁置了三个月之久，但反对民众所提的质疑并未获得解决；而这段期间行政机关亦并未放弃缆车的兴建政策，赞成兴建的市议员也持续不断关心缆车的进度。1996 年 5 月 21 日，台北市议员陈政忠、陈进棋、陈永德等人针对北投地区温泉规划及观光缆车案提出质询，陈水扁市长在答询时表示已在 1997 年度编列预算，并且委请专业单位进行北投缆车细步规划设计，经评估后决定采第三案：由新北投公园（山下站）—龙凤谷（中间站）—阳明山公园第一停车场（山上站），承诺任期内动工（民生报，1996 - 05 - 22；中国时报，1996 - 05 - 22）。此种宣示仍因地方意见分歧，致使缆车山下站站场迟迟未能定案；来年 5 月市议员陈进棋在市议会质询时追问缆车进度，为了争取尽速定案，要求陈水扁当场定夺哪一个地点较为适当（中国时报，1997 - 05 - 21）。1997 年 6 月 26 日，陈水扁市长由市议员陈进棋与陈正德的陪同下，到北投视察缆车下山路线点。经都发局向市长进行简报，指出缆车山下站以新北投亲水公园入口处最好，主要是基地面积足够且距捷运站近；故陈水扁亲自选定新北投亲水公园为阳明山—北投缆车线的山下站入口，并要求与捷运站相结合，以及不能因兴建缆车而破坏古迹及建筑物（中央日报，1997 - 6 - 27）。

市长态度的转变，以及行政机关、赞成市议员的持续运作，缆车仍然决定兴建。若观察陈水扁对缆车的态度，其在任内后期明显赞成缆车兴建，然而因为陈水扁在第二任竞选失败，这段期间缆车政策并没有较进一步的动作，仍停留在纸上谈兵的阶段，地方的居民也没有较激烈的抗争动作。但从这一个时期，可以看出缆车政策制定方式,仍处在行政官僚内部议决阶段,地方上的意见并未完全考虑在内,此时期网络互动并不明显,只集中在少数几个人的议决讨论。因此也埋下日后地方上对缆车政策制定的不满。

探讨地方首长如何运作行政机器推动缆车,可以从市长本身的政治思维谈起。不同于陈水扁执政只着重在小工程的改善而招致批评,马英九上任后,政策路线跳脱不同于陈水扁的执政风格,大建设的兴建,成为他施政上有无重大政绩的指标,包括缆车与巨蛋,都是被他视为极力推动的大型工程建设。从第二任连任开始,他对缆车与巨蛋的推动即积极的运作,不只小巨蛋、北投缆车,2003 年也开始规划在猫空兴建缆车,从陆续规划的市政建设,不难看出他以大型建设作为台北市施政的理想蓝图,也将此一理想蓝图,作为累积政绩的策略。

马英九之试图跳脱不同于陈水扁的执政风格时,其实可以发现就缆车政策这个观点,两者是一致赞成兴建。在陈水扁时期原本被抑制的缆车兴建声音,在后期重新掌握优势,陈水扁后期即转向主张兴建。若以台湾的政党轮替时,常出现的政策转向,马英九在上任后应会不延续前任市长所决定的政策;然而,看到的是其仍然主张兴建,并且比陈水扁还要积极地运作推动。虽然其对外宣称延续市政规划,但看到的是其并非延续陈水扁时期所规划的政策,而是延续更早之前国民党执政时期所一贯的亲成长思维。在选举时依赖地方成长联盟的帮忙,在当选后回馈地方成长联盟的支持。

此种思维随着 2002 年赞成的市议员陈进棋被枪杀身亡而有所改变,市府少了一个极力赞成的市议员作为政治后盾;而因应统一温泉业务管理,刺激景气、鼓励投资,由市府所出资及协助业者管理成立的温泉发展协会(中国时报,2000 - 12 - 29;中国时报,2001 - 11 - 20),也因在 2002 年渐上轨道,在市府退出温泉协会的管理,与温泉业者保持一定的距离下,在缺乏直接支应缆车发展的支持及反对团体又极力反对缆车兴建,市府在此一时期摆脱过去的地方结盟方式,而是以行政机器直接形塑缆车的进行。当然此一转变部分来自于缆车政策已决定兴建,并且进入行政机关内部审议程序;因此,是否取得与地方上的合作在此阶段并非如此重要。然而,面对地方上反对声音,可以看到的是市长的态度转趋强势,主导行政机器持续推动缆车政策,也让网络行动者得以继续维持政策议决时期的互动态势,而无法推翻缆车既有的兴建政策。

观察马英九 2002 年第二任的市长选举,其获得了 64.11% 的得票率,在北投区也获得了 60.63% 的得票率,若再细分北投区的里得票率,最接近缆车的四个里:林泉、长安、中心、温泉里,得票率各是 71.77%、58.97%、63.7%、60.45%,都超过半数以上支持其连任("中选会"选举数据库,2007)。此外,在比较第一任市长选举的得票率,马英九获得了 51.13%,在北投区只获得 48.17%,比起第一任,在北投区未过半数的支持,其在第二任的票数是呈现成长,并不受缆车盖在北投的影响;也因为北投区选民用选票支持其继续连任,即使地方上有反对缆车兴建的声音,都不足以威胁他直接受到选民支持的选票基础。而他本身赞成兴建缆车的立场,在此一时期已不需要藉由地方政客与温泉业者的公开支持来建立起政策的正当性,北投区的居民以及北投区以外的市民,都赋予了行政机器得以持续运作的支持,也满足了其持续推动施政建设的政治论述。

(2)市府技术官僚

缆车的兴建需要一群市府技术官僚共同合作完成。在规划上,主要由交通局负责,交通局不仅对缆车所带来的运量、交通流量进行分析,在技术上也提供相关的配套措施项目。在变更用地计划上则由都市发展局进行统筹,而缆车的环评部分则由环保局进行评估。新工处与工务局则是负责整体缆车的工程执行并且作为与地方民众互动的窗口。地方官僚的自主性从缆车的主办与规划起,都是交由市府官僚进行相关的推动工作,对于缆车的整体规划内容及后续的兴建作业,市府官僚是完全有其主导能力,以及延续政策的一贯性。此一自主性乃因为马英九对市府官僚的态度是较为尊重,而不去干预政策的规划内容;即便是市府所作的评估报告或是与对外与民众的沟通上,完全交由市府官僚来处理推动。

然而上述自主性呈现的前提仍旧是在缆车继续兴建下进行,亦即市府官僚虽然得以其专业能力进行政策规划,并且被首长所尊重,而在与民众进行沟通时,握有强势的主导能力;但在行政机器的运作中,官僚所具备的自主性事实上是地方首长建立政治正当性的挡箭牌。充其量此一自主性系在地方首长所决定的既定政策下,提供了一种意识形态以下达至行政官僚,行政官僚并没有制定出完全符合民众利益的政策,而是站在一个替民选首长服务的立场。因此,谈论到地方官僚究竟有无专业的自主性得以不被政治的意识形态所掌握时,恐怕只能说地方官僚在面对政策细节规划时,在与民众沟通时,是有其自主能力,用其所具备的专业让缆车政策得以顺利完成。然而,此一自主能力从整体的行政机器运作来看,仍旧十分有限,呈现的仍然是被动、从属的状态中,也让缆车政策在日后有得以上下其手的空间。

（3）民意代表

在个案中，民意代表的立场各自歧异，有赞成也有反对；其中赞成的民意代表以陈进棋为代表。陈进棋曾靠投资房地产发达，且在北投、士林一带拥有不少土地；为了刺激地方的景气，他积极支持推动兴建北投缆车计划，希望一旦通过观光缆车的开发案，能嘉惠缆车经过沿途的地主取得土地征收利益，顺便带动北投的温泉旅馆、房地产开发案（陈志亮，2004）。而在当地温泉业者与地方人士的背后支持下，他也顺利争取到北投缆车路线，使其得以延伸至新北投以繁荣地方。除了赞成兴建的民意代表外，另一边反对的民意代表以民进党的"国民大会"代表、市议员为主；陈水扁执政时，台面上的反对声音则以曾任"国民大会"代表之许阳明的反对声浪最为有力。许阳明结合了反对缆车兴建的团体，从缆车的反对过程中凝聚了北投小区居民的自主意识，使得在与市政府的互动过程中，得以使北投传统文化获得保存，也造就了北投居民对于北投发展的小区共识。

（4）里长与小区居民

里长与小区居民的意见大致来说较为分歧，不但有空间分布的差异，还会在历经时间长考之后改变态度。就空间角度来看，主要有林泉、中心、长安与温泉等四个里与缆车较有关系；其中林泉里为缆车直接在上空经过且建有终始站，而中心里与长安里紧邻在侧、温泉里则稍远。根据台北市新工处于 2001 年所做的民意调查，林泉、中心、长安三个里的赞成比例为 38.2%、37.1%、31.3%，反对的比例为 47.1%、51.4%、31.3%；距离稍远的温泉里则相反，赞成为 63.6%，反对为 9.1%（台北市政府工务局新建工程处，2002）。

从上述的民意调查可知，小区居民与里长支持缆车兴建的程度与距离远近成正比。归咎其因，"邻避情结"为反对居民最主要的原因；他们多半认为游客使用大众运输工具至新北投后，继而改搭缆车上阳明山，并不会到北投观光消费，反而带来北投当地交通的拥挤以及环境的破坏，后果是由当地居民所承担。此外，缆车的噪音大、柱体高，对景观冲击大，且住户隐私权会被侵犯，因此非常反对缆车的兴建。

然而，赞成的里仍占多数，其中一部分受到地方议员的影响而赞成兴建，这其中与地方赞成势力长期在地方着力深根有关，地方势力与里长的关系使得多数里支持缆车的兴建，例如丰年里，就是以此种政治关系来公开支持缆车。

（5）业者

业者包括温泉业者与承包缆车的业者——俪山林休闲开发股份有限公司；他们

的立场较为一致,皆是赞成兴建缆车。对于温泉业者而言,建了缆车,可以将阳明山公园的游客带到北投洗温泉、消费;而从新北投当地上去的,也期望他们会在新北投消费。因此,考虑到经济发展与振兴观光,他们十分支持缆车兴建。然而,对于承包缆车的业者,则并非站在促进北投发展作考虑,而是工程利益与其所附带的开发效益;因此,此部分就会与当地温泉业者有所冲突,虽然他们同是成长联盟的一环。然而,却各自有不同的盘算,并且激发出日后缆车的争议讨论。

(6)小区和环保团体

在个案的网络行动者中,最大的反对力量即是当地以及非当地的小区、环保团体;虽然他们的反对的理由可能各异,但对于北投缆车兴建立场,却是一致的。因此,北投缆车的兴建过程也因为这些反对力量的发声,使得在规划过程中市政府必须考虑到他们所代表的声音,甚至得面对他们在规划过程中所付出的抗争与阻碍行动,进而使这个政策受到社会关注与公评。他们与小区团体不同的是他们期望藉由法律行动作为促进改变的媒介,从支持相关的法律行动与草根运动,以期保护、保育和修复自然环境中,计划性地透过诉讼、立法和行政法规等法律机制,纠正现行"牺牲环境以获得短期政治经济利益"之不合理做法。因此,在北投缆车的议题上他们关注政府有无进行环境影响评估审查?官商之间有无违法破坏环境生态?且也因为关注的议题较能监督到行政部门决策中可能涉及的瑕疵以及采取的行动较能受到大众媒体的注意,使得他们能够在此政策中扩大其影响力,与小区组织串联向政府施压。

关于北投缆车兴建政策,争议点主要有交通、地方发展、居民生活质量、缆车安全、环境破坏等五个方面的争议(如表1所示)。究竟北投是否应藉由缆车让北投更朝向资本消费的经济发展?或是其实藉由温泉博物馆以及古迹文化的保存发展,就可以让北投拥有实质意义的观光发展?这是将土地视为使用价值或交换价值的不同价值规范,而这两派行动者在面对此一价值规范的不同时,如何进行互动、对抗及拉拢相同利益与价值的行动者进行结盟,进而取得此政策上的优势地位?皆需进一部分析。兹将北投缆车政策网络行动者之主要政策争议归纳如表1。

表1　兴建北投缆车正反双方意见

| 项目 | 赞成 | 反对 |
|------|------|------|
| 交通 | 可改善北投、阳明山花季车流。 | 无法解决交通,只会对北投地区带来人潮、车潮,更拥挤。 |

| 项目 | 赞成 | 反对 |
|---|---|---|
| 地方发展 | 以缆车结合新北捷运、温泉、观光资源"四合一"的观光政策,为北投带来观光人潮,促进当地经济繁荣。 | 只有穿越性人潮,观光客的目的地是阳明山公园,并不会在北投当地做消费,北投应以文史古迹为资产,作为观光发展方向。 |
| 居民生活质量 | 以柱体绿化减少景观破坏,避开住宅区兴建。 | 柱体多且高妨碍景观、噪音大、住户隐私权受侵犯。 |
| 缆车安全 | 避开破碎地带,会参考外国订定安全守则,规范地震、风速及紧急事故的应变方案。 | 缆车路线经过火山爆裂口与地质脆弱地带,缆车设备曝晒在硫磺强酸中,安全堪忧,此外若发生事故、停电、故障如何救援。 |
| 环境破坏 | 会进行环境影响评估,评估缆车带来的环境冲击,并做改善。 | 缆车兴建破坏新北投的环境生态。 |

## （三）执行方案评选阶段之行动者立场分析

于此本文回溯北投缆车采用 BOT 兴建的决策过程,理解其是如何产生。并且探讨方案评选阶段中,行政机关与 BOT 业者的结盟、资源交换关系,以探讨此时期出现的争议问题及成长机器的运作机制。

### 1. BOT 政策脉络

1998 年"营建署署长"黄南渊与陈水扁市长共同决定缆车路线采 BOT 方式开发,并交由台北市政府接手办理。然而当时缆车于台湾系新兴之建设项目,兼具运输与游憩功能,若将其视为交通建设,则必须依 1993 年公布的"奖励民间参与交通建设条例"(简称"奖参条例")办理;但此部法律并未将缆车列入交通建设项目,政府也不明确回答缆车所属性质为何。因此,缆车以 BOT 方式推动,初期并未有法源依据得以办理;直到 2000 年,"促进民间参与公共建设法"(简称"促参法")公布,才为缆车推动找到解套方式。

依据"促参法"第三条第一项第七款规定,得适用"促参法"以民间参与方式办理之公共建设,包括"观光游憩及森林游乐重大设施",而"观光游憩及森林游乐重大设施"之定义,参诸同法施行细则第十一条规定,是指在公园、风景区、风景特定区、森林游乐区,及其他经事业主管机关认定之游憩(乐)区内之游憩(乐)设施、住宿、餐饮、解说等相关服务设施、区内及联外运输设施。公园之联外"运输"设施,并不限于道路设施,而可包括空中缆车;北投线空中缆车计划,主要系作为阳明山公园游客之交通工具,可认为属于公园区内之餐饮、解说等相关服务设施、区内及联外运输设施(台北市政府,2005)。自此,北投缆车性质依观光游憩设施,作为后续 BOT 推动模式。

为了提高本计划之民间参与诱因,阳管处提供交通转运公园及龙凤谷游憩区共两处素地供民间业者开发,并且提出 BOT 并含游园公交车经营构想,以及缆车开发的规划建议。该建议中,系请市府规划缆车开发案时能将有关缆车站、转运站、服中心之休憩空间设计中,增益各站公共设施休憩功能性及多样性,如可供游客小憩、赏景的咖啡馆、餐饮区、画廊,或展售草山人文、自然特产的商店区等,以作为厂商投资开发的配套措施(中国时报,2000 - 03 - 06)。阳管处所释出的资源,再加上菁山原有的渡假小木屋,规划特殊旅游及度假配套行程使得缆车的商机无穷,财务上也具备正面效益吸引厂商投资。新工处评估,若采 BOT 开发,市府只要花费一亿五千万元的土地征收补偿费,其余九亿八千万元由业者负担;但如采公办民营或公办公营,市府要负担所有费用,财政压力过大(联合报,2000 - 07 - 18)。财务评估中若仅计算缆车票箱收入与沿线四站卖场收入,在缆车票价假设以每公里20元计且经营特许期为30年,财务试算结果自偿率为 103.8%、股东内部报酬率为 12%,对民间业者而言是可以进行的投资计划案(台北市政府,2005)。而阳管处为了配合 BOT 的兴建所释放的素地资源与规划构想,也使得缆车就交通运输功能外多了商业发展潜力,厂商投资也瞄准了山上这两块素地作为主要的收益来源。

山上站素地开发以及 BOT 所规划的游憩构想,却使得最初是以交通运输为主要功能的缆车有新的改变,变成以观光游憩为导向的交通运输工具。而公园的开发计划虽然与都市计划开发相类似,但基于保育生态的观点,必须在更严谨的控管之下进行监督。对此,"内政部"也订定相关规范加以管制,但公私部门仍旧对于管制范围产生认知上的差异。公私部门对公园管制范围的差异,在于地方与上级政府间对于原本认定属交通运输性质的缆车朝向观光游憩以及土地开发性质为导向来运作时,其诱因内容与控管机制将有重大差异。缆车本身因为配合 BOT 的方式办理,为了提高投资厂商自偿率,除拥有空中缆车兴建营运权外,阳明山交通转运公园的3.56公顷及龙凤谷游憩区 0.58 公顷的两块素地,也一并交由投资厂商开发;多了附带土地开发作为商品筹码的赌注,若无适时的监督管理,民间厂商以商业利益为出发的规划,带来的不只是阳明山到新北投地区空间结构的改变,而是冲击到阳明山本身的开发控管问题。这些问题不只成为日后公部门与民间厂商在合作过程中的困境,也影响到"内政部"、市府、与 BOT 厂商三者之间的互动关系。

**2. 公开招商:新增"研习住宿设施"与"温泉游憩设施"**

经过四年的审议程序,2005 年 3 月"行政院"核定北投缆车报告书,并由市府开始着手招标,而于 2005 年 4 月 20 日台北市新工处公告招商。因估计开发金额约 11 亿,消息一出,许多民间业者纷纷对外表示投资意愿,包括美丽华、远雄等财团及台北捷运公司都有投资意愿。其中最值得注意的是北投温泉业者也组织跨业结盟,研商十余家温泉、营造、运输等跨领域的业者,合组公司抢攻北缆经营权。多方民间厂商对外皆表示有投资意愿;然而却仍多存保留态度,对投资效益、经营策略仍有疑虑,而不愿作出最后决定(自由时报,2005 - 05 - 01)。尽管如前文所述,市府与内政部皆释出利多,包括山上素地的开发以及缆车经营的效益评估;然而此种利多对于民间厂商的诱因吸引仍旧有限,从招商的两个月期间,包括财团以及地方上最支持缆车兴建的温泉业者,虽然放话考虑投资,但最终都未参与竞标。这可以说,他们并不看好缆车建设能带来多大的预期效益。

虽然公告招商内容,被原本考虑投资的厂商视为经济效益低,然而在公告招商期间,"内政部"也同时进行阳明山公园第二次通盘检讨计划,并在计划中新增研习住宿和温泉游憩设施两项使用项目,以方便游客在山上住宿,藉以体验阳明山上独特的自然与人文风情(自由时报,2006 - 07 - 22)。此新增项目,影响到北投缆车在山上站的开发计划内容,使得原本单纯提供素地作为商场开发的计划有所改变,而多增加了兴建研习住宿与温泉设施,以作为刺激厂商投资的诱因。此一由"内政部"所新增的使用项目,因尚在通盘检讨阶段,尚未送至"行政院"核定许可;因此,市府并未重新修正招商内容,或公开信息让民间厂商了解。此举使得美丽华集团与北投温泉业者等,并不知道山上站土地开发中可增加研习住宿、温泉游憩设施两项(自由时报,2006 - 07 - 27);最后,亦仅有力麒建设股份有限公司一家提出申请,并于 6 月得标。

力麒建设的得标,使得一开始不被外界看好的缆车得以顺利运作。新增的研习住宿与温泉游憩设施,虽然是在招商期间才新增变更,然而"内政部"选择在此段时间新增此两项允许使用项目,就时间点来看是与市府无法相密切配合的。简单地说,市府在 4 月 20 日公开招商,所公开的招商内容并无此两项新增允许项目;然而,"内政部"并未配合市府在 4 月 20 日即完成此两项新增项目,而是在招商过程才新增,两者的时间点无法相应配合。由于此两项新增项目就整体 BOT 的招商而言,可以视为吸引民间厂商投资的诱因,但因市府并未对外修改原始招商内容,使得信息不公开,而令人质疑。此外,力麒建设的得标,其所报价金额为 27.8 亿与市府原先规划的 11 亿相距甚远,这中间的差距与招商过程的变更项目是否相关,值得观察;而从与市府的访谈过程中,则无法得到完整的解释。"内政部"在尚未得到"行政院"的核定许可下,即对外将缆车的个案变更多增加了此两项项目,也让招商的过程中,因为跨越了变更前与变更后两个时期,而多了程序上的问题。

此外,缆车是否须作环评,在 1990 年"环保署"已做一解释;"环保署"认定若以原先的素地规划是无需环评。然而进入 BOT 阶段之后,原先的规划内容已做变更,是否能够再依据 1990 年"环保署"所发函的内容做解释,是一大问号。若厂商所规划的内容必须要重做一次环评,对于厂商与市府而言,缆车的进度会招受影响,甚至无法顺利兴建。此外,山上站的管理单位是阳管处,山上站的新增设施,并非市府的管辖范畴。因此,对于市府而言,他仅需将缆车山下站以及营运的规划与厂商进行接触,至于山上站的规划内容,所涉及到的环评、发照部分,应是由阳管处与"内政部"做审理。

厂商与市府都明白此一权责上的管辖范畴;然而对于厂商而言,山上站的土地利益是缆车收入很大的来源,若环评以及发照上有所困难,对其效益会有所影响。惟当时"内政部"营建署也认为厂商所规划的 183 间的住宿房间与温泉游憩设施量体太大,并不符合保育生态环境忠旨,要求厂商必须减量,并要求台北市政府提出开发配置计划差异说明书。此一要求并非全无必要。依山上站的规划内容是由台北市政府与厂商签订而成;然而,规划内容却是在内政部的管辖范围上,若完全依照契约签订的内容,而不加以审慎审议,在日后的监督管理上,会发生极大的问题。

"营建署"对于阳管处所为认为不妥,开始提高层级请"行政院"及"经建会"等机关与会招开审查疑义会议,并且函文市府询问是否须做环评;而俪山林负责人见该案件已非蔡百禄所能单独解决,故拟请较高职级者帮忙处理。而"内政部"次长颜万进知悉后即主动致电俪山林负责人,表示可以帮忙解决,同意协助俪山林公司取得建照;而俪山林公司负责人也允诺继续赞助年底选举,并交付 120 万元贿款。颜万进即利用其主管监督所属之权力,对阳管处承办公务员施压,使得俪山林公司顺利取得建照(台湾台北地方法院检察署,2006 - 11 - 17);此时,"内政部"营建署也开始察觉本案背后的不单纯。

几次公文往返,市府都不愿面对环评的问题;而"营建署"因为受到"内政部"官员介入,也不以直接发函"环保署"的方式来解决问题。至于"环保署"则因为是被动接受机关申请,并不清楚此案已遭变更。"内政部"和台北市政府在这段过程中,都清楚 183 间住宿设施和温泉游憩设施已变相成为温泉旅馆,早已非 1990 年送至"环保署"的规划内容,必须先行询问"环保署"是否环评才能动工。然而,上述行政机关公务人员各自有其考虑,都不愿让缆车规划案重新送至"环保署"审查;双方仅是互相推诿责任,也让 BOT 业者有机可趁,得以和"内政部"与阳管处官员联手将阳明山上暴利的饼规划到极致。

## (四) 成长机器导向之网络结构论证

Peterson 曾提到美国联邦主义下政策的发展脉络时,将公共政策分为发展政策(developmental policy)、重分配政策(redistributive policy)与分配性政策(allocational policy),他认为地方政府由于比上级政府更服膺市场逻辑与地方利益的重担。因此,地方政府追求的是发展型政策,而上级政府则是追求重分配政策(Peterson,1981)。将此一政策取向运用在台湾的公共政策发展上,却可以找到相似之处。相似的是,台湾的地方政府受到财政上、人力上的限制而必须鼓励投资、筹措财源;因此,采取的政策取向是发展政策,希望透过经济发展所累积的资源来充实地方政府的财政资源,然而受到地方策略资源受限于上级政府,地方政府若得不到上级政府的相关措施上的支持,是不可能发展地方经济(周素卿、陈东升,1998)。因此两者之间如何合作,深深考验着地方政府的智慧;而地方与上级政府间不完全对等平行的伙伴关系,却也导致两者在合作发展政策时步调不一致的情形,而引起两者之间的冲突,北投缆车政策就是一个很好的例子。

北投缆车政策由于管辖范围有 3/4 在阳明山公园,1/4 在新北投,管辖范围跨及地方政府与上级政府两个层次;而缆车范围也因为涵盖了阳明山公园,必须进行环境影响评估。2001 年,市政府依据市议会所做的但书函文"环保署"询问是否须做环境影响评估,"环保署"认为缆车案主要为北投缆车和公园等,定位为"休闲游憩设施",依市府申请开发面积约 9.64 公顷、挖填土石方约 7.84 万立方公尺,未达办理环评标准,函示无须实施环境影响评估 。但依"公园法施行细则"第十条办理预先评估环境影响(北市环评一字第 9020561000 号函;90 环署综自字第 0019403 号函;北投线空中缆车计划"内政部"营建署审查会意见处理情形回复表,2000—12—05)。2001 年 10 月经阳管处初审通过,由"内政部"下辖之相关委员会进行审查(90营扬企字第 7759 号),开启了漫长的内部政策审议程序。2002 年,该委员会第 49 次会议的结论,同意缆车兴建计划,但要求必须纳入阳明山公园第二次通盘检讨继续审议("内政部"内授营园字第0920084187号函)。对"内政部"而言,缆车在阳明山上的开发是需要谨慎与评估,因此,正值阳明山大范围通盘检讨,此时将缆车纳入检讨审议,对于阳明山上的法令规范能够有所完备。但对市府而言,却认为缆车属于个案性质,有其个案报核所应走的程序,大范围的通盘检讨不该与个案报核程序混在一起。此次的决议,引起市府对上级政府的不满,认为其无意支持缆车。

此外,地方与上级首长党籍的不同,也影响两者之间对于缆车的权力竞逐。北投缆车从一开始的政策议决到后续的政策内部审议,领导发言的角色多是由地方首长扮演;市府将此一政策视为重大建设,表达强烈推动兴建的决心,而这样的态势对于上级政府以及其他县市的地方政府而言,却构成无形的竞争压力。面对不同党籍的市长争取一同合作的交通建设,并且将之视为个人的重大政绩,对上级政府而言,是构成挑战且威胁其他地方政府的施政能力。因此,基于政治考虑,上级政府一方面对其他县市释放政策利多,规划在其他县市兴建高山缆车;另一方面,也以拖延的方式,延后北投缆车的进度,让北投缆车的动工不要变成马英九个人独一无二的政绩。

然而,上级政府如此的作为,对于地方政府而言,又该如何因应?传统上,在威权体制之下,地方政府并不能算是一个具自治、独立政治权力的行动者;然而,一系列迈向民主化的制度架构建立,旧有的政治结构松动,各级政府间的关系不再是以往僵固的权力不对等状态,地方政府也不再仅是上级政府的从属机关,而开始具备作为独立并积极的政治行动者的可能(赵永茂,2002)。藉由选举制度出来的县市长,不只在媒体上得以被形塑出政治明星的形象,在同党党团的支持上,也多了与上级政府协商沟通的筹码,利用政治上的力量来解决府际之间的冲突。

从上述的政策过程,我们可以看出上级与地方政府在政策过程中的角色,上级政府虽然掌握了较高的行政权力,得以影响缆车的进度;然而台北市政府仍然试图争取缆车的主导性,运用同党政治上的帮忙争取上级政府的同意,也让缆车顺利核准通过。在此一政策上,可以看到的是,台北市政府不再只是配合上级政府的决策,踌躇不前,在缆车的主导性上已经充分发挥自主能动者角色,利用民意代表的力量取得与上级政府平等论述的机制。而地方政治首长相对自主性提升,也让市长拥有相对自主性进行缆车的推动;在态度上虽让地方技术官僚对于缆车的专业技术规划有相对发展的空间,但在与民众的对话上,却仍是威权统治的运作型态,服膺于上级所加诸的意识形态;而非站在与民众立场来解决问题,只能以逃避和隐瞒的方式来帮助缆车的推动。

　　除却前述之上下二级政府府际间的冲突，成长联盟与反成长联盟之间，在不同市长执政下的运作方式亦有不同；藉由文献与访谈对经验现象进行理解，陈水扁时代与马英九时代的政策网络型态显然不同。陈水扁时代，地方上反对缆车兴建的民意代表因为同属民进党党籍，配合温泉博物馆此议题的论述，成功地将缆车议题延后讨论，并且获得资源交换的筹码与成长联盟成员取得对市长相同的平台论述（即使陈水扁后期基于选票的考虑而选择站在成长联盟这一方）。而地方自主意识在此时期已被唤起，并且与成长联盟就北投发展进行论述对抗。到了马英九时代，藉由北投缆车政策的都市议题事件，可以发现网络势力经过了一个再结构的阶段。市长与市政府以相对积极的政治态度，一方面积极地以同党议员作为议会支持与地方上政策游说的手段，并且吸纳温泉业者作为对抗反北缆联盟的地方团体。另一方面则善用民粹式的政治论述，将缆车兴建的论述，创造成政党对抗的局势；而此种论述，也形塑出有利于市府方面的政治情势。进入第二任的执政阶段，马英九在北投区赢得压倒性的胜利，地方上所形塑的政治论述，已有选票支持作背书，缆车如期兴建已是势在必行，而无须理会"少数人"所持的反对声音。网络互动至此近乎停滞失灵，只徒留反成长联盟对抗成长联盟与市府的状况，而市府与成长联盟之间的结盟关系则是转向台面下的运作。

　　藉由经验资料的分析，北投缆车政策较争议的部分包括山上站新增的两项使用项目以及环评争议。从一连串 BOT 的发展始末，上级政府加入了结盟结构的运作中，而此种结盟并非主要围绕着北投的土地利益而来；而是以围绕工程利益与阳明山山上的土地利益而来。其中，上级政府与 BOT 业者互相进行资金与权力核发建照的资源交换，所奠基的目的并非是为了北投的地方发展，而是植基在个人利益的极大化，同时也让成长机器有得以运作的型态。而在结盟集团之外的技术官僚，其处理成长机器控制下的政治运作与技术本位主义及僵化的依法行政方式，也替成长机器找到行使运作的空间。

　　总结来说，北投缆车政策下的地方互动，随着陈水扁时代与马英九时代的缆车政策中，展现不同的互动策略型态；而转变的成长结盟当中，结盟的核心利益标的由北投当地的土地利益，转向工程利益与阳明山上的土地利益，这使得缆车政策下的成长联盟型态有所变迁。在上述的分析过程里，本文亦发现尽管北投缆车政策经过十余年的地方讨论与规划，整体的政策网络仍倾向于旧有的威权统治逻辑；主导缆车发展走向的行动者，虽然看似由成长联盟占主要优势，然行政机关包括市府、"内政部"等单位，却具有充分的自主性决定跟谁站在一起、何时脱离关系,并且维护与巩固缆车政策的正当性。这样的发现,是概括了缆车互动过程的整体发展,但随着缆车进入 BOT 发包阶段,此种充分主导权也有被成长联盟渗透的时候,并且形成成长机器共同遂行利益。整体而言,网络的互动失灵,仍是在于行政机关与成长联盟独占了整个政策议题的发展所导致而成;而这样的结盟与资源交换的型态形塑出成长机器的运作,并且依不同时间点而有不同的运作方式。此一运作机制可由图 1 作一个完整呈现。

# 四、结论与建议

本文以北投缆车政策作为都市发展政治的分析个案,处理了围绕在其政策铺陈中所展现的政治过程与网络互动关系。从缆车建设所具备的特殊交通运输性质,其建设背后隐含的是一连串开发的经济效益;这带来了成长机器的运作,同时也操控了网络中不平衡的互动关系。北投的观光发展导向,影响了北投缆车所必须存在的必要性,但也加深了当地居民与温泉业者对于地方发展的冲突。其所反映的是,北投缆车兴建的地方发展路线之争。北投缆车政策由单纯解决壅塞的交通政策议题进入了空间层次,成为涉及繁复发展议题的都市土地使用政策。

马英九市长执政时期,缆车的基本决策虽几无被翻转的可能,但所激发的却是另一片反对凝聚的声音。反北缆联盟在此一时期中成立,并且将缆车议题扩大至上级政府以及社会的舆论中;然而,市府也在此时公开扶植温泉业者作为地方支持的重要团体,包括成立温泉发展协会以及补助其所举办的温泉活动,并且设定地方讨论议程、结合地方赞成议员在议会的力量,以积极的行动,维系地方的政治支持。至此,北投缆车政策下的互动网络,明显地呈现出不平衡的网络形态。而此种不平衡的网络型态,则随着政策进入内部行政程序审议以及 BOT 评选方案阶段中大致获得凝聚。本文所讨论的议题于此,也逐渐从地方层次转向行政机关内部的互动关系上。俟进入到行政程序审议阶段后,所观察到的是地方与上级政府间对于缆车政策的冲突关系。这其中在于政党因素所带来的不同认知,导致上下二级政府在府际间对于政策的发展有不同的态度;但此种差异性,发现的是地方政府仍旧掌握了自主能力与上级政府进行对抗。而此一部分也突显出台北市脱离了"行政院"从属机构的地位,成为一个可以拥有自主性的行动者;而其中的关键在于市长的政治思维以及获得所属市府官僚的支应。这使得其有别于传统讨论的府际关系互动,也让日后北缆案例中成长机器的推展得以更佳完整。

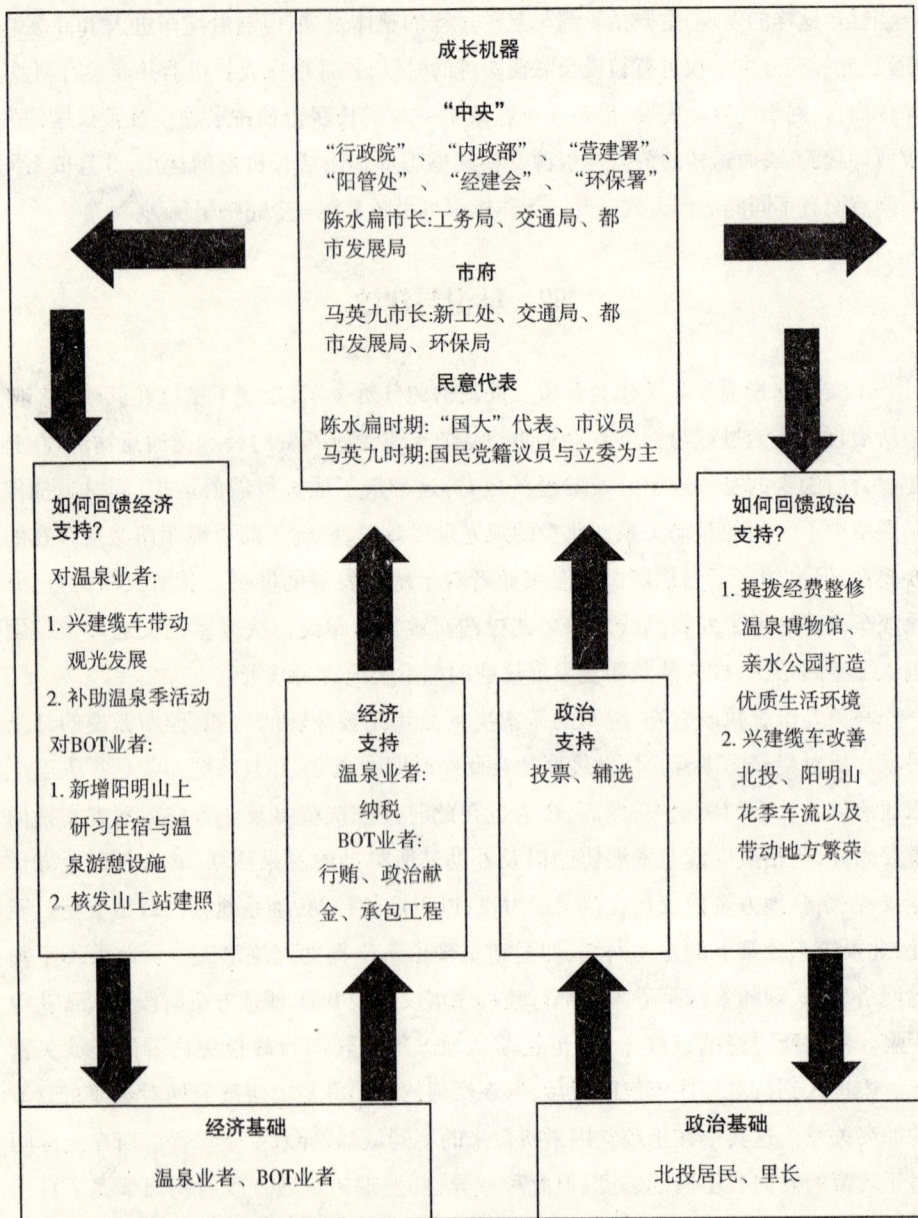

图1 北投缆车政策网络之成长机器机制运作

进入到执行方案评选阶段,以 BOT 的形式办理缆车政策的推动;其中新的行动者加入了网络的互动,影响到的是过去成长联盟成员的利益,也形塑出不同的成长机器运作型态。阳明山上新增的土地开发效益,涉及上级政府与 BOT 业者共同结盟来夺取这块利益的分配;而温泉业者与市政府的拆伙,在工程发包之后由 BOT 业者取代结盟,其仅能在山上建立了大型温泉旅馆,影响了温泉业者所预期的缆车商机。然而,BOT 业者透过行贿、捐助政治献金的手段成就了阳明山上这块庞大的利益,这也让我们发现到利益的结盟并不一定与地方土地利益相关;反而从工程发包的管道,以及其所附带的土地开发利益形塑出成长机器运作的条件。此一外来财团与当地政府部门的结合,与欧美着重在地方焦点的成长机器是有所差异的。以北投缆车个案来说,其所选择的政策特质与过去成长机器所讨论到的土地政策即有不同;意即缆车所经过的空间并不限于地方,还包括地方以外的区域,从而呈现跨域结盟的机制。而以都市为空间来讨论,北投区本身并非属于亟待开发的土地使用分区。因此,在与地方土地利益的连结上,所显现的结盟机制是短暂与以计划项目为主的。

在 BOT 阶段前,运作的是以行政机器为主的成长机器;在 BOT 阶段后,则改变成较符合西方理论下的成长机器。然而,总结来说仍旧展现出不同的差异;而此种差异在于制度与文化上不同所致,反映在成长机器支持的正当性、公私部门合作的公开性、地方成长联盟角色的差异。尽管仍旧得以找到理论上相通之处,但地方与上级政府的关系以及公私部门合作发展却也让此种成长机器带有有限、自主的特性;而这也表示以往以行政体系技术官僚为主的治理逻辑并未因为民主化而有所重大改变。在个案的研究中,温泉业者与地方政客在最初的规划过程中,是最主要的推动者;但其在后来并未参与缆车的发包,使得外来财团介入并形成新的成长机器。而此种成长机器跳脱了传统与地方行动者结盟的型态,而是府际、跨域的结盟型态。虽然这来自于台湾特殊的体制型态,上级政府能够介入重大建设的规划与执行;然而,不限于地方的结盟型态,也让我们发现到土地的交换价值与工程利益才是成长机器运作之核心;而其由外来财团所呈现的成长机器运作,更应为类同于北缆个案的土地使用建设所应着重关切之处。

**参考文献**

一、中文部分

(一)期刊与专书

台北市政府工程局新建工程处,2002,《北投缆车空中计划预先评估环境影响报告书》。

台北市政府,2004,《北投线空中缆车计划报告》。

周素卿、陈东升,1998,《基层选举下的地方政治与经济利益:以房地产开发为例》,《两岸基层选举与政治社会变迁》,台北:月旦出版社。

周家如,2006,《颜万进令力麒建设"一夕爆红"——从纺织业到营建业,吃下不少大型公共工程》,《财讯》,294:94—95。

陈慧慈,2006,《反对兴建北投阳明山缆车回顾》,绿色消费者基金会。

许阳明,2000,《女巫之汤》,台北:新新闻文化。

陈志亮,2004,《陈进棋出事,"叔公"陈两传意外》,《财讯》,249:66。

黄丽玲,2002,《都市更新与都市统理:台北与香港的比较研究》,台湾大学土木工程学研究所博士论文。

赵永茂,2002,《台湾地方政治的变迁与特质》,台北:翰卢图书。

(二) 报章杂志及网页

台湾选举委员会选举数据库,http://210.69.23.140/cec/cechead.asp(Access Date:2007.11.08)

台湾台北地方法院检察署,《2006.11.17 侦办北投线空中缆车案新闻稿》,http://www.tpc.moj.gov.tw/ct.asp? xItem = 76252&ctNode = 530(Access Date:2007.12.02)。

北投空中缆车全球信息网,http://www.richforest.com.tw/page_08b.htm(Access Date:2007.06.18)。

《中央日报》,1996.02.06,14 版。

《中央日报》,1997.06.27,13 版。

《中国时报》,1996.05.22,14 版。

《中国时报》,1997.05.21,14 版。

《中国时报》,2000.03.06,17 版。

《中国时报》,2000.12.29,17 版。

《中国时报》,2001.11.20,17 版。

《民生报》,1996.05.22,19 版。

《自由时报》,2005.05.01,10 版。

《自由时报》,2006.07.27,A3 版。

《联合报》,2000.07.18,17 版。

二、英文部分

Benson,J. K. 1982. A Framework for Policy Analysis in D. L. Rogers and D. Whetten. eds. *Interorganizational Coordination: Theory, Research and Implementation*. Ames:Iowa State University Press.

Katzenstein,P. J. 1977. Conclusion: Domestic Structures and Strategies of Foreign Economic Policy. Between Power and Plenty: Foreign Economic Policies of Advanced Industrial States,*International Organization*. 31（4）: 879— 920.

Logan,J. R. and Molotch,H. L. 1987. *Urban Fortunes*. Berkeley: University of California Press.

Mayntz,R. 1993. Modernization and the Logic of Inter—organizational Networks, *Knowledge and Policy: The International journal of Knowledge Transfer and Utilization*. 6: 3—16.

McFarland,A. 1987. Interest Groups and Theories of Power in America,*British Journal of Political Science*. 17（1）: 129— 147.

Molotch,H. 1976. The City as a Growth Machine: Toward a Political Economy of Place. *American Journal of Sociology*. 82: 309—30.

Peterson,P. E. 1981. *City Limits*,University of Chicago Press.

Rhodes,R. A. W. 1981. *Control and Power in Central – Local Government Relations*. Farnborough: Saxon House.

Rhodes,R. A. W. 1988. *Beyond Westminster and Whitehall: The Sub – Central Governments of Britain*. London: Unwin and Hyman.

Rhodes,R. A. W. and D. Marsh（eds). 1992. *Policy Networks in British Government*. Oxford: Clarendon Press.

Vogel,R. K. & B. E. Swanson. 1989. The Growth Machine versus the Antigrowth Coalition: The Battle for Our Communities. *Urban Affairs Quarterly*. 25（1）: 63—85.

**图书在版编目(CIP)数据**

参与式地方治理研究 / 余逊达、赵永茂主编. —杭州：
浙江大学出版社,2009.1
ISBN 978-7-308-06465-1

Ⅰ. 参... Ⅱ. ①余... ②赵... Ⅲ. 地方政府-行政管理-
研究-中国 Ⅳ. D625

中国版本图书馆CIP数据核字(2008)第201701号

# 参与式地方治理研究

余逊达　赵永茂　主编

| | |
|---|---|
| **责任编辑** | 李海燕 |
| **封面设计** | 俞亚彤 |
| **出版发行** | 浙江大学出版社 |
| | （杭州市天目山路 148 号　邮编 310028） |
| | （e-mail:zupress@mail.hz.zj.cn） |
| | （网址:http://www.zjupress.com |
| | 　　　　http://www.press.zju.edu.cn） |
| | 电话:0571-88925592　88273066(传真) |
| **排　　版** | 杭州万方图书有限公司 |
| **印　　刷** | 临安市曙光印务有限公司 |
| **开　　本** | 787mm×1092mm　1/16 |
| **印　　张** | 22.75 |
| **字　　数** | 380 千 |
| **版 印 次** | 2009 年 1 月第 1 版　2009 年 1 月第 1 次印刷 |
| **书　　号** | ISBN 978-7-308-06465-1 |
| **定　　价** | 42.00 元 |